21 世纪全国本科院校土木建筑类创新型应用人才培养规划教材

土木工程试验

主编　王吉民

内 容 提 要

本书是根据《高等学校土木工程本科指导性专业规范》的基本内容和要求编写的专业技术基础课教材，以结构试验的基本理论和基础知识为重点，注重理论与土木工程技术相结合。全书内容包括绪论、结构试验设计、结构试验的荷载与加载设备、结构试验的量测技术、结构模型试验、工程结构静载试验、工程结构动载试验、工程结构抗震试验、工程结构物的非破损检测技术、结构试验数据处理。

本书可作为高等院校土木工程专业的相关教材，也可供从事工程结构试验的专业人员和相关工程技术人员参考。

图书在版编目(CIP)数据

土木工程试验／王吉民主编．—北京：北京大学出版社，2013.2
(21 世纪全国本科院校土木建筑类创新型应用人才培养规划教材)
ISBN 978-7-301-22063-4

Ⅰ．①土… Ⅱ．①王… Ⅲ．①土木工程—试验—高等学校—教材 Ⅳ．①TU-33

中国版本图书馆 CIP 数据核字(2013)第 022469 号

书　　　名：	土木工程试验
著作责任者：	王吉民　主编
策划编辑：	吴　迪　卢　东
责任编辑：	伍大维
标准书号：	ISBN 978-7-301-22063-4/TU·0307
出版发行：	北京大学出版社
地　　　址：	北京市海淀区成府路 205 号　100871
网　　　址：	http://www.pup.cn　新浪官方微博：@北京大学出版社
电子信箱：	pup_6@163.com
电　　　话：	邮购部 62752015　发行部 62750672　编辑部 62750667　出版部 62754962
印　刷　者：	北京鑫海金澳胶印有限公司
经　销　者：	新华书店
	787 毫米×1092 毫米　16 开本　17.75 印张　415 千字
	2013 年 2 月第 1 版　2015 年 12 月第 3 次印刷
定　　　价：	34.00 元

未经许可，不得以任何方式复制或抄袭本书之部分或全部内容。
版权所有，侵权必究
举报电话：010-62752024　电子信箱：fd@pup.pku.edu.cn

前　　言

　　本书是根据全国土木工程学科专业指导委员会颁布的《高等学校土木工程本科指导性专业规范》，并结合国家相关专业技术规范编写的专业技术基础课教材。

　　土木工程试验是土木工程专业的一门具有较强实践性的专业技术基础课程，该课程的任务是通过理论和实验的教学环节，使学生获得结构试验技术的基础知识和基本技能，掌握结构试验的基本方法和试验组织的一般程序。根据本专业设计、施工和科学研究任务的需要，能够进行一般工程结构试验的设计和操作，并得到初步的训练和实践，以适应土木工程生产和科研工作的需要。

　　本书在编写过程中紧密结合专业规范的要求，系统地介绍了土木工程结构试验的理论与技术。本书力求从整体上理顺构架，内容精炼、篇幅适当，主次分明、重点突出，在编写过程中注意吸收同类教材的长处，反映国内外土木工程试验和检测技术的最新进展，注重加强应用型人才实践动手能力的培养。本书共10章，内容包括绪论、结构试验设计、结构试验的荷载与加载设备、结构试验的量测技术、结构模型试验、工程结构静载试验、工程结构动载试验、工程结构抗震试验、工程结构物的非破损检测技术、结构试验数据处理。

　　本书由王吉民主编。本书承蒙程泽海教授的审阅并提出了许多宝贵的意见和建议。在编写本书的过程中引用和参考了一些公开出版的教材和文献，特此一并表示感谢。

　　由于编者的学识和水平有限，书中难免有不当和不足之处，敬请广大读者批评指正。

编者

2012年10月

目 录

第1章 绪论 …………………………… 1
  1.1 工程结构试验的任务 ………… 1
  1.2 工程结构试验的作用 ………… 2
  1.3 结构试验的分类 ……………… 4
  1.4 结构试验技术的新发展 ……… 8
  本章小结 …………………………… 9
  思考题 ……………………………… 10

第2章 结构试验设计 ………………… 11
  2.1 结构试验的主要环节 ………… 12
  2.2 结构试验的试件设计 ………… 13
  2.3 试验荷载方案设计 …………… 21
  2.4 试验观测方案设计 …………… 26
  2.5 材料的力学性能与结构试验的关系概述 …………………………… 28
  2.6 试验大纲和试验报告 ………… 32
  本章小结 …………………………… 33
  思考题 ……………………………… 33

第3章 结构试验的荷载与加载设备 ………………………………… 34
  3.1 荷载与加载设备概述 ………… 34
  3.2 重物加载法 …………………… 35
  3.3 机械力加载法 ………………… 37
  3.4 气压加载法 …………………… 38
  3.5 液压加载法 …………………… 39
  3.6 惯性力加载法 ………………… 48
  3.7 电磁加载法 …………………… 51
  3.8 现场激振方法 ………………… 54
  3.9 荷载支承装置和试验台座 …… 55
  本章小结 …………………………… 63
  思考题 ……………………………… 64

第4章 结构试验的量测技术 ………… 65
  4.1 量测技术概述 ………………… 65
  4.2 应变量测 ……………………… 68
  4.3 位移与变形量测 ……………… 77
  4.4 力和应力的量测方法 ………… 86
  4.5 裂缝与温度量测 ……………… 89
  4.6 测振传感器 …………………… 93
  4.7 数据采集系统 ………………… 101
  本章小结 …………………………… 104
  思考题 ……………………………… 104

第5章 结构模型试验 ………………… 106
  5.1 结构模型试验概述 …………… 106
  5.2 模型试验理论基础 …………… 108
  5.3 结构模型设计 ………………… 117
  5.4 模型材料与模型制作 ………… 123
  本章小结 …………………………… 127
  思考题 ……………………………… 127

第6章 工程结构静载试验 …………… 128
  6.1 工程结构静载试验概述 ……… 128
  6.2 加载与量测方案的设计 ……… 130
  6.3 常见结构构件静载试验 ……… 137
  6.4 量测数据整理 ………………… 147
  本章小结 …………………………… 157
  思考题 ……………………………… 158

第7章 工程结构动载试验 …………… 159
  7.1 工程结构动载试验概述 ……… 160
  7.2 数字信号分析处理基础 ……… 161
  7.3 工程结构动力特性试验 ……… 164
  7.4 工程结构动力反应试验 ……… 171
  7.5 工程结构疲劳试验 …………… 175
  7.6 工程结构的风洞试验 ………… 179
  本章小结 …………………………… 181
  思考题 ……………………………… 181

第 8 章　工程结构抗震试验 …………… 183
8.1　结构抗震试验概述 …………… 184
8.2　拟静力试验 …………………… 185
8.3　拟动力试验 …………………… 196
8.4　模拟地震振动台试验 ………… 201
8.5　天然地震试验 ………………… 207
本章小结 ………………………………… 209
思考题 …………………………………… 209

第 9 章　工程结构物的非破损检测技术 ………………………………… 211
9.1　非破损检测技术概述 ………… 212
9.2　混凝土结构的检测 …………… 213
9.3　砌体结构的检测 ……………… 235
9.4　钢结构的检测 ………………… 250
本章小结 ………………………………… 253
思考题 …………………………………… 253

第 10 章　结构试验数据处理 …………… 254
10.1　数据处理概述 ………………… 254
10.2　数据的整理和转换 …………… 255
10.3　数据的统计分析 ……………… 256
10.4　误差分析 ……………………… 259
10.5　数据的表达 …………………… 265
本章小结 ………………………………… 274
思考题 …………………………………… 274

参考文献 ………………………………… 275

第1章 绪 论

教学目标

了解土木工程结构试验的任务，了解土木工程结构试验的作用和分类，了解土木工程结构试验的发展方向。

教学要求

知识要点	能力要求	相关知识
结构试验的任务	（1）了解结构试验可用以检验实际工程和发展结构的计算理论 （2）了解结构试验所提供的实证是其他任何方法所不能取代的	试验对象 试验技术
结构试验的作用	（1）了解结构试验是发展结构理论和计算方法的重要途径 （2）了解结构试验是发现结构设计误区的主要手段 （3）了解结构试验是验证结构理论的唯一方法 （4）了解结构试验是工程结构质量鉴定的直接方式 （5）了解结构试验是制定各类技术规范和技术标准的基础	结构理论 试验技术 质量鉴定 标准规范
结构试验的分类	了解分别按试验目的、对象、荷载性质、试验场地、持续时间、构件破坏与否的不同进行分类	

引言

土木工程结构试验是一项科学实践性很强的活动，是研究和发展工程结构新材料、新体系、新工艺以及探索结构设计新理论的重要手段，在工程结构科学研究和技术革新演变过程中，已成为一门真正的试验科学，是发展结构理论和完善工程设计方法的要求手段之一。通过本章的学习，读者可了解土木工程结构试验的任务、作用、分类和发展方向等有关结构试验的基本知识。

1.1 工程结构试验的任务

土木工程结构包括建筑结构、桥梁结构、地下结构、水工结构、隧道结构及各类特种结构等。这些工程结构都是以各种工程材料为主体构成的不同类型的承重构件相互连接而成的组合体。为满足结构在功能及使用上的要求，必须使得这些结构在规定的使用期内能安全有效地承受外部及内部形成的各种作用。为了进行合理的设计，工程技术人员必须掌握在各种作用下结构的实际工作状态，了解结构构件的承载力、刚度、受力性能以及实际所具有的安全储备。

为了确保实现结构的功能，常采用以下三种途径。①理论分析：利用现有成熟的理论，计算分析结构在各种作用下的效应，使其满足规范、规程、标准的要求。②结构试验：对结构施加各种作用，通过测试技术评判结构是否满足要求。③计算机模拟：利用计算机程序模拟分析结构在各种作用下的效应，通过大量的参数分析，寻找其中的规律，从而解决结构功能问题。

上述三种解决结构功能的途径，彼此并不是独立的，而是互为指导和验证的关系。特别是随着土木工程结构的不断发展，结构越来越复杂，要确保这些结构功能的实现，这三种途径缺一不可。在结构分析中，一方面可以利用传统的理论计算方法，另一方面也可以利用试验方法，即通过结构试验，采用试验应力分析方法来解决。特别是电子计算机技术的发展，它为用数学模型方法进行计算分析创造了条件。同样，利用计算机控制的结构试验技术，为实现荷载模拟、数据采集、数据处理，以及整个试验过程实现自动化提供了有利条件，使结构试验技术的发展产生了根本性的变化。因此，结构试验仍然是发展结构理论和解决工程设计方法的主要手段之一，在结构工程学科的发展演变过程中形成的由结构试验、结构理论与结构计算构成的新学科结构中，结构试验本身也成为一门真正的试验科学。

土木工程结构试验的任务就是以土木工程结构物（实物或模型）为研究对象，以设备仪器为工具，以各种试验技术为手段，借助量测技术对结构物受作用后的性能进行观测，量测与结构工作性能有关的各种参数（变形、挠度、应变、振幅、频率……），从强度、稳定性、刚度和抗裂性以及结构实际破坏形态来判断结构的实际工作性能，估计结构的承载能力，确定结构对使用要求的符合程度，并用以检验和发展结构的计算理论。例如以下三个任务。

（1）钢筋混凝土简支梁在竖向静力荷载作用下，通过检测梁在不同受力阶段的挠度、角变位、截面应变和裂缝宽度等参数，分析梁的整个受力过程以及结构的强度、挠度和抗裂性能。

（2）结构承受动力荷载作用时，可以测量结构的自振频率、阻尼系数、振幅和动应变等参量，研究结构的动力特性和结构对动力荷载的反应。

（3）在结构抗震研究中，结构在低周反复荷载作用下，通过试验获得应力-变形关系滞回曲线，为分析抗震结构的强度、刚度、延性、刚度退化、变形能力等提供数据资料。

可见，土木工程结构试验的任务是以试验方式测定相关数据，由此反映结构或构件的工作性能、承载能力以及相应的安全度，为结构的安全使用或设计理论的建立提供科学依据。

1.2　工程结构试验的作用

1) 结构试验是发展结构理论和计算方法的重要途径

17世纪初期，伽利略（1564—1642）首先研究了材料的强度问题，提出许多正确的理论。但他在1638年出版的著作中，也错误地认为受弯梁的断面应力分布是均匀受拉的。46年后，法国物理学家马里奥脱和德国数学家兼哲学家莱布尼兹对这个假定提出了修正，认为其应力分布不是均匀的，而是呈三角形分布的。其后，虎克和伯努利建立了平面假定。1713 年法国人巴朗进一步提出中和层的理论，认为受弯梁断面上的应力分布以中和层为界，一边受拉，另一边受压。由于当时无法验证，巴朗的理论只是一个假设，受弯梁断面上存在压应力的理论仍未被人们接受。

1767 年，法国科学家容格密里首先用简单的试验方法，令人信服地证明了断面上压应力的存在。他在一根简支梁的跨中，沿上缘受压区开槽，槽的方向与梁轴线垂直，槽内嵌入硬木垫块。试验证明，这种梁的承载能力丝毫不低于整体并未开槽的木梁。试验现象表明，只有梁的上缘受压力时，才可能有这样的结果。当时，科学家们对容格密里的这个试验给予了极高的评价，誉为"路标试验"。它总结了人们 100 多年来的探索成果，像十字路口的路标一样，为人们指出了进一步发展结构强度计算理论的正确方向和方法。

1821 年，法国科学院院士拿维叶从理论上推导了现代材料力学中受弯构件断面应力分布的计算公式。经过了 20 多年，才由法国科学院另一位院士阿莫列用试验的方法验证了这个公式。人类对这个问题曾进行了 200 多年的不断探索，至此才告一段落。从这段漫长的历程中可以看到，不仅对于验证理论，而且在选择正确的研究方法上，试验技术都起了重要的作用。

2）结构试验是发现结构设计误区的主要手段

人们对于框架矩形截面柱和圆形截面柱的受力特性认识较早，在工程设计中应用最为广泛。建筑设计技术发展到 20 世纪 80 年代，为了满足人们对建筑空间使用功能的需要，出现了异形截面柱框架，如"T"形、"L"形和"十"字形截面柱。起初，设计者认为矩形截面柱和异形截面柱在受力特性方面没有区别，只是截面形状不同，并误认为柱的受力特性与柱的截面形式无关。但通过试验证明，柱的受力特性与柱截面的形状有很大关系，矩形截面柱的破坏特征属于拉压型破坏，异形截面柱的破坏特征属于剪切型破坏，异形截面柱和矩形截面柱在受力性能方面有本质上的区别。

3）结构试验是验证结构理论的唯一方法

从最简单的受弯杆件截面应力分布的平截面假定理论、弹性力学平面应力问题中应力集中现象的计算理论，到比较复杂的结构平面分析理论和结构空间分析理论，都应通过试验加以证实。隔振结构、消能结构设计理论的发展也离不开结构试验研究成果的积累。

4）结构试验是工程结构质量鉴定的直接方式

已建的结构工程，由单一的结构构件到结构整体，不论进行质量鉴定的目的如何，最直接的检验方式仍是结构试验。例如，灾害或事故后建筑工程的评估、鉴定等。

5）结构试验是制定各类技术规范和技术标准的基础

为了使土木建筑技术能够健康的发展，需要制定一系列技术规范和技术标准。土木工程领域所使用的各类技术规范和技术标准都离不开结构试验成果。

我国现行的各种结构设计规范为了设计理论和设计方法的发展，不仅总结了大量已有科学试验的成果和经验，还进行了大量钢筋混凝土结构、砖石结构和钢结构的梁、柱、框架、节点、墙板、砌体等实体或缩尺模型的试验以及实体建筑物的试验研究，为我国编制各种结构设计规范提供了基本资料与试验数据。事实上，现行规范采用的钢筋混凝土结构构件和砖石结构的计算理论，绝大多数都是以试验研究的直接结果为基础的，这进一步体现了工程结构试验学科在发展和改进设计理论、设计方法上的作用。

1.3 结构试验的分类

1.3.1 按试验目的进行分类

1. 科研性试验

科学研究性试验的目的是验证结构设计计算的各种假定,通过制定各种设计规范,发展新的设计理论,改进设计计算方法,为发展和推广新结构、新材料及新工艺提供理论依据与实践经验。

(1) 验证结构设计理论的假定。

在结构设计中,人们经常为了计算上的方便,对结构计算图式和本构关系做某些简化。构件静力和动力分析中的本构关系的模型化,则完全是通过试验加以确定的。

(2) 为制定或修订设计规范提供依据。

在我国现行的各种工程结构设计规范制定或修订过程中,除了总结已有大量科学试验的成果和经验以外,为了理论和设计方法的发展,有目的地开展了大量钢筋混凝土结构、砌体结构和钢结构的梁、柱、框架、节点、墙板、砌体等实物和缩尺模型的试验,以及实体结构物的试验研究,从而为编制或修订各类结构设计规范提供了基本资料与试验数据。事实上,我国现行规范中所采用的钢筋混凝土结构构件和砌体结构的计算理论,几乎全部是以试验研究的直接结果为基础的,这也进一步体现了结构试验学科在发展结构设计理论和改进结构设计方法上的作用。

(3) 为发展和推广新结构新材料与新工艺提供实践经验。

随着建筑科学和基本建设发展的需要,新结构、新材料和新工艺不断涌现。例如,在钢筋混凝土结构中各种新钢种的应用,薄壁弯曲轻型钢结构的设计,升板、滑模施工工艺的发展,以及大跨度结构、高层建筑与特种结构的设计施工等。但是,一种新生材料的应用,一个新结构的设计和新工艺的施工,往往需要经过多次的工程实践与科学试验,即由实践到认识,由认识到实践的多次反复,从而积累资料,使设计计算理论不断改进和完善。

2. 生产性试验

生产性试验经常具有直接的生产目的。它以实际建筑物或结构构件为试验鉴定对象,经过试验对具体结构构件做出正确的技术结论,常用于解决以下问题。

(1) 综合鉴定重要工程和建筑的设计与施工质量。

对于一些比较重要的结构与工程,除了在设计阶段进行大量必要的试验研究外,在实际结构建成后,还要求通过试验,综合鉴定其质量的可靠程度。

(2) 对已建结构进行可靠性检验,以推断和估计结构的剩余寿命。

已建结构随着建造年代和使用时间的增加,结构物逐渐出现不同程度的老化现象,有的已到了老龄期、退化期或更换期,有的则到了危险期。为了保证已建建筑物的安全使用,尽可能地延长它的使用寿命和防止建筑物的破坏、倒塌等重大事故的发生,国内外对建筑物的使用寿命，尤其对使用寿命中的剩余期限，即剩余寿命特别关注。通过对已建建筑物的观察、检测和分析，按可靠性鉴定规程评定结构所属的安全等级，由此来判断其可靠性和评估其剩余寿命。

(3) 工程改建和加固，通过试验判断具体结构的实际承载能力。

既有建筑的扩建加层、加固或由于需要提高建筑抗震设防烈度而进行的加固等，对于在单凭理论计算得不到分析结论时，经常是通过试验确定这些结构的潜在能力，这在缺乏既有结构的设计计算与图样资料，而要求改变结构工作条件的情况下更有必要。

(4) 鉴定预制构件的产品质量。

构件厂或现场生产的钢筋混凝土预制构件，在构件出厂或在现场安装之前，必须根据科学抽样试验的原则，按照预制构件质量检验评定标准和试验规程，通过一定数量的试件试验，以推断成批产品的质量。

(5) 处理受灾结构和工程质量事故，通过试验鉴定提供技术依据。

对遭受地震、火灾、爆炸等而受损的结构，或在建造和使用过程中发现有严重缺陷的危险建筑，如施工质量事故、结构过度变形和严重开裂等，有必要通过详细的试验研究，鉴定结构受损或存在缺陷的程度，为确定是否加固以及具体加固方案提供技术依据。

1.3.2 按试验对象进行分类

1. 原型试验

原型试验的试验对象是实际结构或是按实物结构足尺复制的结构或构件，如核电站安全壳加压整体性的试验、工业厂房结构的刚度试验、楼盖承载能力试验以及桥梁在移动荷载作用下的动力特性试验等，均在实际结构上加载量测。另外在高层建筑上直接进行风振测试和通过环境随机振动测定结构动力特性等均属此类。在原型试验中另一类就是足尺结构或构件的试验。以往一般对构件的足尺试验做得较多的对象就是一根梁、一块板或一榀屋架之类的实物构件，它可以在实验室内试验，也可以在现场进行。

由于工程结构抗震研究的发展，国内外开始重视对结构整体性能的试验研究，因为通过对这类足尺结构物进行试验，可以对结构构造、各构件之间的相互作用、结构的整体刚度以及结构破坏阶段的实际工作性能进行全面观测了解。为了保证测试精度，防止环境因素对试验的干扰，目前国外已将这类足尺结构从现场转移到结构实验室内进行试验，如日本已在实验室内完成了七层房屋足尺结构的抗震拟静力试验。近年来国内大型结构实验室建设也已经考虑到这类试验的要求。

2. 模型试验

由于进行原型结构试验投资大、周期长、测量精度受环境因素等影响，在经济上或技术上存在一定困难。因此，人们在结构设计的方案阶段进行初步探索比较或对设计理论和计算方法进行科学研究时，可以采用按原型结构缩小的模型进行试验。

模型是仿照原型（真实结构）并按照一定比例关系复制而成的试验代表物，它具有实际结构的全部或部分特征。模型的设计制作及试验是根据相似理论，用适当的比例和相似的材料制成与原型几何相似的试验对象，在模型上施加相似力系（或称比例荷载），使模型受力后重演原型结构的实际工作，最后按照相似理论由模型试验结果推算实际结构的工作。

为此，这类模型要求有比较严格的模拟条件，即要求做到几何相似、力学相似和材料相似。目前在实验室内进行的大量结构试验均属于这一类。

由于严格的相似条件给模型设计和试验带来一定的困难，在工程结构试验中尚有另一类型的模型。这类模型仅是原型结构缩小几何比例尺寸的试验代表物，将该类模型的试验结果与理论计算对比校核，用以研究结构的性能，验证设计假定与计算方法的正确性，并认为这些结果所证实的一般规律与计算理论可以推广到实际结构中去，这类试验就不一定要满足严格的相似条件了。上海体育馆的屋盖采用了直径为125m圆形的三向钢网架结构，就是通过一个1/20的模型试验来验证该体型网架的变形和内力分布，同时用以探求理论计算中不易发现的次应力等问题，通过试验数据与计算比较后得到了满意的结果。

1.3.3 按试验荷载性质进行分类

1. 静力试验

静力试验是结构试验中最常见的基本试验。因为大部分土木工程结构在使用过程中所承受的荷载是以静荷载为主，一般可以通过重物或各种类型的加载设备来实现和满足加载要求。静力试验的加载过程是从零开始逐步递增一直到结构破坏为止，也就是在一个不长的时间段内完成试验加载的全过程。因此，这类试验也称为"结构静力单调加载试验"。

静力加载试验最大的优点是加载设备相对简单，荷载可以逐步施加，还可以停下来仔细观察结构变形和裂缝的发展，给人们以最明确和清晰的破坏概念。在实际工作中，即使是承受动力荷载的结构，在试验过程中为了了解静力荷载作用下的工作特性，在动力试验之前往往也先进行静力试验，如结构构件的疲劳试验就是这样。静力试验的缺点是不能反映应变速率对结构性能的影响，特别是在结构抗震试验中静力试验的结果与任意一次确定性的非线性地震反应的结果都相差很远。

近年来由于探索结构抗震性能的需要，结构抗震试验无疑成为一种重要的手段。结构抗震静力试验是以静力的方式模拟地震作用的试验，它是一种通过施加控制荷载或控制变形作用于结构的周期性的反复静力荷载而进行试验，为区别于一般静力单调加载试验，一般称之为"低周反复静力加载试验"，也称之为"拟静力试验"。目前，国内外结构抗震试验较多集中在这一方面。

拟动力试验也是一种结构抗震试验方法，是将地震实际反应所产生的惯性力作为荷载加在试验结构上，使结构所产生的非线性力学特征与结构在实际地震动力作用下所经历的真实过程完全一致。由于这种试验是用静力方式进行的而不是在振动过程中完成的，故称为"拟动力试验"。

2. 动力试验

动力试验是指通过动力加载设备直接对结构或构件施加动力荷载的试验。对于在实际工作中主要承受动力作用的结构或构件，为了了解结构在动力荷载作用下的工作性能，一般要进行结构动力试验。例如，研究厂房结构承受吊车及动力设备作用下的动力特性，吊车梁和桥墩的疲劳强度与疲劳寿命问题，多层厂房由于楼层上机器设备振动产生的影响，高层建筑和高耸构筑物(塔桅、烟囱等)在风荷载作用下的动力问题，结构抗爆炸、抗冲击问题等。特别是在结构抗震性能的研究中，除了用上述静力加载模拟以外，更为理想的是直接施加动力荷载进行试验。目前抗震试验一般用电液伺服加载设备或地震模拟振动台等设备来进行。对于现场或野外的动力试验，可利用环境随机振动试验测定结构的动力特性及模态参数。另外，还可以利用人工爆炸产生人工地震的方法甚至直接利用天然地震对结构进行抗震试验。由于荷载特性的不同，动力试验的加载设备和测试手段也与静力试验有很大的差别，并且要比静力试验复杂得多。

1.3.4 按试验场地进行分类

1. 实验室试验

实验室试验由于具备良好的工作条件，可以应用精密和灵敏的仪器设备进行试验，试验结果具有较高的准确度。甚至可以人为地创造一种适宜的工作环境，以减少或消除各种不利因素对试验的影响，所以适宜于进行研究性试验。这种试验可以在原型结构上进行，也可以在模型结构上进行，并可以将结构一直试验到破坏。近年来大型结构实验室的建设，特别是应用电子计算机控制试验，为发展足尺结构的整体试验和实现结构试验的自动化提供了更为有利的工作条件。

2. 现场试验

现场结构试验是指在生产或施工现场进行的实际结构的试验，较多用于生产性试验，试验对象主要是正在生产使用的已建结构或将要投入使用的新结构。由于受客观条件的干扰和影响，高精度高灵敏度的仪表设备的应用经常会受到限制，因此试验精度和准确度较差。特别是由于现场试验中没有实验室所用的固定加载设备和试验装置，对试验加载会带来较大的困难。但是，目前应用非破损检测技术手段进行现场试验，仍然可以获得近乎实际工作状态下的数据资料。

1.3.5 按试验持续时间进行分类

1. 短期荷载试验

短期荷载试验是指结构试验时限于试验条件、试验时间或其他各种因素和基于及时解决问题的需要，经常对实际承受长期荷载作用的结构构件，在试验时将荷载从零开始到最后结构破坏或某个阶段进行卸载的时间总共只有几十分钟、几小时或者几天。对于承受动荷载的结构，即使是结构的疲劳试验，整个加载过程也仅在几天内完成，与实际工作年限有一定差别。对于遭受地震、爆炸等特殊荷载作用时，整个试验加载过程只有几秒甚至是微秒或毫秒级的时间。这种试验实际上是一种瞬态的冲击试验，属于动力试验的范畴。严格地讲，这种短期荷载试验不能代表长年累月进行的长期荷载试验。这种由于具体的客观因素或技术的限制所产生的影响，在试验结果的分析和应用时须加以考虑。

2. 长期荷载试验

长期荷载试验是指结构在长期荷载作用下研究结构变形随时间变化的规律的试验，如混凝土的徐变、预应力结构中钢筋的松弛、钢筋混凝土构件裂缝的开展与刚度退化等都需要进行静力荷载作用下的长期试验。这种长期荷载试验也可称为"持久试验"，它将连续进行几个月或几年时间，通过试验以获得结构的变形随时间变化的规律。为了保证试验的精度，对试验环境要有严格控制，如保持恒温、恒湿、防止振动影响等。所以，长期荷载试验一般是在实验室内进行的。如果能在现场对实际工作中的结构构件进行系统而长期的观测，则这样积累和获得数据资料对于研究结构的实际工作性能、进一步完善和发展结构理论都具有极为重要的意义。

1.3.6 按试验构件破坏与否进行分类

1. 非破坏性试验

非破坏性试验有使用性能检验和承载力检验，检验的对象可以是实际的结构或构件，也可以是足尺的模型。通过使用性能检验以证实结构或构件在规定荷载作用下不会出现过大的变形和损伤，而承载力检验则用于证实结构或构件的设计承载力。

2. 破坏性试验

破坏性试验的目的是为了掌握结构或构件由弹性阶段进入塑性阶段甚至破坏阶段时结构性能和破坏形态等试验资料，常用于确定结构或模型的实际承载力。实际上，原型结构的破坏性试验无论在费用上还是在方法上均存在一些具体的问题，特别是在结构进入破坏阶段后试验是比较困难的。因此，破坏性试验的对象一般以模型结构或构件为对象，也可以是足尺的模型或不再使用的结构或构件。

1.4 结构试验技术的新发展

现代科学技术的不断发展，为结构试验技术水平的提高创造了条件。同样，高水平的结构试验技术又促进了结构工程学科的不断发展和创新。现代结构试验技术和相关理论及方法在以下几个方面得以迅速发展。

1.4.1 先进的大型和超大型试验装置

在现代制造技术的支持下，大型结构试验设备不断投入使用，使加载设备模拟结构实际受力条件的能力越来越强。例如，电液伺服压力试验机的最大加载能力达到 50000kN，可以完成实际结构尺寸的高强度混凝土柱或钢柱的破坏性试验。模拟地震振动台台阵由多个独立振动台组成，当振动台排成一列时，可用于模拟桥梁结构遭遇地震作用；若排列成一个方阵，可用于模拟建筑结构遭遇地震作用。复杂多向加载系统可以使结构同时受到轴向压力、两个方向的水平推力和不同方向的扭矩，而且这类系统可以在动力条件下对试验结构反复加载。特别是大型风洞、大型离心机、大型火灾模拟结构试验系统等装置相继投入运行，使研究人员和工程师能够通过结构试验更准确地掌握结构性能，改善结构防灾抗灾能力，发展结构设计理论。

1.4.2 现代测试技术

现代测试技术的发展以新型高性能传感器和数据采集技术为主要方向。传感器是信号检测的工具,理想的传感器具有精度高、灵敏度高、抗干扰能力强、测量范围大、体积小、性能可靠等特点;利用微电子技术,使传感器具有一定的信号处理能力,形成所谓的"智能传感器";新型光纤传感器可以在上千米范围内以毫米级的精度确定混凝土结构裂缝的位置;大量程高精度位移传感器可以在 1000mm 测量范围内,达到 $\pm 0.001\%$ 的精度;基于无线通信的智能传感器网络已开始应用于大型工程结构的健康监测。此外,测试仪器的性能也得到极大的改进,特别是与计算机技术相结合后,数据采集技术发展更为迅速。高速数据采集器的采样频率达到 500Hz,可以清楚地记录结构经受爆炸或高速冲击时响应信号前沿的瞬态特征。利用计算机存储技术,长时间、大容量的数据采集已不存在困难。

1.4.3 计算机技术的应用

计算机已成为结构试验必不可少的一部分。安装在传感器中的微处理器、数字信号处理器、数据存储和输出、数字信号分析和处理、试验数据的转换和表达等,都与计算机密切相关。多功能、高精度的大型试验设备(以电液伺服系统为代表)的控制系统于 20 世纪末告别了传统的模拟控制技术,进而采用了计算机控制技术,使试验设备能够快速地完成复杂的试验任务。以大型有限元分析软件为标志的结构分析技术也极大地促进了结构试验的发展。在结构试验前,通过计算分析预测结构性能,制订试验方案。完成结构试验后,通过计算仿真处理,结构试验数据对结构性能做出完整的描述。在结构抗震、抗风、抗火等研究方向和工程领域,计算机仿真技术和结构试验的结合越来越紧密。

1.4.4 基于网络的远程协同结构试验

互联网的飞速发展,为我们展现了一个崭新的世界。当外科手术专家通过互联网进行远程外科手术时,基于网络的远程结构试验体系也正在形成。20 世纪末,美国国家科学基金会投入巨资建设"远程地震模拟网络",希望通过远程网络将各个结构实验室联系起来,利用网络传输试验数据和试验控制信息,网络上各站点(结构实验室)在统一协调下进行联机结构试验,共享设备资源和信息资源,实现所谓"无墙实验室"的科学构想。我国也在积极开展这一领域的研究工作,并已开始进行网络联机结构抗震试验。基于网络的远程协同结构试验技术集结构工程、地震工程、计算机科学、信息技术和网络技术于一体,充分体现了现代科学技术相互渗透、交叉、融合的特点。

本 章 小 结

本章系统介绍了土木工程结构的试验意义、作用和目的,介绍了土木工程结构试验的分类和结构试验技术的发展历程。学习本章后应了解本门课程的内容,提高对本门课程重要性的认识，了解土木工程结构试验在工程结构科学研究、计算理论的发展和技术创新等方面所起的重要作用。

思 考 题

1. 结构试验的作用是什么？
2. 土木工程结构试验分为哪几类？各类试验的目的是什么？
3. 简述你对土木工程结构测试技术发展的了解。

第 2 章　结构试验设计

> **教学目标**
>
> 了解结构试验设计的主要环节；掌握结构试件的形状、尺寸、数目和构造的基本要求；掌握结构试验荷载的加载图式的选择和加载装置的设计；能够正确地确定观测项目，合理布置测点和选择量测仪器；掌握结构试验中试件、荷载和量测设计的内容及关系；了解材料力学性能与结构试验的关系、加载速度与应变速率的关系以及对材料本构关系的影响。

> **教学要求**

知识要点	能力要求	相关知识
结构试验的主要环节	(1) 掌握结构试验设计阶段、准备阶段、实施阶段和完成阶段的内容 (2) 理解各环节流程以及相互联系	
试件的形状、尺寸、数量及构造要求	(1) 掌握试件形状设计的要求 (2) 掌握试件尺寸设计的要求 (3) 掌握试件数量设计的要求 (4) 掌握构造措施设计的要求	边界条件 尺寸效应 正交设计法 量测方法
试件的荷载方案设计	(1) 理解试验加载图式的选择与设计 (2) 了解试验加载装置设计的要求 (3) 了解试验加载制度的内容	加载图式 就位形式
试验观测方案的设计	(1) 掌握观测项目确定的内容 (2) 掌握测点选择和布置的原则 (3) 掌握仪器选择与测读的方法	结构变形 测试布置
材料的力学性能与结构试验的关系	(1) 了解试件尺寸与形状对强度指标的影响 (2) 了解试验加载速度对强度指标的影响	尺寸效应 应变速率
试验大纲和试验报告	(1) 掌握试验大纲的具体内容 (2) 了解试验其他文件的内容	

引言

土木工程结构试验包括结构试验设计、结构试验准备、结构试验实施和结构试验结果分析等主要环节,结构试验的实施必须做到有的放矢,试验过程如何安排、试件尺寸形状如何确定、试验荷载如何施加、试验观测方案如何设计等工作必须做到目标明确、设计合理,方能圆满地完成试验任务。因此在试验前对整个试验工作做出规划,对试件、试验荷载和试验观测进行合理设计,了解材料的力学性能与结构试验的关系,确定试验大纲,从而为整个结构试验工作的顺利进行打好基础。

2.1 结构试验的主要环节

结构试验大致可分为结构试验设计、结构试验准备、结构试验实施和结构试验结果分析等主要环节,每个环节的关系如图2-1所示。

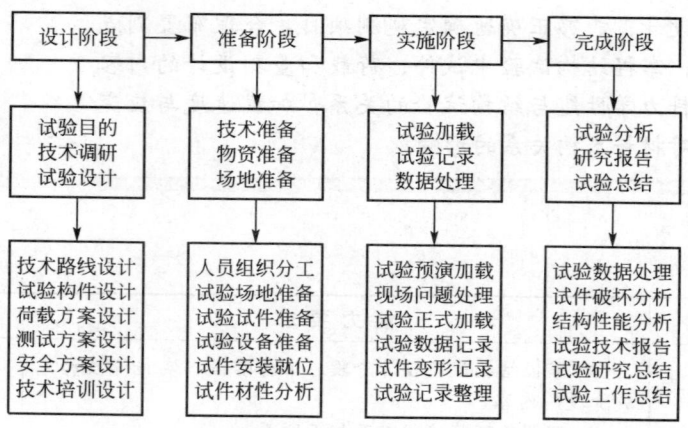

图2-1 结构试验各环节流程

工程结构试验设计是整个试验中极为重要的并且带有全局性的一项工作,它的主要内容是对所要进行的结构试验工作进行全面的设计与规划,从而使设计的计划与试验大纲能对整个试验起到统管全局和具体指导作用。

在进行结构试验的总体设计时,首先应该反复研究试验的目的,充分了解本项试验研究或生产鉴定的任务要求,因为工程结构试验所具有的规模与所采用的试验方式都是根据试验研究的目的、任务、要求而确定的。试件的设计制作、加载和量测方法的确定等各个环节之间联系密切,不可单独考虑,必须对各种因素进行综合考虑,才能使设计意图在试验执行与实施中得以体现,最终达到预期的目的。

在明确试验目的后需着手调查研究并收集有关资料,确定试验的性质与规模、试件的尺寸与形状,然后根据一定的理论做出试件的具体设计。试件设计必须考虑本试验的特点与需要,在设计构造上提出相应的措施。在设计试件的同时,还需要注意以下问题:①分析试件在加载试验过程中各个阶段预期的内力和变形,特别是对具有代表性的并能反映整个试件工作状况的部位所测定的内力、变形数值,以便在试验过程中随时校核,并加以控制;②要选定试验场所,拟定加载与量测方案;③设计专用的试验设备、配件和仪表等,制定技术安全措施等。除技术上的安排外,还必须组织必要的人力、物力,针对试验的规模,组织参加试验的人员,并提出试验经费预算以及消耗性器材数量与试验设备清单。

在上述规划的基础上,提出试验研究大纲及试验进度计划。试验规划是指导试验工作具体进行的技术文件，对每个试验、每次加载、每个测点与每个仪表都应该有十分明确的目的性与针对性。切忌盲目追求试验次数多，仪表测点多，以及不切实际的追求量测的高精度。否则有时反而会弄巧成拙，达不到预期的试验目的。有时为了解决某一具体的加载方案或量测方案，可先做一些试探性试验，以达到更好地规划整个试验研究的目的。

针对具体结构的工程现场鉴定性试验，在进行试验设计前必须对结构物进行实地考察，对该结构的现状和现场条件建立感性认识。在考虑试验对象的同时，还必须通过调查研究，收集有关文件和资料，如设计图样、计算书及作为设计依据的原始材料、施工文件、施工日志、材料性能试验报告和施工质量检查验收记录等。关于使用情况则需要深入现场向使用者（生产操作工人、业主等）调查了解。对于受灾损伤的结构，还必须了解灾害的起因、过程与结构的现状。对于实际调查的结果要及时整理（书面记录、草图、照片等），作为拟定试验方案、进行试验设计的依据。

由于近代仪器设备和测试技术的不断发展，大量新型的加载设备和测量仪器被使用到土木工程结构试验中，这对试验工作者又提出了新的技术要求。对这方面的知识了解不够或微小疏忽，均会导致对整个试验不利的后果。所以在进行试验总体设计时，要求对所使用的仪器设备性能进行综合分析，对试验人员事先组织学习，掌握这方面的知识，以利于试验工作的顺利进行。

结构试验是一项细致而复杂的工作，因此必须进行很好的组织与设计，按照试验任务制订试验计划与大纲，并通过试验计划与大纲的执行来实现提出的要求。在整个试验工作中，试验人员必须严肃认真，否则不仅无法完成预期的试验任务，影响试验结果，而且会带来人力、物力与时间上的浪费，甚至导致整个试验失败，或危及人身安全。只有在试验前做好试验规划和准备工作，才能对试验过程中可能出现的状况事先有所估计，并采取相应预防措施，及时整理分析试验结果，做到使用最小的试验耗费取得最大的研究成果。

2.2 结构试验的试件设计

结构试验中试件的形式和大小与结构试验的目的有关，它可以是真实结构，也可以是其中的某一部分。当不能采用足尺的原型结构进行试验时，也可用缩尺的模型。据调查，全国各大型结构实验室所做的结构试验的试件，绝大部分为缩尺的部件，少量为整体模型试件。

采用模型试验可以大大节省材料，减少试验的工作量和缩短试验时间，用缩尺模型做结构试验时，应考虑试验模型与试验结构之间力学性能的相关关系。但是要想通过模型试验的结果来正确推断实际结构的工作，模型设计要做到完全相似往往有困难，此时应根据试验目的设法使主要的试验内容能满足相似条件。有关结构模型设计的内容在第 5 章中介绍。当然能用原型结构进行试验是较为理想的，但由于原型结构试验规模大，试验设备的容量和费用也大，所以大多数情况下还是采用缩尺的模型试验。基本构件的基本性能试验大都是用缩尺的构件，但它不一定存在缩尺比例的模拟问题，经常是由这类试件试验结果所得的数据，直接作为分析的依据。

试件设计应包括试件形状选择、试件尺寸与数量以及构造措施等，同时还必须满足结构与受力的边界条件、试件的破坏特征、试验加载条件的要求，以最少的试件数量获得最多的试验数据，反映研究的规律以满足研究的目的需要。

2.2.1 试件形状

试件设计的基本要求是构造一个与设计目的相一致的应力状态。对于静定结构中的单一构件，如梁、柱、桁架等，一般构件的实际形态都能满足要求，问题比较简单。但对于从整体结构中取出部分构件单独进行试验时，特别是比较复杂的超静定体系，必须要注意其边界条件的模拟，使其能如实反映该部分结构构件的实际工作状态。

如图 2-2(a)所示，当进行水平荷载作用的框架结构应力分析时，若试验 A-A 部位的柱脚、柱头部分时，试件要设计成如图 2-2(b)所示的形状；若试验 B-B 节头部分时，试件应设计成如图 2-2(c)所示的形状；对于梁，如设计成图 2-2(d)和图 2-2(e)所示的形状，则其应力状态可与设计目的相一致。

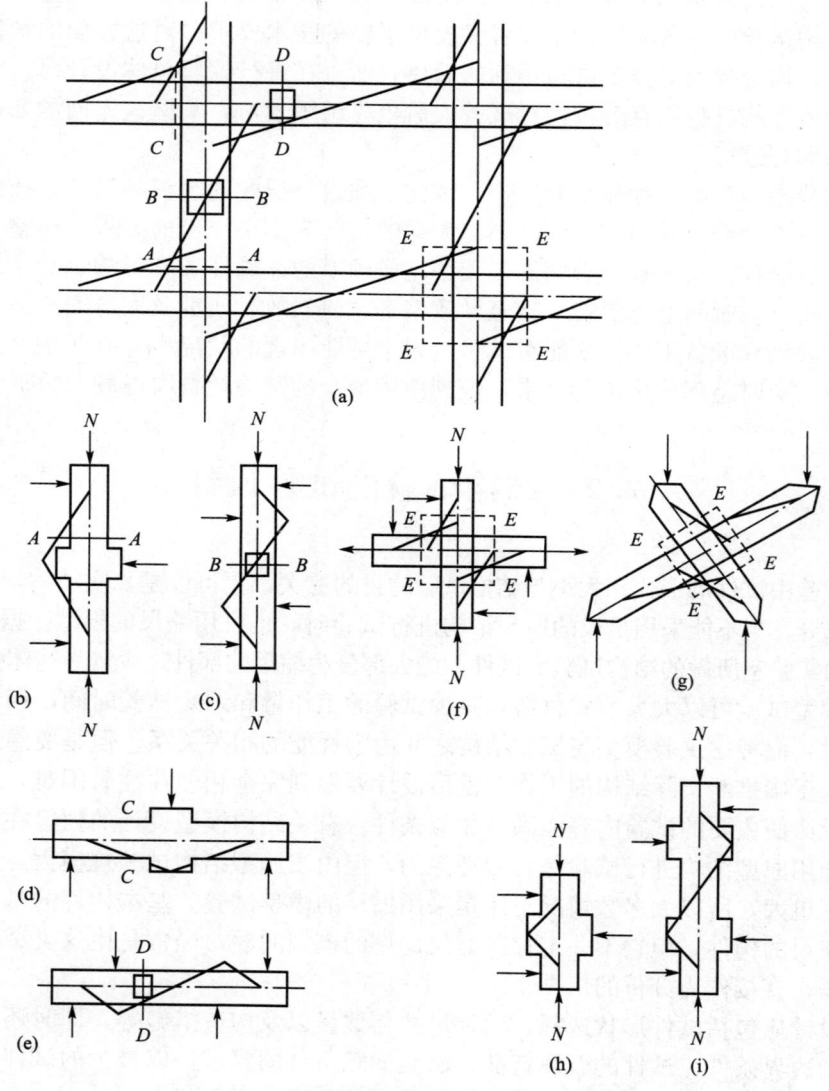

图 2-2 框架结构中的梁柱和节点试件

对于钢筋混凝土柱,若要进行挠曲破坏性能的研究,试件应设计成如图2-2(h)所示的形状。但若做剪切性能的探讨,则反弯点附近的应力状态与实际应力情况有所不同,为此有必要采用图2-2(i)中适用于反对称加载的试件。

在做梁柱连接的节点试验时,试件承受轴力、弯矩和剪力的作用,这样的复合应力使节点部分发生复杂的变形,但其中主要是剪切变形,以致节点部分由于大剪力作用而发生剪切破坏。为了探索节点的强度和刚度,使其应力状态能得到充分反映,避免在试验过程中梁柱部分先于节点破坏,在试件设计时必须先对梁柱部分进行适当加固,以使整个试验能达到预期的效果。图2-2(f)所示的十字形节点两侧梁柱的长度一般均取1/2梁跨和1/2柱高,即按框架承受水平荷载时产生弯矩的反弯点($M=0$)的位置来决定。边柱节点可采用T形试件。如果试验目的是了解初始设计应力状态下的性能,并同理论计算做对比,可以采用如图2-2(g)所示的X形试件。为了使在X形试件中再现实际的应力状态,必须根据设计条件给定的轴力N和剪力V来确定试件的尺寸。

又如在进行升板结构的节点试验时,其试件可取如图2-3所示的形状,板的两个方向的长度同样可按板带跨中反弯点($M=0$)的位置来决定。

在框架结构试验中,多数情况可设计成支座固接的单层单跨框架,如图2-4所示。

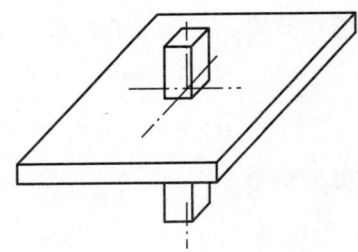

图2-3 升板节点试件

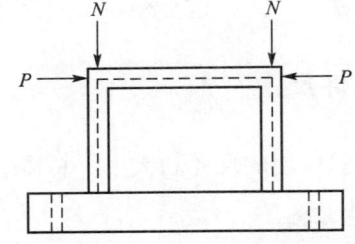

图2-4 单层单跨钢筋混凝土框架

剪力墙是抗震结构的重要构件,国内外对剪力墙的试验和研究都很重视。剪力墙的试件形式多样,有无框剪力墙、带边框剪力墙,墙体是一块钢筋混凝土平板。带边框剪力墙可分为两种:一种是与框架整体相连的钢筋混凝土板;另一种是在框架内设置钢筋混凝土剪力撑,如图2-5(a)所示。图2-5(b)所示则为双肢剪力墙的试件形状。

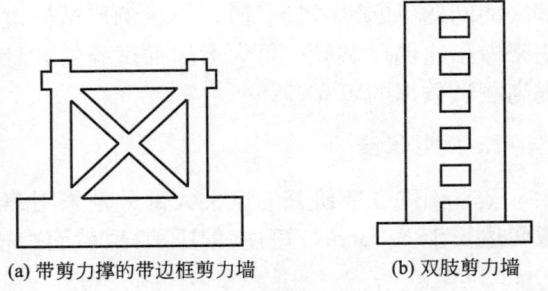

(a) 带剪力撑的带边框剪力墙　　(b) 双肢剪力墙

图2-5 钢筋混凝土剪力墙

在进行砖石与砌块结构的墙体试验时,试件可以采用如图2-6(a)所示的带翼缘或不带翼的单层单片墙,也可以采用如图2-6(b)所示的双层单片墙(或开洞)墙体。

对于纵墙,由于外墙有大量窗口,试件可采用有两个或一个窗间墙的双肢或单肢窗间墙试件,如图2-7所示。

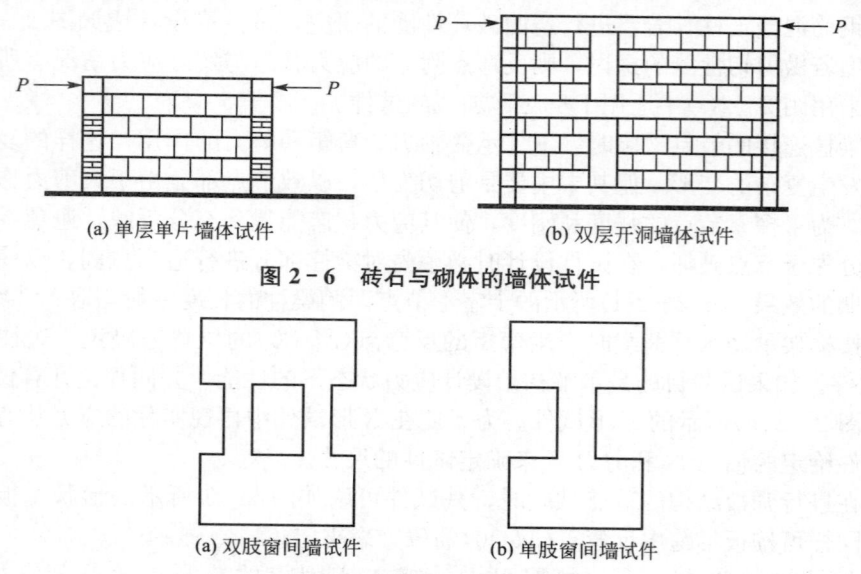

(a) 单层单片墙体试件　　(b) 双层开洞墙体试件

图 2－6　砖石与砌体的墙体试件

(a) 双肢窗间墙试件　　(b) 单肢窗间墙试件

图 2－7　纵墙窗间墙试件

总之，以上所示的任一种试件的设计，其边界条件的实现与试件安装、加载装置与约束条件等有密切关系，这必须在试验总体设计时进行周密考虑，才能付诸实施。

2.2.2　试件尺寸

结构试验所用的尺寸和大小，总体上分为原型和模型两类。

1. 原型试验

屋架试验一般是采用原型试件(构件实物)或足尺模型，预制构件的鉴定都是选用原型构件，如屋面板、吊车梁等。虽然足尺模型具有反映实际构造的优点，但有些足尺试件能解决的问题(如破坏机制等)，小比例尺试件也同样能解决。若把试验所耗费的经费和人工用来做小比例尺试验，可大大增加试验的数量和品种，况且在实验室内有较好的试验条件提高测试数据的可靠性。

2. 模型试验

基本构件性能研究的试件大部分是采用缩尺模型，即缩小比例的小构件。压弯构件取截面边长 16～35cm，短柱(偏压剪)取截面边长 15～50cm，双向受力构件取截面边长 10～30cm 为宜。

框架试件截面尺寸为原型的 1/4～1/2，其节点为原型比例的 1/3～1。剪力墙尺寸可取为原型的 1/10～1/3。我国昆明、南宁等地先后进行过装配式混凝土和空心混凝土大板结构的足尺房屋试验。

局部性试件尺寸可取为原型的 1/4～1，整体性结构试验的试件可取原型的 1/10～1/2。

砖石及砌块的墙体试件一般取为原型的 1/4～1/2。我国兰州、杭州与上海等地先后做过四幢足尺砖石和砌块多层房屋的试验。

对于薄壳和网架等空间结构，较多采用比例为 1/20～1/5 的模型试验。

试验时要考虑尺寸效应。尺寸效应反映结构试件和材料强度随试件尺寸的改变而变化的性质。试件尺寸越小,表现出相对强度提高越大和强度离散性也越大的特征,所以试件尺寸不能太小。同时小尺寸试件难以满足试件构造上的要求,如钢筋混凝土构件的钢筋搭接长度,节点部位箍筋密集影响混凝土的浇捣,以及钢筋和骨料选材困难等。

对于结构动力试验,试件尺寸常受试验加载条件等因素的限制,动力特性试验可以在现场原型结构上进行。实验室内可以进行吊车梁、屋架等足尺构件的疲劳试验。至于地震模拟振动台加载试验,由于受台面尺寸、振动台的负荷能力、激振力大小等参数的限制,一般只能做缩尺的模型试验。国内在地震模拟振动台上已经完成了一批比例在 1/50~1/4 的结构模型试验。日本为满足原子能反应堆的足尺试验的需要,研制了负载为 1000t,台面尺寸为 15m×15m,竖向、水平双向同时加震的大型模拟地震振动台。

2.2.3　试验数目

在进行试件设计时,除了对试件的形状尺寸应进行仔细研究外,对于试件数目即试验量的设计也是一个不可忽视的重要问题,因为试验量的大小直接关系到能否满足试验的目的、任务以及整个试验的工作量问题,同时也受试验研究、经费和时间的限制。

对于生产性试验,一般按照试验任务的要求有明确的试验对象。对于预制构件的质量检验和评定,按国家标准《混凝土结构工程施工质量验收规范》(GB 50204—2002)的规定抽样检验。检查数量时,对于成批生产的构件,应按同一工艺正常生产的不超过 1000 件且不超过 3 个月的同类型产品为一批,当连续检验 10 批且每批结构性能均符合标准规定的要求时,对同一工艺正常生产的构件,可改为不超过 2000 件且不超过 3 个月的同类型产品为一批。在每批中应随机抽取一个构件作为试件进行检验。上述"同类型产品"是指同一钢种、同一混凝土强度等级、同一工艺和同一结构形式的构件。对同类型产品进行抽样检验时,试件宜从设计荷载最大、受力最不利或生产数量最多的构件中抽取。

对于科研性试验,其试验对象是按照研究要求而专门设计的,这类结构的试验往往是属于某一研究专题工作的一部分,特别是对于结构构件基本性能的研究,由于影响构件基本性能的参数较多,所以要根据各参数构成的因子数和水平数来决定试件数目,参数多则试件的数目也自然会增加。

试验数量的设计方法有四种,即优选法、因子法、正交法和均匀法。这四种方法是四门独立的学科,下面仅就其特点做简单描述。

1. 优选设计法

针对不同的试验内容,利用数学原理合理地安排试验点,用步步逼近,层层选优的方式以求迅速找到最佳试验点的试验方法称为优选法。

单因素问题设计方法中的 0.618 法是优选法的典型代表。优选法对单因素问题试验数量设计的优势最为显著,其多因素问题设计方法已被其他方法所代替。

2. 因子设计法

因子是对试验研究内容有影响的发生着变化的因素,因子数则为可变化因素的个数,水平即为因子可改变的试验档次,水平数则为档次数。

因子设计法又称全面试验法或全因子设计法,试验数量等于以水平数为底,以因子数

为次方的幂函数，即

$$试验数 = 水平数^{因子数}$$

因子设计法试验数的设计值如表 2-1 所示。

表 2-1　用因子法计算试验数量

主要因子 \ 水平数	2	3	4	5
1	2	3	4	5
2	4	9	16	25
3	8	27	64	125
4	16	81	256	625
5	32	243	1024	3215

由表 2-1 可见，因子数和水平数稍有增加，试件的个数就极大地增多，所以因子设计法在结构试验中不常采用。

3. 正交设计法

在进行钢筋混凝土柱抗剪强度的基本性能试验研究中，以混凝土强度、配筋率、配箍率、轴向应力和剪跨比作为设计因子，如果利用全因子法设计，当每个因子各有 2 个水平数时，试验试件数应为 32 个。当每个因子有 3 个水平数时，则试件的数量将猛增为 243 个，即使混凝土强度等级取一个级别，即采用 C20，视为常数，试验试件数仍需 81 个，这么多的试件实际上是很难做到的。

为此，在试验设计中经常采用一种解决多因素问题的试验设计方法——正交试验设计法，它主要是应用均衡分散、整齐可比的正交理论编制的正交表来进行整体设计和综合比较，科学地解决了各因子和水平数相对结合可能造成的影响，也妥善地解决了试验所需要的试件数与实际可行的试验试件数之间的矛盾，解决了实际所做小量试验与要求全面掌握内在规律之间的矛盾。

现仍以钢筋混凝土柱抗剪强度基本性能研究问题为例，用正交试验法做试件数目设计。如果同前面所述主要影响因素为 5 个，而混凝土只用一种强度等级 C20，这样实际因子数只为 4，若每个因子各有 3 个档次，即水平数为 3，如表 2-2 所示。

表 2-2　钢筋混凝土柱抗剪强度试验分析因子与水平数

主要分析因子		水平数 1	2	3
A	受拉钢筋配筋率 ρ	0.4	0.8	1.2
B	配箍率 ρ_s	0.2	0.33	0.5
C	轴向应力 $\sigma_c/(N/mm^2)$	20	60	100
D	剪跨比 λ	2	3	4
E	混凝土强度等级 C20	13.5N/mm²		

第 2 章 结构试验设计

根据正交表 $L_9(3^4)$，试件主要因子组合如表 2-3 所示。这一问题通过正交设计法进行设计，原来需要 81 个试件的试验可以综合为 9 个试件。

表 2-3 试件主要因子组合

试件数量	A 配筋率	B 配筋率	C 轴压应力	D 剪跨比	E 混凝土强度
1	0.4	0.20	20	2	C20
2	0.4	0.33	60	3	C20
3	0.4	0.50	100	4	C20
4	0.8	0.20	60	4	C20
5	0.8	0.33	100	2	C20
6	0.8	0.50	20	3	C20
7	1.2	0.20	100	3	C20
8	1.2	0.33	20	4	C20
9	1.2	0.50	60	2	C20

上述例子的特点是，各个因子的水平数均相等，试验数正好等于水平数的平方，即

$$试验数 = (水平数)^2$$

当试验对象各个因子的水平数互不相等时，试验数与各个因子的水平数之间存在下面的关系。

$$试验数 = (水平数1)^2 \times (水平数2)^2 \times \cdots$$

正交设计表中多数试验数能够符合这一规律，如正交表 $L_4(2^3)$ 的试验数就等于 $2^2 = 4$，$L_{16}(4 \times 2^{12})$ 的试验数就等于 $4^2 = 16$。

正交表除了 $L_9(3^4)$、$L_4(2^3)$、$L_{16}(4 \times 2^{12})$ 外，还有 $L_{16}(4^5)$、$L_{16}(4^2 \times 2^9)$、$L_{16}(4^3 \times 2^6)$ 等。L 表示正交设计，其他数字的含义用下式表示：

$$L_{试验数}(水平数1^{相应因子数} \times 水平数2^{相应因子数})$$

$L_{16}(4^2 \times 2^9)$ 的含义是某试验对象有 11 个影响因素，其中 4 个水平数的因素有 2 个，2 个水平数的因素有 9 个，其试验数为 16。

试件数量设计是一个多因素问题，在实践中应该使整个试验的数目少而精，以质取胜，切忌盲目追求数量；要使所设计的试件尽可能做到一件多用，即以最少的试件、人力、经费，得到最多的数据；要使通过设计所决定的试件数量和经试验得到的结果能反映试验研究的规律性，满足研究目的的要求。

4. 均匀设计法

均匀设计法是由我国著名数学家方开泰、王元在 20 世纪 90 年代合作创建的以数理学和统计学为理论基础，以分散均匀为设计原则的全新设计方法，其最大的优势是能以最少的试验数量，获得最理想的试验结果。

利用均匀法进行设计时，一般地，不论设计因子数有多少，试验数与设计因子的最大水平数相等，即

$$试验数 = 最大水平数$$

设计表用 $U_n(q^s)$ 表示，其中 U 表示均匀设计法，n 表示试验次数，q 表示因子的水平

数，s 表示表格的列数（注意：不是列号），s 也是设计表中能够容纳的因子数。

根据均匀设计表 $U_6(6^4)$，试件主要因子组合如表 2-4 和表 2-5 所示。

表 2-4　$U_6(6^4)$ 使用表

s	列号				D
2	1	3	—	—	0.1875
3	1	2	3	—	0.2656
4	1	2	3	4	0.2990

注：D 值表示刻划均匀的偏差，偏差值越小，表示均匀度越好。

表 2-5　$U_6(6^4)$ 设计表

列号	1	2	3	4
水平数	1	2	3	6
	2	4	6	5
	3	6	2	4
	4	1	5	3
	5	3	1	2
	6	5	4	1

表 $U_6(6^4)$ 中，s 可以是 2 或 3 或 4，即因子数可以是 2 或 3 或 4，但最多只能是 4。不难看出，s 越大，均匀设计法的优势越突出。

前述钢筋混凝土柱抗剪强度基本性能研究问题若应用均匀设计法进行设计，原来需要 9 个试件，可以综合为 4 个试件，且水平数由原来的 3 个增加至 6 个。每个设计表都附有一个使用表。试验数据采用回归分析法处理。

2.2.4　试件构造措施设计

在试件设计中，当确定了试件形状、尺寸和数量后，在每一个具体试件的设计和制作过程中，还必须同时考虑安装、加载、测量的需要，在构件上采取必要的措施，这对科学研究尤为重要。例如，混凝土试件的支承点应预埋钢垫板以及在试件承受集中荷载的位置上应设钢板，如图 2-8(a)所示；在屋架试验受集中荷载作用的位置上应预埋钢板，以防

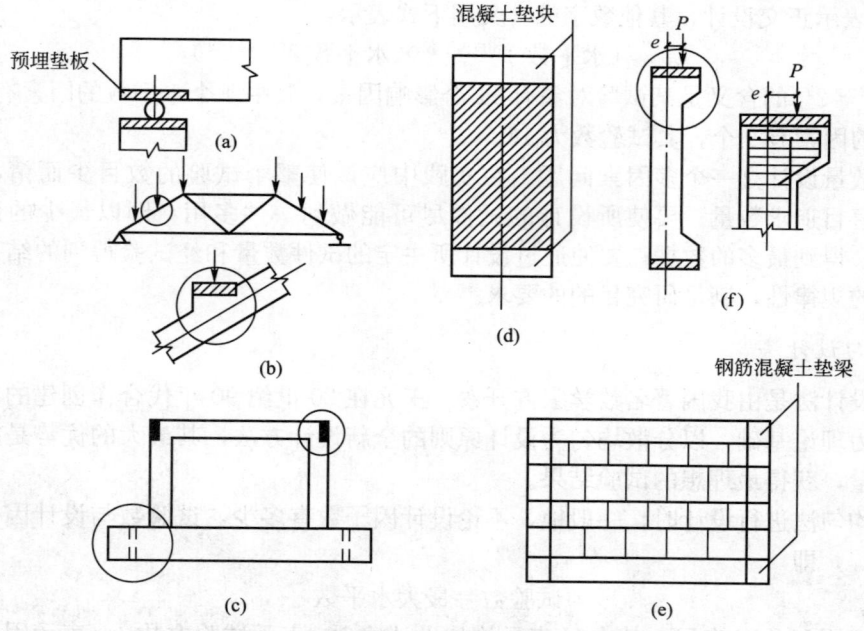

图 2-8　试件设计时考虑加载需要的构造措施

止试件局部承压而破坏。试件加载面倾斜时，应做出凸缘，如图2-8(b)所示，以保证加载设备的稳定设置。在钢筋混凝土框架试验时，为了框架端部侧面施加反复荷载的需要，应设置预埋构件以便与加载用的液压加器器或测力传感器连接；为保证框架柱脚部分与试验台的固接，一般均设置加大截面的基础梁，如图2-8(c)所示。在砖石或砌体试件中，为了施加在试件的竖向荷载能均匀传递，一般在砌体试件的上下均应预先浇捣混凝土的垫块，如图2-8(d)所示。对于墙体试件，在墙体上下均应捣制钢筋混凝土垫梁，其中下面的垫梁可以模拟基础梁，使之与试验台座固定，上面的垫梁模拟过梁传递竖向荷载，如图2-8(e)所示。在做钢筋混凝土偏心受压构件试验时，在试件两端要做成牛腿以增大端部承压面和便于施加偏心荷载，如图2-8(f)所示，并在上下端加设分布钢筋网进行加强。这些构造措施是根据不同加载方法而设计的，但在验算这些附加构造的强度时必须保证其强度储备大于结构本身的强度安全储备，这不仅考虑到计算中可能产生的误差，而且还必须保证它不产生过大的变形，以致改变加载点的位置或影响试验精度。当然更不允许因附加构造的先期破坏而妨碍试验的继续进行。

在试验中为了保证结构或构件在预定的部位破坏，以期得到必要的测试数据，就需要对结构或构件的其他部位事先进行局部加固。

为了保证试验量测的可靠性和仪表安装的方便，在试件内必须预设埋件或预留孔洞，如安装杠杆应变仪时，需要配合夹具形状及标距大小预埋螺栓或预留孔洞；用接触式应变仪量测试件表面应变时应埋设相应的测点标脚；钢筋混凝土试件用电阻应变计量测钢筋应变时，在浇注混凝土前应先在钢筋上贴好应变计，做好防潮及防止机械损伤的处理。如混凝土保护层不大，也可在准备贴应变计部位的保护层处预埋小木块，待混凝土凝固后将木块凿去，使钢筋外露，然后再贴上应变计。但这时对钢筋的贴片部位最好能事先打磨，这对于采用螺纹钢筋的结构尤需注意，避免预留孔狭小，在以后的打磨中带来困难。对于为测定混凝土内部应力的预埋元件或专门的混凝土应变计、钢筋应变计等，应在浇筑混凝土前按相应的技术要求用专门的方法就位、固定、安装、埋设在混凝土内部。这些要求都应在试件的施工图上明确标出，并注明具体做法和精度要求，必要时试验人员还需亲临现场参加试件的施工制作。

2.3 试验荷载方案设计

试验荷载方案设计内容主要包括荷载类型的选择、荷载架的选择、结构构件支座设计、荷载图式的选择、加载程序设计、试验装置设计、卸载方案设计等。

2.3.1 荷载设计的一般要求

正确地选择试验所用的荷载设备和加载方法，对顺利地完成试验工作和保证试验的质量有着很大的影响。为此，在选择试验荷载和加载方案时，应满足下列几点要求。

(1) 选用的试验荷载的图式应与结构设计计算的荷载图式所产生的内力值完全一致或极为接近。

(2) 荷载值要准确，特别是静力荷载要不随加载时间、外界环境和结构的变形而变化。

（3）荷载传力方式和作用点明确，产生的荷载数值要稳定。

（4）荷载分级的数值要参考相应结构试验方法的技术要求，同时必须满足试验量测的精度要求。

（5）加载装置本身要有足够的安全性和可靠性，不仅要满足强度要求，还必须按变形条件来控制加载装置的设计，即必须满足刚度要求，防止对试件产生卸载作用而减轻了结构实际承担的荷载。

（6）加载设备的操作要方便，便于加载和卸载，既能控制加载速度，又能适应同步加载或先后不同步加载的要求。

（7）试验加载方法要力求采用现代化先进技术，减轻体力劳动，提高试验质量。

2.3.2 试验加载图式的选择与设计

试验荷载在试验结构构件上的布置（包括荷载类型和分布情况）称为加载图式。在工程结构试验中，试验加载图式要根据试验目的确定。试验时的荷载应该使结构处于某一种实际可能的最不利的工作状态。

试验时，荷载的图式要与结构设计计算的荷载图式一致。例如，在钢筋混凝土楼盖中，支承楼板的次梁的试验荷载应该是均布的；支承次梁的主梁应该是按次梁间距作用的几个集中荷载；而工业厂房的屋面大梁则承受间距为屋面板宽度或檩条间距的等距集中荷载；对于吊车梁则按其抗弯或抗剪最不利时的实际轮压位置布置相应的集中荷载。当一种加载图式不能反映试验要求的几种极限状态时，应采用几种不同的加载图式分别在几个试验结构构件上进行试验。

试验时，也常常采用不同于设计计算所采用的荷载图式，主要原因如下。

（1）对设计计算时采用的荷载图式的合理性有所怀疑，因而在试验时采用某种更接近于结构实际受力情况的荷载布置方式。

例如，装配式钢筋混凝土的交梁楼面，设计时楼板和次梁均按简支进行计算，然而实际施工时由于整层混凝土一起浇筑使楼面的整体性加强，试验时必须考虑邻近构件对受载部分的影响，即要考虑荷载的横向分布，这时荷载图式就需按实际受力情况做适当变化。

（2）在不影响结构工作和试验成果分析的前提下，由于受试验条件的限制和为了加载的方便，可以改变加载图式，采用与计算简图等效的荷载图式。

例如，当试验承受均布荷载的梁或屋架时，为了试验方便和减少加载用的荷载量，常用几个集中荷载来代替均布荷载。但是，集中荷载的数量和位置使结构所产生的内力值应尽量与均布荷载所产生的内力值相符合。集中荷载可以很方便地用少数液压加载器或杠杆产生，这样不仅简化了试验装置，还可以大大减轻试验加载的劳动量。采用这样的方法时试验荷载的大小要根据相应等效条件换算得到，因此称为"等效荷载"。

采用等效荷载时，必须全面验算由于荷载图式的改变对结构构件造成的各种影响，必要时应对结构构件做局部加强，或对某些参数进行修正。如当构件满足强度等效，而整体变形（如挠度）条件不等效时，则需对所测变形进行修正。取弯矩等效时，尚需验算剪力对构件的影响,同时要把采用等效荷载的试验结果所产生的误差控制在试验允许的范围内。

2.3.3 试验加载装置设计

1. 加载装置的设计要求

1) 强度要求

对于加载装置的强度,首先要满足试验最大荷载量的要求,保证有足够的安全储备,同时要考虑到结构受载后有可能使局部构件的强度有所提高。

图 2-9 所示的钢筋混凝土框架在柱顶 B 点施加水平力 Q,柱上端施加轴向力 N 时,柱的剪力分别为 Q_{C1} 和 Q_{C2},则梁 BC 会增加轴向压力 Q_{C2}。当梁的屈服荷载由最大试验荷载决定时,梁所受的轴力使其强度有所提高,使原来按梁上无轴力情况的理论荷载所设计出来的加载装置不能将试件加载到破坏。另外,由于材料的性质及误差,即使设计中考虑了上述增加的轴力的影响,试件的最大强度也常常比预计的大。因此,在试验设计时加载装置的承载能力必须比试验最大荷载值要大,一般要求提高 70% 左右。

2) 刚度要求

试验加载装置也必须考虑刚度要求。正如混凝土应力-应变曲线下降段测试一样,在结构试验时如果加载装置刚度不足时,将难以获得试件极限荷载后的性能。

3) 真实要求

试验加载装置设计要能符合结构构件的受力条件,要求能模拟结构构件的边界条件和变形条件,严防失真。

如钢筋混凝土柱的弯剪试验,若采用图 2-10 所示的加载方法,在轴向力的加力点处会有弯矩产生,形成负面约束,以致其应力状态与设想的有所不同,为了消除柱端约束,在加载点和反力点处均应加设滚轴。

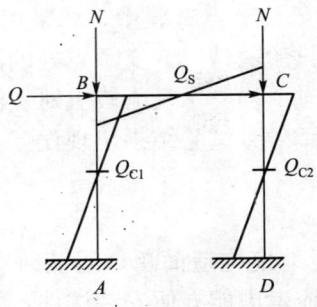

图 2-9 框架试验荷载图式

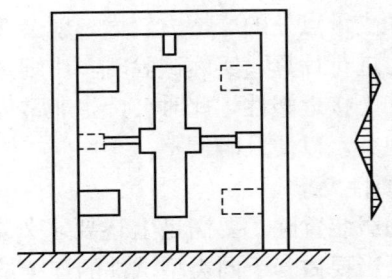

图 2-10 柱弯剪试验装置

又如图 2-11 所示是两种短柱受水平荷载试验,试验装置可以采用 2-11(a)所示的连续梁式加载,也可以采用图 2-11(b)所示建研式加载装置(日本建设省建筑研究所研制的一种专门进行偏压剪试验的加载装置)。建研式加载方法能保持短柱上下端面在加载过程中平行移动,显然对窗间短柱而言,这种装置更符合受力条件,因为连续梁式加载不能保证受剪的端面平行。

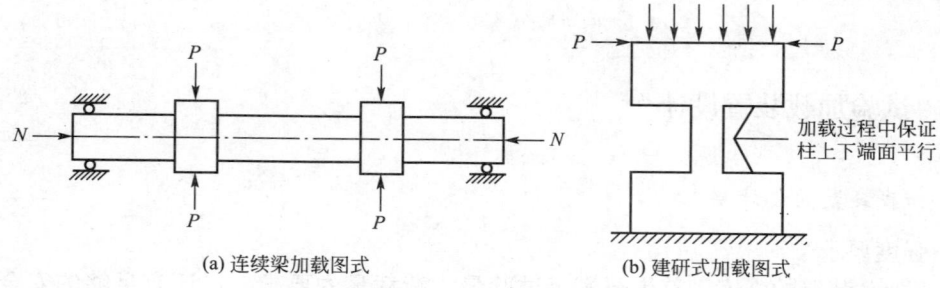

(a) 连续梁加载图式 (b) 建研式加载图式

图 2-11 偏压剪短柱的试验装置

在砖石或砌块的墙体推压试验中,图 2-12(a)所示的施加竖向荷载用的拉杆对墙体的横向变形产生约束,而图 2-12(b)所示的加载方式就能消除约束,较好地符合实际墙体的受力情况。

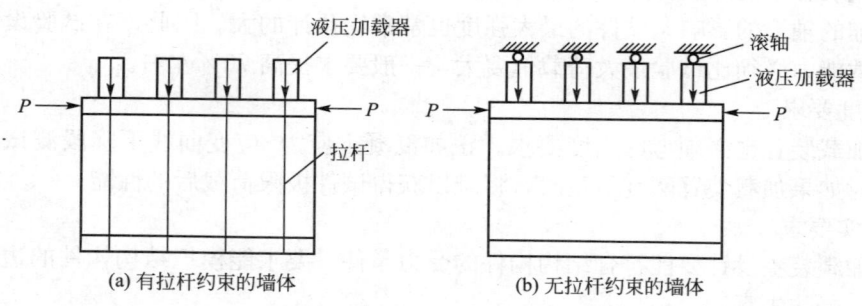

(a) 有拉杆约束的墙体 (b) 无拉杆约束的墙体

图 2-12 墙体推压试验装置

在加载装置中还必须注意试件的支承方式。前述受轴力和水平力作用的柱的试验,两个方向加载设备的约束会引起较为复杂的应力状态。在梁的弯剪试验中,加载点和支承点的摩擦力均会产生次应力,使梁所受的弯矩减小。在梁柱节点试验中,如采用 X 形试件,若加力点和支承点处的摩擦力较大,就会接近于抗压试验的情况。支承点处的滚轴可按接触承压应力进行计算。实际试验时多用细圆钢棒做滚轴,当支承反力较大时,滚轴可能产生变形,甚至接近塑性,此时会产生非常大的摩擦力,导致试验结果出现误差。试验过程中应随时观察,以便及时调整。

4) 简便性要求

试验加载装置除了要满足上述要求外,应尽可能地使构造简单,组装时花费时间较少,特别是当要做若干同类型试件的连续试验时,还应考虑能方便安装试件,并缩短其安装调整的时间。如有可能最好设计成多功能的,以满足各种试件试验的要求。

2. 试件的就位形式

1) 正位试验

一般的结构试验均采用正位试验,对于梁、板和屋架等简支的静定构件,正位试验时结构构件的受压区在上,受拉区在下,结构自重和它所承受的外荷载作用在同一垂直平面内,符合实际受力状态。因此,在结构试验中应优先采用正位试验。

2) 卧位试验

对于自重较大的梁、柱，跨度大、矢高的屋架及桁架等重型构件，当不便于吊装运输和进行测量时，可在现场就地采用卧位试验，这样就能大幅度降低试验装置的高度，便于布置量测仪表和数据测量。现场卧位试验较多采用成对构件试验的方法，即利用局部加强后的另一同类试件作为平衡机构。在采用卧位试验时，为减少构件变形及支承面间的摩擦阻力和自重弯矩，应将试件平卧在滚轴上或平台车上，使其保持水平状态，如图 2-13 所示。

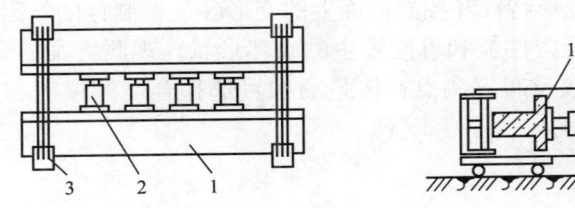

图 2-13　吊车梁成对卧位试验
1—试件；2—千斤顶；3—支承力架；4—滚动平车

3) 反位试验

对于混凝土构件进行抗裂或裂缝宽度试验时，为了便于观察裂缝和读取裂缝宽度值，可将试件倒过来安装，使其受拉区向上，这种形式称为反位试验。反位试验可以简化和减少加载装置，但外荷载首先要抵消构件自重。对于自重较大的混凝土构件，在反位试验安装时要特别注意自重反位作用可能引起受压区的开裂。

4) 原位试验

对已建结构进行现场试验时，均采用原位试验。试验的构件处于实际工作位置，它的支承情况、边界条件与实际工作状态完全一致。这种构件与单个构件的结构试验不完全一样，如支承不是理想的支座，邻近构件对试件部分产生卸载作用等，在试验设计时应特别引起注意。

2.3.4　试验加载制度的制定

根据国家标准《工程结构可靠性设计统一标准》（GB 50153—2008）和各种结构设计规范规定，结构的极限状态分为承载力极限状态和正常使用极限状态，还规定结构构件应按不同的荷载效应组合设计值进行承载力计算，以及稳定、变形、抗裂和裂缝宽度验算。因此，在进行结构试验前，首先应确定相应于各种受力状态的试验荷载。当进行承载力极限状态试验时，应确定承载力的试验荷载值。对构件的刚度、裂缝宽度进行试验时，应确定正常使用极限状态的试验荷载值。当试验混凝土的抗裂性时，应确定构件的开裂荷载试验值。

试验加载制度是指试验进行期间荷载与时间的关系。它包括加载速度的快慢、加载时间间歇的长短、分级荷载大小和加载卸载循环的次数等。结构构件的承载力和变形性质与其所受荷载作用的时间特性有关。不同性质的试验必须根据试验的要求制定不同的加载制度。对于结构静力试验，一般采用预加载、设计试验荷载或变形的低周反复加载，而结构拟动力试验则由计算机控制，按结构受地震地面运动加速度作用后的位移反应时程曲线进行加载试验。一般结构动力试验采用正弦激振试验，而结构抗震的地震模拟振动台则采用模拟地震地面运动加速度地震波的激振试验。

2.4 试验观测方案设计

观测是根据受力结构的变形特征和控制截面上的变形参数来制订的，因此要预先估算出结构在试验荷载作用下的受力性能和可能发生的破坏形状。观测方案的内容主要包括：确定观测项目；选定观测区域及布置测点；按量测项目选择合适的仪表和确定试验观测方法。

2.4.1 观测项目的确定

1. 结构静力试验的观测项目

结构在试验荷载及其他模拟条件下的变形可以分为两类：一类反映结构整体工作状况，如梁的最大挠度及其整体挠曲曲线，拱式结构和框架结构的最大垂直和水平位移及其整体变形曲线，杆塔结构的整体水平位移及基础转角等；另一类反映结构的局部工作状况，如局部纤维变形，裂缝以及局部挤压变形等。

在确定试验的观测项目时，首先应考虑整体变形，因为结构的整体变形最能概括其工作的全貌，结构任何部位的异常变形或局部破坏都能在整体变形中得到反映。如通过一榀屋架的挠度曲线测量，不仅可以知道结构的刚度变化，而且可以知道它的弹性和非弹性性质，其挠度曲线的不正常发展还说明某些特殊的局部现象。对于一般的生产鉴定性试验，只测定最大挠度一项也能做出基本的定量分析。

其次是局部变形测量，如钢筋混凝土结构的裂缝出现直接说明其抗裂性能，而控制截面上的应变大小和方向则可推断截面应力状态，并验证设计是否合理，计算是否正确。在非破坏性试验中，实测应变是推断结构应力状态和极限强度的主要指标。在结构处于弹塑性阶段时，应变、曲率、转角或位移的量测和描绘，也是判定结构工作状态和抗震性能的主要依据。

总的来说，试验本身能充分说明外部作用与结构变形的相互关系，但观测项目和测点布置必须满足分析和推断结构工作状态的需要。

2. 结构拟静力试验和拟动力试验的观测项目

结构拟静力试验是在低周反复荷载作用下模拟地震对结构的作用。它由反映试件变形能力的延性系数的大小和荷载-变形滞回曲线的形状等作为评价和衡量结构抗震性能的指标，而延性系数则由结构的极限变形与屈服变形的比值来决定。所以试验观测项目也是各种变形，如位移、转角、曲率、剪切变形、应变等，它可以是整体变形，也可以是局部变形。具体测量的内容随试件的类型和受力状态而变化，如梁式受弯构件主要量测跨中挠度或梁的曲率；墙体试件主要量测顶部自由端的侧向水平位移或底部固定端的剪切转角；梁柱节点试验可量测梁柱自由端点的位移、连接处的转角、梁的曲率、节点核心区的剪切变形等。

结构拟动力试验的观测项目与拟静力试验相类似，应量测结构各层的位移和相应的恢复力，由此求得相应的层间恢复力特性曲线。要量测结构的钢筋应变、节点转角和剪切变形，以及钢筋的粘结滑移等，有时还须量测在不同地震加速度作用下结构主要部位位移反应的过程曲线。

3. 结构动力试验和抗震动力试验观测项目

结构动力试验和结构抗震试验观测的项目有反映结构动力特性和结构动力反应的有关参数，如振动频率、振幅、振型、阻尼、加速度和动应变等，这些参数都是时间和空间的函数。结构动力特性主要量测结构的自振频率(周期)、振型和阻尼。结构动力反应测试内容是各种动态参数，如振幅、频率(频谱)、加速度、动应变等，还有结构的振动形态和动力系数。结构抗震试验测试的项目主要是位移、加速度和动应变，由此研究结构的地震作用、层间位移和构件受力情况，评定结构的抗震能力。

2.4.2 测点的选择和布置

用仪器对结构或构件进行内力和变形等参数量测时，测点的选择与布置有以下原则。

1. 结构静载试验布点原则

(1) 在满足试验目的的前提下，测点宜少不宜多，以便使试验工作重点突出。

(2) 测点的位置必须有代表性，便于分析和计算。

(3) 为了保证量测数据的可靠性，应布置一定数量的校核性测点。这是因为在试验过程中，由于偶然因素会有部分仪器或仪表工作不正常或发生故障，影响量测数据的可靠性。因此不仅在需要量测的部位设置测点，也要在已知参数的位置上布置校核性测点，以便于判别量测数据的可靠程度。

(4) 测点的布置对试验工作的进行应该是方便的、安全的。安装在结构上的附着式仪表在达到正常使用荷载的 1.2~1.5 倍时应该拆除，以免结构突然破坏而使仪表受损。为了测读方便、减少观测人员，测点的布置尚宜适当集中，便于一人管理多台仪器。控制部位的测点大都处于有危险的部位，应妥善考虑安全措施，必要时应该选择特殊的仪器仪表或特殊的测定方法来满足量测要求。

2. 结构动载试验布点原则

(1) 结构动载试验布点原则与静力试验一样，将测点布置在要求被测量结构反应的最大部位。当需要量测结构振型或在动力荷载作用下结构的强迫振动形态曲线时，则需要在结构上连续布置一定数量的测点，一般至少要五个测点，由各点动位移的连线求得。由于结构振动有正负方向，因此要注意仪器的相位，并要求各测点仪器必须同步，以确定结构的振型和振动形态位移值的正负。

(2) 地震模拟振动台整体结构模型试验时，为量测试件在地震作用下的加速度反应，一般在结构各楼层的楼面和屋面处布置加速度传感器，并可由此求得该处的地震作用。同样，在各楼面和屋面处量测动位移，可由此测得结构振型和地震作用下的振动曲线，并由各点动位移的时程曲线分析求得结构的频率和阻尼等参数。

2.4.3 仪器的选择与测读

1. 仪器的选择

从观测的角度讲,选择仪器应考虑如下问题。

(1) 选择的仪器仪表必须能满足试验所需的精度与量程要求,能用简单仪器仪表的就不要选择精密的。精密量测仪器的使用要求有比较良好的环境和条件,选用时,既要注意条件,又要避免盲目追求精度。试验中若仪器量程不够,中途调整必然会增大量测误差,应尽量避免。

(2) 现场试验由于仪器所处条件和环境复杂,影响因素较多,电测仪器的适应性就不如机械式仪表。测点较多时,机械式仪表却不如电测仪器灵活、方便,选用时应做具体分析和技术比较。

(3) 试验结构的变形与时间因素有关,测读时间应有一定限制,必须遵守有关试验方法标准的规定,仪器的选择应尽可能测读方便、省时,当试验结构进入弹塑性阶段时,变形增加较快,应尽可能使用自动记录仪表。

(4) 为了避免量测的误差和方便工作,量测仪器的型号、规格应尽可能一致,种类越少越好。有时为了控制试验观测结果的准确性,常在控制测点或校核性测点上同时使用两种类型的仪器,以便比较。

2. 仪器的测读

仪器的测读应按一定的程序进行,具体的测试方法与试验方案、加载程序有密切关系,应当注意以下几点。

(1) 在进行测读时,主要的原则是全部仪器的读数必须同时进行,至少也要基本上同时。只有将同时测得的数据联合起来才能说明结构在某一承载状态下的实际情况。

(2) 测读时间一般选在试验荷载过程中加载间歇的时间内,最好在每次加载完毕后的某一时间(如 5min)开始按程序测读一次;到加下一级荷载前,再观测一次读数。根据试验的需要也可以在加载后立即记取个别重要测点仪器的数据。

(3) 当恒载时间较长,按结构试验的要求,应测取恒载下变形随时间的变化。空载时,也应测取变形随时间的恢复情况。

(4) 每次记录仪器的读数时,应该同时记下周围的温度。

(5) 重要的数据应边做记录,边做初步整理,同时算出每级荷载的读数差,与预计的理论值进行比较。

2.5 材料的力学性能与结构试验的关系概述

2.5.1 材料的力学性能与结构试验关系概述

一个结构或构件的受力和变形特点,除受荷载等外界因素影响外,还取决于组成这个结构或构件的材料内部抵抗外力的性能。充分了解材料的力学性能，对于在结构试验前或试验过程中正确估计结构的承载能力和实际工作状况，以及在试验后整理试验数据、处理试验结果等工作中都具有非常重要的意义。

在结构试验中按照结构或构件材料性质不同，必须测定相应的一些基本的数据，如混凝土的抗压强度、钢材的屈服强度和抗拉极限强度、砖石砌体的抗压强度等。在科学研究性的试验中为了了解材料的荷载-变形关系及其应力-应变关系，需要测定材料的弹性模量。有时根据试验研究的要求，尚需测定混凝土材料的抗拉强度以及各种材料的应力-应变曲线等有关数据。

测量材料各种力学性能时，应该按照国家标准或行业标准规定的标准试验方法进行，试件的形状、尺寸、加工工艺及试验加载、测量方法等都要符合规定的统一标准。由这种标准试件试验得出相应的强度，称为"强度标准值"，作为比较各种材料性能的相对指标。同时也把测定所得其他数据（如弹性模量）作为用于结构试验资料整理分析或该项试验理论分析的有关参数。

在结构抗震研究中，根据地震作用的特点，在结构上施加周期性反复荷载，结构将进入非线性阶段工作，因此相应的材料试验也需在周期性反复荷载作用下进行，这时钢筋将会出现"包辛格效应"。对于混凝土材料就需要进行应力-应变曲线全过程的测定，特别要测定曲线的下降段部分，还需要研究混凝土的徐变-时间和握裹力-滑移等关系，以便为结构非线性分析提供依据。

2.5.2 材料力学性能试验方法

在结构试验中确定材料力学性能的方法有直接试验法与间接试验法两种。

1. 直接试验法

直接试验法是最普通和最基本的测定方法。它是把材料按规定做成标准试件，然后在试验机上用规定的试验方法进行加载试验来测定。这时要求制作试件的材料应该尽可能与结构试件的工作情况相同。对钢筋混凝土结构来说，应该使它们的材性、级配、龄期、养护条件和加载速度等保持一致。同时必须注意，如果采用的试件尺寸和试验方法有别于标准试件，则应将试验结果按规定换算为标准试件的结果，即对材料的试验结果进行尺寸修正。这种方法对于科学研究性试验是完全可以满足的，就是在制作结构构件的同时，留出足够组数的标准试件，配合试验研究工作的需要，测定材料力学性能的参数。

2. 间接试验法

间接试验法也称为"非破损试验法"或"半破损试验法"。对于已建结构的生产鉴定性试验，由于结构的材料力学性能随时间发生变化，为判断结构目前实际具有的承载能力，在没有同条件试块的情况下，必须通过对结构各部位现有材料的力学性能检测来决定。非破损试验是采用某种专用设备或仪器，直接在结构上测量与材料强度有关的另一物理量，如硬度、回弹值、声波传播速度等，通过理论关系或经验公式间接推算出材料的力学性能。半破损试验是在结构或构件上进行局部微破损或直接取样，推算出材料强度的方法。由间接测定法所得的材料力学性能可直接用于结构构件承载力的鉴定。

材料性能试验的间接测定方法自20世纪50年代开始就被应用。近年来，由于电子技术、固体物理学等的发展和应用,已经研制了一批精度足够和性能良好的仪器设备,使非破损试验发展成为一项专门的新型试验技术。本书第 9 章中将做专门介绍。

2.5.3 材料力学性能的试验对强度指标的影响

材料的力学性能指标是由钢材、钢筋和混凝土等各种材料分别制成试样或试块进行结构试验的平均值。但是,由于材质的不均匀性等原因,测定的结果必然会产生较大的波动。尤其当试验方法不妥时,波动值将会更大。

长期以来人们通过生产实践和科学实验发现试验方法对材料强度指标有着一定的影响,特别是试件的形状、尺寸和试验加载速度(应变速率)对试验结果的影响尤为显著。对于同一种材料,仅仅由于试验方法与试验条件的不同,就会得出不同的强度指标。对于混凝土这类非均匀材料,它的强度尚与材料本身的组成(骨料的级配、水灰比等)、制作工艺(搅拌、振捣、成形、养护等)以及周围环境、材料龄期等多种因素有关,在进行材料的力学性能试验时,更需加以注意。下面就混凝土材料的力学性能试验做进一步的说明。

1. 试件尺寸与形状的影响

国际上,测定混凝土材料强度的试件常用立方体和圆柱体两种。按照国家标准《普通混凝土力学性能试验方法标准》(GB/T 50081—2002)规定,采用 150mm×150mm×150mm 的立方体试件测定的抗压强度为标准值;$h/a=2$ 的 150mm×150mm×300mm 的棱柱体试件(h 为试件的高度,a 为试件的边长)为测定混凝土轴心抗压强度和弹性模量的标准试件。国外采用圆柱体试件时,试件尺寸为 $h/d=2$ 的 ϕ100mm×200mm 或 ϕ50mm×300mm 的圆柱体(h 为圆柱体高度,d 为圆柱体直径)。

随着材料试件尺寸的缩小,在试验中出现了混凝土强度会系统地稍微有提高的现象。一般情况下,截面较小而高度较低的试件得出的抗压强度偏高,其原因可归结为试验方法和材料本身两个方面的因素。试验方法问题可解释为试验机压板对试件承压面的摩擦力起的箍紧作用,由于受压面积与周长的比值不同而影响程度不一,对小试件的作用比对大试件要大。材料自身的原因是由于内部存在缺陷(裂缝),表面和内部硬化程度的差异在大小不同的试件中影响不同,随试件尺寸的增大而增加。

采用立方体或棱柱体的优点是制作方便,试件受压面是试件的模板面,平整度易于保证。但浇注时试件的棱角处多由砂浆来填充,因而混凝土拌合物的颗粒分布不及圆柱体试件均匀。由于圆柱体试件无棱角,边界条件的均一性好,所以圆柱体截面应力分布均匀。此外,圆柱体试件外形与钻芯法从结构上钻取的试样一致。但圆柱体试件是立式成型,试件的端面即试验加载的受压面比较粗糙,因此造成试件抗压强度的离散性较大。

2. 试验加载速度的影响

在测定材料力学性能试验时,加载速度(应变速率)越大,引起材料的应变速率越高,试件的强度和弹性模量也就相应提高。

钢筋的强度随加载速度的提高而加大。图 2-14(a)是国外所做的软钢试验,图中的 $\dot{\varepsilon}$ 表示应变速率;图 2-14(b)是国内所做的试验结果,图中 t_s 表示达到屈服的时间,反映了加载速度。显然,加荷速度和应变速率对强度是有影响的,但加荷速度基本上不改变弹性模量和图形的形状。

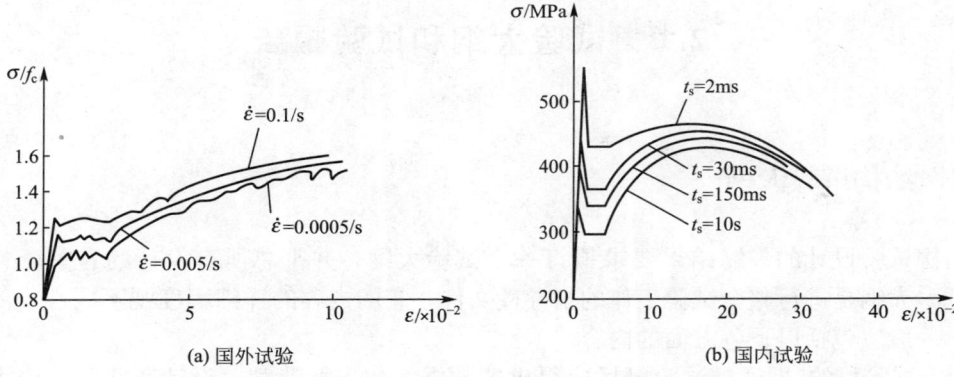

图 2-14 钢筋在不同应变速率下的应力-应变关系

在打桩、爆炸等一类冲击荷载作用下，钢筋可以直接受到高速增加的荷载；但在地震力作用下，钢筋的应变速率取决于构件的状态。以钢筋混凝土框架而言，钢筋应变速率大致在 0.01/s～0.02/s。

尽管混凝土是非金属材料，但也和钢筋一样，随着加载速度的增加，其强度和弹性模量也有所提高。应变速率很高时，由于混凝土内部细微裂缝来不及发展，初始弹性模量随应变速率加快而提高。图 2-15 表示了变形速率对混凝土应力-应变曲线的影响。一般认为试件开始加载并在不超过破坏强度值的 50% 内，可以用任意速度进行，而不会影响最后的强度指标。

从图 2-16 可以看到，应力-应变曲线的上升段（从原点到曲线顶点的一段）随应变速率变化的波动远比下降段（顶点以后的一段）小得多。因此，在做常规的静力应力-应变曲线时，不大的应变速率变化对下降段显示出较大的影响。

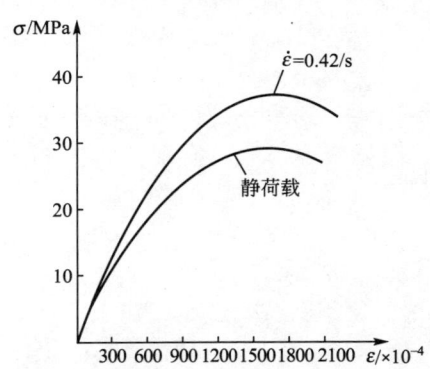

图 2-15 不同应变速率的混凝土应力-应变曲线

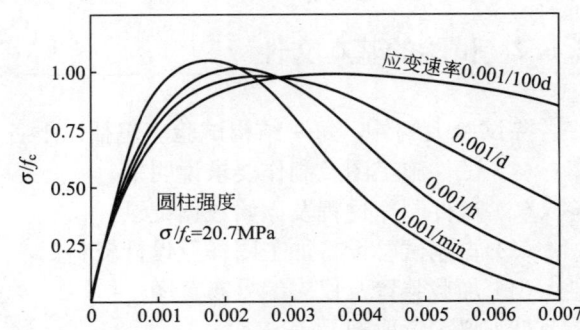

图 2-16 应变速率对混凝土应力-应变曲线下降段的影响

实际混凝土抗压试件试验中，当加载速率使截面应力变化从 0.25MPa/s 提高到 7MPa/s 时，抗压强度指标可增长 9%；当从 0.25MPa/s 的应力降低到 0.007MPa/s 时，则强度将降低 10%～15%。

2.6 试验大纲和试验报告

2.6.1 结构试验大纲

结构试验设计的最终结果要求拟订一个试验大纲,并汇总所有设计的有关资料和文件。试验大纲是进行整个试验工作的指导性文件,它的内容的详细程度视不同性质的试验而定,一般应包括以下各方面的内容。

(1) 试验目的(即通过试验最后应得出的数据,如破坏荷载、设计荷载下的内力分布和挠度曲线,荷载-变形曲线等)。

(2) 试验设计与制作要求(试件设计的依据及理论分析,试件数量及施工图,对试件原材料、制作工艺和精度等的要求)。

(3) 辅助试验内容(辅助试验的目的、试件种类、数量和尺寸、试件制作要求、试验方法等)。

(4) 试件的安装与就位(试件的支座装置、保证侧向稳定的装置等)。

(5) 加载方法(荷载数量及种类、加载设备、加载装置、加载图式和加载程序等)。

(6) 量测方法(测点布置、仪器型号、仪表标定方法、测点布置与编号、仪表安装方法和量测程序)。

(7) 试验过程的观察方案(试验过程中除仪表读取外在其他方面应做的记录)。

(8) 安全措施(安全装置、脚手架、技术安装规定等)。

(9) 试验进度计划。

(10) 经费使用计划(试验经费的预算计划)。

(11) 附件(经费、器材及仪器设备清单等)。

2.6.2 试验的基本文件

除试验大纲外,每一结构试验应包括以下各个文件。

(1) 试件施工图及制作要求说明书。

(2) 试件制作过程及原始数据记录。

(3) 自制试验设备加工图样及设计资料。

(4) 加载装置及仪表编号布置图。

(5) 仪表读取记录表。

(6) 量测过程记录(包括照片、测绘图及试验过程的录像等)。

(7) 试件材料及原材料性能的测定。

(8) 试验数据的整理分析及试验结果总结,包括整理分析所依据的计算公式,整理后的数据图表等。

(9) 试验工作日志。

2.6.3 试验报告

试验报告是全部试验工作的集中反映,编写应力求精简扼要,试验报告有时可不单独编写,而作为研究报告中的一部分。试验报告一般包括以下内容。

(1) 试验目的。
(2) 试验对象的简介和考察。
(3) 试验方法及依据。
(4) 试验情况及问题。
(5) 试验成果处理与分析。
(6) 技术结论。
(7) 附录。

试验大纲和试验文件都是原始资料,在试验工作结束后均应整理并装订成册,归档保存。

本 章 小 结

本章系统地介绍了土木工程结构试验前期各项准备工作的技术要求,包括试件设计、荷载设计、观测设计、材料的力学性能试验以及结构试验大纲和试验基本文件的编制等基本内容。学习本章后,应重点掌握试件的形状、尺寸与试件数量设计的基本要求;重点掌握结构试验荷载的加载图式、加载方案的设计原理和方法;能够正确确定观测项目,合理选择观测仪器;并对材料的力学性能以及结构试验大纲的编制有一定的了解。

思 考 题

1. 结构试验包括哪些主要环节?
2. 简述试件数量设计的原则和方法。
3. 在结构试验的测试方案设计中,主要应考虑哪些内容?
4. 荷载设计的内容有哪些?
5. 简述结构试验大纲所包含的内容。
6. 某试验拟用 3 个集中荷载代替简支梁设计承受的均布荷载,试确定集中荷载的大小及作用点,画出等效内力图($P=qL/3$,两侧加载点距支座 $L/8$)。

第3章 结构试验的荷载与加载设备

教学目标

掌握实验室和现场结构试验常用的各种加载方法,以及加载装置、试验设备和支承装置的使用;重点掌握液压加载方法,理解电液伺服加载原理与方法,着重掌握各种加载方法的作用方式、工作特点和要求,以及各种加载方法的适用范围等,并能在结构试验设计中选择和设计加载方案。

教学要求

知识要点	能力要求	相关知识
结构试验加载方法	(1) 掌握重物加载法、机械力加载法、气压加载法、液压加载法、惯性力加载法、电磁加载法、现场激振方法以及相应的加载设备 (2) 了解各种加载设备的性能特点和各种加载设备的基本结构	荷载模拟 液压加载
荷载支承设备和试验台座	(1) 掌握支座、支墩的设计与设置要求 (2) 掌握加荷架的设置要求与试验台座的种类	

引言

进行土木工程结构试验时应在试验结构上再现要求的荷载,即试验荷载。试验荷载绝大多数是模拟荷载,而产生这些模拟荷载的方法很多,一般都通过加载设备和试验装置实现。加载的设备有哪些?加载设备的性能特点如何?如何正确地选择试验装置?这些都是决定结构试验成败的关键。本章将介绍常用的加载设备和试验装置。

3.1 荷载与加载设备概述

作用于工程结构上的荷载种类繁多。就直接作用而言,有结构的自重;建筑物楼(屋)面的活荷载、雪荷载、灰载、施工荷载;作用于工业厂房上的吊车荷载、机械设备的振动荷载;作用于桥梁上的车辆振动荷载;作用于海洋平台上的海浪冲击荷载等;在特殊情况下，还有地震、爆炸等荷载。除了直接作用，一般情况下还有温度变化、地基不均匀沉降、结构内部物理或化学作用等间接作用。

以上荷载按其作用的范围分，有分布荷载和集中荷载；按作用的时间长短分，有短期荷载和长期荷载；按荷载对结构的动力效应分，有静力荷载和动力荷载等。

结构试验除极少数是在实际荷载下实测外，绝大多数是在模拟荷载条件下进行的。结构试验的荷载模拟即是通过一定的设备与仪器，以最接近真实的模拟荷载再现各种荷载对结构的作用。荷载模拟技术是结构试验最基本的技术之一。

在具体的工程结构试验中，决定加载技术时，应根据试件的结构特点、试验目的、实验室设备和现场具备的条件以及经费开支等综合考虑。正确合理的荷载设计是整个试验工作的重要环节之一。

结构试验中荷载的模拟方法、加载设备有很多种，如静力试验有利用重物直接加载法、通过重物和杠杆作用的间接加载的重力加载法；利用液压加载器（千斤顶）、液压加载系统（液压试验机、大型结构试验机）的液压加载法；利用吊链、卷扬机、绞车、花篮螺栓、螺旋千斤顶和弹簧的机械加载法，以及利用气体压力的气压加载法。在动力试验中一般利用惯性力或电磁系统激振，比较先进的设备是由自动控制、液压和计算机系统相结合组成的电液伺服加载系统和由此作为振源的地震模拟振动台加载等设备，此外还有人工爆炸和利用环境随机激振（脉动法）等方法。

在选择加载方法和加载设备时，应满足下列基本要求。

(1) 荷载值准确稳定且符合实际荷载作用模式及传递模式，产生的内力或在要分析部位产生的内力与设计计算等效。

(2) 荷载易于控制，能够按照设计要求的精度逐级加载和卸载。

(3) 加载设备本身应具有足够的承载力、刚度，确保加载和卸载安全可靠。

(4) 加载设备不应参与试验结构或构件的工作，不影响结构自由变形，不影响试验结构受力。

(5) 试验加载方法力求采用先进技术，减少人为误差，提高工作效率。

3.2 重物加载法

重力荷载是利用重物本身的重量施加在结构上作为模拟荷载。常用的重物有铁块、混凝土块、砖、水、沙石，甚至废构件钢锭等。重物可以直接加在试验结构上，也可以通过杠杆系统间接加在试件上。重物加载的优点是荷载值稳定，不会因结构的变形而减少，而且不影响结构的自由变形，特别适用于长期荷载和均布荷载试验。

3.2.1 重物直接加载法

重物可以有规则地放置于结构上，作为均布荷载，如图 3-1 所示，也可以通过荷载盘、箱子、纤维袋等加集中荷载，如图 3-2 所示，此时，吊杆与荷载盘的自重应计入第一级荷载。借助钢索和滑轮导向，可对结构施加水平荷载，如图 3-3 所示。

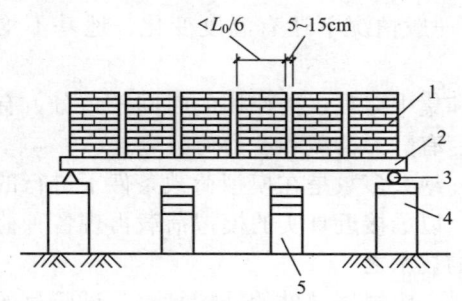

图 3-1 重物对板加均布荷载
1—重物；2—试验板；3—支座；
4—支墩；5—保护垫块

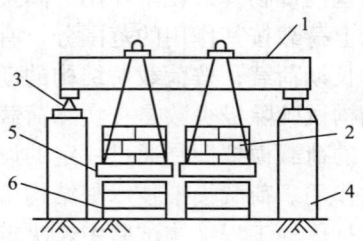

图 3-2 用重物加垂直集中荷载
1—试件；2—重物；3—支座；
4—支墩；5—荷载盘；6—垫块

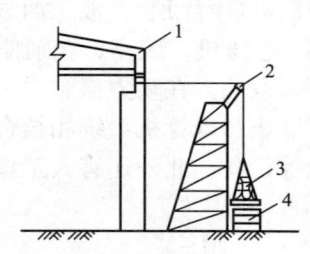

图 3-3 用重物加水平集中荷载
1—试件；2—滑轮；3—重物；
4—垫块

重物加载应注意以下几个问题。当采用铸铁砝码、砖块、袋装水泥等做均布荷载时应分垛堆放，垛间保持 $5\sim15\,\mathrm{cm}$ 的间隙（图 3-1），垛宽应小于计算跨度的 $1/6$。当采用砂、石等松散颗粒材料作为均布荷载时，切勿连续松散堆放，宜采用袋装堆放，以防止砂石材料摩擦角引起拱作用而产生卸载影响，以及砂石重量随环境湿度不同而引起的含水率变化而造成荷载不稳定。散粒状重物应装成袋或装入放在试件上面不带底的箱子中，箱子沿试件跨度方向不得少于两个，箱子间距不小于 $25\,\mathrm{cm}$，避免荷载起拱而影响结构工作。吸水性大的重物必须干燥，保持恒重，使用中应有防雨措施。

利用水做均布荷载试验，如图 3-4 所示是一种简易方便而且又十分经济的加载方法。加载时可直接用自来水管放水，水的比重为 1，从标尺上的水深就可知道荷载值的大小，卸载也方便，可采用虹吸管原理放水卸载，特别适用于网架结构和平板结构加载试验。缺点是全部承载面被水掩盖，不利于布置仪表和观测。当结构产生较大变形时，要注意水荷载的不均匀性所产生的影响。

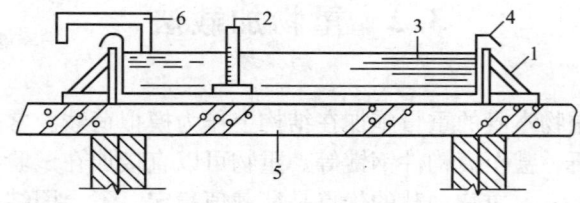

图 3-4 用水做均布荷载的装置
1—侧向支撑；2—标尺；3—水；4—防水胶布或塑料布；5—试件；6—水管

对于桥梁结构静载试验，常以载重汽车装载混凝土块或沙石料等组成重力荷载系统。

3.2.2 重物杠杆加载法

利用重物加载往往会受到荷载量级的限制，此时可利用杠杆原理将荷重放大作用于结构上。杠杆制作方便，荷载值稳定不变。当结构有变形时，荷载可以保持恒定，对于做持久荷载试验尤为适合。杠杆加载的装置根据实验室或现场试验条件的不同,有图3-5所示几种方案。根据试验需要,当荷载不大时,可以用单梁式或组合式杠杆;荷载较大时,则可采用桁架式杠杆。

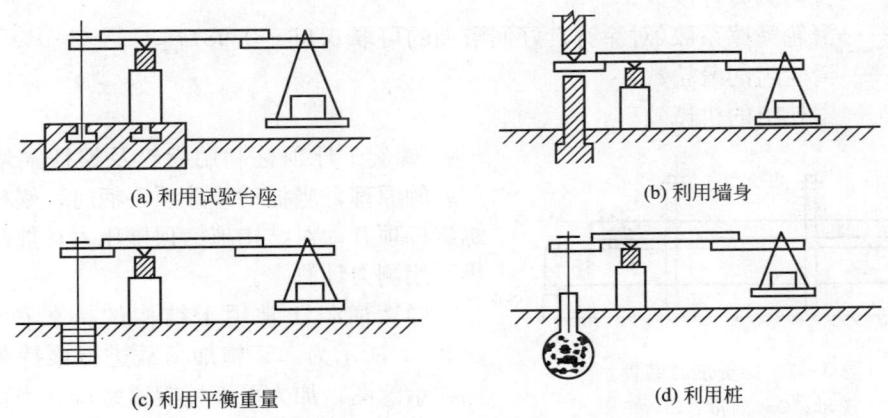

图3-5 杠杆加载装置

利用杠杆加载比单纯重物加载省工省时,但杠杆应有足够刚度,杠杆比一般不宜大于5。三个支点应在同一直线上,避免杠杆放大比例失真,保证荷载稳定、准确。现场试验,杠杆反力支点可用重物、桩基础、墙洞等支承,如图3-5所示。

为了方便加载和分组,并尽可能减小加载时的冲击力,重物的块(件)重一般不宜大于25kg,并不超过加载面积上荷载标准值的1/10,保证分组精度及均匀分布。随机抽取20块检查,若每块误差不超过平均重的±5%时,荷载值可按平均重计算。

重力加载方法的优点是设备简单、取材方便、荷载恒定;缺点是荷载量不能很大,操作笨重。当进行破坏试验时,因不能自动卸载,应特别注意安全,一般应在试件底部或荷载盘底下,加可调节的托架或垫块,并随时与试件或盘底保持50mm左右的间隙,以备破坏时托住试件,防止其突然倒塌造成事故。

3.3 机械力加载法

机械力加载是利用各种机械施加作用力的一种方法。机械加载常用的机具有吊链、卷扬机、绞车、花篮螺栓、螺旋千斤顶及弹簧等。吊链、卷扬机、绞车、花篮螺栓等配合钢丝或绳索对结构施加拉力,还可以与滑轮组联合使用改变力的作用方向和大小。拉力的大小通常由拉力测力计测定,根据测力计的量程有两种安装方式:当测力计量程大于最大加载值时,用图3-6(a)所示串联方式,直接测量绳索

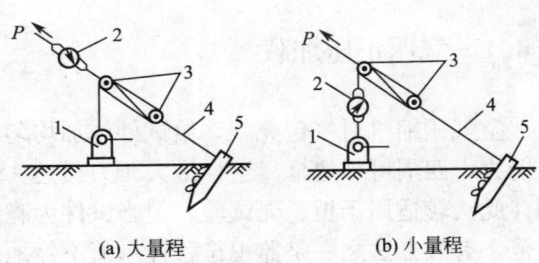

图3-6 拉力测力装置
1—绞车或卷扬机;2—测力计;3—滑轮;
4—钢索;5—桩头

拉力；当测力计量程小于最大加载值时，需要用图3-6(b)所示的安装方式，此时作用在结构上的实际拉力应为

$$P = \phi \cdot n \cdot K \cdot p \tag{3-1}$$

式中　　p——拉力测力计读数；

　　　　ϕ——滑轮摩擦系数(对涂有良好润滑剂的可取0.96～0.98)；

　　　　n——滑轮组的滑轮数；

　　　　K——滑轮组的机械效率。

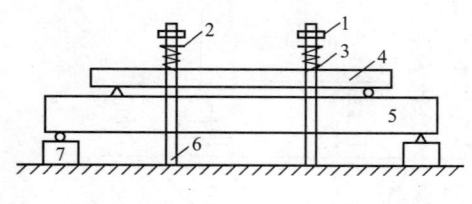

图3-7　弹簧加载装置
1—螺母；2—衡量；3—弹簧；
4—分配梁；5—试件；6—螺杆；7—支墩

螺旋千斤顶是利用齿轮及螺杆式蜗杆机构传动的原理，当摇动千斤顶手柄时，蜗杆就带动螺旋杆顶升，对结构施加顶推压力，加载值的大小可用测力计测定。

弹簧加载法常用于结构的持久荷载试验。图3-7所示为弹簧施加荷载进行梁持久试验的加载示意图。加力可直接旋紧螺母，当荷载较大时，先用千斤顶压缩弹簧后再旋紧螺母。弹簧变形与压力值的关系预先测定，试验时测量弹簧变形便可知道作用力。结构变形会自动卸载，卸载超出允许范围时应及时补充。

现场试验时，使用倒链进行加载，简捷方便，能够改变荷载方向，空间布置相对比较灵活。

机械力加载的优点是设备简单，容易实现。当通过索具加载时，很容易改变荷载作用方向。故在建筑物、柔性构筑物(如塔架等)的实测或大尺寸模型试验中，常用此法施加水平集中荷载。其缺点是荷载值不大，当结构在荷载作用点产生变形时，会引起荷载值的改变。

3.4　气压加载法

利用气体压力对结构加载称为气压加载。气压加载有两种，利用压缩空气加载和利用抽真空产生负压对结构加载。气压加载的特点是产生的是均布荷载，对于平板、壳体、球体试验尤为适合。

3.4.1　气压正压加载

空气压缩机对气包充气，给试件施加均匀荷载，如图3-8(a)所示。为了提高气包耐压能力，四周可加边框。这样最大压力可达180kN/m²。压力用不低于1.5级的压力表量测。此法较适用于板、壳试验，但当试件为脆性破坏时，气包可能发生爆炸，要加强安全防范。有效办法之一是监视位移计示值不停地急剧增加时，立即打开泄气阀卸载；有效办法之二是试件上方架设承托架，承力架与承托架间用垫块调节，随时使垫块与承力架横梁保持微小间隙，以备试件破坏时搁住，不致因气包卸载而引起爆炸。

压缩空气加载的优点是加载、卸载方便，压力稳定；缺点是结构的受载截面被压住无

法布设仪表观测。

3.4.2 真空负压加载

用真空泵抽出试件与台座围成的封闭空间的空气，形成大气压力差对试件施加均匀荷载，如图 3-8(b) 所示。最大压力可达 $80 \sim 100 \text{kN/m}^2$。压力值用真空表(计)量测。保持恒载由封闭空间与外界相连通的短管与调节阀控制。试件与围壁间缝隙可用薄钢板、橡胶带粘贴密封。试件表面必要时可刷薄层石蜡，这样既可堵住试体微孔，防止漏气，又能突出裂缝出现后的光线反差，用照相机可明显地拍下照片。此法安全可靠，试件表面又无加载设备，便于观测，特别适用于不能从板顶面加载的板或斜面、曲面的板壳等加垂直均匀荷载。这种方法在模型试验中应用较多。

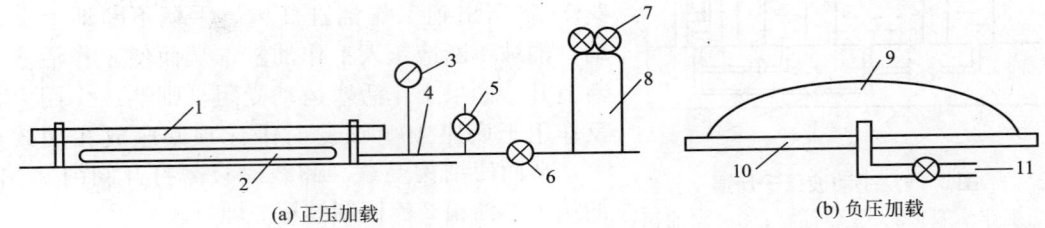

图 3-8 气压加载示意图

1—板试件；2—气囊；3—压力表(或用 U 形管量测)；4—管道；5—泄气针阀；6—进气针阀；
7—减压阀；8—空气压缩机；9—试验壳体；10—支承板；11—接真空泵

气压加载试验的关键在于管线和气室的密封情况良好，基础要有足够的强度，板壳四周的支承要满足位移边界条件。试验时如果温度发生变化会造成荷载不稳定，则需要增加恒压控制回路，使气体压力保持在允许的控制范围内。

3.5 液压加载法

液压加载一般为油压加载，这是目前结构试验中普遍应用且比较理想的一种加载方式。它的最大优点是利用油压使液压加载器(千斤顶)产生较大的荷载，试验操作安全方便，无需大量的搬运工作，特别是对于要求荷载点数多，吨位大的大型结构试验更为合适。尤其是电液伺服液压加载系统在试验加载设备中得到广泛应用，为结构动力试验模拟地震荷载、海浪波等不同特性的动力荷载创造了有利条件，应用到结构的拟静力、拟动力和结构动力加载中，使动力加载技术发展到一个新的水平。

3.5.1 液压加载器

液压加载器俗称千斤顶，是液压加载设备中的一个主要部件。其主要工作原理是用高压油泵将具有一定压力的液压油压入液压加载器的工作油缸，使之推动活塞对结构施加荷载。荷载值可以用油压表示值和加载器活塞受压底面积求得，用这种方法得到的荷载值较粗；也可以用液压加载器与荷载承力架之间所置的测力计直接测读。现在常用的方法是用传感器将信号输送给电子秤或应变仪显示或由记录器直接记录。

根据不同的结构和功能，液压加载器分为液压千斤顶、单向作用液压加载器、双向作用液压加载器和电液伺服作动器。

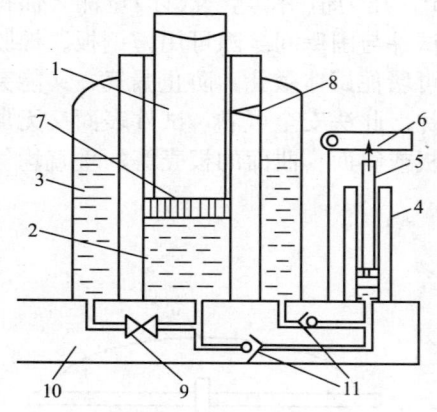

图 3-9 手动液压千斤顶

1—工作活塞；2—工作油缸；3—储油箱；
4—油泵油缸；5—油泵活塞；6—手柄；
7—油封；8—安全阀；9—泄油阀；
10—底座；11—单向阀

1. 手动液压千斤顶

手动液压千斤顶主要包括手动油泵和液压加载器两部分，其构造原理如图 3-9 所示。当手柄 6 上提带动油泵活塞 5 向上运动时，油液从储油箱 3 经单向阀 11 被抽到油泵油缸 4 中，当手柄 6 下压带动油泵活塞 5 向下运动时，油泵油缸 4 中的油经单向阀 11 被压出到工作油缸 2 内。手柄不断地上下运动，油被不断地压入工作油缸，从而使工作活塞不断上升。如果工作活塞运动受阻，则油压作用力将反作用于底座 10。试验时千斤顶底座放在加载点上，从而使结构受载。卸载时只需打开阀门 9，使油从工作油箱 2 流回储油箱 3 即可。

2. 单向作用液压加载器

单向作用液压加载器是为了满足结构试验中同步液压加载的需要而专门设计的加载设备，工作原理如图 3-10(a)所示。它的特点是储油缸、油泵、阀门等是独立的，不附在加载器上，所以其构造比较简单，只由活塞和工作油缸两者组成。其活塞行程较大，顶端装有球铰，可在 15°范围内转动，整个加载器可按结构试验需要做倒置、平置、竖置安装，并适宜将多个加载器组成同步加载系统使用，能满足多点加载的要求。

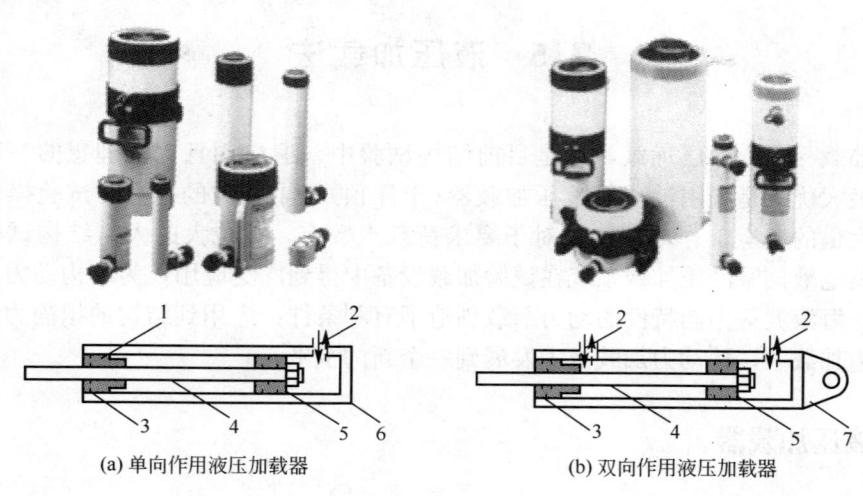

(a) 单向作用液压加载器　　　　(b) 双向作用液压加载器

图 3-10 单、双向作用液压加载器图

1—端盖；2—进油出油口；3—油封装置；4—活塞杆；5—活塞；6—工作油缸；7—固定环

3. 双向作用液压加载器

双向作用液压加载器为适应结构低周反复荷载的需要，采用了一种能双向作用的液压加载器，其工作原理如图 3-10(b)所示。它的特点是在油缸的两端各有一个进油孔，设置油管接头，可通过油泵与换向阀交替进行供油，使活塞对结构产生拉或压的双向作用，从而对试验结构施加反复荷载。

4. 电液伺服作动器

电液伺服作动器是专门用于电液伺服系统的加载器，这种加载器也分为单作用和双作用两种，双作用作动器又分为单出杆式和双出杆式两种。单出杆式如图 3-10(b)所示，由于前后两个油腔的活塞工作面积不同，油压相同时作动器产生的推、拉力并不相同；双出杆式如图 3-11 所示，前后两个油腔的活塞工作面积相同，因此，施加的最大推力和拉力相同。电液伺服加载器的制作工艺与双作用千斤顶不同，电液伺服加载器的活塞与油缸之间的摩擦力小，工作频率高，频响范围宽，可施加动力荷载。为了满足控制要求，油缸上装有位移传感器、荷载传感器及电液伺服阀等。电液伺服作动器是电液伺服振动台的起振器，多个电液伺服加载器可构成多通道加载系统，可完成静力试验、拟动力试验、疲劳试验及动力试验等结构试验。

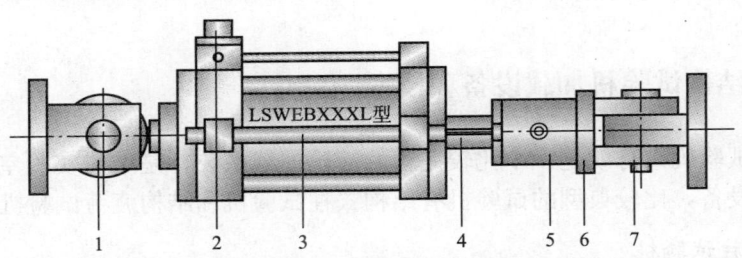

图 3-11 电液伺服作动器的构造

1—铰支基座；2—位移传感器；3—电液伺服阀；4—活塞杆；
5—荷载传感器；6—螺旋垫圈；7—铰支接头

3.5.2 静力试验液压加载装置的工作原理

静力试验液压加载用千斤顶可分为手动液压千斤顶和电动液压千斤顶。手动液压千斤顶工作时，油的工作压力由人力产生，工作系统由手动油泵、液压千斤顶、油路及压力表等组成。工作系统可以制作成一体式或分体式。一体式将液压千斤顶、手动油泵和油路连接在一起，制作成一个整体设备，如图 3-9 所示；分体式千斤顶的手动油泵和油路是分开的，工作时通过油管将千斤顶和手动油泵的供油孔连接起来，工作完成后可以拆卸，如图 3-12 所示。手动液压千斤顶工作时，先关闭回油阀，摇动手动油泵的手柄，驱使储油箱中的液压油通过单

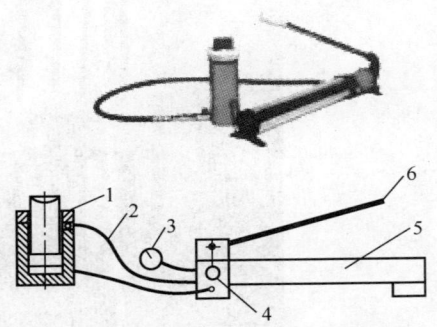

图 3-12 手动分体式液压千斤顶示意

1—千斤顶；2—油管；3—压力表；
4—换向阀；5—手动泵；6—摇臂

向阀进入工作油缸，推动活塞外伸对结构施加作用力。卸载时，打开回油阀，在外力作用下使工作油缸中的油流回储油箱，活塞回缩卸载。

手动液压加载装置轻便，适合人工搬运，便于现场或高空作业，适用于单点加载或通过分配梁进行多点加载，但手动液压加载装置需要人力驱动油源，加载能力不宜太大，一般不超过 1000kN。

电动液压加载装置的构成与手动分体式加载装置类似，手动油泵被电动油泵取代，由电动机提供能源，组成电动液压加载装置。千斤顶可采用单作用式或双作用式，加载原理如图 3-13 所示。使用时，启动电动机使油泵工作，缓慢调节调压阀增加压力，直至压力表达到指定压力。电动液压加载装置操作简便，加载能力强，普通液压加载千斤顶加载能力可达 10000kN 以上，系统最大工作压强可达 60～80MPa。一台油泵通过油路分配装置可与多个千斤顶连接，实现多点同步加载。

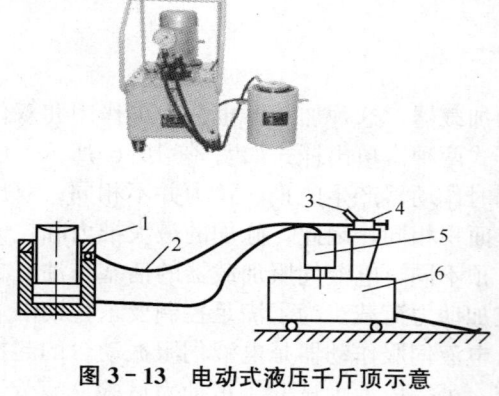

图 3-13　电动式液压千斤顶示意
1—千斤顶；2—油管；3—压力表；
4—调节阀；5—电动泵；6—油箱

3.5.3　大型结构试验机加载设备和技术

大型结构试验机本身就是一个比较完善的液压加载系统，是结构实验室内进行大型结构试验的专门设备，比较典型的试验机有结构长柱试验机和结构疲劳试验机等。

1. 结构长柱试验机

结构长柱试验机主要用于进行柱、墙板、砌体、节点与梁的受压与受弯试验。这种设备的构造和原理与一般材料试验机相同，由液压操纵台、大吨位的液压加载器和试验机等三部分组成如图 3-14 所示。由于进行大型构件试验的需要，它的液压加载器的吨位要比

 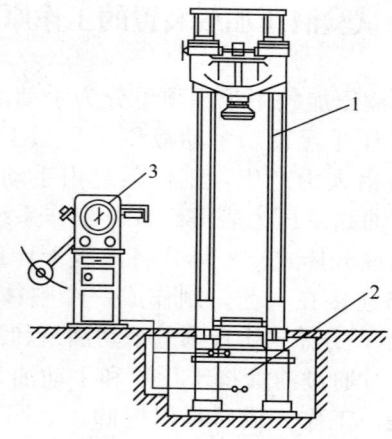

图 3-14　结构长柱试验机
1—试验机架；2—液压加载器；3—液压操纵台

第3章 结构试验的荷载与加载设备

材料试验机的吨位大，一般至少在 2000kN 以上，机架高度在 3m 左右或更高。目前国内普遍使用的长柱试验机的最大吨位是 5000kN，最大高度可为 4m，国外有高达 7m、最大荷载达 10000kN 甚至更大的结构试验机。

日本最大的大型结构构件万能试验机的最大压缩荷载为 30000kN，同时可以对构件进行抗拉试验，最大抗拉荷载为 10000kN，试验机高度达 22.5m，四根工作立柱间净空为 3m×3m，可进行高度为 15m 左右构件的受压试验、最大跨度为 30m 构件的弯曲试验，最大弯曲荷载为 12000kN。这类大型结构试验机还可以通过专用的中间接口与计算机相连，由程序控制自动操作。此外还配以专门的数据采集和数据处理设备，试验机的操纵和数据处理能同时进行，其智能化程度较高。

2. 结构疲劳试验机

工程结构如承受吊车荷载作用的吊车梁、直接承受悬挂吊车作用的屋架和铁路桥梁等，其荷载作用具有重复性质，这些结构在重复荷载的作用下达到破坏时的应力比其静力强度要低得多，这种现象称为疲劳。通过试验研究结构在重复荷载作用下的性能及其变化规律具有重要的工程意义。

结构疲劳试验一般均在专门的疲劳试验机上进行，如图 3-15(a)所示。结构疲劳试验机可做正弦波形荷载的疲劳试验，也可做静载试验和长期荷载试验等。结构疲劳试验机主要由脉动发生系统（高压油泵）、控制系统和千斤顶工作系统三部分组成。脉动工作原理如图 3-15(b)所示，从高压油泵打出的高压油经脉动器再与工作千斤顶和装于控制系统中的油压表连通，使脉动器、千斤顶、油压表都充满压力油。当飞轮带动曲柄运动时，就使脉动器活塞上下移动而产生脉动油压。脉动频率通过电磁无级调速电机控制飞轮转速并进行调整。国产 PME-50A 疲劳试验机，试验频率为 100～500 次/min。疲劳次数由计数器自动记录，计数至预定次数或试件破坏时即自动停机。

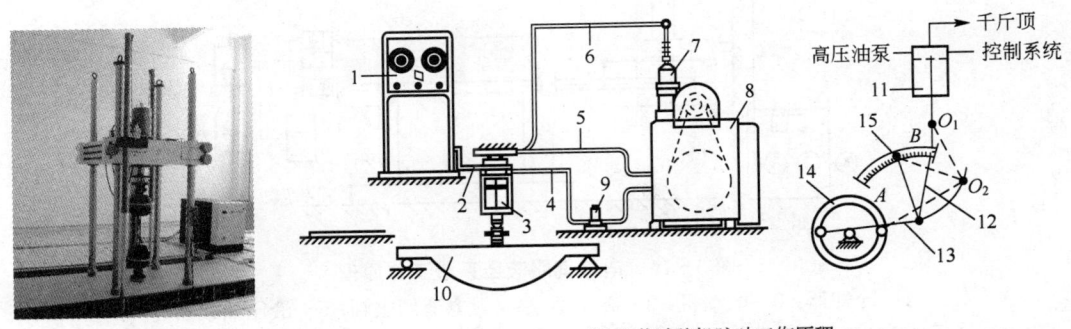

(a) 结构疲劳试验　　　　　　(b) 疲劳试验机脉动工作原理

图 3-15　结构疲劳试验机

1—控制系统；2—校准管；3—脉动千斤顶；4—回油管；5—喷油管；6—输油管；
7—分油头；8—脉动发生系统；9—卸油泵；10—吊车梁；11—脉动器；
12—顶杆；13—曲柄；14—飞轮；15—脉动调节器

应注意的是，在进行疲劳试验时，由于加载器运动部件的惯性力和试件质量的影响，会产生一个附加作用力作用在构件上。该值在测力仪表中未测出，故实际荷载值需按机器说明加以修正。

3.5.4 电液伺服液压系统

电液伺服液压系统是一种闭环控制加载系统,早在20世纪50年代开始首先应用于材料试验,它的出现是材料试验技术领域的一个重大进展。由于它可以较为精确地模拟试件所受的实际外力,产生真实的试验状态,所以在近代试验加载技术中又被人们引入到结构试验的领域中,用以模拟并产生各种振动荷载,特别是地震、海浪等荷载对结构物的影响,对结构构件的实物或模型进行加载试验,以研究结构的强度及变形特性。它是目前结构试验研究中一种比较理想的试验设备,特别是用于进行抗震结构的静力或动力试验尤为适宜,所以越来越受到人们的重视,同时被广泛应用。

电液伺服液压加载系统大多采用闭环控制,主要组成由电液伺服液压加载器、控制系统和液压源三大部分组成,如图3-16所示。它可将荷载、应变、位移等物理量直接作为控制参数,实行自动控制。

图3-16左侧为液压源部分,右侧为控制系统,中间为带有电液伺服阀的液压加载器。高压油从液压源的油泵3输出经过滤器进入伺服阀4,然后输入到双向加载器5的左右室内,对试件6施加试验所需要的荷载。根据不同的控制类型,反馈信号由荷重传感器7(荷载控制)、试件上的位移传感器8(位移控制)或应变计9(应变控制)测得。测得的信号分别经过与之相适应的调节器10、11、12放大,输出各控制变量的反馈值。反馈值可在记录及显示装置13上反映。指令发生器14根据试验要求发出指令信号。该指令信号与反馈信号在伺服控制器15中进行比较,其差值即为误差信号,经放大后反馈,用于控制电液伺服阀4操纵液压加载器5活塞的工作,从而完成了全系统的闭环控制,如图3-16所示。

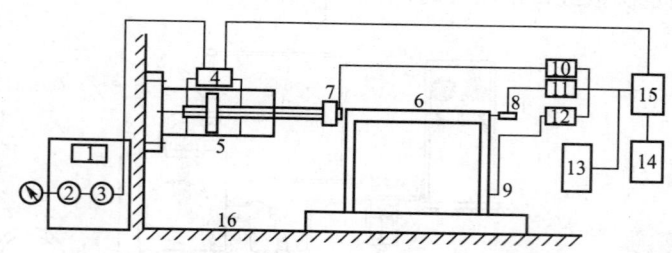

图3-16 电液伺服液压系统工作原理
1—冷却器;2—电动机;3—高压油泵;4—电液伺服阀;5—液压加载器;
6—试验结构;7—荷重传感器;8—位移传感器;9—应变传感器;10—荷载调节器;
11—位移调节器;12—应变调节器;13—记录及显示装置;14—指令发生器;
15—伺服控制器;16—试验台座

电液伺服阀是将电信号转化为液压信号的高精密元件。模拟控制器将位移、力等控制信号首先转换成电信号传输给电液伺服阀,电液伺服阀根据电信号控制作动器产生运动,完成对试件推、拉等加载过程。模拟控制器由测量反馈器、运算器、D/A转换器等构成,是向电液伺服阀发出命令信号的电子部件。工作时完成波形产生、运算、信号转换(A/D、D/A转换)、输出、反馈调节等一系列复杂过程,指挥电液伺服作动器,完成期望的试验加载过程。

电液伺服系统采用的是闭环控制加载方式,通过力、应变、位移等物理参数对试验过程进行控制,通常称为力控、位控或参控试验。上述工作过程如图3-17所示,工作时试验人员通过计算机编制试验程序或直接发出动作指令,指令信号传输给模拟控制器。模拟控制器经过信号转换等一系列过程后向电液伺服阀发出相应的模拟电信号,电液伺服阀则根据模拟电信号指挥作动器按试验设计的动作运动,如向试件施加需要的力、位移或应变等。至此,与普通液压系统加载过程相似,由于作动器所施加的力或位移等没有被测量反馈回控制器,所以称为开环控制过程。电液伺服系统还将通过安装在作动器或试件上的力、位移或应变等传感器将作动器实际工作信号反馈给测量反馈调节器,并在运算器内与指令信号对比运算后产生调差信号,再向电液伺服阀发出调差命令,伺服阀根据调差命令继续操作作动器,该过程循环进行。整个操作过程包括命令信号产生、加载信号执行以及误差信号反馈等步骤,形成了一个闭合回路,因而称为闭环控制过程。模拟控制器含有微处理器,具有记忆、运算能力,每一闭环控制过程都由模拟控制器在瞬间自动执行,整个试验过程中不需人为干预,试验人员只需通过计算机向模拟控制器发出试验加载指令并观测试验反馈值,也可预先编制好试验程序,而整个试验过程完全由计算机和试验系统自动完成。

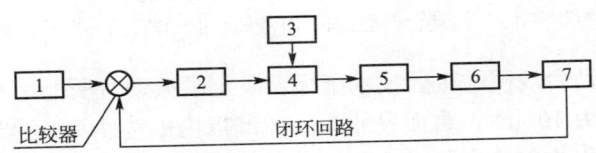

图 3-17 电液伺服阀液压系统的基本闭环回路
1—指令信号;2—调整放大系统;3—油泵;4—伺服阀;
5—加载器;6—传感器;7—反馈系统

电液伺服阀是极其精密的元件,价格昂贵。它对液压油的型号和清洁度要求很高,不可随便乱用,对环境温度也有所限制,对系统的操作和维护要求有较高的技术。

3.5.5 地震模拟振动台

地震模拟振动台能很好地模拟地震过程或进行人工地震波的试验,是实验室内研究结构地震反应和破坏机理的最直接的方法。这种设备可用于研究工业与民用建筑、桥梁、水工结构、海洋结构、原子能反应堆等结构的抗震性能及动力特性等,是目前结构抗震研究中的重要试验手段之一。

地震模拟振动台是一种跨学科的复杂高科技产品,其设计和建造涉及土建、机械、液压、电子技术、自动控制和计算机技术等多个学科,主要由台面和基础、高压油源、管路系统、电液伺服作动器、模拟控制系统、计算机控制系统和数据采集处理系统七大部分组成,如图3-18所示。

1. 振动台的基本性能指标

振动台的主要技术参数有承载能力、台面尺寸、激振力和使用频率范围等。承载能力

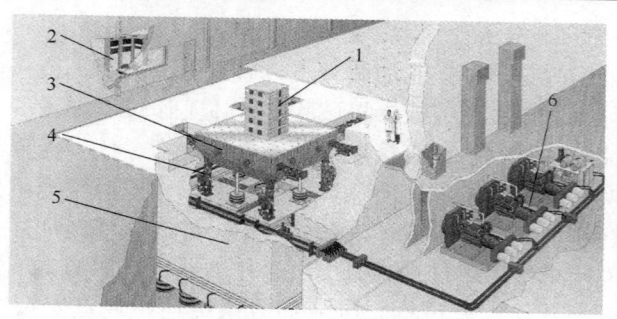

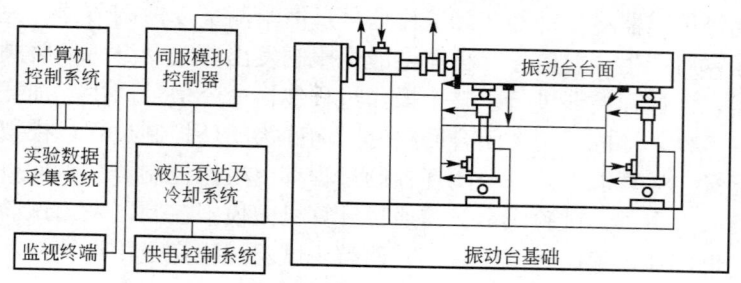

图 3-18 地震模拟振动台系统
1—试验结构模型；2—控制室；3—振动台台面；4—电液伺服助动器；5—振动台基础；6—液压动力系统

和台面尺寸是决定振动台规模的主要技术指标，决定了振动台所能承担的试验规模，常分为三种规模：承载能力 100kN，台面尺寸 2m×2m 以内的为小型；承载力在 200kN 左右，台面尺寸在 6m×6m 以内的为中型；大型振动台的承载能力可达数百吨以上。目前世界上最大的振动台台面尺寸达 15m×25m。大部分振动台都采用电液伺服方式驱动。振动台的位移幅值在±100mm 以内，最大速度为 80cm/s，最大加速度 2g(1.2g 即可满足要求)，振动台的最大激振力可根据最大荷载作用下应产生的最大加速度确定，即加速度与运动质量之积。振动台的使用频率为 0~50Hz，特殊情况可达 100Hz 以上，振动台频率的上限受电液伺服阀特性和油源系统流量限制。一般情况下，当试验模型的频率相似常数 $S_w=1/\sqrt{S_e}$，几何相似常数为 1/10 时，振动台满载时的最大频率不应低于 33Hz。

2. 台面与基础

振动台的台面要有足够的刚度和承载能力，自振频率应远离振动台的使用频率，以免产生共振，一般其一阶弯曲频率应高于√2倍的最大使用频率。台面重量应尽量轻，以获得更大的激振加速度，目前大多数振动台台面是由钢板焊接而成的格栅结构。

振动台基础的设计与处理十分重要，如果设计不当会对人身和建筑物产生严重的影响。基础的最大加速度应小于 0.005g，基础最小重量应大于最大激振力的 20 倍，通常基础重量约为最大台面重量(包括构件)的 20~50 倍，这样可以改善系统的高频特性，并可以减小对周围建筑和其他设备的影响。

3. 液压驱动和动力系统

油源与管路系统是驱动振动台的液压动力源，其压力及流量均应满足振动台最大激振力和最大工作速度的要求。地震过程是一个脉冲过程，需要液压泵站的瞬间流量很大，为减小系统流量,常在管路系统中设置大型蓄能器提供瞬时所需驱动力。在容许的系统压力下降范围内,蓄能器能瞬时提供很大的流量,试验时可选用较小工作流量的液压泵站,这是地震模拟试验台比较经济的组成方式。

液压驱动系统给振动台以巨大的推力,按照振动台是单向(水平或垂直)、双向(水平-水平或水平-垂直)或三向(二向水平-垂直)运动,并在满足产生运动各项参数的要求下,各向加载器的推力取决于可动质量的大小和最大加速度的要求。目前世界上已经建成的大中型的地震模拟振动台,大都采用电液伺服系统来驱动。它在低频时能产生大推力,故被广泛应用。

4. 控制系统

为了真实再现地震波的作用,地震模拟振动台需要一个精密的控制系统。目前运行的振动台有两种控制方式,一种是纯模拟量控制;另一种是模拟+数字控制。模拟控制方法有两种:一种是采用位移反馈控制的 PID 控制方法,并采用压差反馈作为提高系统稳定的补偿,德国的 SCHENCK 公司采用的就是这种控制方法;另一种方法是将位移、速度和加速度共同进行反馈的三参量反馈控制方法,美国 MTS 公司采用的就是这种控制方法。在单纯的位移反馈控制中,由于系统的阻尼小,很容易产生不稳定现象,为此在系统中加入加速度反馈,增大系统阻尼从而保证系统稳定。与此同时,还可以加入速度反馈,以提高系统的反应性能,由此可以减小加速度波形的畸变。为了能使直接得到的强地震加速度记录推动振动台,在输入端可以通过二次积分,同时输入位移、速度和加速度三种信号进行控制。

为了提高振动台控制精度,很多振动台利用计算机进行数字迭代补偿地震再现时的失真。试验时,振动台台面的地震波是期望再现的地震波信号,但振动台是一个非常复杂的控制对象,其振动效果不仅与模拟控制系统、作动器、台面等部分的工作特性有关,而且与试件的特性也有关系,尤其当结构模型在试验过程中不断出现非线性变化直到破坏时,使振动台在试验过程中的工况变化很大,而导致计算机给台面输入激励信号所产生的反应与输出的期望之间存在误差。为了减小这种误差,利用计算机采用数字迭代控制方法,即在每次驱动振动台后,将台面再现的结果与期望信号进行比较,根据两者的差异对驱动信号进行修正后再次驱动振动台,并再一次比较台面再现结果与期望信号,直到台面再现的结果满足要求为止,这样可以在台面得到较满意的地震效果。

5. 测度分析系统

测试系统除了对台身运动进行控制而测量其位移、加速度等外,还可对被测试模型进行多点测量,一般是测量位移、加速度和应变等,根据需要来了解整个模型的反应。位移测量多数采用差动变压器式和电位计式的位移计,可测量模型相对于台面的位移或相对于基础的位移;加速度测量多采用应变式加速度计、压电式加速度计,近年来也有采用差容式或伺服式加速度计的。

电液式激振器的优点是重量轻、体积小,但却能产生很大的激振力,这种电液式激振器又称为动力千斤顶、电液伺服千斤顶、加振器、作动器等。电液式振动台推力可达几十千牛顿,甚至可达几百千牛顿,主要用于大型结构物的振动试验,如汽车的行驶模拟试验、工程结构的抗震试验、飞行器的动力试验以及电工、电子产品的整机环境试验、筛选试验等。

3.6 惯性力加载法

在结构动力试验中，利用物体质量在运动时产生的惯性力对结构施加动荷载。按产生惯性力的方法通常分为冲击力、离心力和直线位移惯性力三类。

3.6.1 冲击力加载

冲击力加载的特点是荷载作用时间极为短促，在它的作用下使被加载结构产生自由振动，适用于进行结构动力特性的试验。冲击力加载方法有初位移法和初速度法两种。

1. 初位移加载法

初位移加载法也称为张拉突卸法，如图 3-19(a)所示。在结构上拉一钢丝缆绳，使结构变形而产生一个人为的初始强迫位移，然后突然释放，使结构在静力平衡位置附近做自由振动。在加载过程中当拉力达到足够大时，事先连接在钢丝绳上的钢拉杆被拉断而形成突然卸载，通过调整拉杆的截面即可由不同的拉力而获得不同的初位移。

对于小模型则可采用如图 3-19(b)所示的方法，使悬挂的重物通过钢丝对模型施加水平拉力，剪断钢丝造成突然卸载。这种方法的优点是结构自振时荷载已不存在于结构，没有附加质量的影响，但仅适用于刚度不大的结构。为防止结构产生过大的变形，加载的数量必须正确控制，经常是按所需的最大振幅计算求得。这种加载方式存在一个值得注意的问题是使用怎样的牵拉和释放方法才能使结构仅在一个平面内产生振动，而不会由于加载作用点的偏差而使结构在另一个平面内同时振动产生干扰；另一个问题是如何准确控制试件的初始位移。

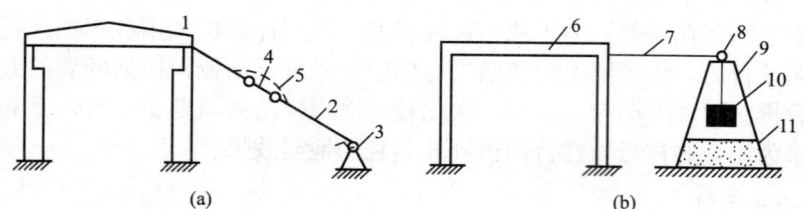

图 3-19 用张拉突卸法对结构施加冲击力荷载
1—结构物；2—钢丝绳；3—铰车；4—钢拉杆；5—保护索；6—模型；
7—钢丝；8—滑轮；9—支架；10—重物；11—减振垫层

2. 初速度加载法

初速度加载法也称突加荷载法。如图 3-20 所示，利用摆锤或落重的方法使结构在瞬时内受到水平或垂直的冲击，产生一个初速度，同时使结构获得所需的冲击荷载。这时作用力的总持续时间应该比结构的有效振型的自振周期短很多，所以引起的振动是初速度的函数，而不是力大小的函数。

当采用如图 3-20(a)的摆锤进行激振时，如果摆和建筑物有相同的自振周期，摆锤的运动就会使建筑物引起共振，产生自由振动。采用图3-20(b)的方法时，荷载将附着于结构一起振动，并且落重的跳动又会影响结构自由振动，同时有可能使结构受到局部损伤。这时冲击力的大小要按结构强度计算，不致使结构产生过度的应力和变形。

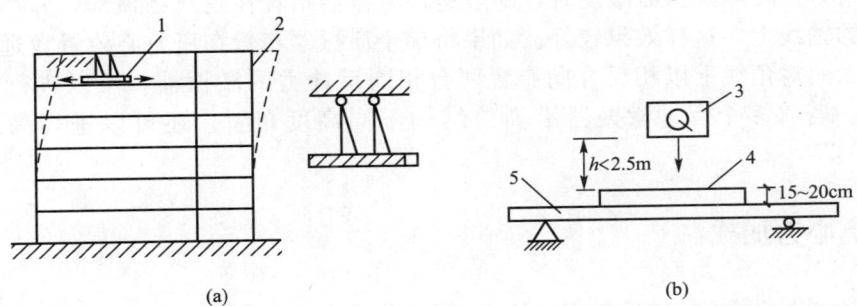

图3-20 用摆锤或落重法施加冲击力荷载
1—摆锤；2—结构；3—落重；4—砂垫层；5—试件

用垂直落重冲击时，落重取结构自重的0.1%（指试验对象跨间），落重高度 $h \leqslant 2.5m$，为防止重物回弹再次撞击和局部受损，拟在落点处铺设15~20cm的砂垫层。

3. 反冲激振法

近年来在结构动力试验中研制成功了一种反冲激振器，也称火箭激振。它适用于现场对结构实物进行试验，小冲量反冲激振器也可用于室内试验。

图3-21为反冲激振器的结构示意图。激振器的壳体用合金钢制成，它主要由燃烧室壳体、底座、喷管、火药、点火装置五部分组成。

反冲激振器的基本工作原理是点火装置使火药燃烧，火药产生的高温高压气体便从喷管口以极高的速度喷出。如果气流每秒喷出的质量为 W，则按动量守恒定律可得到反冲力 P 为

$$P = W \cdot v/g \qquad (3-2)$$

式中　v——气流从喷口喷出的速度；

　　　g——重力加速度。

反冲激振器的输出特性曲线如图3-22所示，主要分为升压段、平衡压力工作段及火药燃尽后燃气继续外泄阶段。根据火药的性能、质量及激振器的结构，可设计出不同的特性曲线。

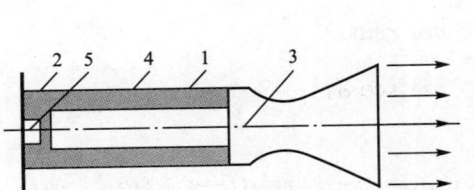

图3-21 反冲激振器结构示意
1—燃烧室壳体；2—底座；3—喷管；
4—燃烧室壳体；5—点火装置

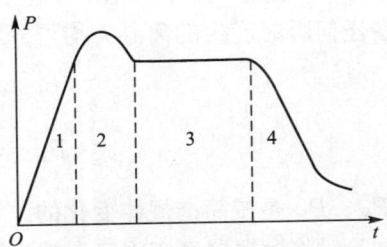

图3-22 反冲激振器输出特性曲线
1—上升段；2—高峰段；3—平衡
压力工作段；4—后效段

目前设计与使用的反冲激振器的性能如下：①反冲力为 0.1～0.8kN，1～8kN 共八种；②反冲输出近似于矩形脉冲；③上升时间为 2ms；④持续时间为 50ms；⑤下降时间为 3ms；⑥点火延时时间为 25ms±5ms。

当采用单个反冲激振器激发时，一般是将激振器布置在建筑物顶部，并尽量置于建筑物质心的轴线上，这样效果较好。如果将单个激振器布置在离质心位置较远的地方或在结构平面的对角线上以相反方向布置两台相同反冲力的激振器，可以进行建筑物的扭振试验。若将多个反冲激振器沿高耸结构不同高度布置，还可以进行高阶振型的测定。

3.6.2 离心力加载

离心力加载是根据旋转质量产生的离心力对结构施加简谐振动荷载。其特点是运动具有周期性，作用力的大小和频率按一定规律变化，使结构产生强迫振动。

利用离心加载的机械式激振器的原理如图 3-23 所示，使一对偏心块按相反方向运转，通过离心力产生一定方向的激振力。

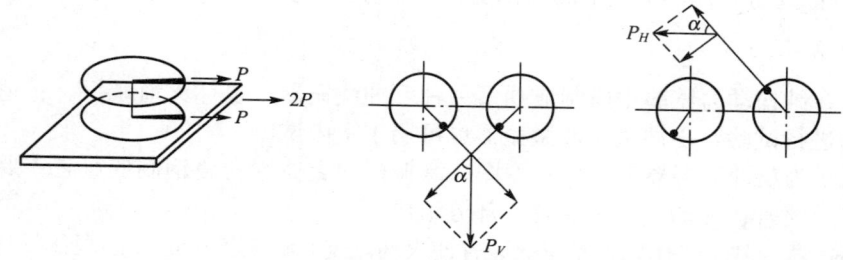

图 3-23 机械式激振器的原理

由离心块产生的离心力为

$$P = m\omega^2 r \tag{3-3}$$

式中　m——偏心块质量；
　　　ω——偏心块旋转角速度；
　　　r——偏心块旋转半径。

在任何瞬时产生的离心力均可分解成垂直与水平两个分力：

$$\left.\begin{array}{l} P_V = P\sin\alpha = m\omega^2 r\sin\alpha \\ P_H = P\cos\alpha = m\omega^2 r\cos\alpha \end{array}\right\} \tag{3-4}$$

这里 P_V、P_H 是按简谐规律变化的。

试验时将激振器底座固定在被测结构物上，由底座把激振力传递给结构，致使结构受到简谐变化激振力的作用。一般要求底座有足够的刚度，以保证激振力的传递效率。

激振器产生的激振力等于各旋转质量离心力的合力。改变质量或调整带动偏心质量运转电机的转速，即改变角速度 ω，可调整激振力的大小。通过改变偏心块旋转半径 r 也可以改变离心力大小。

激振器由机械和电控两部分组成。机械部分主要是由两个或多个偏心质量组成,对于小型的激振器,其偏心块安装在圆形旋转轮上,调整偏心轮的位置,可形成垂直或水平的振动。近年来研制成功的大型同步激振器在机械构造上采用双偏心水平旋转式方案,偏心块安装于扁平的扇形筐内,这样可使旋转时质量更为集中,提高激振力,降低动力功率。

一般的机械式激振器工作频率范围较窄,大致在50~60Hz以下。由于激振力与转速的平方成正比,所以当工作频率很低时,激振力就较小。

为了改进一般激振器的稳定性和测速精度,并提高激振力,在电气控制部分采用单相可控硅速度、电流双闭环反馈电路系统,对直流电机实行无级调速控制。利用测速发电机做速度反馈,通过调整角机产生角差信号,并将信号送往速度调节器与给定信号综合,以保证两台或多台激振器不但速度相同且角度也按一定关系运行。

多台同步激振器同时使用时,不仅可以提高激振力,而且可以扩大试验内容,如根据需要将激振器分别装置于结构物的特定位置上,可以激起结构物的某些高阶振型,给研究结构高频特性带来便利。例如,两台激振器反向同步激振,就可进行扭振试验。

当将激振器水平激振要求与刚性平台连接,就构成了早期的机械式水平振动台。

3.6.3 直线位移惯性力加载

直线位移惯性力加载系统,它的主要动力部分就是电液伺服加载系统,通过电液伺服阀控制固定在结构上的双作用液压加载器,带动质量块做水平直线往复运动,如图3-24所示。运动着的质量块产生的惯性力激起结构振动,通过改变指令信号的频率,即可调整平台频率,改变负荷重块的质量,即可改变激振力的大小。

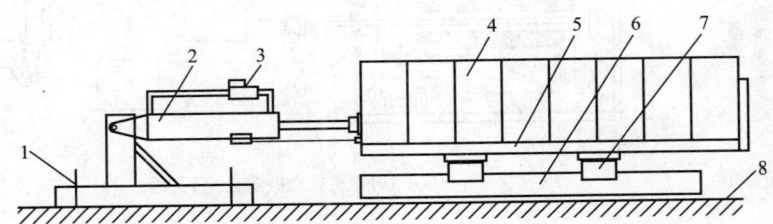

图3-24 直线位移惯性力加载系统
1—固定螺栓;2—双作用液压加载器;3—电液伺服阀;4—荷重;
5—平台;6—钢轨;7—低摩擦直线滚轮;8—结构楼板

这种加载方法的特点适用于现场结构动力加载,在低频条件下其各项性能指标较好,可产生较大的激振力,但频率较低,只适用于1Hz以下的激振。

3.7 电磁加载法

在磁场中通电的导体要受到与磁场方向相垂直的作用力,电磁加载就是根据这个原理,在强磁场(永久磁铁或直流励磁线圈)中放入动圈,通入交变电流,使固定于动圈上的顶杆等部件做往复运动,从而对试验对象施加荷载。若在动圈上通以一定方向的直流电,则可产生静荷载。目前常见的电磁加载设备有电磁式激振器和电磁振动台。

3.7.1 电磁式激振器

电磁激振器是由磁系统(包括励磁线圈、铁心、磁极板)、动圈(工作线圈)、弹簧、顶杆等部件组成。图 3-25(a)所示为电磁式激振器的构造图,动圈固定在顶杆上,置于铁心与磁极板的空隙中,顶杆由弹簧支承并与壳体相连。弹簧除支承顶杆外,工作时还使顶杆产生一个稍大于电动力的预压力,使激振时不致产生顶杆撞击试件的现象。

当激振器工作时,在励磁线圈中通入稳定的直流电,使在铁心与磁极板的空隙中形成一个强大的磁场。与此同时,由低频信号发生器输出一交变电流,并经功率放大器放大后输入工作线圈。这时工作线圈即按交变电流谐振规律在磁场中运动并产生一电磁感应力 F,使顶杆推动试件振动,如图 3-25 所示。根据电磁感应原理:

$$F = 0.102 BLI \times 10^{-4} \tag{3-5}$$

式中 B——磁场强度;
L——工作线圈导线的有效长度;
I——通过工作线圈的交变电流。

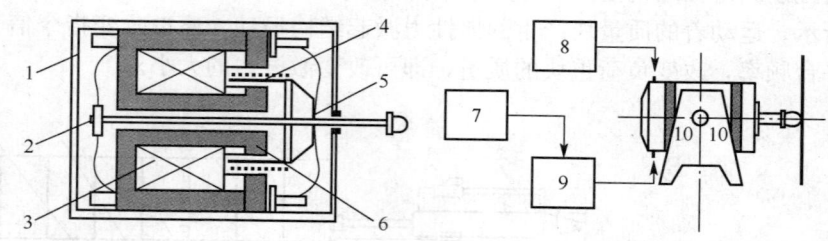

(a) 电磁式激振器的构造　　　　　　(b) 电磁式激振器的工作原理

图 3-25　电磁式激振器
1—外壳;2—支承弹簧;3—动圈;4—铁心;5—励磁线圈;6—顶杆;
7—信号发生器;8—功率放大器;9—励磁电源;10—电磁式激振器

当通过工作线圈的交变电流以简谐规律变化时,则通过顶杆作用于结构的激振力也按同样的规律变化。在 B、L 不变的情况下,激振力 F 与电流 I 成正比。

电磁激振器的支承弹簧有各种形式,如板梁弹簧、花板弹簧、产生剪切变形的橡皮和空气弹簧等。一般希望弹簧具有较大的线性范围、非振动方向的刚度大、重量轻、有一定的阻尼等特点。

电磁激振器使用时装于支座上,可以做垂直激振,也可做水平激振。

电磁激振器的频率范围较宽,一般在 0~200Hz,国内个别产品可达 1000Hz,推力可达几千牛顿，重量轻，控制方便，按给定信号可产生各种波形的激振力。缺点是激振力不大，一般仅适于小型结构及模型试验。

3.7.2 电磁式振动台

电磁式振动台工作原理基本上与电磁激振器一样，其实际上是利用电磁激振器推动一个活动的台面而构成。

电磁式振动台由信号发生器、自动控制仪、功率放大器、电磁激振器和台面组成，如图 3-26 所示。

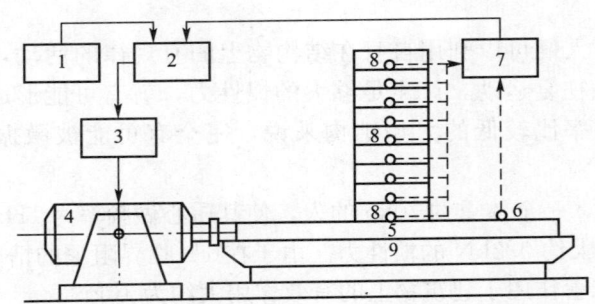

图 3-26 电磁式振动台组成系统
1—信号发生器；2—自动控制仪；3—功率放大器；4—电磁激振器；
5—振动台台面；6—测振传感器；7—记录系统；8—试件；9—台座

当励磁线圈中通入直流电流时，即产生强大的电磁场。因驱动线圈位于有强磁场的环形空气隙内，当驱动线圈中输入交变电流时，由于磁场的相互作用，即产生电磁感应力来推动可动部分运动。改变驱动线圈中电流的强度及频率，即可改变振动台的振动幅值及频率，台面的振动量可由安置在台面上的传感器来进行监视。

驱动线圈和励磁线圈工作时温度都会升高，为此振动台还应设有相应的冷却装置。

自动控制仪由自动扫频装置、振动测量及定振装置等部分组成。它是按闭环振动试验的要求设计的。①信号发生器可提供功率放大器所需要的各种激励信号，可以是正弦波、三角波、方波或随机波等信号，这样振动台台面就会按提供的信号进行振动；②振动测量通过加速度传感器将近台面振动的加速度转换成电信号加以放大与积分，从而测出振动台台面的加速度、速度和位移值，有时也可用速度或位移传感器直接测得；③测得的振动信号，通过定振装置反馈给信号发生器，即可对振动台进行自动控制。

一般来说，带有振动自动控制仪的振动台，能按照人们预定的振动值进行试验，使用较为方便。振动台台面的支承形式随台面尺寸大小而不同：在小型电磁式振动台上用悬吊簧片支承台面；对于激振力和台面尺寸较大的振动台，台面可用液压导轨油膜支承，台面能在油膜上浮起，支承面上摩擦力很小，保证台面运行稳定，反应灵敏。

电磁式振动台使用频率范围较宽，台面振动波形较好，一般失真度在 5% 以下，操作使用方便，容易实现自动控制。但用电磁振动推动水平台在进行结构模型试验时，由于激振力不够大，台面尺寸和模型质量均会受到限制。

3.8 现场激振方法

在结构动力试验的加载方法中，一般都需要比较复杂的设备，这些在实验室内尚可满足，而在野外现场试验时，往往受到各方面条件的限制难以实现。因此人们设法寻求更简单的试验方法，既可获得有关结构动力特性的资料和数据，又无需复杂的设备。

3.8.1 人体激振

在试验中发现，人们可以利用自身在结构物上的有规律的活动，即使人的身体做与结构自振周期相近的往复运动，产生足够大的惯性力，就有可能形成适合做共振试验的振幅。这对于自振频率比较低的大型结构来说，完全有可能被激振到足可进行量测的程度。

国外有人试验过，一个体重约70kg的人，使其质心做频率为1Hz、双振幅为15cm的前后运动时，将产生大约0.2kN的惯性力。由于在1‰临界阻尼的情况下共振时的动力放大系数为50，这意味着作用于建筑物上的有效作用大约为10kN。

利用这种方法曾在一座15层钢筋混凝土建筑上取得了振动记录。开始几周运动就达到最大值，这时操作人员停止运动，使结构做有阻尼自由振动，从而获得了结构的自振周期和阻尼系数。

3.8.2 人工爆炸激振

人工爆炸激振是指在试验结构附近场地采用炸药进行人工爆炸，利用爆炸产生的冲击波对结构进行瞬时激振，使结构产生强迫振动。可按经验公式估算人工爆炸产生场地地震的加速度a和速度v：

$$a = 21.9 \left(\frac{Q^m}{R}\right)^n \tag{3-6a}$$

$$v = 118.6 \left(\frac{Q^m}{R}\right)^q \tag{3-6b}$$

式中　Q——炸药量(t)；

　　　R——试验结构距离爆炸源的距离(m)；

m、n、q——与试验场地土质有关的参数。

3.8.3 环境随机振动激振

在结构动力试验中，除了利用以上各种设备和方法进行激振加载以外，环境随机振动激振法近年来发展很快，被人们广泛应用。

环境随机振动激振法也称脉动法。人们在许多试验观测中，发现土木工程结构由于受外界干扰而经常处于微小而不规则的振动之中，其振幅在$10\mu m$以下。这种微小而不规则的振动来源于微小的地震活动、风或气压的变化、机器运作、车辆行驶等人为扰动和附近地壳内部小的裂缝,使地面存在着连续不断的运动,其运动的幅值极为微小,而它所包含的频谱是相当丰富的,故称为地面脉动。地面脉动使建筑物经常处于微小而不规则的脉动中,通常称为建筑物脉动。可以利用这种脉动现象来分析测定结构的动力特性,它不需要任何激振设备,又不受结构形式和大小的限制。

20 世纪 50 年代开始,我国就应用这一方法测定结构的动态参数,但数据分析方法一直采取从结构脉动反应的时程曲线记录图上按照"拍"的特征直接读取频率数值的主谐量法,所以一般只能获得第一振型频率这个单一参数。20 世纪 70 年代随着计算机技术的发展、结构动态分析仪的诞生和应用,使这一方法得到了迅速发展。利用脉动,采用高灵敏度的传感器、放大记录设备,量测结构的反应,借助于随机信号数据处理的技术,分析确定结构的动力特性,从记录到的结构脉动信号中识别出全部模态参数,这使环境随机激振法有了开创性的进展。

3.9 荷载支承装置和试验台座

3.9.1 支座与支墩

结构试验中的支座与支墩是试验装置中模拟结构受力和边界条件的重要组成部分,是支承结构、正确传递作用力和模拟实际荷载图式的设备。对于不同的结构形式、不同的试验要求,就要有不同的支座与之相适应,这是试验装置设计中应考虑的重要问题。

1. 支座

按作用方式不同,支座有活动铰支座、固定铰支座、球铰支座和刀口支座(固定铰支座的一种特定形式)。铰支座一般都用钢材制作,常见的构造形式如图 3-27 所示。对铰支座的基本要求如下。

(1) 保证试件在支座处能自由转动。

(2) 保证试件在支座处力的传递。

如果试件在支承处没有预埋支承钢垫板,试验时必须另加垫板。其宽度一般不得小于试验支承处的宽度,支承垫板的长度 $2l$ 可按式(3-7)计算:

$$2l \geqslant \frac{R}{bf_c} \quad (3-7)$$

式中 R——支座反力(N);

b——试件支座宽度(mm);

f_c——试件材料的抗压强度设计值(MPa);

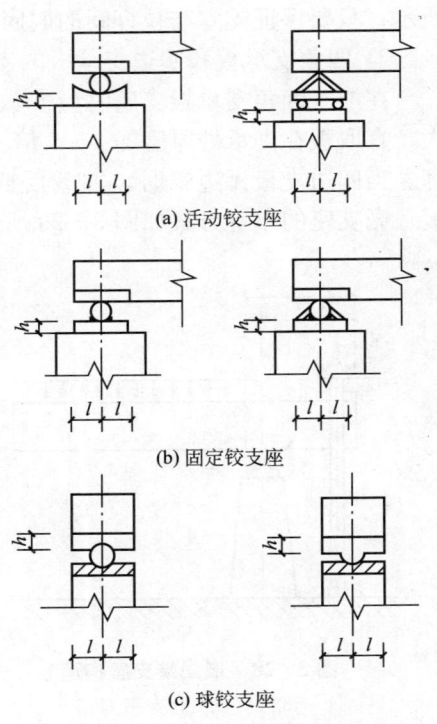

图 3-27 常见铰支座的形式

(a) 活动铰支座

(b) 固定铰支座

(c) 球铰支座

l——滚轴中心至垫板边缘的距离(mm)。

(3)构件支座处铰的上下垫板要有一定刚度,其厚度为

$$h = \sqrt{\frac{2f_c l^2}{f_y}} \tag{3-8}$$

式中 f_y——垫板钢材的强度设计值(MPa)。

(4)滚轴的长度,一般取试件支承处截面宽度 b。

(5)滚轴的直径,可参照表3-1选用,并按式(3-9)进行强度验算:

$$\sigma = 0.418\sqrt{\frac{RE}{rb}} \tag{3-9}$$

式中 E——滚轴材料的弹性模量(MPa);
r——滚轴半径(mm)。

表3-1 滚轴直径的选用

滚轴受力/(kN/mm)	<2	2~4	4~6
滚轴直径/mm	50~60	60~80	80~100

对于不同的结构形式,要求有不同的支座形式,具体如下。

1)简支梁和连续梁支座

这类试件通常一端为固定铰支座,其他为滚动支座。安装时各支座轴线应彼此平行并垂直于试件的纵轴线。各支座间的距离取试件的计算跨度。

当需要模拟梁的嵌固端支座时,在实验室内可利用试验台座用拉杆锚固,如图3-28所示,只要保证支座与拉杆间的嵌固长度,即可满足试验要求。

2)四角支承板和四边支承板的支座

在配置四角支承板支座时应安放一个固定滚珠;对于四边支承板,滚珠间距不宜过大,宜取板在支承处厚度的3~5倍。此外,对于四边简支板的支座应注意四个角部的处理。当四边支板无边梁时,加载后四角会翘起。因此,角部应安置能承受拉力的支座。板、壳支座的布置方式如图3-29所示。

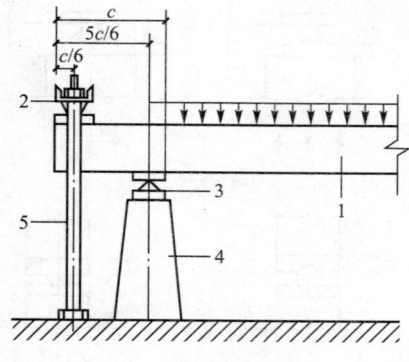

图3-28 嵌固端支座构造
1—试件;2—上支座刀口;
3—下支座刀口;4—支墩;5—拉杆

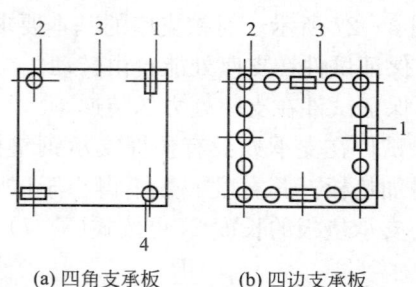

(a)四角支承板　(b)四边支承板

图3-29 板壳结构的支座布置方式
1—滚轴;2—钢球;3—试件;4—固定球铰

3) 受扭试件两端的支座

对于梁式受扭构件试验，为保证试件在受扭平面内自由转动，支座形式如图 3-30 所示。试件两端架设在两个能自由转动的支座上，支座转动中心应与试件中心相重合。两支座的转动平面应相互平行，并与试件的扭曲轴相垂直。

4) 受压试件两端的支座

在进行柱与压杆试验时，试件应分别设置球形支座或双层正交刀口支座，如图 3-27、图 3-31 和图 3-32 所示。球铰中心与加载点重合，双层刀口的支点应落在加载点上。

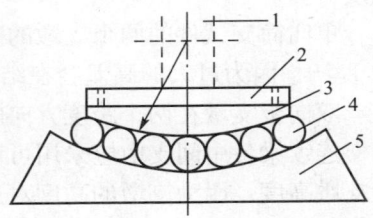

图 3-30 受扭试验转动支座构造

1—受扭试件；2—垫板；3—转动支座盖板；4—滚轴；5—转动支座

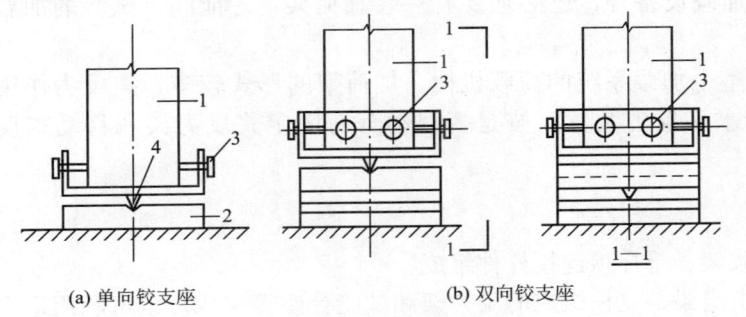

(a) 单向铰支座　　(b) 双向铰支座

图 3-31 柱与压杆试验的铰支座

1—试件；2—铰支座；3—调整螺栓；4—刀口

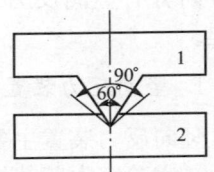

图 3-32 刀口支座

1—刀口；2—刀口座

目前试验柱的对中方法有两种，即几何对中法和物理对中法。从理论上讲，物理对中法比较好，但实际上不可能做到整个试验过程中永远处于物理对中状态。因此，较实用的办法是控制截面(一般等截面柱为柱高度的中点)的形心线作为对中线，或计算出试验时的偏心距，按偏心线对中。

进行柱或压杆偏心受压试验时，对于刀口支座，可以用调节螺栓调整刀口与试件几何中线的距离，以满足不同偏心距的要求。

在试验机中做短柱抗压承载力试验时，由于短柱破坏时不发生纵向挠曲，短柱两端面不发生相对转动。因此，当试验机上下压板之一已有球铰时，短柱两端可不另加设刀口。这样处理是合理的，与混凝土棱柱强度试验方法相一致。

2. 支墩

支墩本身的强度必须进行验算，保证试验时不致发生过度变形。支墩在现场多用砖块临时砌成，支墩上部应有足够大的平整支承面，最好在顶部铺钢板，支承面积要按地耐力复核。在实验室内一般用钢或混凝土制成的专用支墩。

为了使用灵敏度高的位移量测仪表量测试验结构的挠度，提高试验精度，要求支墩和地基有足够的刚度与强度，在试验荷载下的总压缩变形不宜超过试验构件挠度的 1/10。

当试验需要使用两个以上的支墩时，如连续梁、四角支承板和四边支承板等，为了防止支墩不均匀沉降及避免试验结构产生附加应力而破坏，要求各支墩应具有相同的刚度。

单向简支试件的两个支墩的高差应符合结构构件的设计要求,偏差不宜大于试件跨度的 1/50。因为过大的高差会在结构中产生附加应力,改变结构的工作机制。

双向板支墩在两个跨度方向的高差和偏差也应满足上述要求。

连续梁各中间支墩应采用可调式支墩,必要时还应安装测力计,按支座反力的大小调节支墩高度,因为支墩的高度对连续梁的内力有很大影响。

3.9.2 反力架

在进行结构试验加载时,液压加载器(即千斤顶)的活塞只有在其行程受到约束时才会对试件产生推力。利用杠杆加载时,也必须要有一个支承点承受支点的上拔力。故进行试验加载时除了前述各种加载设备外,还必须要有一套加荷架,才能满足试验的加载要求。

加荷架(又称反力架)是整个加载系统的荷载机构。加荷架的形式较多,按反力作用的方向分有竖向反力装置和水平反力装置;按是否移动分有固定式反力架和移动式反力架。

1. 竖向反力装置

竖向反力装置主要由荷载架、千斤顶连接杆件组成。

在实验室内荷载架一般由横梁、立柱组成的反力架和试验台座等组成,也可利用适宜于试验中小型构件的抗弯大梁或空间桁架式台座。在现场试验时则通过反力架用平衡重块、锚固桩头或专门为试验浇筑的钢筋混凝土地梁平衡试件的荷载。

荷载架主要由立柱和横梁组成。它可以用型钢制成,特点是制作简单,取材方便,可按钢结构的柱与横梁设计,横梁与柱的连接采用精制螺栓或圆销。对荷载架的承载力、刚度要求较高,能满足大型结构试验的要求。荷载架的高度和承载力可按试验需要设计,可成为实验室内固定的大型试验台座上的竖向加载架,如图 3-33 所示。

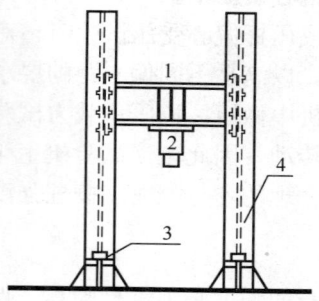

图 3-33 竖向加荷架
1—横梁;2—千斤顶;3—地脚螺栓;4—立柱

2. 水平反力装置

水平反力装置主要由反力墙(或反力架)及千斤顶水平连接件等组成。反力墙一般为固定式,而反力架则有固定式和移动式两种。

对于固定式反力墙，国内外大多采用混凝土结构（混凝土或预应力混凝土），并且和试验台座刚性连接以减少自身的变形。在混凝土反力墙上，按一定距离设有孔洞，以便用螺栓锚住加载器的底板。反力墙与千斤顶的连接方式大致分为三种，即纵向滑轨式锚栓连接、螺孔式锚栓连接和横向滑轨式锚栓连接。利用反力墙组成的水平反复加载试验装置如图 3-34 所示。

 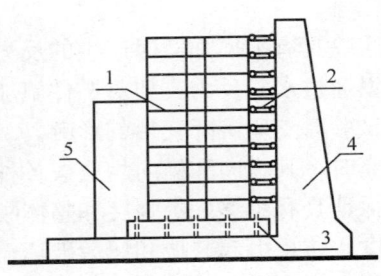

图 3-34 反力墙

1—试件；2—伺服千斤顶；3—地脚螺栓；4—主反力墙；5—副反力墙

移动式反力架一般采用钢结构，通过螺栓与试验台座的槽轨锚固。利用反力架和千斤顶滚轴装置组成的水平反复加载试验装置，如图 3-35 所示。这种反力架加载方便，使用灵活，可做成单片式或多片式，均为板梁式构件，可重复使用也可分别采用。移动式反力架可以满足双向施加水平力的要求，但其反力支架承载力较小。

3. 特殊反力装置

对于某些构件或结构试验，还常用一些专门的支承机构，如对隧道模型、箱形结构或桁架节点的试验采用加载框等，如图 3-36 所示。

 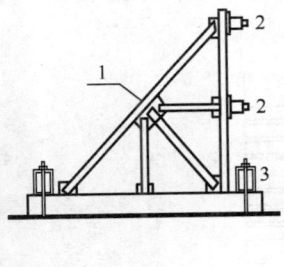 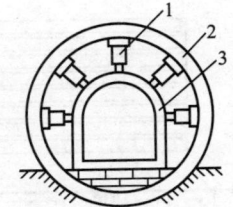

图 3-35 水平反力架

1—三角架；2—千斤顶；3—地脚螺栓

图 3-36 隧道模型加载框支承装置

1—加载器；2—加载框；3—试件

3.9.3 结构试验台座

在实验室内，结构试验台座是永久性的固定设备，用以平衡施加在试验结构物上的荷载产生的反力。试验台座的台面一般与实验室地坪标高一致，这样可以充分利用实验室的地坪面积，使室内水平运输搬运物件比较方便，但易干扰试验活动；也可以高出地平面，使之成为独立体系，这样试验区划分比较明确，不受周边活动及水平交通运输的影响。

试验台的长度和宽度为十几米到几十米，台座的承载能力一般在 $200\sim1000\text{kN/m}^2$，台座的刚度极大，受力后变形极小，能允许在台面上同时进行多个结构试验，不需考虑相互的影响。

试验台座除具有平衡加载时产生的反力外，也能用以固定横向支架，保证构件的侧向稳定。还可以通过水平反力支架对试件施加水平荷载。由于试验台座自身刚度很大，所以能消除试件试验时支座沉降变形的影响。

设计台座时，其纵向和横向均应按各种试验组合可能产生的最不利受力情况进行验算与配筋，以保证具有足够好的强度和整体刚度。用于动力试验的台座还应有足够好的质量和耐疲劳强度，防止引起共振和疲劳破坏，尤其应注意局部预埋件和焊缝的疲劳破坏。如果实验室内同时有静力和动力台座，则静力试验台座与动力试验台座应分离设置，避免动力试验对静力试验的干扰。

按结构的不同，目前国内外常见的试验台座可分为槽式试验台座、地脚螺栓式试验台座、箱式试验台座、抗侧力试验台座等。

1. 槽式试验台座

这是目前国内用得较多的一种比较典型的静力试验台座，其构造特点是沿台座纵向全长布置若干条槽轨，这些槽轨是用型钢制成的纵向框架式结构，埋置在台座的混凝土内，如图 3-37 所示。槽轨的作用在于锚固加载支架，用以平衡结构物上的荷载所产生的反力。如果加荷架立柱用圆钢制成，可直接用两个螺母固定于槽内；如加荷架立柱由型钢制成，则在其底部设计成类似钢结构柱脚的构造，用地脚螺栓固定在槽内。在试验加载时立柱受向上拉力，故要求槽轨的构造应该和台座的混凝土部分有很好的联系，不致变形或拔出。这种台座的特点是加载点位置可沿台座的纵向任意变动，不受限制，以适应试验结构不同加载位置的需要。

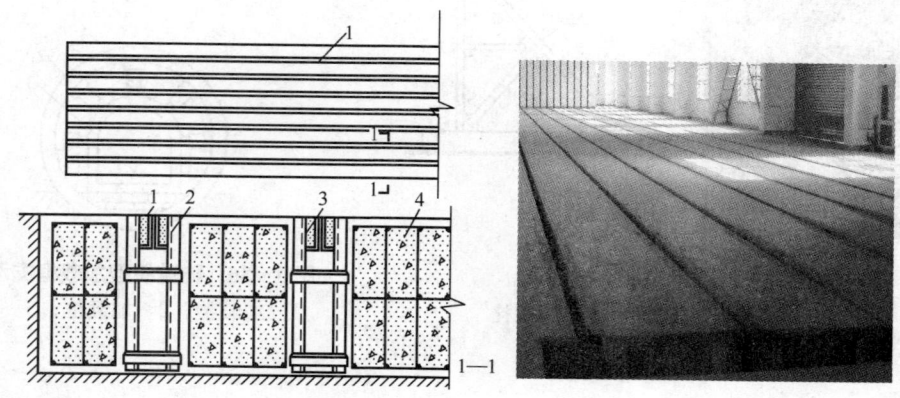

图 3-37 槽式试验台座横向剖面
1—槽轨；2—型钢骨架；3—高强度等级混凝土；4—混凝土

2. 地脚螺栓式试验台座

这种试验台的特点是在台面上每隔一定间距设置一个地脚螺栓，螺栓下端锚固在台座内，其顶端伸出于台座表面特制的圆形孔穴内(但略低于台座表面标高)，使用时通过用套筒螺母与加荷架的立柱连接，平时可用圆形盖板将孔穴盖住，保护螺栓端部及防止杂物落入孔穴。其缺点是螺栓受损后修理困难。另外，由于螺栓和孔穴位置已经固定，所以试件安装就位的位置受到限制，不像槽式台座那样可以移动，灵活方便。这类台座通常设计成预应力钢筋混凝土结构，造价低。

图 3-38 所示为地脚螺栓式试验台座的示意图。这类试验台座不仅用于静力试验，同时可以安装结构疲劳试验机进行结构构件的动力疲劳试验。

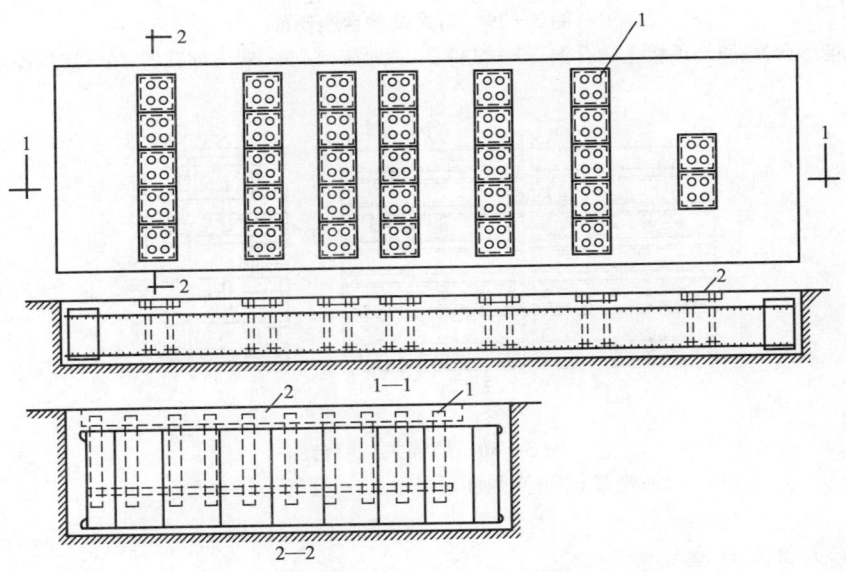

图 3-38 地脚螺栓式试验台座
1—地脚螺栓；2—台座地槽

3. 箱式试验台座

图 3-39 所示为箱式试验台座(孔式试验台座)示意图。这种试验台座的规模较大，由于台座本身构成箱形结构，所以比其他形式的台座具有更大的刚度。在箱形结构的顶板上，沿纵、横两个方向按一定间距留有竖向贯穿的孔洞，便于沿孔洞连线的任意位置固定试件，即先将槽轨固定在相邻的两孔洞之间，然后将立柱或拉杆按需要加载的位置固定在槽轨中。试验时也可将立柱或拉杆直接安装于孔内，故也称作孔式试验台座。试验时测量工作和试验加载工作可在台座上面进行，也可在箱形结构内部完成。由于台座结构下部构成实验室的地下室，也可供长期荷载试验或特殊试验使用。大型箱形试验台座可同时兼做实验室建筑的基础。

4. 槽锚式试验台座

这种台座兼有槽式及地锚式台座的特点，如图 3-40 所示。同时，由于抗震试验的需要，利用锚栓一方面可固定试件，另一方面可承受水平剪力。

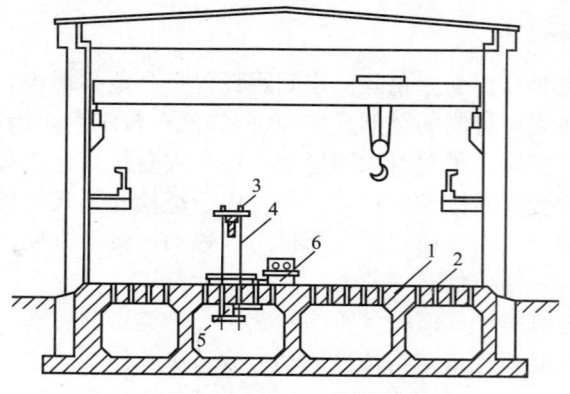

图 3-39 箱式试验台座剖面
1—箱形台座；2—顶板上的孔洞；3—试件；4—加荷架；5—液压加载器；6—液压操纵台

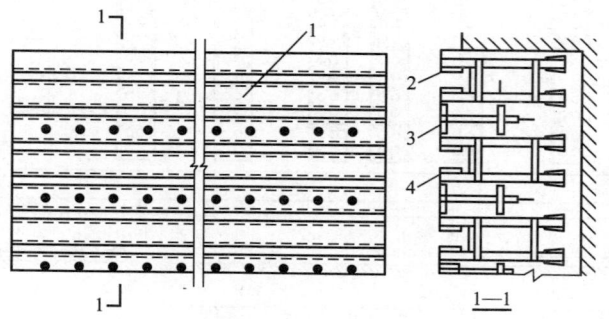

图 3-40 槽锚式试验台座
1—滑槽；2—高强度混凝土；3—槽钢；4—锚栓

5. 抗弯大梁式台座

在预制构件厂和小型结构实验室中，当缺少大型试验台座时，也可以采用抗弯大梁式或空间桁架式台座，以满足中小型构件试验或混凝土制品检验的要求。抗弯大梁台座本身是一根刚度极大的钢梁或钢筋混凝土大梁，其构造如图 3-41 所示。当用液压加载器和分配梁加载时，产生的反作用力通过门型荷载架传至大梁，试验结构的支座反力也由台座大梁承受，使之保持平衡。抗弯大梁式台座由于受大梁本身抗弯强度与刚度的限制，一般只能试验跨度在 7m 以下、宽度在 1.2m 以下的板和梁。

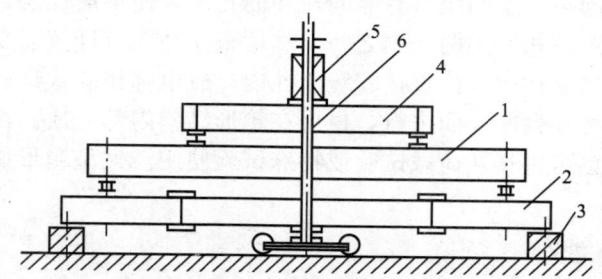

图 3-41 抗弯大梁式台座的荷载试验装置
1—试件；2—抗弯大梁；3—支墩；4—分配梁；5—液压加载器；6—荷载加荷架

6. 空间桁架式台座

这种台座是由型钢制成的专门试验架，一般用于进行中等跨度的桥架及屋面大梁的试验，如图 3-42 所示。它可施加为数不多的集中荷载，液压加载器的反作用力由空间桁架自身平衡。

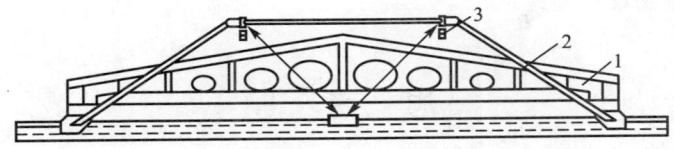

图 3-42 空间桁架式台座
1—试件（屋面大梁）；2—空间桁架式台座；3—液压加载器

7. 抗侧力试验台座

在结构试验研究中，除了需要对构件施加垂直荷载外，有时还需要施加水平方向的荷载。例如，在结构抗震试验研究时，需要进行结构抗震的静力和动力试验，为此，常利用电液伺服加载系统对结构或模型施加模拟地震作用的低周反复水平荷载，这就要求有水平反力设施平衡所施加的作用力。因此，常在台座的端部建有刚度极大的抗侧力结构，称为水平反力墙，用以承受和抵抗在结构试验中水平荷载所产生的反作用力。由于刚度要求较高，水平反力墙的结构一般建成钢筋混凝土或预应力钢筋混凝土的实体墙，有时为了增大结构刚度而采用箱形结构。在墙体的纵横方向按一定距离间隔布置锚孔，以便试验时在不同位置上固定水平加载的液压加载器。抗侧力墙体结构与水平台座连成整体，以提高墙体抵抗弯矩和底部剪力的能力，水平反力墙可以做成单向或双向L形两种，如图 3-43 所示。抗侧力装置也可采用钢制反力架，利用地脚螺栓将其与水平台座连接锚固。这种装置的特点是，反力钢架可随意拆卸，可根据需要移动位置或改变高度（将两个钢推力架竖向叠接）。缺点是用钢量较大，而且承载能力受到限制。此外，钢反力架与台座的连接锚固复杂，同时也无法在任意位置安装水平加载器。

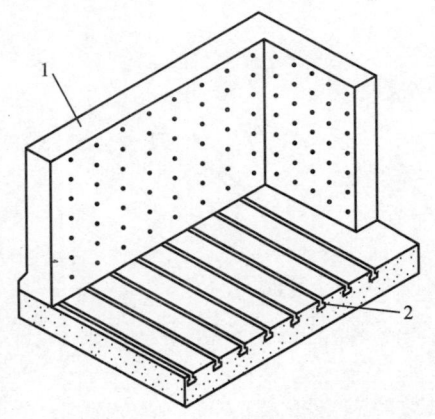

图 3-43 抗侧力试验台座
1—反力墙；2—槽式台座

本 章 小 结

本章系统地介绍了土木工程结构试验中的加载设备及相关试验装置，包括重力加载、机械力加载、气压加载、液压加载、惯性力加载、电磁加载、现场激振加载、荷载支承装置和试验台座等内容，并详细阐述了各种加载方法的作用方式、所需加载设备、基本原理和要求，重点介绍了液压加载法。这些方法是长期以来从结构试验的科研和生产实践中总结出来的行之有效的方法，各有特点，有的较适于现场试验，如重力加载法、人工激振加载法、环境随机振动激振法等；有的技术先进、复杂，体现了现代建筑结构试验的发展水平，如电液伺服加载系统、地震模拟振动台等。同时，反力设备是结构试验中必不可少的部分。本章介绍了支座、反力架、试验台、水平反力墙及适用于现场试验的试验大梁等。结构试验中，采取合理的加载方法，设置可靠的支座和反力设施，是保证试验得以顺利进行乃至关系到试验成效的关键。

思 考 题

1. 重物加载方法的作用方式及其特点要求是什么？
2. 简述液压加载器的种类、加载的特点及适用范围。
3. 电液伺服加载系统的工作原理是什么？与普通液压加载系统有何区别？
4. 气压加载有哪两种？哪些结构适合采用气压加载？
5. 简述惯性力加载方法及其原理。
6. 什么是环境随机振动激振法？有何特点？
7. 现场动力试验的动力激振方法有哪几种？
8. 试验支座和支墩各有什么作用？对其有何要求？
9. 结构试验中反力设施有哪些？它们各自的作用是什么？

第 4 章　结构试验的量测技术

教学目标

掌握土木工程结构试验中应变、位移、荷载、裂缝、温度、测振等参数的测试方法。掌握各种传感器的工作原理、适用范围及其特点。了解数据采集系统的构成、分类及采集过程。

教学要求

知识要点	能力要求	相关知识
量测仪器的工作原理	(1) 了解量测仪器的分类及主要技术指标 (2) 了解量测仪表的选用原则及仪表的率定	测试系统
各类常用试验量测设备的使用方法	(1) 掌握电阻应变片的工作原理、使用方法，桥路的组成原理，熟练使用应变的其他量测方法与仪器 (2) 掌握位移计的工作原理和使用方法 (3) 掌握力传感器的工作原理和使用方法 (4) 掌握裂缝、温度量测仪器工作原理和使用方法 (5) 掌握测振传感器的工作原理和使用方法	机测法 电测法
数据采集系统	(1) 了解数据采集系统的组成和分类 (2) 了解数据采集的过程	传感器 数据采集仪

引言

结构的应力和变形性能是量测参数的重要组成部分。结构静态参数可分为局部纤维应变和整体变形两大类，结构动态参数主要是结构的动力特征和结构振动随时间变化的动态反应。由于静态和动态参数的特征不同，采用的量测仪表和量测方法也有所区别。量测仪器从最简单的逐个读数、手工记录数据的仪表，到计算机快速、连续、自动采集数据并进行处理的复杂系统，种类繁多，原理各异。本章系统地阐述了应变、位移、力值、裂缝、振动等参数的量测原理与方法，并对测量仪器、数据采集与记录系统进行了简要介绍。

4.1　量测技术概述

结构试验的量测技术是指通过一定的测量仪器或手段，直接或间接地取得结构性能变化的定量数据。量测技术一般包括量测方法、量测仪器、量测误差分析三部分，各个不同专业领域都有与自己的量测内容相应的量测方法及量测仪器。对于土木工程学科领域的试验研究，结构试验的主要测量参数包括外部作用（主要是外荷载及支座反力等）和外部作用下的结构反应（如位移、挠度、应力、应变、曲率、裂缝、自振频率、振型、阻尼等）。这些量测数据的取得需要人们正确选择量测仪器和掌握量测方法的结果。

随着科学技术的不断进步，新的测量仪器也不断涌现，测量仪器朝着大数据量、快速、自动采集迈进。不管测量仪器如何发展，测量系统一般由感受、放大和显示三个基本部分组成。感受部分的敏感元件把从测点感受的微小信号传给放大部分，有时需要经过变换后传给放大部分，信号经放大部分放大后送至显示或记录部分。

测量技术的发展是一个从简单到复杂、从单一学科到各学科互相渗透、从低级到高级的过程。其中，用直尺量距离的方法可能就是一种最简单的测量技术；此后发展起来的机械式量测仪器是利用杠杆、齿轮、螺杆、弹簧、滑轮、指针、刻度盘等，将被测量值进行放大，转化为长度的变化，再以刻度的形式显示出来；随着电子技术的日新月异，结构试验越来越多地应用电测仪器，这些仪器能够将各种试验参数转变为电阻、电容、电压、电感等电量参数，然后加以测量，这种量测技术通常又被称为"非电量的电测技术"。目前，量测仪器的发展趋势主要体现在数字化与集成化两个方面，许多仪器均属声、光、电联合使用的复合式设备。

4.1.1 量测仪器的分类

在结构试验中，用于数据采集的仪器种类繁多，按它们的功能和作用情况可以分为传感器、放大器、显示器、记录器、分析仪器、数据采集仪或一个完整的数据采集系统等。仪器仪表还可以分为单件式和集成式，单件式仪器是指一个仪器只具有一个单一的功能，集成式仪器是指那些把多种功能集中在一起的仪器。

仪器仪表还可以按下列方法进行分类。

（1）按仪器设备功能分类，可分为传感器、放大器、显示器、记录仪、分析仪器、数据采集仪。

（2）按测试工作原理分类，可分为机械式仪器、电测仪器、光学测量仪器、复合式仪器、伺服式仪器等。

（3）按仪器仪表用途分类，可分为测力传感器、位移传感器、应变计、倾角传感器、频率计、测振传感器。

（4）按仪器仪表与结构关系分类，可分为附着式与手持式，接触式与非接触式，绝对式与相对式。

（5）按仪器仪表显示与记录的方式分类，可分为直读式与自动记录式，模拟式与数字式。

4.1.2 主要技术指标

量测仪器的主要技术指标如下。

（1）量程：仪器的测量上限值（最大值）与下限值（最小值）的代数差，即测量范围。通常电测仪器的上限值与下限值附近测量误差较大，不宜在该区段内使用。

（2）精确度（精度）：表示量测结果与真值的符合程度。它能够反映仪器所具有的可读数能力或最小分辨率。从误差观点来看，精度反映了量测结果中的各类误差，包括系统误差与偶然误差，因此，可以用绝对误差和相对误差来表示测量精度，在结构试验中，更多的用相对于满量程的百分数来表示测量精度。很多仪器的测量精度与最小分度值用相间的数值来表示。例如，千分表的测量精度与最小分度值均为 0.001mm。

（3）刻度值：又称最小分度值，是指仪器显示器上最小刻度所代表的测量值。刻度值的倒数为该仪器的放大率。试验时根据被测参数所需的分位数选用适当的仪器。

（4）灵敏度：被测参数（输入量）的单位增量引起仪器读数（输出量）的增量，即输出增量与输入增量之比。

（5）重复性：测试系统重复测量某相同被测量值时，测试仪器输出值一致性的能力。

（6）分辨率：使仪器输出量产生能观察出变化的最小被测量值。

（7）滞后：仪表的输入量从起始值增至最大值的测量过程称为正行程，输入量由最大值减至起始值的测量过程称为反行程。同一输入量正反两个行程输出值间的偏差称为滞后。常以满量程中的最大滞后值与满量程输出值之比表示。

（8）信噪比：仪器测得的信号中信号与噪声的比值称为信噪比，以杜比（dB）值来表示。这个比值越大，测量效果越好，信噪比对结构的动力特性测试影响很大。

（9）稳定性：仪器受环境条件干扰影响后其指示值的稳定程度。

除了上述性能指标外，对于动力试验量测仪器仪表的传感器、放大器及显示记录仪器等各类仪表，还需考虑下述特性。

（1）线性范围：测试系统输入和输出间关系曲线与选定工作直线的靠近程度。在动态量测中对仪表的线性度应严格要求，否则将对量测结构造成较大的误差。

（2）频响特性：保持仪器在不同频率下灵敏度的变化特性，常以频响曲线（一般以对数频率值为横坐标，以相对灵敏度为纵坐标）表示。在进行高频动态量测时，应将使用频率限制在频响曲线的平坦部分以免引起过大的量测误差。对于传感器，提高其自振频率将有助于增加使用频率范围。

（3）相移特性：振动参量经传感器转换成电信号或经放大、记录后在时间上产生的延迟称为相移。若相移特性随频率而变化，则对于不同频率成分的复合振动将引起输出电量的相位失真。常以仪器的相频特性曲线来表示其相移特性。在使用频率范围内，输出信号相对于信号的相位差应不随频率改变而变化。

此外，由传感器、放大器、记录器组成的整套量测系统，还需注意仪器相互之间的阻抗匹配及频率的配合等问题。

4.1.3 量测仪表的选用原则

在选用量测仪表时，应考虑下列要求。

（1）符合量测所需的量程及精度要求。在选用仪表前，应先对被测值进行估算。一般应使最大被测值在仪器的 2/3 量程范围内，以防仪表超量程而损坏。同时，为保证量测精度，应使仪表的最小刻度值不大于最大被测值的 5%。

（2）动态试验量测仪表，其线性范围、频响特性以及相移特性等都应满足试验要求。

(3) 对于安装在结构上的仪器或传感器，要求自重轻、体积小，不影响结构的工作。特别要注意夹具设计是否合理正确，不正确的安装将使试验结果产生较大的误差。

(4) 同一试验中选用的仪器仪表种类应尽可能少，以便统一数据的精度，简化量测数据的整理工作，避免差错。

(5) 选用仪表时应考虑试验的环境条件。例如，在野外试验时仪表常受到风吹日晒，周围的温、湿度变化较大，宜选用机械式仪表。此外，应从试验实际需要出发，选择仪器仪表的精度，切忌盲目选用高精度、高灵敏度的仪表。一般来说，测定结果的最大相对误差不大于5%即满足要求。

4.1.4 仪表的率定

为了确定仪表的精确度或换算系数，确定其误差，需将仪表表示值和标准量进行比较。这一工作称为仪表的率定。率定后的仪表按国家规定的精确度划分等级。

用于率定仪表的标准量应是经国家计量机构确认，具有一定精确度等级的专用率定设备产生的。率定设备的精确度等级应比被率定的仪器高。常用于率定液压试验机荷载度盘示值的标准测力计就是专用率定器。当没有专用率定设备时，可以用和被率定仪器具有同级精确度标准的"标准"仪器相比较进行率定。所谓标准仪器是指精确度不比被率定的仪器高，但不常使用，因而其度量性能保持不变，认为其精确度是已知的。此外，还可以利用标准试件来进行率定，即把尺寸加工非常精确的试件放在经过率定的试验机上加载，根据此标准试件及加载后产生的变化求出安装在标准件上的被率定仪表的刻度表。此法的准确度不高，但较简便，容易做到，所以常被采用。

为了保证量测的精确度，仪器的率定是一件十分重要工作。所有新生产或出厂的仪器都要经过率定。正在使用的仪器也必须定期进行率定，因为仪器经长期使用，其零件总有不同程度的磨损，或者损坏后经检修的仪器，零件的位置会有变动，难免引起示值的改变。仪器除需定期率定外，在重要的试验开始前，也应对仪表进行率定。

按国家计量管理部门规定，凡试验用量测仪表和设备均属于国家强制性计量率定管理范围，必须按规定期限率定。

4.2 应变量测

结构在荷载作用下产生应力、应变。纤维应变可以通过应变仪直接测定，而应力目前大都通过被测结构材料的 $\sigma\text{-}\varepsilon$ 曲线手工计算或仪器内部换算得到。此外，很多应变式传感器也是通过测定应变来指示力、位移、转角等物理量的。应变测量是结构试验的一项重要测试项目。

应变测量的方法和仪器很多，主要有电测与机测两类。机测是指机械式仪表，如双杠杆应变仪、手持式应变仪。机械式仪表适用于各种结构在长时间过程中的变形，无论是构件制作过程中变形的测量，还是结构在试验过程中变形的观察，均可采用。它特别适用于野外和现场作业条件下结构变形的测试。而电测法不仅具有精度高、灵敏度高、可远距离量测和多点量测、采集数据快速、自动化程度高等特点，而且便于将量测数据信号和计算机或微处理机连接,为采用计算机控制和用计算机分析处理试验数据创造了有利条件。

4.2.1 电阻应变测试技术

1. 电阻应变计

1) 电阻应变计的原理和构造

电阻应变计,又称电阻应变片,是电阻应变量测系统的感受元件。常见的电阻应变片如图4-1所示。

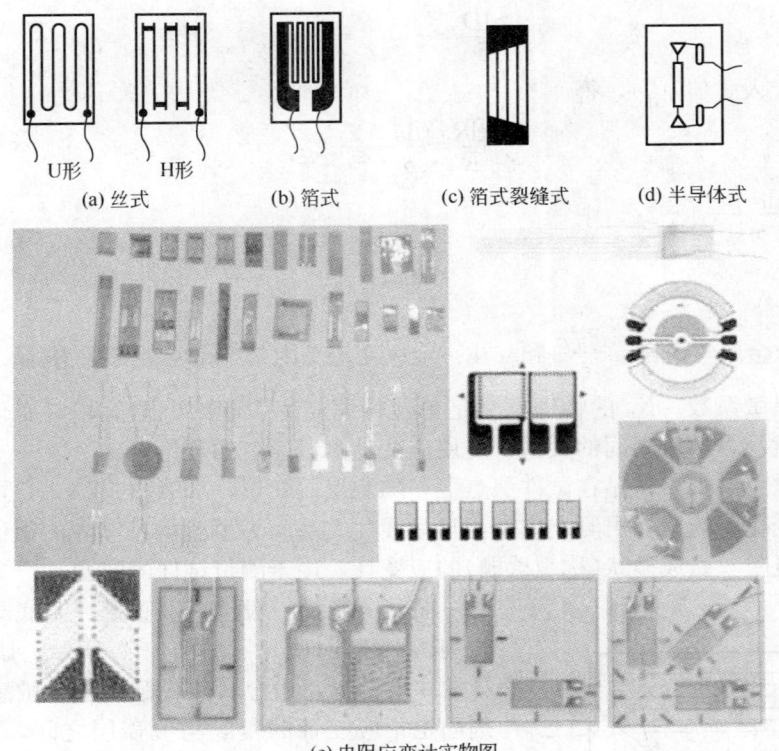

(a) 丝式（U形、H形）　(b) 箔式　(c) 箔式裂缝式　(d) 半导体式

(e) 电阻应变计实物图

图4-1 几种电阻应变计

对于单根电阻丝,由物理学可知:

$$R = \rho \frac{l}{A} \tag{4-1}$$

式中　R——电阻丝的电阻值(Ω);

ρ——电阻丝的电阻率($\Omega \cdot mm^2/m$);

l——电阻丝的长度(m);

A——电阻丝的截面面积(mm^2)。

当金属导线沿其轴线方向受力变形时(伸长或缩短),电阻值会随之发生变化(增大或减小),这种现象就称为电阻应变效应。

可将上式两端先取对数后再微分,得

$$\frac{dR}{R}=\frac{d\rho}{\rho}+\frac{dl}{l}-\frac{dA}{A} \qquad (4-2)$$

式中,$\frac{dl}{l}$为纵向线应变ε,$\frac{dA}{A}$表示金属丝长度变化时,由于横向效应而造成的截面的相对改变。对于圆截面直径为D的金属丝来说,若对其横截面面积的计算式$A=\frac{\pi D^2}{4}$的两端先取对数再微分,则有

$$\frac{dA}{A}=2\frac{dD}{D}$$

由材料泊松比μ,得

$$\frac{dD}{D}=-\mu\frac{dl}{l}=-\mu\varepsilon$$

将上式代入式(4-2),得

$$\frac{dR}{R}=\frac{d\rho}{\rho}+\varepsilon+2\mu\varepsilon \qquad (4-3)$$

令 $K_0=\frac{d\rho/\rho}{\varepsilon}+1+2\mu$,则

$$\frac{dR}{R}=K_0\varepsilon \qquad (4-4)$$

对大多数金属丝而言,$\frac{d\rho/\rho}{\varepsilon}$和$\mu$在一定应变范围内是一个常数,故$K_0$是一个常数,称为金属单丝灵敏系数。$K_0$的物理意义是单位伸缩应变引起的电阻值相对变化。式(4-4)建立了电学量与力学量之间的关系,是用应变计测量应变的理论基础。

如果将电阻丝牢牢粘贴在试件测点上,随测点而变形,那么由式(4-4)可知,电阻丝的阻值相对变化就能反映出测点应变,且呈线性关系。为了获得足够大的阻值变化,常将一定长度的电阻丝做成栅状(称敏感栅)的应变计,用于测量试件的应变。

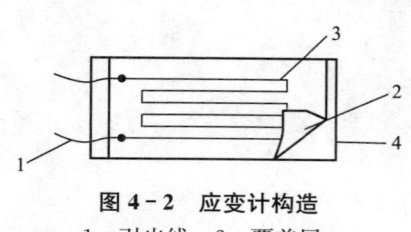

图4-2 应变计构造
1—引出线;2—覆盖层;
3—敏感栅;4—基底

栅状应变计一般包括敏感栅、基底与覆盖层、粘结剂、引线四部分,如图4-2所示。敏感栅是应变计的主要部分,由金属丝或箔制成,敏感栅通过粘结剂固定于应变计的基底与覆盖层之间,由引线引出。基底与覆盖层对敏感栅起固定、保护和绝缘作用。

对于应变计,式(4-4)可写为

$$\frac{dR}{R}=K\varepsilon \qquad (4-5)$$

式中 K——应变计的灵敏系数,是常数。

双向应变场下,由于应变计的横向效应,使得应变计的灵敏系数K一般比单丝灵敏系数K_0要小,应变计的灵敏系数K按单向应力场由厂家抽样试验确定,一般约为2.0。

2) 电阻应变计的分类、技术指标和选用

电阻应变计的种类很多,图4-1示出一部分。按丝栅材料分为金属电阻应变计和半导体应变计两类。金属电阻应变计根据生产工艺不同又分为金属丝式应变计、箔式应变计。按基底材料分有纸基电阻应变计、胶基电阻应变计等。按使用温度分为低温电阻应变

计、常温电阻应变计、高温电阻应变计等。为了方便测量主应变大小及方向,除了有单栅单向应变计之外,还有双栅双向及三栅三向应变计(也称应变花),如图 4-3 所示。金属丝式应变计是用直径很细的金属电阻丝做成敏感栅,基底及覆盖层多为纸质,常用的有 U 形和 H 形。H 形应变计是将 U 形应变计栅端的半圆弧部分改为较粗的直丝,以减小应变计的横向效应。它具有价格低、易于粘贴、耐疲劳性差等特点。

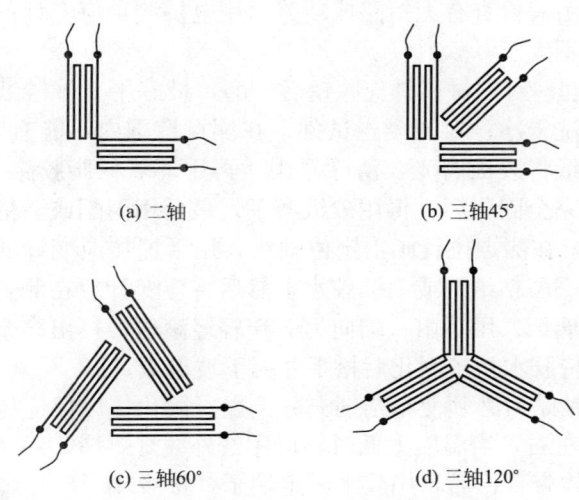

图 4-3 几种应变花

箔式应变计敏感栅是由镀在胶质基底上的金属箔通过光刻和腐蚀工艺制成的,覆盖层也为胶质。由于敏感栅的横向部分做得较宽,因此其横向效应小。此外,它还具有绝缘度高、耐疲劳性好的特点。

半导体应变计的敏感元件都是由半导体材料制成,它的特点是灵敏度高,频率响应好,稳定性相对较差。

应变计的主要技术指标如下。

(1) 标距 l,即敏感栅的有效长度,一般为 2~120mm。由于应变计测得的应变值是整个标距范围内的平均应变,因此,测点附近应变梯度大时应用小标距应变计,非匀质材料试件(如混凝土、铸铁、铸钢等)应选用大标距应变计,对于混凝土试件,标距应大于骨料粒径的 4 倍。

(2) 栅宽 b,以毫米(mm)计。

(3) 电阻值 R,一般为 120Ω,与应变仪配套使用。应变仪均按 120Ω 设计,对于非 120Ω 应变计,应按应变仪说明书调整。

(4) 灵敏系数 K,一般为 2.0 左右。应变仪灵敏系数应与应变计灵敏系数相同,使用时,可调节应变仪灵敏系数调节使其相同。

3) 电阻应变计的粘贴技术

电阻应变计用粘结剂直接粘贴在试件测点上,随测点而变形,并反映测点应变。因此,粘贴质量好坏直接影响测量结果的可靠性。粘贴质量好坏取决于粘结剂和粘贴技术水平,应变计粘贴必须严格按照粘贴工艺程序操作。

粘结剂分为水剂和胶剂。匀质材料上粘贴应变计均采用氰基丙烯酸类水剂,如

KH501、KH502 快速胶；在混凝土等非匀质材料上常用环氧树脂胶。粘结剂要求有足够的抗拉和抗剪强度，蠕变小，电绝缘性能好，化学稳定性及工艺性好，温湿度影响小。

应变计粘贴工艺程序如下：应变计检查、分选→试件表面处理→粘贴应变计→固化处理→粘贴质量检查→导线连接→防潮防护。

(1) 应变计检查、分选。外观检查主要是用放大镜检查应变计内有无气泡、霉点等缺陷；阻值检查是用万用表检查有无短路或断路，用电桥测量应变计的阻值，同一测区使用的应变计阻值相差应不大于 0.5Ω。

(2) 试件表面处理。对钢材试件应除锈后打磨，最好用 0 号砂纸打磨出 $45°$ 交叉斜纹，然后用丙酮或酒精清洗干净；对混凝土试件，在测点范围内不能有麻面、气孔和浮浆等。在测点区用砂轮或砂纸将表面磨光，清除浮尘，再用环氧树脂胶涂一层 $0.05\sim0.1$mm 的防潮层打底，待底层完全固化后，再用砂纸磨平，最后用丙酮或酒精清洗干净。

(3) 粘贴应变计。在测点位置画出定位轴线，用手捏住应变计的引线，在应变计的背面（基底一侧）均匀涂一层粘结剂或 502 胶水，然后将应变计放在测点上，方向对正。在应变计上覆盖一小片玻璃纸，用手由一端向另一端轻轻滚压，挤出多余的胶水和气泡，然后用手轻按 $1\sim2$min，待胶水初步固化后松手并揭下玻璃纸。

(4) 固化处理。粘贴后必须使粘结剂充分干燥、固化，以保证传递测点变形和绝缘度达标。自然干燥两天左右，当温度太低时，可用红外线灯烘烤，以加速固化。

(5) 导线连接。检查合格后，用胶水固定端子，接线端子应尽量靠近应变计引线引出点，以防引线与试件接触，然后用电烙铁及焊接剂将引线与导线焊在端子上，引出导线。

(6) 粘贴质量检查。外观检查应变计与试件之间应无气泡。用万用表检查应变计应无短路和断路，粘贴前后的电阻值应相同。用兆欧表检查应变计引线与试件之间"对地电阻"，静载测量应高于 $200M\Omega$，长期测量或要求较高的测量应高于 $500M\Omega$，动载测量可略低于 $200M\Omega$。

(7) 防潮防护。为防止潮湿侵害应变计，一般用防潮层打底，这一工作在测点表面处理时进行。此外，长期观测或隔一段时间测量时应设防护、防潮层，即在应变计上涂防护、防潮材料，以防止应变计受机械损伤或潮湿侵害。防护防潮材料可用环氧树脂，防潮材料可用无水凡士林石蜡合剂等。

2. 电阻应变的测量原理

1) 电阻应变仪的工作原理

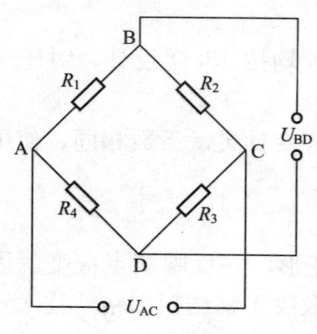

图 4-4 惠斯顿电桥

电阻应变仪利用惠斯顿电桥将应变计产生的电阻变化率[由应变造成，见式(4-5)]转换成电信号，经放大器放大后显示成应变读数。惠斯顿电桥如图 4-4 所示。应变仪电桥的输出端连接到放大器的输入端，如果放大器的输入阻抗很大，可以近似认为电桥输出端是开路的，这种电桥称为电压桥。

由电工学可知，电桥输出电压 U_{BD} 为：

$$U_{BD} = \frac{R_1 R_3 - R_2 R_4}{(R_1+R_2)(R_3+R_4)} \cdot U_{AC} \quad (4-6)$$

当

$$R_1 \cdot R_3 = R_2 \cdot R_4 \quad (4-7)$$

电桥输出电压 $U_{BD}=0$，此时称电桥处于平衡状态，式(4-7)为电桥平衡条件。

假设初始状态为平衡状态，受力后桥臂电阻分别有微小的电阻增量 ΔR_1、ΔR_2、ΔR_3 和 ΔR_4，这时电桥输出电压的增量 ΔU_{DB} 为

$$\Delta U_{BD}=U_{AC}\left[\frac{R_1R_2}{(R_1+R_2)^2}\left(\frac{\Delta R_1}{R_1}-\frac{\Delta R_2}{R_2}\right)+\frac{R_3R_4}{(R_3+R_4)^2}\left(\frac{\Delta R_3}{R_3}-\frac{\Delta R_4}{R_4}\right)\right] \quad (4-8)$$

2) 测量电路

根据桥臂上工作应变片的数量，测量方式主要有全桥电路、半桥电路和1/4桥电路。

(1) 全桥电路。全桥电路就是在量测桥的四个桥臂上全部接入工作应变片，其中相邻臂上的工作片兼做温度补偿片。现假定选取的四个桥臂应变片阻值相等，即 $R_1=R_2=R_3=R_4$，且每个应变片的灵敏系统 K 也相同，则式(4-8)变为

$$\Delta U_{BD}=\frac{U_{AC}}{4}\left(\frac{\Delta R_1}{R_1}-\frac{\Delta R_2}{R_2}+\frac{\Delta R_3}{R_3}-\frac{\Delta R_4}{R_4}\right)=\frac{U_{AC}K}{4}(\varepsilon_1-\varepsilon_2+\varepsilon_3-\varepsilon_4) \quad (4-9)$$

(2) 半桥电路。当图4-4中 R_1 和 R_2 为应变片，试样受载变形后产生的电阻增量为 ΔR_1 和 ΔR_2，而 R_3 和 R_4 为固定电阻不感受变形时，由式(4-9)得输出桥压为

$$\Delta U_{BD}=\frac{U_{AC}}{A}\left(\frac{\Delta R_1}{R_1}-\frac{\Delta R_2}{R_2}\right)=\frac{U_{AC}K}{4}(\varepsilon_1-\varepsilon_2) \quad (4-10)$$

(3) 1/4 桥电路。当图4-4中 R_1 为应变片，试样受载变形后产生的电阻增量为 ΔR_1，而 R_2、R_3 和 R_4 为固定电阻不感受变形时，由式(4-9)得输出桥压为

$$\Delta U_{BD}=\frac{U_{AC}}{4}\frac{\Delta R_1}{R_1}=\frac{U_{AC}K}{4}\varepsilon_1 \quad (4-11)$$

3) 温度补偿

贴在试件测点上的应变计总处在温度场中，当温度变化时，应变计的阻值也随之变化；此外，当应变计的线胀系数与试件材料线胀系数不同时，应变计受到的拉力或压力也会造成阻值变化。由于温度变化造成上述应变计阻值变化，进而使应变仪应变读数发生变化，这种现象称为应变计的温度效应。由于温度效应产生的虚假应变称为视应变。视应变非受力引起，必须设法消除。消除温度效应影响的措施称为温度补偿。温度补偿可采用温度补偿片法、工作片互补法和温度自补偿片法三种。

(1) 温度补偿片法。如图4-5所示，将 R_1 贴在试件测点上，感受机械应变，该应变计称为工作片，将 R_2 贴在材料相同但不受力的块体上，并与试件放在一起，使其处于同一温度场。R_2 不受力，只感受温度，提供温度补偿，故称为(温度)补偿片。由于工作片与补偿片处于同一温度场，温度造成的视应变始终相同；又由于工作片与补偿片接在桥臂的相邻位置，根据式(4-9)可知，两个应变计产生的视应变相互抵消，不会造成电桥电压输出，即温度效应被消除(补偿)。

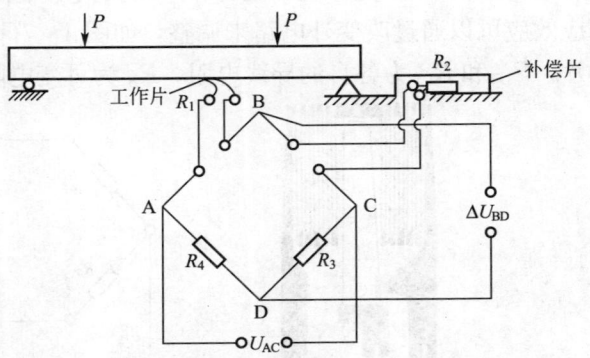

图4-5　温度补偿应变片法桥接连接示意

工作片与补偿片必须是同规格应变计，即它们的灵敏系数、阻值、温度系数相同，最好采用同一批次。一个补偿片可以补偿一个工作片，称单点补偿；一个补偿片也可以补偿

多个工作片,称多点补偿。被补偿的工作片数量根据试件材料和测量要求而定。钢材一般可用一个补偿10个;混凝土导热性能差些,一个补偿片补偿的工作片数量不宜超过5个,否则补偿片连续工作,其温度会逐渐高于工作片,从而失去补偿作用。测量精度要求高的最好单点补偿。

(2) 工作片互补法。如图4-6所示,将机械应变相同但符号相反的两个应变测点分别贴上两个工作片,并分别接于相邻的桥臂AB、BC上。由于两个工作片处于桥臂的相邻位置,由式(4-9)可知,温度产生的视应变相互抵消,无电桥电压输出,因而温度效应得到补偿。又由于两个工作片的机械应变大小相等符号相反,即$\varepsilon_1=-\varepsilon_2$,所以应变仪读数$\varepsilon_r=2\varepsilon_1$。由此可见,只要能预先知道各工作片所感受的机械应变之间的关系,并将互补偿的两工作片接于相邻桥臂,应变即可测得,温度效应得到补偿。这类电桥接法称为工作片互补偿,它既能起温度补偿作用,又能提高电桥的灵敏度。但图4-6所示接法不适用于混凝土等非匀质材料。

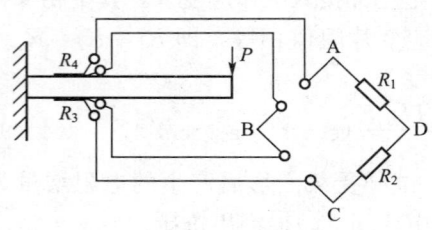

图 4-6 工作应变片温度互补法桥路示意

以上两种方法都是通过桥路连接方法实现温度补偿的,统称为桥路补偿法。

(3) 温度自补偿应变片法。当找不到一个适当位置来安装温度补偿片,或者工作片与补偿片的温度变动不相等时,应采用温度自补偿(STC)应变片。现有的STC片的基本形式分为两单元片、一单元片和通用型STC片三种。

两单元STC片由两组金属丝栅串联组成。其中一组有负的电阻温度系数,另一组有正的电阻温度系数。调整两组丝栅的长度,使其净电阻温度系数能抵消由于应变片贴在特定材料上因膨胀系数不一致而引起的电阻变化。这种应变片是为具有相应膨胀系数的材料专门设计的。

一单元STC片中电阻丝栅的制作,要求其使特定电阻所引起的电阻变化恰好与因应变片与试件的线膨胀系数不同而引起的阻值变化大小相等,符号相反。

通用型STC片是一种单元片,它可由两个单元组成,如图4-7(a)所示,两个单元的相应效应可以通过改变外电路来调整,如图4-7(b)所示。其中R_G和R_T互为工作片和补偿片,R_{LG}和R_{LT}为各自的导线电阻,R_B为可变电阻,加以调节可给出预定的最小视应变。

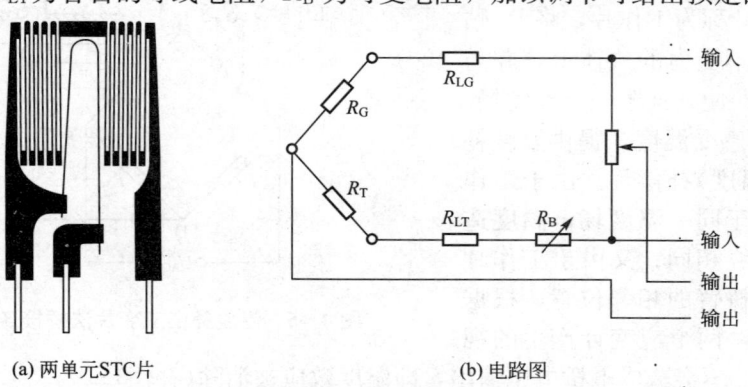

(a) 两单元STC片　　　　　　　　(b) 电路图

图 4-7 STC 片

R_T—补偿电阻;R_G—工作电阻;R_{LT}—补偿臂导线电阻;R_{LG}—工作臂导线电阻;R_B—镇流电阻器

4) 多点测量线路

进行实际测量时，一般要求应变仪具有多个测量桥，这样就可以进行多测点的测量工作。图4-8所示是实现多点测量的两种线路：工作肢转换法和中线转换法。工作肢转换法每次只切换工作片，温度补偿片为共用片；中线转换法每次同时切换工作片和补偿片，通过转换开关自动切换测点而形成测量桥。

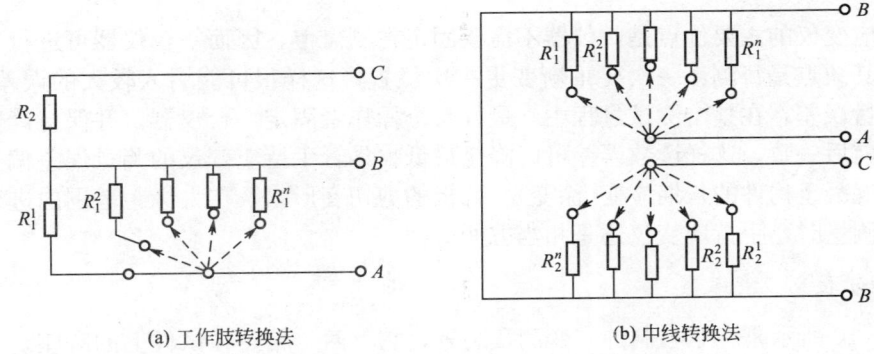

(a) 工作肢转换法　　　　　　(b) 中线转换法

图4-8　实现多点测量的两种线路

4.2.2　应变的其他量测方法与仪器

1. 手持应变仪

手持应变仪如图4-9所示，它是一台自成套的应变仪，主要由两片弹簧钢片连接两个刚性骨架组成，两个骨架可做无摩擦的相对移动。骨架两端附带有锥形插轴，进行测量时将锥形插轴插入结构表面预定的空穴里。结构表面的预定空穴应按照仪器插轴之间的距离进行设置，这个距离就是仪器的标距。试件的伸长或缩短量由装在骨架上的千分表来测读。

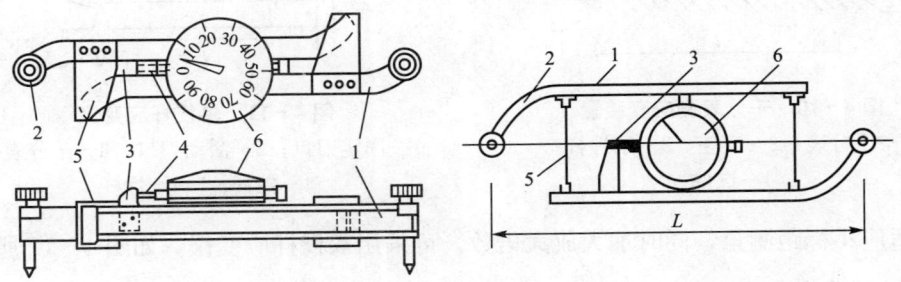

图4-9　手持应变仪

1—刚性骨架；2—插轴；3—骨架外凸缘；4—千分表测杆；5—薄钢片；6—千分表

手持应变仪常用于现场测量，适用于测量实际结构的应变，标距为50~250mm。国产手持应变仪有200mm和250mm两种。由于标距不同，其上千分表每一刻度代表的应变值也不相同。一般大标距适于量测非匀质材料的应变。

手持应变仪的工作原理是：在标距两端黏结两个脚标（每边各一个），通过测量结构变形前后两个脚标之间距离的改变，求得标距内的平均应变。

手持应变仪的操作步骤如下：①根据试验要求确定标距，在标距两端黏结两个脚标（每边各一个）；②结构变形前，用手持应变仪先测读一次；③结构变形后，再用手持应变仪测读；④变形前后的读数差即为标距两端的相对位移，由此可求得标距范围内的平均应变。

手持应变仪的主要优点是，仪器不需要固定在测点上，因而一台仪器可进行多个测点的测量；其缺点是每测读一次要重新变更一次位置，这样很可能引入较大的误差。因此，为减小测量误差，在整个测试过程中，最好每个操作者固定一台仪器，并保持读数方法和测试条件前后一致，这样读数误差可以降至最低。尽管手持应变仪的测量误差偏大，但当用于测量混凝土构件的长期应变（徐变）、墙板的剪切变形以及在大标距范围内进行其他类似的应变测量时，手持应变仪还是相当方便的。

2. 千分表测应变装置

图 4-10 所示是一个自制的应变测量装置，它有两个粘贴在试件上的脚座，分别固定千分表和刚性杆，测量标距可通过调节两个脚座的距离任意确定。构件伸长（缩短）量由千分表读出，除以标距即算得应变。

它的特点是装置构造简单、价廉，测量精度较高，可重复利用。但由于脚座较长，不适合测量有弯曲变形的构件。

3. 单杠杆、双杠杆应变仪

图 4-11 所示是一个单杠杆应变仪，构件变形后活动刀口绕 B 点转动，经杠杆放大后由千分表读出应变。其特点是仪器构造简单、价廉，测量误差相对较大；标距越小放大倍数越小，适合于大标距测量。

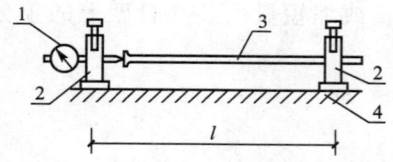

图 4-10 千分表测应变装置
1—千分表；2—表座；3—刚性杆；
4—试件

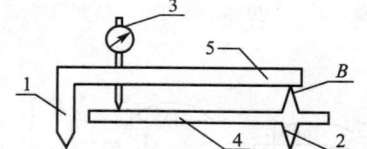

图 4-11 单杠杆应变仪
1—固定刀口；2—活动刀口；3—千分表；
4—杠杆；5—刚性杆

为适应小标距测量，同时加大放大倍数，可采用双杠杆应变仪，如图 4-12 所示。

4. 振弦式应变计

图 4-13 所示为振弦式应变计原理图，活动脚座随试件位移，钢弦绷紧（松弛）造成钢弦频率改变，在一定范围内频率改变量与位移呈线性关系，由此求出位移进而求出应变。振弦式应变计工作稳定、可靠，测量不受长导线影响，测量有弯曲变形的构件需要进行修正。

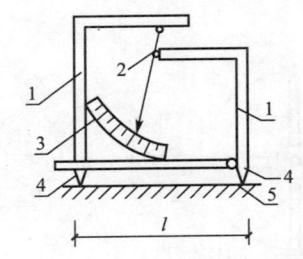
图 4-12 双杠杆应变仪
1—杠杆；2—指针杠杆；3—刻度盘；
4—插脚；5—试件

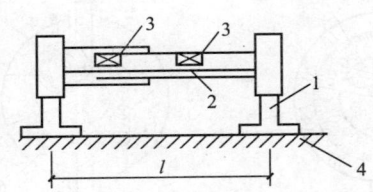
图 4-13 振弦式应变计
1—脚座；2—钢弦；3—激振与电感；
4—试件

5. 光测法

除以上应变测量方法外，在土木工程结构试验中还有光测法（云纹法、激光衍射法、光弹法）等。光测法较多应用于节点或构件的局部应力分析。

除了上述常用的一些方法外，也可利用各种放大原理自制一些简单实用的测量装置。

4.3 位移与变形量测

结构位移是结构承受荷载作用后的最直观反应，结构在局部区域内的屈服变形、混凝土局部范围内的开裂以及钢筋与混凝土之间的局部粘结滑移等变形，都可以在荷载-位移曲线上得到反映，它反映了结构的整体变形，还可区分结构的弹性和非弹性性质，位移测定对分析结构性能至关重要。总的来说，结构的位移主要是指构件的挠度、侧移、转角、支座偏移等参数，可分为线位移和转动变形两种。量测位移的仪器有机械式、电子式及光电式等多种。其中，机械式仪表主要包括结构试验中常用的接触式位移计（千分表、百分表、挠度计），以及桥梁试验中常用的千分表引伸仪和绕丝式挠度计。而电子式仪表则包括广泛采用的应变梁式位移传感器、滑线电阻式位移传感器和差动变压器式位移传感器等。

4.3.1 线位移量测

1. 接触式位移计

接触式位移计为机械式仪表，其构造如图 4-14 所示。它主要由测杆、齿轮、指针和弹簧等机械零件组成。测杆的功能是感受试件变形；6、7、8 齿轮是将感受到的变形加以放大或变换方向；测杆弹簧可使测杆紧随试件的变形，并使指针自动返回原位。扇形齿轮和螺旋弹簧的作用是使齿轮 6、7、8 相互之间只有单面接触，以消除齿隙所造成的无效行程。

接触式位移计根据刻度盘上最小刻度值所代表的量分为百分表（刻度值为 0.01mm）、千分表（刻度值为 0.001mm）和挠度计（刻度值为 0.05mm 或 0.1mm）。

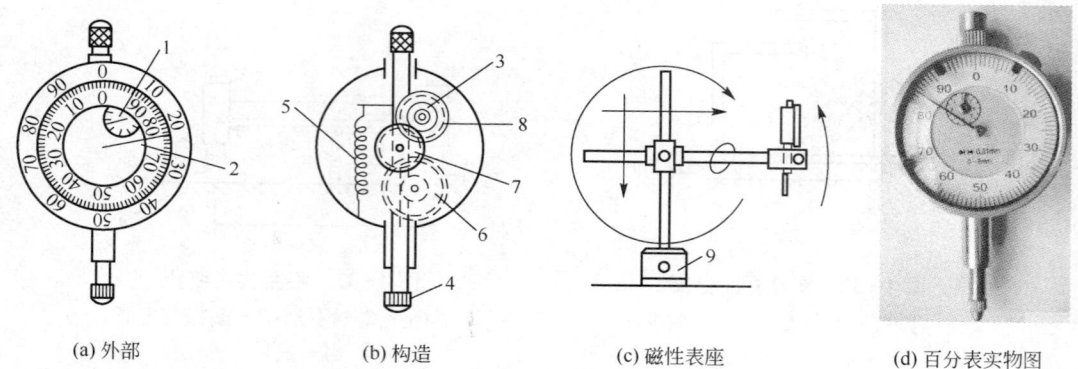

(a) 外部　　　(b) 构造　　　(c) 磁性表座　　　(d) 百分表实物图

图 4-14　百分表构造及实物
1—短针；2—长针；3—齿轮弹簧；4—测杆；5—测杆弹簧；6、7、8—齿轮；9—表座

接触式位移计的度量性能指刻度值、量程和允许误差。一般百分表的量程为 5mm、10mm、30mm，允许误差为 0.01mm。千分表的量程为 1mm，允许误差为 0.001mm。挠度计量程为 50mm、100mm、300mm，允许误差为 0.05mm。

使用时，将位移计安装在磁性表架上，用表架横杆上的颈箍夹住位移计的颈轴，并将测杆顶住测点，使测杆与测面保持垂直。表架的表座应放在铁磁性相对静止的点上，打开表座上的磁性开关固定表座。

2. 应变梁式位移传感器

应变梁式位移传感器的主要部件是一块弹性好、强度高的铍青铜制成的悬臂弹性簧片如图 4-15 所示，簧片一端固定在仪器外壳上。在簧片上粘贴四片应变片，组成全桥或半桥测量线路，簧片的自由端固定有拉簧，拉簧与指针固结。当测杆跟随变形而移动时，传

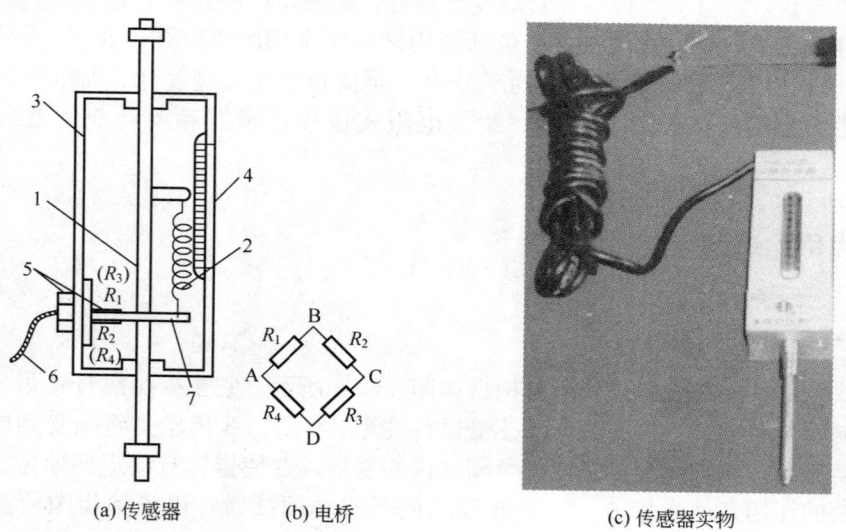

(a) 传感器　　　(b) 电桥　　　(c) 传感器实物

图 4-15　电阻应变式位移传感器
1—测杆；2—弹簧；3—外壳；4—刻度；5—电阻应变计；6—电缆；7—悬臂梁

力弹簧使簧片产生挠曲,簧片产生应变,通过电阻应变仪测得的应变即可反映与试件位移间的关系。

这种位移传感器的量程为 30~150mm,读数分辨率可达 0.01mm。由材料力学得知,位移传感器的位移 δ 为

$$\delta = \varepsilon C \quad (4-12)$$

式中　δ——铍青铜梁上的应变,由应变仪测定;

　　　C——与簧片尺寸及拉簧材料性能有关的刚度系数。

梁上四片应变片,按图 4-15 所示贴片位置和接线方式,取 $\varepsilon_1 = \varepsilon_3 = \varepsilon$;$\varepsilon_2 = \varepsilon_4 = -\varepsilon$,则桥路对角线输出为

$$\Delta U_{BD} = \frac{U_{AC}}{4} K(\varepsilon_1 - \varepsilon_2 + \varepsilon_3 - \varepsilon_4) = \frac{U_{AC}}{4} K\varepsilon \cdot 4 \quad (4-13)$$

由此可见,采用全桥接线且贴片符合图中位置时,桥路输出灵敏度最高,应变被放大了 4 倍。

3. 滑动电阻式位移传感器

滑线电阻式位移传感器由测杆、滑线电阻和触头等组成,构造与测量原理如图 4-16 所示。滑线电阻固定在表盘内,触点将电阻分成 R_1 及 R_2。工作时将电阻 R_1 和 R_2 分别接入电桥桥臂,预调平衡后输出为零。当测杆向下移动一个位移 δ 时,R_1 增大 ΔR_1,R_2 减小 ΔR_1。由相邻两臂电阻增量相减的输出特性可知:

$$\Delta U_{BD} = \frac{U_{AC}}{4} \frac{\Delta R_1 - (-\Delta R_1)}{R} = \frac{U_{AC}}{4} K\varepsilon \cdot 2 \quad (4-14)$$

采用这样的半桥接线,其输出量与电阻增量(或与应变)成正比,即与位移成正比。盘程可达 10~100mm。

4. 线性差动电感式位移传感器

图 4-17 所示为差动变压器式位移传感器的构造原理图。它由一个初级线圈和两个次

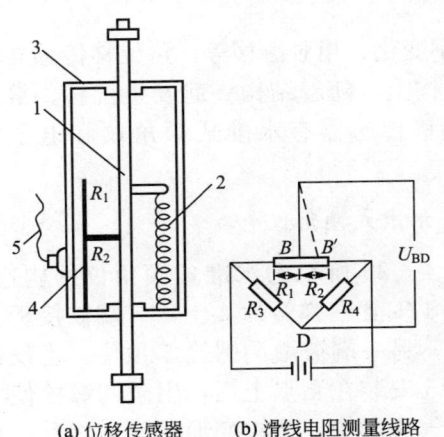

图 4-16　滑动电阻式位移传感器
1—测杆;2—弹簧;3—外壳;
4—电阻丝;5—电缆

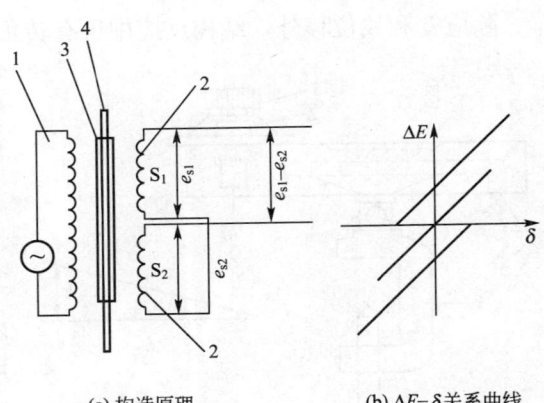

图 4-17　线性差动电感式位移传感器
1—初级线圈;2—次级线圈;
3—圆形筒;4—铁心

级线圈分内外两层同绕一个圆筒上,圆筒内放一能自由上下移动的铁心。对初级线圈加入激励电压时,通过互感作用使次级线圈感应而产生电势。当铁心居中时,感应电势 $e_{s1}-e_{s2}=0$,无输出信号。铁心向上移动一个位移 δ,这时 $e_{s1}\neq e_{s2}$,输出为 $\Delta E=e_{s1}-e_{s2}$。铁心向上移动的位移越大,ΔE 也越大。反之,当铁心向下移动时,e_{s1} 减小而 e_{s2} 增大,所以 $e_{s1}-e_{s2}=-\Delta E$。因此其输出量与位移成正比。由于输出量为模拟量,当需要知道它与位移的关系时,应通过率定确定。图 4-17(b)中的 $\Delta E-\delta$ 直线是率定得到的一组标定曲线。这种传感器的量程大,可达 500mm,适用于整体结构的侧移测量。

5. 其他位移测量仪器及装置

对于大型结构构件如桥梁等,当位移较大、测量精度要求不高时,可用挠度计(图 4-18)、连通管(图 4-19)进行测量,也可用水准仪、经纬仪及直尺进行测量,其精度不如上述各类位移传感器,一般为 0.1~1mm。连通管是一种简单装置,将连通管注水,则各竖向管水位在一个平面内,试件变形后水位仍在一个平面内,可利用试件变形前后水位在标尺上的读数变化,求得试件挠度。

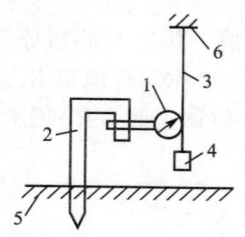

图 4-18 挠度计测量装置
1—挠度计;2—挠度计支架;3—钢丝;
4—重锤;5—地面;6—试件

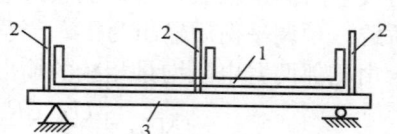

图 4-19 连通管测量装置
1—连通管;2—标尺;3—试件

4.3.2 角位移量测

除应变和线位移外,结构反应中还有转角、曲率变化、相对滑移等。角位移传感器附着在结构上,随着结构一起发生位移。常用的角位移传感器有水准式倾角仪和电子倾角仪。

1. 水准式倾角仪

图 4-20 所示为水准式倾角仪的构造。水准管 1 安置在弹簧片 4 上,一端铰接于基座 6 上,另一端被微调螺栓 3 顶住。当仪器用夹具 5 安装在测点上后,用微调螺栓使水准管的气泡居中,结构变形后气泡漂移,再扭动微调螺栓使气泡重新居中,度盘前后两次读数的差即为测点的转角:

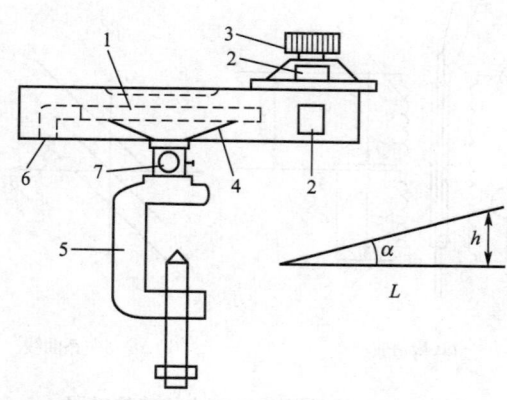

图 4-20 水准式倾角仪
1—水准管;2—刻度盘;3—微调螺栓;
4—弹簧片;5—夹具;6—基座;7—活动铰

$$\alpha=\arctan\frac{h}{L} \qquad (4-15)$$

式中　L——铰接基座与微调螺栓顶点之间的距离；

　　　h——微调螺栓顶点前进或后退的位移。

仪器的最小读数可达 $1''\sim 2''$，量程为 $3°$。其优点是尺寸小、精度高；缺点是受湿度及振动影响大，阳光下曝晒会引起水准管爆裂。

2. 电子倾角仪

电子倾角仪是通过电阻变化测定结构某部位的转动角度，仪器的构造原理如图 4-21 所示。其主要装置是一个盛有高稳定性的导电液体的玻璃器皿，在导电液体中插入三根电极 A、B、C 并加以固定。电极等距离设置且垂直于器皿底面，当传感器处于水平位置时，导电液体的液面保持水平，三根电极浸入液内的长度相等，故 A、B 极之间的电阻值等于 B、C 极之间的电阻值，即 $R_1=R_2$。使用时将倾角仪固定在试件测点上，试件发生微小转动时倾角仪随之转动。因导电液面始终保持水平，因而插入导电液体内的电极深度必然发生变化，使 R_1 减小 ΔR，R_2 增大 ΔR。若将 AB、BC 视作惠斯顿电桥的两个臂，则建立电阻改变量 ΔR 与转动角度 θ 间的关系就可以用电桥原理测量和换算，即 $\Delta R = K\theta$。

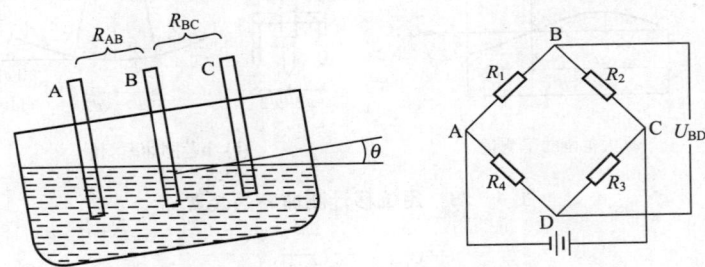

图 4-21　电子倾角仪构造原理

3. 其他变形测量仪器

其他变形量测仪器基本上均由前述基本仪表和各类转换元器件配以不同的附件及夹具组成。常用的变形测量仪器有杠杆式测角器、曲率计、扭角计等。

1) 杠杆式测角器

杠杆式测角器构造示意如图 4-22 所示，将刚性杆 1 固定在欲测试件 2 的测点上，结构变形带动刚性杆转动，用位移计测出 A、B 两点位移，即可算出转角 α：

$$\alpha=\arctan\frac{\Delta_1-\Delta_2}{L} \tag{4-16}$$

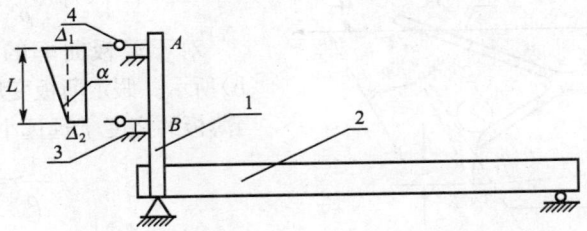

图 4-22　用位移计测定梁支座截面转角

1—刚性杆；2—试件；3—位移计支架；4—位移计

当 $L=100\text{mm}$,位移计刻度差值为 0.1mm 时,则可测得转角值为 1×10^{-3} 弧度,具有足够的精度。

2) 曲率计

受弯构件的弯矩-曲率关系是反映构件变形性能的主要指标。当构件表面变形符合二次抛物线时,可以根据曲率的数学定义,利用构件表面两点的挠度差,近似计算测区内构件的曲率。

如图 4-23(a) 所示,一根金属杆上有两个刀口,A 为固定刀口、B 为可移动刀口;百分表安装于 D 点,选定标距 AB 并使其距离不因构件的变形而改变。设构件的变形符合如下的二次抛物线方程:

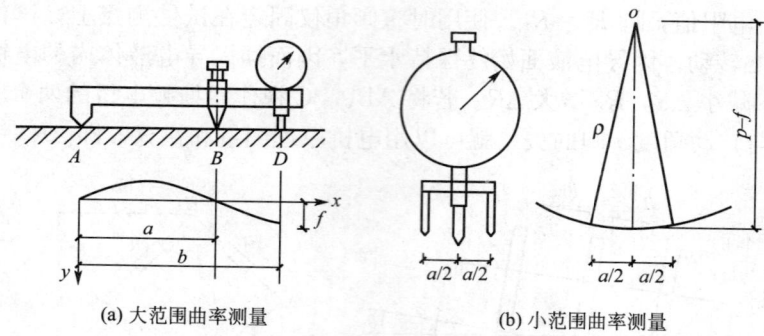

(a) 大范围曲率测量　　(b) 小范围曲率测量

图 4-23　用位移计测曲率的装置

$$y=c_1x^2+c_2x+c_3 \tag{4-17}$$

则根据曲率公式,构件的曲率 k 为

$$|k|=\frac{1}{\rho}=\frac{|y''|}{(1+y'^2)^{3/2}} \tag{4-18}$$

对于大多数小变形受弯构件,转角均很小,故有 $|y'|\ll 1$,因此 $|k|\approx|y''|=2|c_1|$。

将 A、B、D 点的边界条件代入式 (4-17),得

$$c_3=0 \quad c_1a^2+c_2a=0 \quad c_1b^2+c_2b=f \tag{4-19}$$

解方程组式 (4-19) 可得出 c_1、c_2:

$$c_1=\frac{f}{b(b-a)} \quad c_2=\frac{af}{b(a-b)}$$

将 c_1、c_2 代入式 (4-18),得

$$|k|=\frac{1}{\rho}=\frac{2f}{b(b-a)} \tag{4-20}$$

对于薄板曲率的测定方法如图 4-23(b) 所示。假定薄板变形曲线近似为球面,且当薄板的挠度 f 远远小于测点标距 a 时,有:

$$\frac{1}{\rho}=\frac{8f}{a^2} \tag{4-21}$$

3) 扭角计

图 4-24 所示是利用位移计量测扭角的装置,用它可近似测定空间壳体受到扭

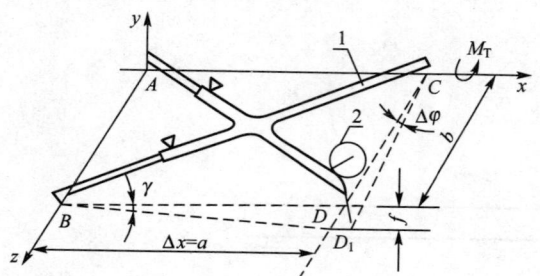

图 4-24　千分表测扭角装置

1—刚架支架;2—千分表

第 4 章 结构试验的量测技术

转后单位长度的相对扭角：

$$\theta = \frac{d\varphi}{dx} = \frac{\Delta\varphi}{\Delta x} = \frac{f}{ba} \tag{4-22}$$

4）剪切变形的量测

梁柱节点或框架节点的剪切变形，可用百分表或手持式应变仪测定其对角线上的伸长或缩短量，并按经验公式求得剪切变形 γ。当采用图 4-25(a) 所示的测量方法时，剪切变形按式 (4-23a) 计算；采用图 4-25(b) 所示的测量方法时，按式 (4-23b) 计算：

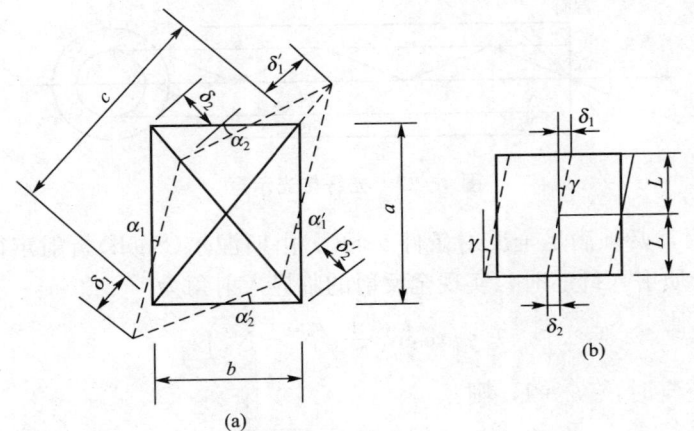

图 4-25 剪切变形测量

$$\gamma = \alpha_1 + \alpha_2 = \frac{2ab}{\sqrt{a^2+b^2}}(\delta_1 + \delta_1' + \delta_2 + \delta_2') \tag{4-23a}$$

$$\gamma = \frac{\delta_1 + \delta_2}{2L} \tag{4-23b}$$

4.3.3 光纤位移传感器

光纤位移传感器是 20 世纪 70 年代中期发展起来的一门新技术，光纤最早用于通信，随着光纤技术的发展，光纤传感器得到进一步发展。与其他传感器相比较，光纤位移传感器有不受电磁干扰，防爆性能好，不会漏电打火；可根据需要做成各种形状，可以弯曲；耐高温、耐高压、绝缘性能好；耐腐蚀等优点。本节介绍光纤的结构、传输原理、光纤传感器类型，以及反射式光纤位移传感器的原理和应用。

1. 光纤结构和传输原理

1）光纤结构

光导纤维，简称光纤，目前基本采用石英玻璃，有不同掺杂。光纤结构主要由纤芯、包层和护套三部分组成，如图 4-26 所示。光纤的导光能力取决于纤芯和包层的性质，纤芯的折射率 N_1 略大于包层折射率 N_2。

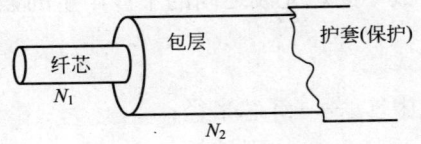

图 4-26 光纤结构

2) 光纤的传输原理

光在空间是直线传播的,在光纤中光被限制在光纤中,并能随光纤传递到很远的距离。图 4-27 给出了光纤传光示意图,光纤的传播是基于光的全反射。当光线以不同角度入射到光纤端面时,在端面发生折射后进入光纤,进入光纤后入射到纤芯(光密介质)与包层(光疏介质)交界面,一部分透射到包层,一部分反射回纤芯。但是,当光线在光纤端面中心的入射角 θ 减小到某一角度 θ_c 时,光线全部反射。光被全反射时的入射角 θ_c 称为临界角,只要 $\theta > \theta_c$,光在纤芯和包层界面上经若干次全反射向前传播,最后从另一端面射出。

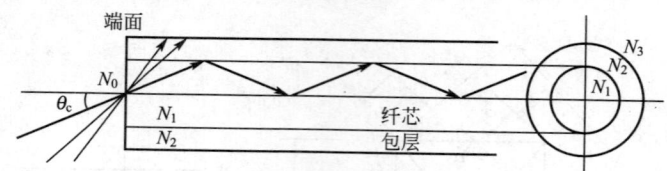

图 4-27 光纤传光示意

为保证全反射,必须满足全反射条件 $\theta > \theta_c$。由斯涅尔(Snell)折射定律可导出光线由折射率为 N_0 处介质射入纤芯时,实现全反射的临界入射角为

$$\theta_c = \arcsin\left(\frac{1}{N_0}\sqrt{N_1^2 - N_2^2}\right) \tag{4-24}$$

对外介质为空气时,$N_0 = 1$,则:

$$\theta_c = \arcsin\left(\sqrt{N_1^2 - N_2^2}\right) \tag{4-25}$$

可见,光纤临界入射角的大小是由光纤本身的性质(N_1、N_2)决定的,与光纤的几何尺寸无关。

2. 光纤性能

1) 数值孔径

临界入射角 θ_c 的正弦函数定义为光纤的数值孔径(NA):

$$NA = \sin\theta_c = \frac{1}{N_0}\sqrt{N_1^2 - N_2^2} \tag{4-26}$$

空气中:

$$NA = \sin\theta_c = \sqrt{N_1^2 - N_2^2} \tag{4-27}$$

NA 表示光纤的集光能力,无论光源的发射功率有多大,只有在 $2\theta_c$ 张角之内的入射光才能被光纤接收、传播。若入射角超出这一范围,光线会进入包层漏光。一般 NA 越大集光能力越强,光纤与光源间耦合会更容易。但 NA 越大,光信号畸变越大。

2) 光纤模式

光纤模式(V)是指光波沿光纤传播的途径和方式,不同入射角度光线在界面上反射的次数不同,光波之间的干涉产生的强度分布也不同,模式值定义为

$$V = \frac{2\pi a}{\lambda_0}(NA) \tag{4-28}$$

式中　a——纤芯半径;

　　　λ_0——入射波长。

模式值越大,允许传播的模式值越多。在信息传播中,希望模式值越少越好,若同一

光信号采用多种模式会使光信号成为分不同时间到达的多个信号,导致合成信号畸变。模式值 V 小,就是 α 值小即纤芯直径小,只能传播一种模式,称为单模光纤。单模光纤性能最好、畸变小、容量大、线性好、灵敏度高,但制造、连接困难。除单模光纤外,还有多模光纤(阶跃多模、梯度多模)。

3) 传播损耗

光纤在传播时,由于材料的吸收、散射和弯曲处的辐射损耗影响,不可避免地要有损耗,称为传播损耗(A),用衰减率 A(单位为 dB/km)表示:

$$A = \frac{-10\lg(I_1/I_2)}{l} \qquad (4-29)$$

式中 l——光纤长度;
I_1——输出端光强;
I_2——输入端光强。

一根衰减率为 10dB/km 的光纤,表示当光纤传输 1km 后,光强下降到入射时的 1/10。目前,光纤传播损耗可达 0.16dB/km。

3. 光纤传感器类型

光纤目前可以测量 70 多种物理量,光纤的类型较多,大致可分为功能型和非功能型两类。

1) 功能型光纤传感器

功能型(又称传感型)光纤传感利用了光纤本身对外界被测对象敏感,并具备检测功能的特点。光纤不仅起到传光作用,而且在被测对象作用下,光强、相位、偏振态等光学特性得到调制,调制后的信号携带了被测信息。如果外界作用时光纤传播的光信号发生变化,使光的路程改变,相位改变,将这种信号接收处理后,可以得到被测信号的变化。

2) 非功能型光纤传感器

非功能型(又称传光型)光纤传感的光纤只当做传播光的媒介,待测对象的调制功能是由其他光电转换元件实现的,光纤的状态是不连续的,光纤只起传光作用。

4. 反射式光纤位移传感器

机械量通常需转换成位移来检测,利用光纤可实现无接触位移测量。图 4-28 所示为光纤位移测量原理图,光源经一束多股光纤将光信号传送至端部,并照射到被测目标上。另一束光纤接收反射的光信号,并通过光纤传送到光敏元件上,两束光纤在被测目标附近汇合。如被测目标与光纤间距离变化,则反射到接收光纤上光通量发生变化,通过光电传感器可检测出距离的变化。

反射式光纤位移传感器一般是将发射和接收光纤捆绑组合在一起,组合的形式不同,有半分式、共轴式和混合式等几种,如图 4-29 所示。混合式灵敏度高,半分式测量范围大。

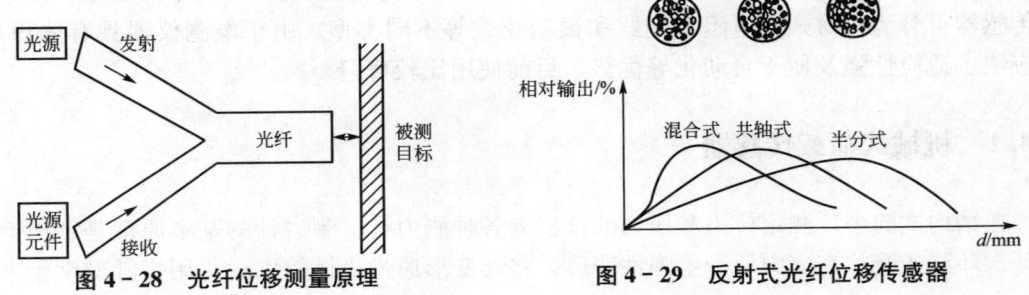

图 4-28 光纤位移测量原理　　图 4-29 反射式光纤位移传感器

图 4-30 给出了反射式光纤位移传感器工作原理和位移输出曲线，由于光纤有一定的数值孔径，当光纤探头端紧贴被测物体时，发射光纤中的光信号不能反射到接收光纤中，接收光敏元件无光电信号。

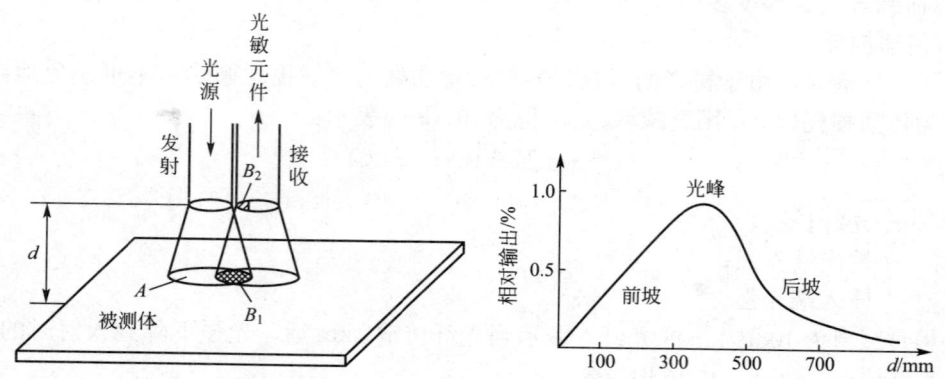

图 4-30　反射式光纤位移传感器工作原理和位移输出曲线

当被测物体逐渐远离光纤时，距离 d 减小，发射光纤照亮被测物体的表面积 B_1 越来越大，接收光纤照亮的区域 B_2 越来越大。当整个接收光纤被照亮时，输出达到最大，相对位移输出曲线达到光峰值。

被测体继续远离时，光强开始减弱，部分光线被反射，输出光信号减弱，曲线下降进入"后坡区"。

前坡区——输出信号的强度增加快，这一区域位移输出曲线有较好的线性关系，可进行小位移测量，如微米级测量。

后坡区——信号随探头和被测体之间的距离增加而减弱，该区域可用于距离较远，而灵敏度、线性度要求不高的测量。

光峰区——信号有最大值，其大小决定于被测表面的状态，光峰区域可用于表面状态测量，如工件的光洁度或光滑度。

4.4　力和应力的量测方法

结构静载试验需要测定的力主要有荷载与支座反力，其次有预应力施力过程中钢丝或钢绞线的张力，还有风压、油压、土压力等。力值量测仪器的基本原理都是用一弹性元件去感受力或液压，弹性元件在力的作用下，发生与外力或液压成对应关系的变形。常用的力传感器可分为机械式、电阻应变式和振动弦式等不同类型。由于电测仪器具有体积小、反应快、适应性强及便于自动化等优势，目前使用比较普遍。

4.4.1　机械式荷载传感器

在结构试验中，测定拉力和压力的仪器有各种测力计。测力计的基本原理是利用钢制弹簧、环箍或簧片在受力后产生弹性变形，将其变形通过机械放大后，用指针刻度盘来表示或借助位移计来反映力的数值。最简单的拉力计就是弹簧式拉力计，它可以直接由螺旋形弹簧的变形求出拉力值。拉力与变形的关系预先经过标定，并在刻度尺上示出。

用于测量张拉钢丝或钢丝绳拉力的环箍式拉力计如图 4-31 所示。它由两片弓形钢板组成一个环箍。在拉力作用下，环箍产生变形，通过一套机械传动放大系统带动指针转动，指针在度盘上的示值即为外力值。

图 4-32 所示是另一种环箍式拉、压测力计。它用粗大的钢环做"弹簧"，钢环在拉力、压力作用下的变形经过杠杆放大后推动位移计工作。位移计示值与环箍变形关系应预先标定，这种测力计大多只用于测定压力。

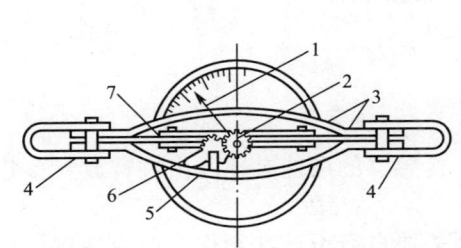
图 4-31 环箍式拉力计
1—指针；2—中央齿轮；3—弓形弹簧；4—耳环；
5—连杆；6—扇形齿轮；7—可动接板

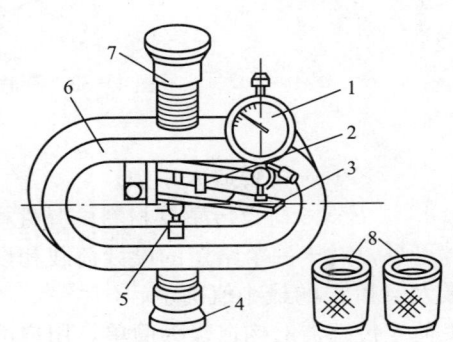
图 4-32 环箍式拉、压力计
1—位移计；2—弹簧；3—杠杆；4—下压头；
5—立柱；6—钢环；7—上压头；8—拉力夹头

4.4.2 电阻应变式测力传感器

电阻应变式力传感器是目前应用最广泛的一种测力仪器。它是利用安装在力传感器上的电阻应变片测量传感器弹性变形体的应变，再将弹性体的应变值转换为电信号输出，并用电子仪器显示的测力计，称为测力传感器，也称荷载传感器。根据荷载性质不同，荷载传感器的形式分为拉伸型、压缩型和拉-压型三种。各种荷载传感器的外部形状基本相同，其核心部件是一个厚壁筒，充当线弹性元件。壁筒的横断面取决于材料允许的比例极限。在筒壁上贴有电阻应变片以便将机械变形转换为电量变化。为避免在储存、运输或试验期间损坏应变片，设置有外罩加以保护。为便于设备或试件连接，在筒壁两端加工有螺纹。荷载传感器的负荷能力可达 1000kN 或更高。

如图 4-33 所示，在筒壁的轴向和横向布置应变片，并按全桥接入电阻应变仪工作电桥，进行量测。根据桥路输出特性可求得 $\Delta U_{BD} = \dfrac{U_{AC}}{4} K \varepsilon \times 2(1+\mu)$，其中 $2 \times (1+\mu) = A$。A 为电桥输出放大系数，可提高其量测灵敏度。

荷重传感器的灵敏度可表达为每单位荷重下的应变，与设计的最大应力成正比，与荷重传感器的最大负荷能力成反比，即灵敏度为

$$K_0 = \frac{\varepsilon A}{P} = \frac{\sigma A}{PE} \tag{4-30}$$

式中 P、σ——荷重传感器的设计荷载和设计应力；

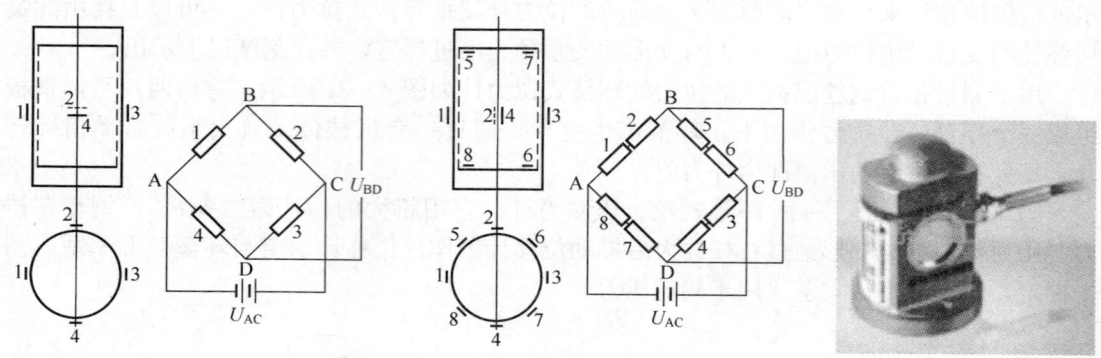

图 4-33 荷载传感器全桥接线及实物图
1～8—电阻应变片

A——桥臂放大系数；
E——荷重传感器材料的弹性模量。

可见，对于一个给定的设计荷载和设计应力，传感器的最佳灵敏度由桥臂放大系数 A 的最大值和 E 的最小值确定。

荷重传感器的构造极为简单，用户可根据实际需要自行设计和制作。但应注意，必须选用力学性能稳定的材料做筒壁，选择稳定性好的应变片及粘合剂。传感器投入使用后，应当定期标定以检查其荷载应变的线性性能和标定常数。

4.4.3 结构内部应力测定

在土木工程实践中，当需要测定结构内部混凝土或钢筋的应力时，有时可采用埋入式测力装置。图 4-34 所示的埋入式应力栓，由混凝土或砂浆制成，埋入试件后便置换了一小块混凝土。在应力栓上贴有两片电阻应变片。应力栓和混凝土的应力应变关系借助胡克定律可知：

$$\left.\begin{array}{l}\sigma_c = E_c \varepsilon_c \\ \sigma_m = E_m \varepsilon_m\end{array}\right\} \tag{4-31}$$

由此可得

$$\sigma_m = \sigma_c (1 + C_s); \quad \varepsilon_m = \varepsilon_c (1 + C_\varepsilon) \tag{4-32}$$

式中 C_s——应力栓的应力集中系数；
C_ε——应变增大系数。

对于特定的应力栓，C_s、C_ε 为常数，但由于混凝土和应力栓的物理性能不完全匹配，因此应变增大系数基本上属于在测量结果中所引入的误差，如弹性模量、泊松比和热膨胀系数的差异所产生的误差。通过适当的标定方法和尽可能减少不匹配因素，可使误差降低至最小。试验证明，最小的误差可控制在 0.5% 以下。室温下，一年内的漂移量很小，可以忽略不计。

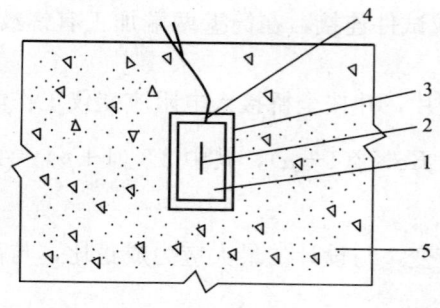

图 4-34 埋入式应力栓
1—与试件同材料的应力栓；2—应变片；
3—防水层；4—引出线；5—试件

图 4-35 所示为埋入式差动电阻应变计,它主要用于测定各种大型混凝土结构的应变、裂缝或钢筋应力等。使用时直接将其埋入混凝土内,两端凸缘与混凝土或钢筋相连。试件受力后,两端的凸缘随之发生相对移动,使电阻 R_1 和 R_2 分别产生大小相等、方向相反的电阻增量,将其接入应变电桥便可测得应变值。

图 4-36 所示为振弦式应变计,它依靠改变受拉钢弦的固有频率进行工作。钢弦密封在金属管内,在钢弦中部用激励装置拨动钢弦,再用同样的装置接收钢弦产生的振动信号,并将其传送至显示或记录仪表。当应变计上的圆形端板与混凝土浇为一体时,混凝土发生的任何应变都将引起端板的相对移动,从而导致钢弦的原始张力或振动频率发生变化,由此可换算求得结构内部的有效应变值。

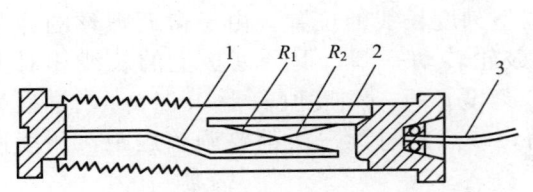

图 4-35 埋入式差动电阻应变计
1、2—刚性支架;3—引出线

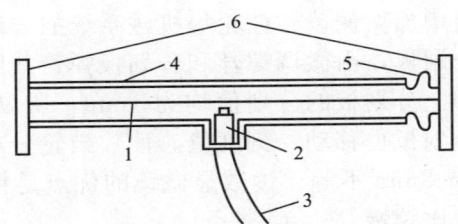

图 4-36 振弦式应变计
1—钢弦;2—激振丝圈;3—引出线;
4—管体;5—波纹管;6—端板

这种振弦式应变计常用于测量预应力混凝土结构的内部应力。它的工作稳定性好,分辨率高达 $0.1\mu\varepsilon$,室温下年漂移量仅为 $1\mu\varepsilon$。

4.5 裂缝与温度量测

4.5.1 裂缝量测

对于钢筋混凝土结构,裂缝的产生和发展是结构反应的重要特征。对于钢结构,常见的断裂发生在应力集中的部位和焊缝部位。裂缝量测的目的是确定裂缝的类型、形态和裂缝的性质,分析产生裂缝的原因,从而对症下药,采取有效的方法、有利的时间封闭和处理裂缝,保证结构构件的正常使用。

1. 裂缝量测的内容

裂缝测量主要有三项内容:①开裂,即裂缝的特征和分布;②度量,即裂缝的宽度、长度和深度;③走向,即裂缝发展的过程和趋势。

裂缝宽度是判断裂缝对结构、构件使用性和承载能力影响程度的最主要参数,也是分析开裂原因、推断修补与加固与否、选择修补或加固方法的重要依据。检测裂缝宽度变化情况,是为了判断该裂缝是静止裂缝还是活动裂缝。

裂缝深度的检测,主要是用于判别裂缝是否贯通,其表里是否不一。裂缝的趋势测量是一项重要内容,即测量裂缝是发展还是趋于稳定,裂缝的趋势对什么时候处理、处理什么内容、如何处理裂缝具有重要意义。

裂缝长度与分析开裂原因及判断是否需要修补、加固的关系不大。裂缝长度主要为掌握修补规模和估算工程费用。

2. 裂缝宽度量测仪器

1)读数显微镜

裂缝宽度的量测常用读数显微镜,它是由光学透镜与游标刻度等组成的复合仪器,如图4-37所示。它主要由物镜、目镜、刻度分划板等机械系统组成。试件表面的裂缝经物镜在刻度分划板上成像,然后经过目镜进入肉眼。为了提高量测精度,可用增加微调读数鼓轮等机械系统的方法;还可在光学系统中相应地增加一个可动的下分划板,由微调螺丝和分划板弹簧共同来调整刻度长线的位置。由于微调螺丝的螺距和上分划板的分划值均为1mm,所以读数鼓轮转动一圈,下分划板上的长线相对上分划板也移动一刻度值。读数鼓轮分成100刻度,每一刻度值等于0.01mm,量程为3~8mm不等。读数显微镜的优点是精度高;缺点是每读一次都要调整焦距,测读速度比较慢。

2)裂缝读数卡

图4-38给出了印有许多不同宽度线条的裂缝读数卡示意图,其宽度为标准宽度,将标准宽度线条与裂缝放在一起,用放大镜比照以估计裂缝宽度。

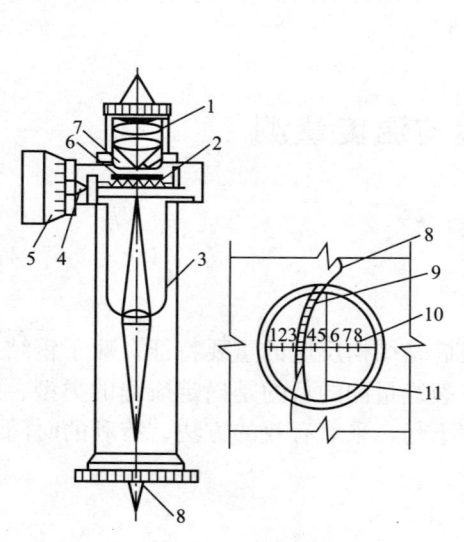

图4-37 读数显微镜
1—目镜组;2—分滑板弹簧;3—物镜;
4—微调螺栓;5—微调鼓轮;6—可动下分划板;
7—上分划板;8—裂缝;9—放大后的裂缝;
10—上下分滑板刻度板;11—下分划板刻度长线

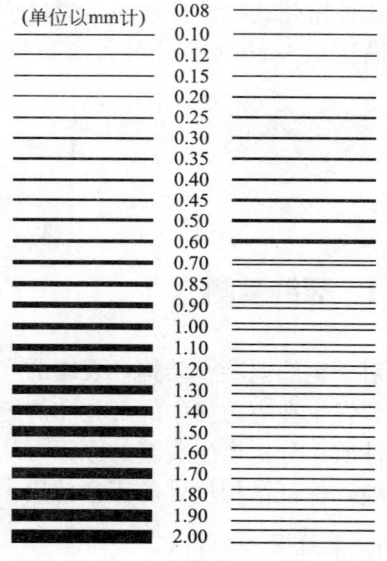

图4-38 裂缝读数卡示意图

3. 裂缝量测的其他方法

1）肉眼观察

目前，常用于发现裂缝的最简便方法是借助于放大镜用肉眼观察。在试验前用纯石灰水溶液均匀地刷在结构表面并等待干燥。当试件受外载作用后，白色涂层将在高应变下开裂并剥落。在钢结构表面可以看到屈服线条，在混凝土表面裂缝也会明显地显示出来。研究墙体结构表面开裂时，在白灰层干燥后画出 50mm 左右的方格栅，以构成基本参考坐标系，便于分析和描绘墙体在高应变场中的裂缝发展和走向。用白灰涂层具有效果好、价廉和使用技术要求不高等优点。

2）贴应变片

贴应变片也是一种裂缝量测的方法。利用粘贴在混凝土受拉区的电阻应变片，当混凝土开裂时，如果裂缝贯穿电阻应变片，该应变片的读数突变，从而可以判断开裂部位。

3）涂导电漆膜

1975 年美国 BLH 公司研制了一种用导电漆膜来发现裂缝的方法。它是将一种具有小阻值的弹性导电漆涂在经过清洁处理的混凝土表面，涂成长度约 100～200mm、宽 5～10mm 的条带，待干燥后接入电路。当混凝土裂缝宽度达到 0.001～0.004mm 时，由于混凝土受拉，拉长的导电漆膜就会出现火花直至烧断。导电漆膜电路被切断后还可以继续用肉眼进行观察。

4）裂缝塞尺

裂缝宽度还可以用印有不同宽度线条的裂缝标尺与裂缝对比来确定，相当于用一组具有不同厚度的标准塞尺进行插试，正好插入裂缝的塞尺厚度即为该裂缝的宽度。裂缝标尺和塞尺的测量结果较粗略，但能满足一定的使用要求。

5）超声波量测

超声波量测是基于发声原理，采用声传感器捕捉材料开裂时发射声能所形成的声波，经信号转换后，识别裂缝出现的部位。

6）光弹贴片

光弹贴片是在试件表面牢固地粘贴一层光弹薄片。当试件受力后，光弹薄片同试件共同变形，并在光弹薄片中产生相应的应力。若以偏振光照射，由于试件表面事先已经加工磨光，具有良好的反光性（加银粉增加其反光能力），因而当光穿过透明的光弹薄片后，经过试件表面反射，又第二次通过光弹薄片而射出，若将此射出的光经过分析镜，最后可在屏幕上得到应力条纹，其试验装置如图 4-39 所示。由广义虎克定律可知，主应力与主应变的关系为

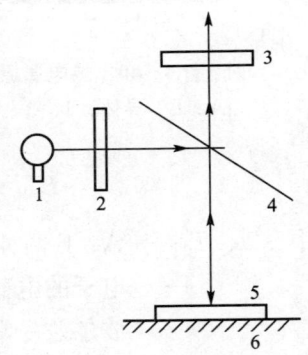

图 4-39 光弹贴片装置原理
1—光源；2—$\lambda/4$ 偏振片；
3—$\lambda/4$ 分析片；4—分光镜；
5—贴片；6—试件

$$\left. \begin{array}{l} E\varepsilon_1 = \sigma_1 - \mu(\sigma_2 + \sigma_3) \\ E\varepsilon_2 = \sigma_2 - \mu(\sigma_3 + \sigma_1) \\ \sigma_1 - \sigma_2 = \dfrac{E}{1+\mu}(\varepsilon_1 - \varepsilon_2) \end{array} \right\} \quad (4-33)$$

式中　E——试件弹性模量；

μ——泊松比。

因试件表面有一主应力等于零(如设 $\sigma_3=0$),因此试件表面主应力差$(\sigma_1-\sigma_2)$与主应变差$(\varepsilon_1-\varepsilon_2)$成正比。

4.5.2 温度量测

温度是一个基本的物理量。实际结构的应力分布、变形性能和承载能力都可能与温度有十分密切的关系。常温作用下,温度应力常常使混凝土结构出现裂缝。较为典型的是新浇灌的大体积混凝土产生水化热,热加工厂房常年的高温度环境等,这使得温度成为结构设计中必须考虑的因素之一。

测温的方法很多,从测试元件与被测材料是否接触来分,可以分为接触式测温和非接触式测温两大类。接触式测温是基于热平衡原理,测温元件与被测材料接触,两者处在同一热平衡状态,具有相同的温度,如水银温度计和热电偶温度计。非接触式测温是利用热辐射原理,测温元件不与被测材料接触,如红外温度计。以下主要介绍温度量测仪器中的热电偶温度计和热敏电阻温度计。

1. 热电偶温度计

热电偶的基本原理如图 4-40 所示,它由两种导体 A 和 B 组合成一个闭合回路,并使节点 1 和节点 2 处于不同的温度 T 及 T_0。例如,测温时将节点 1 置于被测温度场中(节点 1 称工作端),使节点 2 处于某一恒定温度状态(称为参考端)。由于互相接触的两种金属导体内自由电子的密度不同,在 A、B 接触处将发生电子扩散。电子扩散的速率和自由电子的密度与金属所处的温度成正比。假设金属 A 和 B 中的自由电子密度分别为 N_A 和 N_B,且 $N_A>N_B$,在单位时间内由金属 A 扩散到金属 B 的电子数,比从金属 B 扩散到金属 A 的电子数要多。这样,金属 A 因失去电子而带正电,金属 B 因得到电子而带负电,于是在接触点处便形成了电位差,从而建立电势与温度的关系,即可测得温度。根据理论推导,回路的总电势与温度的关系为

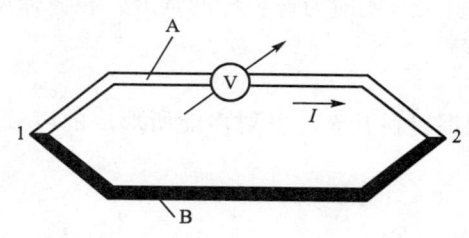

图 4-40 热电偶原理
A、B—导体;1、2—节点

$$E_{AB}=E_{AB}(T)-E_{AB}(T_0)=\frac{k}{e}(T-T_0)\ln\frac{N_A}{N_B} \qquad(4-34)$$

式中 T、T_0——A、B 两种材料接触点处的绝对温度;

e——电子的电荷量,约为 4.802×10^{-10};

k——波尔兹曼常数,等于 1.38×10^{-16};

N_A、N_B——金属 A、B 的自由电子密度。

热电偶温度计一般适用于 500℃ 以上的高温度量测,在结构防火抗火试验中,通常使用热电偶温度计。对于中、低温环境,因为温度较低时,使用热电偶测温就不一定合适,因为温度较低时热电偶输出的热电势很小,影响测量精度,参考端(冷却)也很容易受环境影响而导致补偿困难。

2. 热敏电阻温度计

当温度较低时，可采用金属丝热电阻或热敏电阻温度计。常用的金属测温电阻有铂热电阻和铜热电阻，这种电阻可以将温度的变化转换为电阻的变化，因此温度的测量转化为电阻的测量。类似于应变的测量转化为电阻应变片的电阻测量，可以采用电阻应变仪测量热电阻的微小电阻变化。热敏电阻是金属氧化物粉末烧结而成的一种半导体，与金属丝热电阻相同，其电阻值也随温度而变化，一般热敏电阻的温度系数为负值，即温度上升时电阻值下降。热敏电阻的灵敏度很高，可以测量 0.001～0.0005℃ 的微小温度变化。此外，它还有体积小、动态响应速度快、常温下稳定性较好，价格便宜等优点。电阻应变仪也可以测量热敏电阻的微小电阻变化。热敏电阻的主要缺点是电阻值较分散，测温的重复性较差，老化快。

4.6 测振传感器

振动参数可以通过不同的方法进行量测，如机械式振动测量仪、光学测量系统及电测法等。电测法将振动参量（位移、速度、加速度）转换成电量，而后用电子仪器进行放大、显示或记录。电测法灵敏度高，且便于遥控、遥测，是目前最常用的方法。

振动量测设备由感受、放大和显示记录三部分组成。振动量测中的感受部分常称为拾振器（或称测振传感器），它和静力试验中的传感器有所不同，是将机械信号转换成电信号的敏感元件。振动量测中的放大器不仅将信号放大，还可将信号进行积分、微分和滤波等处理，可分别量测出振动参量中的位移、速度及加速度。显示记录部分是振动测量系统中的重要部分，在动力问题的研究中，不但需要量测振动参数的大小量级，还需要量测振动参数随时间历程变化的全部数据资料。

4.6.1 拾振器的基本原理

由于结构振动具有传递作用，做动力试验时很难找到一个静止点作为测振的基准点，为此，必须在测振仪器内部设置惯性质量弹簧系统，建立一个基准点。这样的拾振器称为惯性式测振传感器，其力学模型如图 4-41 所示。使用时将拾振器安放在振动体的测点上并与振动体紧密固定成一体，仪器外壳与振动体一起振动。拾振器的输出信号和质量块与振动体之间的相对运动直接有关。下面讨论在怎样的条件下，拾振器才能正确反映被测物体的振动参量。

设计拾振器时，一般使惯性质量 m 只能沿 x 方向运动，并使弹簧质量和惯性质量 m 相比，小到可以忽略不计。由质量块 m 所受的惯性力、阻尼力和弹性力之间的平衡关系，可建立振动体系的运动微分方程：

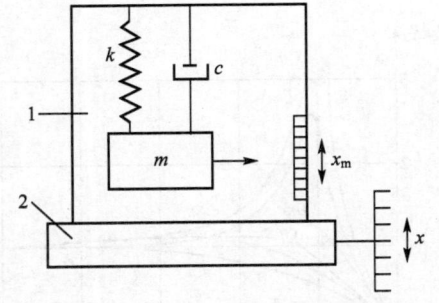

图 4-41 拾振器的力学模型
1—拾振器；2—振动体

$$m(\ddot{x}+\ddot{x}_m)+c\dot{x}_m+kx_m=0 \quad (4-35)$$

式中 x——振动体相对于固定参考坐标的位移；

x_m——质量 m 相对于仪器外壳的位移；

c——阻尼系数；

k——弹簧刚度。

设振动体按正弦规律振动

$$x=X_0\sin\omega t \quad (4-36)$$

式中 X_0——被测振动体的振幅；

ω——被测振动的圆频率。

将式(4-36)代入式(4-35)，得

$$\ddot{x}_m+2\xi\omega_0\dot{x}+\omega_0^2 x=X_0\omega^2\sin\omega t \quad (4-37)$$

式中 ω_0——质量弹簧系统的固有频率，$\omega_0=\sqrt{\dfrac{k}{m}}$；

ξ——阻尼比，$\xi=\dfrac{c}{2m\omega_0}$。

这是单自由度有阻尼系统的强迫振动方程，其通解为

$$x_m=Be^{-\xi\omega_0 t}\cos(\omega_0\sqrt{1-\xi^2}\,t+\alpha)+X_m\sin(\omega t-\varphi) \quad (4-38)$$

式中第一项为自由振动解，由于阻尼作用，很快衰减；第二项为强迫振动解，X_m 为质量块 m 的相对振幅，φ 为相位角，其值分别按下列两式确定：

$$\frac{X_m}{X_0}=\frac{\left(\dfrac{\omega}{\omega_0}\right)^2}{\sqrt{\left[1-\left(\dfrac{\omega}{\omega_0}\right)^2\right]^2+\left(2\xi\dfrac{\omega}{\omega_0}\right)^2}} \quad (4-39)$$

$$\varphi=\arctan\frac{2\xi\dfrac{\omega}{\omega_0}}{1-\left(\dfrac{\omega}{\omega_0}\right)^2} \quad (4-40)$$

根据式(4-39)和式(4-40)，以 ω/ω_0 为横坐标，以 X_m/X_0 和 φ 纵坐标，并使用不同的阻尼比绘制出的曲线如图 4-42 和图 4-43 所示，分别称为测振仪器的幅频特性曲线和相频特性曲线。

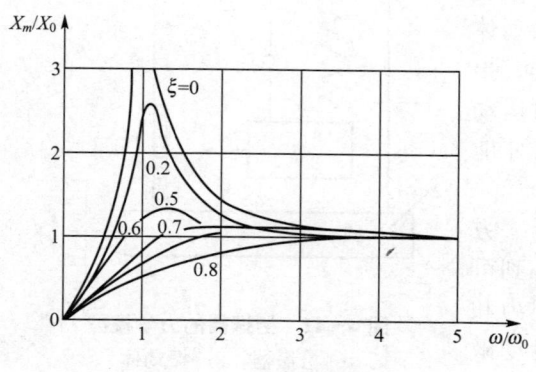

图 4-42 幅频特性曲线

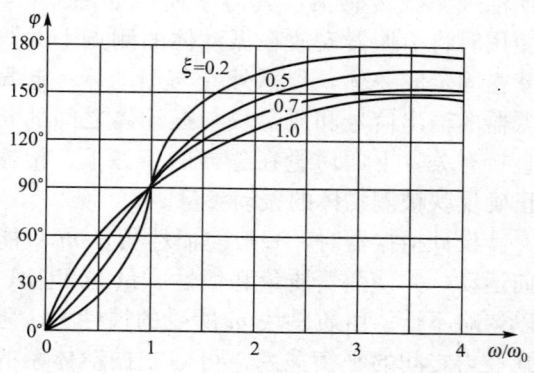

图 4-43 相频特性曲线

第 4 章 结构试验的量测技术

在试验过程中，ξ 可能随时发生变化。分析图 4-42 和图 4-43 中的曲线，为使 X_m/X_0 和 φ 在试验期间保持常数，必须限制 ω/ω_0。当取不同频率比 ω/ω_0 和阻尼比 ξ 时，拾振器将输出不同的振动参数。

1. 当 $\omega/\omega_0 \gg 1$，$\xi < 1$ 时，有 $X_m \approx X_0$，$\varphi \approx 180°$

代入式(4-38)得测振仪器强迫振动解为

$$x_m = X_m \sin(\omega t - \varphi) \approx X_0 \sin(\omega t - \pi) \tag{4-41}$$

由于此时振动体振动频率比仪器的固有频率大很多，不管阻尼比 ξ 是大还是小，X_m/X_0 趋近于 1，而 φ 趋近于 180°。也就是说质量块的相对振幅和振动体的振幅趋近于相等而相位相反，这是测振仪器理想的工作状态，满足此条件的测振仪称为位移计。要保证达到理想状态，只有在试验过程中使 X_m/X_0 和 φ 保持常数。但从图 4-42 和图 4-43 可见，X_m/X_0 和 φ 都随阻尼比 ξ 和频率而变化，这是由于仪器的阻尼取决于内部构造、连接和摩擦等不稳定因素而引起的。然而从幅频特性曲线中不难发现，当 $\omega/\omega_0 \gg 1$ 时，这种变化基本上与阻尼比 ξ 无关。

实际使用中，当测定位移的精度要求较高时，频率比可取其上限，即 $\omega/\omega_0 > 10$。对于精度为一般要求的振幅测定，可取 ω/ω_0 为 5~10，这时仍可近似地认为 X_m/X_0 趋近于 1，但是有一定的误差。幅频特性曲线平直部分的频率下限，与阻尼比有关，对于无阻尼或小阻尼的频率下限可取 ω/ω_0 为 4~5，当 ξ 为 0.6~0.7 时，频率比下限可放宽到 2.5 左右，此时幅频特性曲线有最宽的平直段，也就是有较宽的频率使用范围。但在被测振动体有阻尼情况下，仪器对不同振动频率呈现出不同的相位差，如图 4-43 所示。如果振动体的运动不是简单的正弦波，而是两个频率 ω_1 和 ω_2 的叠加，则由于仪器对相位差的反应不同，测出的叠加波形将发生失真。所以应注意关于波形畸变的限制。

应该注意，一般厂房、民用建筑的第一自振频率为 2~3Hz，高层建筑为 1~2Hz，高耸结构物如塔、电视塔等柔性结构的第一自振频率更低。这就要求拾振器具有很低的自振频率。为降低 ω_0 必须加大惯性质量，因此，一般位移拾振器的体积较大也较重，使用时对被测系统有一定影响，特别是对于一些质量较小的振动体就不太适用，必须寻求其他的解决办法。

2. 当 $\omega/\omega_0 \approx 1$，$\xi \gg 1$ 时，有 $\dfrac{X_m}{X_0} \approx \dfrac{\omega}{2\xi\omega_0}$

因为

$$v = \frac{dx}{dt} = X_0 \omega \cos\omega t = X_0 \omega \sin\left(\omega t + \frac{\pi}{2}\right) \tag{4-42}$$

而

$$x_m = X_m \sin(\omega t - \varphi) \approx \frac{1}{2\xi\omega_0} X_0 \omega \sin(\omega t - \varphi) \tag{4-43}$$

比较式(4-42)和式(4-43)可见，这时拾振器反应的示值与振动体的速度成正比，故称为速度计。$1/(2\xi\omega_0)$ 为比例系数，阻尼比 ξ 越大，拾振动器输出灵敏度越低。设计速度计时，由于要求的阻尼比 ξ 很大，相频特性曲线的线性度就很差，因而对含有多频率成分波形的测试失真也较大。速度拾振器的可用频率范围非常窄，因而在工程中很少使用。

3. 当 $\omega/\omega_0 \ll 1$，$\xi < 1$ 时，有 $\dfrac{X_m}{X_0} \approx \dfrac{\omega^2}{\omega_0^2}$，$\varphi \approx 0$

因为

$$a = \frac{d^2 x}{dt^2} = -X_0 \omega^2 \sin\omega t = X_0 \omega^2 \sin(\omega t + \pi) \tag{4-44}$$

而

$$x_m = X_m \sin(\omega t - \varphi) \approx \frac{1}{\omega_0^2} X_0 \omega^2 \sin\omega t = \frac{1}{\omega_0^2} A \sin\omega t \tag{4-45}$$

比较式(4-44)和式(4-45),这时拾振器反应的位移与振动体的加速度成正比,比例系数为 $1/\omega_0^2$。这种拾振器可以用于测量加速度,称为加速度计。加速度幅频特性曲线如图 4-44 所示。由于加速度计用于频率比 $\omega/\omega_0 \ll 1$ 的范围内,拾振器反应相位与振动体加速度的相位差为 180°,基本上不随频率而变化。当加速度计的阻尼比 ξ 为 0.6~0.7 时,由于相频曲线接近于直线,所以相频与频率比成正比,波形不会出现畸变。若阻尼比不符合要求时,将出现与频率比成非线性的相位差。

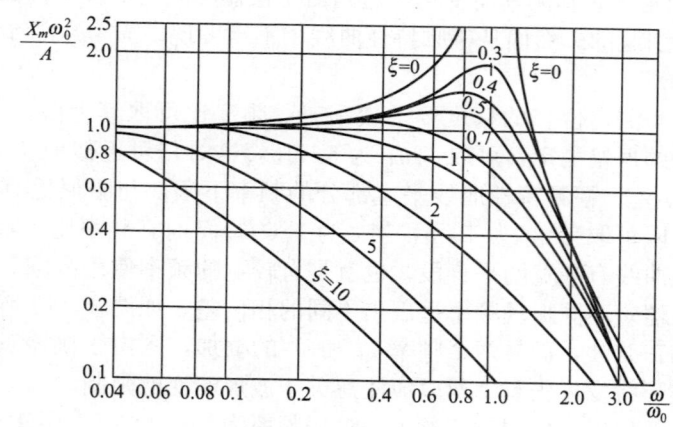

图 4-44 加速度拾振器的幅频特性曲线

综上所述,使用惯性式拾振器,必须特别注意振动体的工作频率与拾振器的自振频率之间的关系。当 $\omega/\omega_0 \gg 1$ 时,拾振器可以很好地量测振动体的振动位移;当 $\omega/\omega_0 \ll 1$ 时,拾振器可以准确地反映振动体的加速度特性,对加速度进行两次积分就可得到位移。

4.6.2 拾振器的换能原理

在惯性式拾振器中,质量弹簧系统将振动参数转换成质量块相对于仪器外壳的位移,使拾振器可以正确反映振动体的位移、速度和加速度。但由于测试工作的要求,拾振器除应正确反映振动体的振动外,尚应不失真地将位移、速度及加速度等振动参量转换为电量,以便使用电量进行量测。转换的方法有多种,如利用磁电感应原理、压电晶体材料的压电效应原理、机电耦合伺服原理以及电容、电阻应变、光电原理等。其中磁电式拾振器能线性地感应振动速度,所以通常又称"感应式速度传感器"。它适用于实际结构的振动量测。因为压电晶体式拾振器体积较小、重量轻、自振频率高,故适用于模型结构试验。以下介绍常用的拾振器换能原理。

1. 磁电式速度传感器

磁电式速度传感器基于电磁感应原理制成,特点是灵敏度高、性能稳定、输出阻抗低、频率响应范围有一定宽度，通过对质量弹簧系统参数的不同设计，可以使传感器既能测量非常微弱的振动，也能测量比较强的振动，是多年来工程振动测量常用的测振传感器。

图 4-45 所示为一种典型的磁电式速度传感器，磁钢和壳体固接安装在所测振动体上，并与振动体一起振动。芯轴与线圈组成传感器的可动系统（质量块），由簧片与壳体连接，质量块测振时惯性质量块和仪器壳体相对移动，因而线圈和磁钢也相对移动，从而产生感应电动势。根据电磁感应定律，感应电动势 E 的大小为

$$E = BLnv \tag{4-46}$$

式中　B——线圈在磁钢间隙的磁感应强度；
　　　L——每匝线圈的平均长度；
　　　n——线圈匝数；
　　　v——线圈相对于磁钢的运动速度，即所测振动物体的振动速度。

从上式可以看出对于确定的仪器系统，B、L、n 均为常量，所以感应电动势 E，即测振传感器的输出电压是与所测振动的速度成正比的。对于这种类型的测振传感器，惯性质量块的位移反映所测振动的位移，而传感器输出的电压与振动速度成正比，所以也称为惯性式速度传感器。

建筑工程经常需要测 10Hz 以下甚至 1Hz 以下的低频振动，这时常采用摆式测振传感器，这种类型的传感器将质量弹簧系统设计成转动的形式，因而可以获得更低的仪器固有频率。图 4-46 所示是典型的摆式测振传感器，根据所测振动是垂直方向还是水平方向，摆式测振传感器有垂直型、倒立摆和水平摆等几种形式。摆式测振传感器也是磁电式传感器，它与差动式的分析方法是一样的，输出电压也与振动速度成正比。

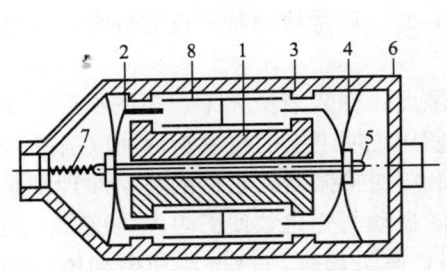

图 4-45　磁电式速度传感器
1—磁钢；2—线圈；3—阻尼环；4—弹簧片；
5—芯轴；6—外壳；7—输出线；8—铝架

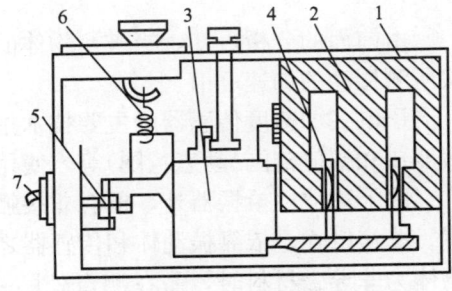

图 4-46　摆式传感器
1—外壳；2—磁钢；3—重锤；4—线圈；
5—十字弹簧；6—弹簧；7—输出线

2. 压电式加速度传感器

从物理学可知，某些晶体当受到压力并产生机械形变时，在它们相应的两个表面上出现异号电荷，当外力去掉后，又重新回到不带电状态，这种现象称为压电效应。压电晶体受到外力产生的电荷 Q 由式(4-47)表示：

$$Q = G\sigma A \tag{4-47}$$

式中　G——晶体的压电常数；
　　　σ——晶体的压强；

A——晶体的工作面积。

压电式加速度传感器是一种利用晶体的压电效应把振动加速度转换成电荷量的机电换能装置。这种传感器具有动态范围大(可达 $10^5 g$)、频率范围宽、质量轻、体积小等特点。因此被广泛应用于振动测量的各个领域，尤其在宽带随机振动和瞬态冲击等场合，几乎是唯一合适的测试传感器。

压电式加速度传感器的结构原理如图 4-47 所示，压电晶体片上的质量块 m，用硬弹簧将它们夹紧在基座上。传感器的力学模型如图 4-48 所示，质量弹簧系统的弹簧刚度由硬弹簧的刚度 k_1 和晶体的刚度 k_2 组成，因此 $k=k_1+k_2$。阻尼系数 $c=c_1+c_2$。在压电式加速度传感器内，质量块的质量 m 较小，阻尼系数也较小，而刚度 k 很大，因而质量、弹簧系统的固有频率 $\omega_0=\sqrt{k/m}$，根据用途可达若干千赫兹，高的甚至可达 $100\sim 200 kHz$。

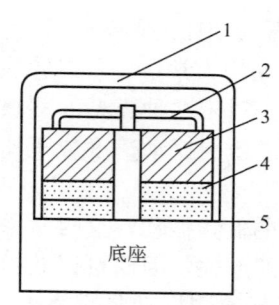 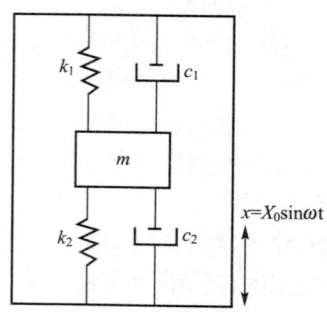

图 4-47 压电式加速度传感器的结构原理　　图 4-48 传感器的力学模型
1—外壳；2—硬弹簧；3—质量块；
4—压电晶体；5—输出端

由前面的分析可知，当被测物体的频率 $\omega\ll\omega_0$ 时，质量块相对于仪器外壳的位移就反映所测振动的加速度值。

压电式加速度传感器的主要技术指标有：灵敏度、安装谐振频率、频率响应、横向灵敏度比和幅值范围(动态范围)等。使用时根据其使用说明书上的技术指标加以选择。

除上述惯性拾振器外，还有非接触式拾振器和相对拾振器。它们的转换原理都是磁电式。非接触式是依靠振动体和传感器之间的间隙随振动而变化致使磁阻发生变化，当被测物体为非导磁材料时，需在测点处贴一导磁材料，其灵敏度与拾振器和振动体之间的间距、振动体的尺寸以及导磁性等有关，量测的精度不很高，可用在不允许把拾振器装在振动体上的情况，如高速旋转轴或振动体本身质量小，装上拾振器后拾振器的附加质量对它的影响很大等情况。相对拾振器能测量两个振动物体之间的相对运动，使用时，将其外壳和顶杆分别固定在被测的两个振动体上。当然，如将其外壳固定在不动的地面上，便可测振动体的绝对运动。

3. 测振放大器

测振放大器是振动测量系统的一个重要的中间环节。传感器的信号往往难以直接显示或记录，需要放大(或衰减)。

1) 电压放大器

测振放大器除了有放大(或衰减)功能外，还有模拟运算的功能。磁电式的拾振器的输

第 4 章 结构试验的量测技术

出电动势与被测振动体的振动速度成正比,使用微分电路则可获得加速度信号;使用积分电路则可获得位移信号。而压电式加速度拾振器输出的电荷与被测振动体的加速度成正比,使用积分电路可获得速度信号,再使用一次积分电路则可获得位移信号。故使用微积分电路是很有实际意义的。

微积分电路是由串入电路中的电阻、电容、电感元件所构成的,如图 4-49 所示。其回路电流为 I,由基尔霍夫定律则有:

$$U = U_R + U_C + U_L = RI + \frac{1}{C}\int I\mathrm{d}t + L\frac{\mathrm{d}I}{\mathrm{d}t} \tag{4-48}$$

选择此电路的 U_C 和 U_L 之一,且 R 阻抗足够大,则可分别使输出电压与输入电压呈积分和微分关系。

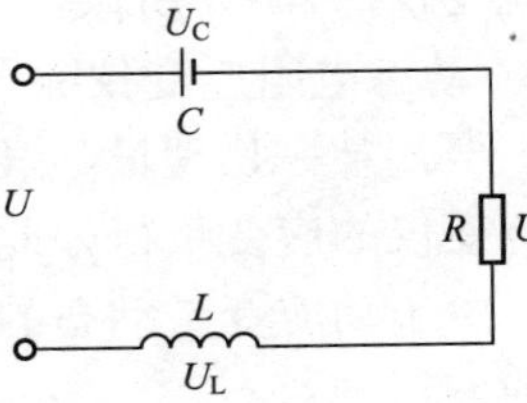

(1) 积分电路原理。由选择开关将图 4-49 中的电感短接,取电容两端为电压输出端 $U_{C(出)}$:

$$U_{C(出)} = \frac{1}{C}\int I\mathrm{d}t \tag{4-49}$$

由于
$$I = \frac{U_{(入)}}{\sqrt{R^2 + \left(\frac{1}{\omega C}\right)^2}}$$

图 4-49 微积分电路原理

当 $R \gg \dfrac{1}{\omega C}$ 时,则
$$I = \frac{U_{(入)}}{R}$$

则有
$$U_{C(出)} = \frac{1}{C}\int \frac{U_{(入)}}{R}\mathrm{d}t = \frac{1}{CR}\int U_{(入)}\mathrm{d}t \tag{4-50}$$

故输出电压将输入电压进行了一次积分。

(2) 微分电路原理。由选择开关将图 4-49 中的电容短接,取电感两端为电压输出端 $U_{L(出)}$,此时:

$$U_{L(出)} = L\frac{\mathrm{d}I}{\mathrm{d}t} \tag{4-51}$$

由于
$$I = \frac{U_{(入)}}{\sqrt{R^2 + (\omega L)^2}}$$

当 $R \gg \omega L$ 时,则
$$I = \frac{U_{(入)}}{R}$$

则有
$$U_{L(出)} = L\left[\frac{\mathrm{d}\left(\frac{U_{(入)}}{R}\right)}{\mathrm{d}t}\right] = \frac{L}{R}\left(\frac{\mathrm{d}U_{(入)}}{\mathrm{d}t}\right) \tag{4-52}$$

故输出电压将输入电压进行了一次微分。

2) 电荷放大器

电荷放大器只适用于输出为电荷的传感器。它的功能即将输出电压正比于能产生电荷的传感器输出的电荷,如图 4-50 所示。图中 A 为放大器的放大增益;C_i 是压电式拾振器的电容、输入电缆分布电容和放大器输入电容等合成的等效电容;q 是压电式拾振器产生的电荷。U_0 是电荷放大器输出电压:

$$U_0 = AU_i = A\frac{q}{C_i} \tag{4-53}$$

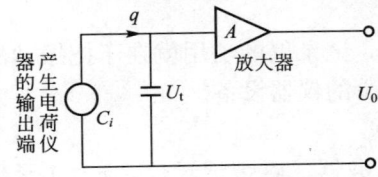

图 4-50 电荷放大器原理

式中，A、C_i 为定值，输出电压 U 正比于输入电荷 q，即

$$U_0 = Kq \tag{4-54}$$

式中　K——放大倍数。

由于电荷放大器的输出电压与连接它的电缆电容无关，故电缆的传输距离可达数百米，有利于远距离测试。

3) 动态电阻应变仪

动态电阻应变仪主要用于测量数值或方向随时间而变化的应变，即动应变。由于动态应变仪是用桥盒的形式引接应变式传感器的电阻应变片来组成单臂电桥（其原理与静态电阻应变仪一样），所以，它的前一环节（即一次仪表）一定要是应变式的传感器。

动态电阻应变仪除了测动应变外，还可以用于以动应变的测量为"桥梁"，即通过标定，得知某一物理量（如位移、荷载、转角等）与应变量的线性关系，从而可在现场通过动态应变仪的应变量得知此时此刻的某一物理量的具体数值以及它的变化过程。

由于动应变是动态的，它随时间而改变，所以通常动应变是由记录仪以动态曲线来显示的。

在记录仪所记录的动应变曲线上，并没有动应变的刻度。任意时刻的动应变值要有一把测量动应变值的"尺子"。通常人们关心的是它的最大动应变值，下面以求取最大动应变为例介绍其测量方法。

上面讲的这把"尺子"，即是标定。通常动态应变仪都有一个应变的标定电路，当标定旋钮旋至某一应变值时（如 30×10^{-6}），记录仪的记录笔则会向上跳一高度。此高度即是所对应的该应变量（30×10^{-6}）。那么其他任意高度也就由此正比关系得知其应变量了。

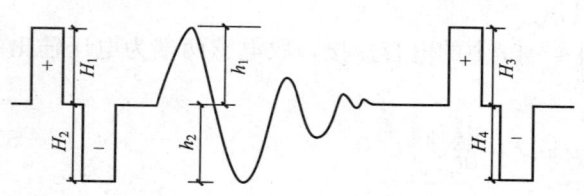

图 4-51　动态应变仪的应变标定

如图 4-51 所示，最大的正和负的动应变即为

$$\left. \begin{array}{l} \varepsilon_{\max(+)} = \left[\dfrac{\varepsilon_0}{\dfrac{H_1+H_3}{2}} \right] h_1 \\[4mm] \varepsilon_{\max(-)} = \left[\dfrac{-\varepsilon_0}{\dfrac{H_2+H_4}{2}} \right] h_2 \end{array} \right\} \tag{4-55}$$

式中　　　$\varepsilon_{\max(+),(-)}$——最大正（负）动应变；

ε_0——仪器标定电路所产生的标定应变量；

H_1、H_2、H_3、H_4——ε_0 所对应的正（负）标定波高；

h_1、h_2——实测的正（负）波高。

式（4-55）中除以 2 是表示将两次标定高度做算术平均，图 4-51 中高度只要长度单位统一即可。

4. 测振记录仪

在振动测试中，必须研究被测对象的振动过程及规律。记录仪的功用就在于把振动的时间历程记录下来，以便分析研究，它是振动测试不可缺少的仪器设备。

1) 光线示波器的基本原理

在 20 世纪 90 年代以前，常见的记录仪主要是光线示波器、磁带记录仪、$x-y$ 函数记录仪等。尤其是光线示波器的使用最为多见。以下简要介绍光线示波器的基本原理。

第 4 章 结构试验的量测技术

光线示波器是一种经济、适用的记录仪。它是将放大器输入的电信号转换为光信号,在紫外线感光纸或胶片上感光而记录的一种记录仪。

光线示波器工作原理的核心即是振子的工作原理,如图 4-52 所示。由拾振器的机械振动转化成电信号(波动的电流),经放大器放大,将其波动的电流输给光线示波器的振子,使振子的线圈成为载流导体,将振子放入固定磁场中,则振子的线圈这一载流导体在磁场力的作用下使线圈及连在它上面的小镜片随载流导体中电流的波动带来磁场力大小的波动而发生偏转。由水银灯照射在摆动的小镜片上而反射到感光记录纸上,而记录纸以一定的速度出纸,并用闪频灯记录下时间标记,由于感光纸的曝光,则记录下了振动波形。

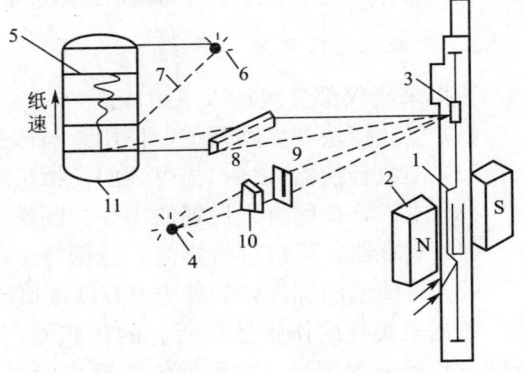

图 4-52 光线示波器的工作原理
1—线圈;2—固定磁场;3—镜片;4—光源;
5—记录波;6—闪频灯;7—时标;
8、10—圆柱透镜;9—光栅;11—记录纸

2) 动态数据采集仪

在整个测振仪器系统中,记录仪的更新换代是最为突出的。20 世纪 90 年代以来,随着电子计算机的普及,过去的记录仪如光线示波器、磁带记录仪、x-y 函数记录仪等都已逐步淘汰,取而代之的是动态数据采集仪,它的工作过程由计算机来控制。采集的动态数据可直接由计算机通过专业软件对其进行处理,并在终端显示器显示测试波形。除此之外,还可编制动态数据分析软件对储存下来的动态数据进行各种动态分析、计算。可在时域或频域上任意转换,得出所需的有关参数。振动波形及数据可由打印机输出,大大提高了工作效率,有效地克服了光线示波器等记录仪的种种缺陷。

4.7 数据采集系统

4.7.1 数据采集系统的组成

数据采集系统包括硬件系统和软件系统。硬件系统包括传感器、数据采集仪和计算机(控制与分析器)三个部分,如图 4-53 所示。

图 4-53 数据采集系统的组成

1. 传感器部分

传感器部分包括各种电测传感器。传感器的作用是感受各种物理量,如力、线位移、角位移、应变和温度等,并把这些物理量转变为电信号。一般情况下,传感

器输出的电信号可以直接输入数据采集仪。如果某些传感器的输出信号不能满足数据采集仪的输入要求，还要加上放大器或其他设备。

2. 数据采集仪部分

数据采集仪部分包括以下组成。

（1）接线模块和多路开关，作用是与传感器连接，并对各个传感器进行扫描采集。
（2）模数转换器，将扫描得到的模拟量转换成数字量。
（3）主机，按照事先设置的指令控制整个数据采集仪，进行数据采集。
（4）储存器，可以存放指令、数据等。
（5）其他辅助部件，如外壳、I/O 接口等。

数据采集仪的作用是对所有的传感器通道进行扫描，将扫描得到的电信号进行 A/D 转换，转换成数字量；再根据传感器特性对数据进行传感器系数换算（如把电压值换成应变或温度等），然后将这些数据传给计算机，或者将这些数据打印输出、存入磁盘。

3. 计算机部分

计算机部分包括主机、显示器、存储器、打印机、绘图仪和键盘等。计算机的主要作用是作为整个数据采集系统的控制器，控制整个数据采集过程。在采集过程中，通过数据采集程序的运行，计算机对数据采集仪进行控制，采集数据还可以通过计算机进行处理，实时打印输出、图像显示或存入磁盘文件。此外，计算机还可用于试验结束后的数据处理及试验过程中的数据、图表查看等。

数据采集系统可以进行数据采集、处理、分析、判断、报警、直读、绘图、储存、试验控制和人机对话等，它具有采样通道多、采样数据量大和采样自动化等特点。数据采集系统不仅适用于静力试验，也适用于动力试验。随着软、硬件制造技术的发展，呈现出体积小、采样数据量大、测量精度高、使用简单、后处理功能强的特点。

4.7.2 数据采集系统的分类

目前，国内外数据采集系统的种类很多，按其系统组成的模式大致可分为以下几种。

（1）大型专用系统。将采集、分析和处理功能融为一体，具有专门化、多功能和高档次的特点。

（2）分散式系统。由智能化前端机、主控计算机或微机系统、数据通信及接口等组成，其特点是前端可靠近测点，消除了长导线引起的误差，并且稳定性好、传输距离长、通道多。

（3）小型专用系统。这种系统以单片机为核心，小型便携，用途单一，操作方便，价格低，适用于现场试验的测量。

（4）组成式系统。这是一种以数据采集仪和微型计算机为中心，按试验要求进行配置组合成的系统，它适用性广，价格便宜，是一种比较容易普及的形式。

4.7.3 数据采集的过程

采用上述数据采集系统进行数据采集，数据的流通过程如图 4-54 所示。数据采集过程的原始数据是反映试验结构或试件状态的物理量，如力、应变、线位移、角位移和温度等。这些物理量通过传感器被转换成为电信号，通过数据采集仪的扫描采集进入数据采集仪，再通过数字转换变成数值量，通过系数换算变成代表原始物理量的数值，然后，把这些数据打印输出、存入磁盘，或暂时存在数据采集仪的内存中。通过连接采集仪和计算机的接口，存在数据采集仪内存的数据进入计算机，计算机再对这些数据进行计算处理，如把位移换算成挠度，把力换算成应力等，计算机把这些数据存入文件、打印输出，并可以选择将其中部分数据显示在屏幕上，如位移与荷载的关系曲线等。

数据采集过程是由数据采集程序控制的。数据采集程序主要由两部分组成：第一部分的作用是数据采集的准备；第二部分的作用是正式采集。程序的运行有六个步骤：①启动数据采集程序；②进行数据采集的准备工作；③采集初读数；④采集待命；⑤执行采集（一次采集或连续采集）；⑥终止程序运行。数据采集过程结束后，所有采集到的数据都存在磁盘文件中，数据处理时可直接从这些文件中读取数据。数据采集程序的主框图如图4-55所示。

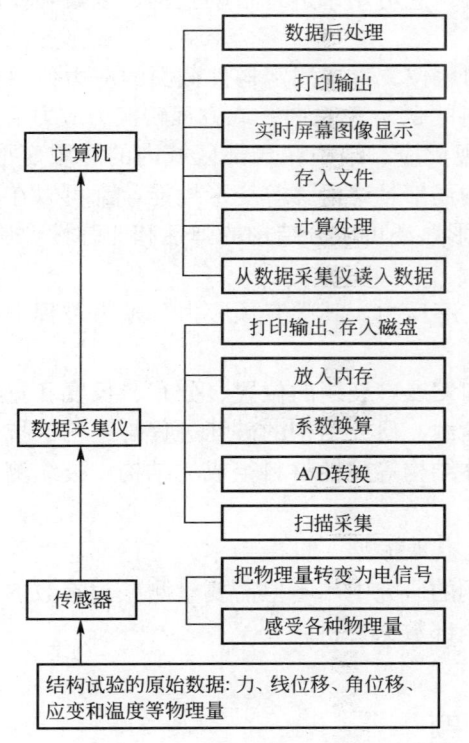

图 4-54 数据采集系统组成及数据流通过程

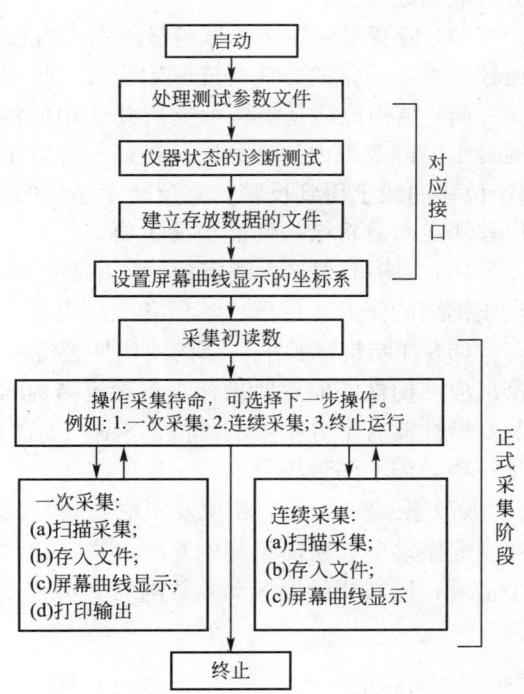

图 4-55 数据采集程序的主框图

各种数据采集系统所用的数据采集程序如下。

(1) 生产厂商为该采集系统编制的专用程序，常用于大型专用系统。

(2) 固化的采集程序，常用于小型专用系统。

(3) 利用生产厂商提供的软件工具，用户自行编制的采集程序，主要用于组合式系统。

本 章 小 结

（1）在结构试验中只有取得了准确的应变、应力、裂缝、位移、速度或加速度等数据，才能通过数据处理和分析得到正确的试验结果，对试件的工作特性有正确了解，从而对结构的性能做出定量的评价，进而为创立新的计算理论提供依据。

（2）量测仪表包括传感器、放大器、显示器、记录器、分析仪器、数据采集仪或数据采集系统等。传感器能感受各种物理量（力、位移、应变等），并将感受到的物理量转换成电信号或其他信号；放大器能把传感器传来的信号进行放大，使之可被显示或记录；显示器的功能是把信号用可见的形式显示出来；记录器能把量测得来的数据记录下来，做长期保存；分析仪器的功能是对采集得到的数据进行分析处理；数据采集仪可用于自动扫描和采集，可作为数据采集系统的执行机构；数据采集系统是一种集成式仪器，它包括传感器、数据采集仪和计算机或其他记录器、显示器等，它可用来进行自动扫描、采集，还能进行数据处理。

（3）应变量测在结构试验量测中占有极重要的地位。直接测定构件截面的应力值目前还较困难，通常的方法是先测定应变，再通过材料的 σ-ε 关系曲线或方程转换为应力值。

（4）结构位移是结构承受荷载作用后的最直观反应。结构在局部区域内的屈服变形、混凝土局部范围内的开裂以及钢筋与混凝土之间的局部粘结滑移等变形性能，都可以在荷载-位移曲线上得到反映。它反映了结构的整体变形，还可区分结构的弹性和非弹性性质。位移测定对分析结构性能至关重要。

（5）结构静载试验测定的力，主要是荷载与支座反力，其次有预应力、施力过程中钢丝或钢绳的张力、风压、油压和土压力等。

（6）在结构试验中，结构或构件裂缝的产生和发展，裂缝的位置、分布、长度和宽度是反应结构性能的重要指标，对确定结构的开裂荷载、研究结构的破坏过程与结构的抗裂及变形性能有十分重要的价值。混凝土结构、砌体结构等脆性材料组成的结构，裂缝测量是一项必需的测量项目。

（7）振幅、频率、相位及阻尼是动力试验中为获取振型、自振频率、位移、速度和加速度等振动参数所需量测的基本参数。在动力问题的研究中，不但需要量测振动参数的大小量级，还需要量测振动参数随时间历程变化的全部数据资料。

思 考 题

1. 量测仪器通常由哪几部分组成？
2. 量测仪器的主要技术性能指标有哪些？
3. 简述机测仪器与电测仪器的各自特点。
4. 量测仪器的选用原则是什么？
5. 量测仪器为什么要率定？其目的和意义是什么？
6. 如何测定结构的应力？测量应变时对标距有何要求？

7. 使用电阻应变计测量应变时为何要进行温度补偿？温度补偿的方法有哪几种？
8. 简述电阻应变计粘贴的基本要求。
9. 什么是全桥测量和半桥测量？
10. 力的测定方法有哪些？
11. 裂缝测量主要有哪几个项目？裂缝宽度如何测量？
12. 惯性式测振传感器（又称拾振器）的力学原理是什么？怎样才能使测振传感器的工作达到理想状态？
13. 光纤位移传感器的工作原理是什么？突出优点有哪些？
14. 数据采集方法主要有哪几种？简述数据采集系统的组成及数据采集过程。

第 5 章　结构模型试验

教学目标

了解模型试验的特点和应用范围；理解相似的概念，掌握相似原理以及相似条件的确定方法；理解模型制作及试验应注意的问题。

教学要求

知识要点	能力要求	相关知识
模型试验的特点	了解模型试验的特点和应用范围	
模型设计相似理论	(1) 理解模型相似的基本概念 (2) 掌握相似原理 (3) 掌握相似条件的确定方法	方程式分析法 量纲分析法
结构模型设计	(1) 了解模型的类型 (2) 掌握模型设计的相似关系	静力相似 动力相似
模型材料与模型制作	(1) 了解模型试验对模型材料的基本要求 (2) 了解常用的几种模型材料 (3) 了解模型制作及试验应注意的问题	

引言

由于土木工程结构受到试验规模、试验场所、设备容量和试验经费等各种条件的限制，结构试验绝大多数的试验对象(试件)都是采用结构模型。它是按照原型的整体、部件或构件复制的试验代表物，且较多采用缩小比例的模型试验。模型设计是模型试验是否成功的关键，模型设计不仅是确定模型的相似条件，而且综合考虑各种因素，如模型的类型、模型材料、试验条件及模型制作条件，确定出适当的物理量的相似常数。如何根据相似原理对模型进行设计、选择模型材料应遵循什么准则，是本章要介绍的且要求掌握的内容。

5.1　结构模型试验概述

进行结构性能试验时，作为结构试验的试件可以是真实结构，也可以是其中的某一部分。若以真实结构或足尺模型为试验对象，势必导致试验的规模很大，所需加荷设备的容量和费用就会很高，制作试件的材料费、加工费也随之增加。所以，除少数在原型结构上进行的检验性试验以外，一般的研究性试验都是以模型作为试验对象的。通常模型都是缩尺的，即模型结构的尺寸比原型结构小，但也有少数是足尺的或将原型结构按比例放大。

结构模型试验所采用的模型是仿照实际结构按一定相似关系复制而成的代表物，具有实际结构的全部或部分特征。只要设计的模型满足相似的条件，则通过模型试验所获得的结果，就可以直接推算到相似的原型结构上去。

5.1.1 模型试验的特点

1. 经济性好

由于结构模型的几何尺寸一般比原型小很多，模型尺寸与原型尺寸的比值多为 1/6～1/2，有时可以取 1/20～1/10。因此，模型具有制作容易，装拆方便，节省材料、劳力和时间，并且同一个模型可以进行多个不同目的的试验，在荷载方面尤其突出，在一般常用的相似条件下，集中荷载的减小与几何尺寸的缩小成平方关系。若原型结构上作用 100kN 的集中荷载，一个缩尺比为 1/20 的模型仅需 0.25kN 的集中荷载；当用低弹性模量的材料制作模型时，荷载还可进一步减小。因此，模型试验也可较大幅度地降低加荷设备的容量和费用。

2. 针对性强

模型试验可以根据试验的目的，突出主要涉及因素，简略次要因素，并可改变某些主要因素进行多个模型的对比试验。对于结构性能的研究、新型结构的设计、结构理论的验证和推动新计算理论的发展都具有一定的意义。

3. 数据准确

由于试验模型小，一般可在试验环境条件较好的室内进行试验。因此，可以严格控制主要参数，避免许多外界因素的干扰，容易保证试验结果的准确度。

结构模型试验作为结构分析的工具与电子计算机相比较，仍具有较强的竞争能力。一般来说，模型试验适用于整体结构以及复杂结构的试验研究。虽然用计算机对复杂结构甚至整体结构进行计算分析已经是可行方便的手段，而且用计算机做数学模型分析在经费和时间方面有时比模型试验更节省。但是，模型试验能更准确地反映结构的实际工作情况，它不受简化假定的影响，因为用简化了的数学模型的计算机分析结果常常需要用模型试验来加以验证。模型试验还可清晰而直观地展示整个结构从受荷载作用开始直至破坏的全部过程，而要用计算机对此进行预计则并非易事，而且可能所耗费的时间和费用将不会比模型试验少。因此，利用模型试验和计算机的数学模型分析两者是互为补充的关系。进行计算机的仿真分析研究时，当边界条件等难于确定、用计算机分析不易进行时，则需依靠模型试验。

小比例的动态模型试验在研究复杂情况下的结构动力特性时用得很多，几乎和计算机分析法占有同等重要的地位。

特别要提出的是，模型试验还为研究结构与地基基础的相互作用创造了条件。因此，在一些国家的结构设计规范中,明确规定了要以模型试验作为论证设计方案或提供设计参数的手段。

5.1.2 模型试验的应用范围

1. 代替大型结构试验或作为大型结构试验的辅助试验

许多受力复杂、体积庞大的构件或结构物,往往很难进行实物试验。这是因为现场试验难以组织,室内的足尺试验又受经济能力和室内空间的限制,所以常用模型试验代替。对于某些重要的复杂结构,模型试验则作为实际结构试验的辅助试验。在实际结构试验之前先通过模型试验获得必要的参考数据,以指导实际结构试验工作顺利进行。

2. 作为结构分析计算的辅助手段

当设计受力较复杂时,由于设计计算存在一定的局限性,往往通过模型试验做结构分析,核算设计计算方法的适应性,比较设计方案,以弥补设计上存在的不足。

3. 验证和发展结构设计理论

新的设计计算理论和方法的提出,通常需要一定的结构试验来验证,由于模型试验具有较强的针对性,验证试验一般均采用模型试验。

由于模型制作尺寸存在一定的误差,模型试验常与计算机分析相配合,试验结果与分析计算结果互相校核。此外,模型试验对某些结构局部细节起关键作用的问题很难模拟(如结构连接接头、焊缝特性、残余应力、钢筋与混凝土间的握裹力以及锚固长度等),故对这种结构在进行模型试验之后,还需进行实物试验做最后的校核。

模型试验一般包括模型设计、制作、测试和分析等几个方面,中心问题是如何设计模型。

模型试验方法虽然很早就有人使用,但其迅速发展则还是近几十年的事。特别是将量纲分析法引入模型设计(1941年)后,才使模型试验方法得到系统发展。量测技术的不断改进,以及各种新型模型材料的发现和应用,也为模型试验方法创造了条件。

5.2 模型试验理论基础

模型试验理论以相似原理和量纲分析为基础,以确定模型试验中必须遵循的相似准则为目标。

5.2.1 模型相似的基本概念

这里所述的相似是指模型和原型相对应的物理量的相似,它比通常所讲的几何相似概念更为广泛。在进行物理变化的系统中,在相应的时刻第一过程和第二过程相应的物理量之间的比例保持常数,这些常数间又存在相互制约的关系,这种现象称为相似现象。

在相似理论中，系统是按一定关系组成的同类现象的集合，现象就是由物理量所决定的、发展变化中的具体事物或过程。两个现象相似是由决定现象的物理量的相似所决定的。这就是系统、现象和物理量三者之间的关系。

下面简略介绍与结构性能有关的几个主要物理量的相似，以及物理过程相似要求模型设计应满足的相似条件。

为了表达方便，约定凡是下标为 p 的物理量均表示为原型结构的物理量，凡是下标为 m 的物理量均表示为模型结构的物理量。

1. 几何相似

结构模型和原型满足几何相似，即要求模型和原型结构之间所有对应部分尺寸成比例，模型比例即为几何相似常数，即

$$\frac{h_\mathrm{m}}{h_\mathrm{p}}=\frac{b_\mathrm{m}}{b_\mathrm{p}}=\frac{l_\mathrm{m}}{l_\mathrm{p}}=S_l \tag{5-1}$$

如对一矩形截面，模型和原型结构的面积比、截面模量比和惯性矩比分别为

$$S_A=\frac{A_\mathrm{m}}{A_\mathrm{p}}=\frac{h_\mathrm{m}b_\mathrm{m}}{h_\mathrm{p}b_\mathrm{p}}=S_l^2 \tag{5-2}$$

$$S_W=\frac{W_\mathrm{m}}{W_\mathrm{p}}=\frac{\frac{1}{6}b_\mathrm{m}h_\mathrm{m}^2}{\frac{1}{6}b_\mathrm{p}h_\mathrm{p}^2}=S_l^3 \tag{5-3}$$

$$S_I=\frac{\frac{1}{12}b_\mathrm{m}h_\mathrm{m}^3}{\frac{1}{12}b_\mathrm{p}b_\mathrm{p}^3}=S_l^4 \tag{5-4}$$

根据变形体系的位移、长度和应变之间的关系，位移的相似常数为

$$S_x=\frac{x_\mathrm{m}}{x_\mathrm{p}}=\frac{\varepsilon_\mathrm{m}l_\mathrm{m}}{\varepsilon_\mathrm{p}l_\mathrm{p}}=S_\varepsilon S_l \tag{5-5}$$

式中，S_ε——模型和原型结构相应部位纤维正应变的比，定义为"应变相似常数"。

2. 质量相似

在结构的动力问题分析中，要求结构的质量分布相似，即模型与原型结构对应部分的质量成比例。质量相似常数为

$$S_m=\frac{m_\mathrm{m}}{m_\mathrm{p}} \tag{5-6}$$

对于具有分布质量的模型和原型结构，用质量密度比表示更为合适。质量密度相似常数即为

$$S_\rho=\frac{\rho_\mathrm{m}}{\rho_\mathrm{p}} \tag{5-7}$$

由于模型与原型结构对应部分质量之比为 S_m，体积之比为 $S_V=S_l^3$，质量密度相似常数为：

$$S_\rho=\frac{S_m}{S_V}=\frac{S_m}{S_l^3} \tag{5-8}$$

应该指出的是，在模型试验中，常常限于对材料力学特性的要求，而不能同时满足 S_ρ

和 S_m 的要求,此时需在模型结构上附加质量块以满足 S_m 的要求。

3. 荷载相似

荷载相似要求模型和原型在各对应点所受的荷载方向一致,荷载大小成比例。由于荷载类型不同,荷载相似常数的定义也有所不同,分别为

集中荷载相似常数
$$S_P = \frac{P_m}{P_p} = \frac{A_m \sigma_m}{A_p \sigma_p} = S_l^2 S_\sigma \tag{5-9}$$

线荷载相似常数
$$S_w = S_l S_\sigma \tag{5-10}$$

面荷载相似常数
$$S_q = S_\sigma \tag{5-11}$$

弯矩或扭矩相似常数
$$S_M = S_\sigma S_l^3 \tag{5-12}$$

当需要同时考虑结构自重的影响时,还需要考虑重量分布的相似,即
$$S_{mg} = \frac{m_m g_m}{m_p g_p} = S_m S_g = S_\rho S_l^3 S_g \tag{5-13}$$

式中 S_σ、S_g——法向应力和重力加速度的相似常数。通常取 $S_g = 1$,故有:
$$S_{mg} = S_\rho S_l^3 \tag{5-14}$$

4. 物理相似

物理相似要求模型与原型的各相应点的应力和应变、刚度和变形间的关系相似,即

正应力相似常数
$$S_\sigma = \frac{\sigma_m}{\sigma_p} = \frac{E_m \varepsilon_m}{E_p \varepsilon_p} = S_E S_\varepsilon \tag{5-15}$$

切应力相似常数
$$S_\tau = \frac{\tau_m}{\tau_p} = \frac{G_m \gamma_m}{G_p \gamma_p} = S_G S_\gamma \tag{5-16}$$

泊松比相似常数
$$S_\mu = \frac{\mu_m}{\mu_p} \tag{5-17}$$

式中 S_E、S_G、S_ε 和 S_γ——弹性模量、剪切模量、法向应变和切应变的相似常数。

由刚度和变形关系可知刚度相似常数为
$$S_K = \frac{S_P}{S_x} = \frac{S_\sigma S_l^2}{S_l} = S_\sigma S_l \tag{5-18}$$

5. 时间相似

对于结构的动力问题,要求结构模型和原型的各物理量(如应力、应变、位移或变形、速度、加速度等)在对应的位置和对应的时刻保持一定的比例,即动力过程相似。要求对应的时间或时间间隔成比例,时间相似常数为
$$S_t = \frac{t_m}{t_p} \tag{5-19}$$

6. 边界条件相似

要求模型和原型结构在与外界接触的区域内的各种条件保持相似,即要求支承条件相似,约束情况相似及边界上受力情况相似。模型的支承和约束条件可以由与原型结构构造相同的条件来满足与保证。

7. 初始条件相似

对于结构的动力问题,为了保证模型与原型的动力反应相似,还要求初始时刻运动的

参数相似。运动的初始条件相似包括初始状态下的初始几何位置、质点的位移、速度和加速度常数，即应满足

$$S_x = S_l, \quad S_{\dot{x}} = \frac{S_x}{S_t} = \frac{S_l}{S_t}, \quad S_{\ddot{x}} = \frac{S_x}{S_t^2} = \frac{S_l}{S_t^2} \tag{5-20}$$

式中　S_x、$S_{\dot{x}}$、$S_{\ddot{x}}$——位移、速度、加速度的相似常数。

5.2.2　相似原理

对于结构模型试验，其目的就是研究结构物的应力和变形状态。为使模型上产生的物理现象与原型相似，模型的几何形状、材料特性、边界条件和外部荷载等就必须遵循一定的规律，这种规律就是相似原理。相似原理是研究自然界相似现象的性质和鉴别相似现象的基本原理，由三个相似定理组成。这三个相似定理从理论上阐明了相似现象有什么性质，满足什么条件才能实现现象的相似。

1. 第一相似定理

第一相似定理的表述为：彼此相似的现象，单值条件相同，其相似准数的数值也相同。

单值条件是指决定于一个现象的特性并使具有该特性的现象从一群现象中区分出来的那些条件。它在一定试验条件下，只有唯一的试验结果。属于单值条件的因素有：系统的几何特性、介质或系统中对所研究现象有重大影响的物理参数、系统的初始状态、边界条件等。第一相似定理揭示了相似现象的性质，说明两个相似现象在数量上和空间中的相互关系。

第一相似定理是牛顿于1786年首先发现的，它确定了相似现象的性质。下面就以牛顿第二定律为例说明这些性质。

对于原型结构的质量运动物理系统，则有

$$F_p = m_p a_p \tag{5-21}$$

对于模拟的质量运动系统，有

$$F_m = m_m a_m \tag{5-22}$$

因为这两个系统运动现象相似，故它们各个对应的物理量成比例

$$F_m = S_F F_p \quad m_m = S_m m_p \quad a_m = S_a a_p \tag{5-23}$$

式中　S_F、S_m和S_a——两个运动系统中对应的物理量(即力、质量、加速度)的相似常数。

将式(5-23)的关系式代入式(5-22)，得：

$$\frac{S_F}{S_m S_a} F_p = m_p a_p \tag{5-24}$$

在此方程中，显然只有当：

$$\frac{S_F}{S_m S_a} = 1 \tag{5-25}$$

时，才能与式(5-21)一致。$\frac{S_F}{S_m S_a}$称为相似指标，式(5-25)是相似现象的判别条件。它表明若两个物理系统现象相似，则它们的相似指标为1。各物理量的相似常数不是都能任意选取的，它们的相互关系受式(5-25)条件的约束。

将式(5-23)中的关系代入式(5-22)，又可写成另一种形式：

$$\frac{F_p}{m_p a_p} = \frac{F_m}{m_m a_m} = \frac{F}{ma} \qquad (5-26)$$

上式是一个无量纲比值。对所有的力学相似现象，这个比值都是相同的，故称它为"相似准数"。通常用 π 表示，即

$$\pi = \frac{F}{ma} = 常量 \qquad (5-27)$$

相似准数 π 把相似系统中各物理量联系起来，说明它们之间的关系，故又称"模型律"。利用这个模型律可将模型试验中得到的结果推广应用到相似的原型结构中去。

注意相似常数和相似准数的概念是不同的。相似常数是指在两个相似现象中两个相对应的物理量始终保持的常数，但对于在与此两个现象相互相似的第三个相似现象中，它可具有不同的常数值。而相似准数在所有相互相似的现象中是一个不变量，它表示相似现象中各物理量应保持的关系。

2. 第二相似定理

第二相似的定理说明：某一现象各物理量之间的关系方程式都可表示为相似准数之间的函数关系。写成相似准数方程式的形式：

$$f(x_1, x_2, x_3, \cdots) = g(\pi_1, \pi_2, \pi_3, \cdots) = 0 \qquad (5-28)$$

由于相似准数用 π 表示，因此第二相似定理也称"π 定理"。π 定理是量纲分析的普遍定理，它是由美国学者 E. 白金汉提出的。第二相似定理为模型设计提供了可靠的理论基础。

第二相似定理指在彼此相似的现象中，其相似准数不管用什么方法得到，描述物理现象的方程均可转化为相似准数方程的形式。它告诉人们如何处理模型试验的结果，即应当以相似准数间关系所给定的形式处理试验数据，并将试验结果推广到其他相似现象上去。

3. 第三相似定理

第三相似定理表述为：现象的单值条件相似，并且由单值条件导出来的相似准数的数值相等，是现象彼此相似的充分和必要条件。

第一、第二相似定理是以现象相似为前提，确定了相似现象的性质，给出了相似现象的必要条件。第三相似定理补充了前面两个定理，明确了只要满足单值条件相似和由此导出的相似准数相等这两个条件，则现象必然相似。

根据第三相似定理，当考虑一个新现象时，只要它的单值条件与曾经研究过的现象单值条件相同，并且存在相等的相似准数，就能肯定它们的现象相似，从而可以将已研究过现象的结果应用到新现象上去。第三相似定理终于使相似原理构成一套完善的理论，同时也成为组织试验和进行模拟的科学方法。

在模型试验中，为了使模型与原型保持相似，必须按相似原理推导出相似的准数方程。模型设计则应在保证这些相似准数方程成立的基础上确定出适当的相似常数，最后将试验所得数据整理成准数间的函数关系来描述所研究的现象。

上述三个相似定理构成相似理论的基础。第一相似定理又称为相似正定理，第二相似定理称为相似 π 定理，第三相似定理又称为相似逆定理。

5.2.3 相似条件的确定方法

如果模型和原型相似,则它们的相似常数之间必须满足一定的组合关系,这个组合关系称为相似条件。在进行模型设计时,必须首先根据相似原理确定相似指标或相似条件。

确定相似条件的方法有方程式分析法和量纲分析法两种。方程式分析法用于物理现象的规律已知,并可以用明确的数学物理方程表示的情况。量纲分析法则用于物理现象的规律未知,不能用明确的数学物理方程表示的情况。

1. 方程式分析法

一个物理现象的规律对于一系列相似现象均成立,那么,用于表示规律的数学物理方程对于原型和模型均成立。因此,可以根据数学物理方程,利用相似转换法求得相似条件。

【例 5-1】 求图 5-1 所示的受集中荷载作用简支梁的相似条件。

解: 跨中截面上的正应力为

$$\sigma = \frac{Pl}{3W} \tag{a}$$

跨中截面处的挠度为

$$f = \frac{Pl^3}{243EI} \tag{b}$$

将式(a)两边同时除以 σ,式(b)两边同时除以 f,得到

$$\frac{Pl}{3W\sigma} = 1, \quad \frac{Pl^3}{243EIf} = 1 \tag{c}$$

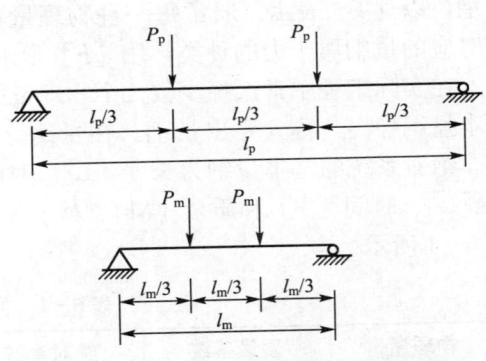

图 5-1 承受集中荷载作用的简支梁相似

故原型与模型的两个相似准数为

$$\pi_1 = \frac{Pl}{W\sigma}, \quad \pi_2 = \frac{Pl^3}{EIf} \tag{d}$$

根据第三相似定理,模型和原型的相似准数相等,从而有

$$\pi_1 = \frac{P_p l_p}{W_p \sigma_p} = \frac{P_m l_m}{W_m \sigma_m}, \quad \pi_2 = \frac{P_p l_p^3}{E_p I_p f_p} = \frac{P_m l_m^3}{E_m I_m f_m} \tag{e}$$

由式(e)可得

$$\frac{S_P S_l}{S_W S_\sigma} = 1, \quad \frac{S_P S_l^3}{S_E S_I S_f} = 1 \tag{f}$$

因为 $S_W = S_l^3$,$S_I = S_l^4$,代入式(f),得到相似指标:

$$\frac{S_P}{S_l^2 S_\sigma} = 1, \quad \frac{S_P}{S_E S_l S_f} = 1 \tag{g}$$

这就是模型和原型相似应该满足的相似条件。这时,可以由模型试验获得的数据按相似条件推算得到原型结构的数据,即

$$\sigma_p = \frac{\sigma_m}{S_\sigma} = \frac{S_l^2}{S_P} \sigma_m, \quad f_p = \frac{f_m}{S_f} = \frac{S_E S_l}{S_P} f_m \tag{h}$$

2. 量纲分析法

1) 量纲的基本性质和方法

用方程式分析法推导相似准数时，要求现象的规律必须能用明确的数学方程式表示。然而在实践中，许多研究问题的规律事先并不很清楚，在模型设计之前一般不能提出明确的数学方程。这时，可以用量纲分析法求得相似条件。量纲分析法也称因次分析法，是根据描述物理过程的物理量的量纲和谐原理，寻找物理过程中各物理量间的关系而建立相似准数的方法，它不要求建立现象的方程式，而只要求确定哪些物理量参与所研究的现象，以及测量这些量的单位系统的量纲。

被测量的种类称为这个量的量纲。量纲的概念是在研究物理量的数量关系时产生的，它区别量的种类而不区别量的不同度量单位，如测量距离用米(m)、厘米(cm)、英尺(ft)等不同的单位，但它们都属于长度这一类，因此把长度称为一种量纲，以 [L] 表示。时间种类用时(h)、分(min)、秒(s)、微秒(μs)等单位表示，它是有别于其他种类的另一种量纲，以 [T] 表示。通常每一种物理量都应有一种量纲。例如，表示重量的物理量 G，它对应的量纲属于力的种类，用 [F] 量纲表示。

在实际工程中常选择少数几个物理量的量纲作为基本量纲，而其他物理量的量纲可由基本量纲导出，称为导出量纲。在量纲分析中有两个基本量纲系统：绝对系统和质量系统。绝对系统的基本量纲为长度 [L]、时间 [T] 和力 [F]，而质量系统的基本量纲是长度 [L]、时间 [T] 和质量 [M]。对于无量纲的量，用 [1] 表示。常用物理量的量纲如表 5-1 所示。

表 5-1 常用物理量的量纲

物理量	质量系统	绝对系统	物理量	质量系统	绝对系统
长度	[L]	[L]	面积二次矩	$[L^4]$	$[L^4]$
时间	[T]	[T]	质量惯性矩	$[ML^2]$	$[FLT^2]$
质量	[M]	$[FL^{-1}T^2]$	表面张力	$[MT^{-2}]$	$[FL^{-1}]$
力	$[MLT^{-2}]$	[F]	应变	[1]	[1]
温度	$[\theta]$	$[\theta]$	比重	$[ML^{-2}T^{-2}]$	$[FL^{-3}]$
速度	$[LT^{-1}]$	$[LT^{-1}]$	密度	$[ML^{-3}]$	$[FL^{-4}T^2]$
加速度	$[LT^{-2}]$	$[LT^{-2}]$	弹性模量	$[ML^{-1}T^{-2}]$	$[FL^{-2}]$
角度	[1]	[1]	泊松比	[1]	[1]
角速度	$[T^{-1}]$	$[T^{-1}]$	动力黏度	$[ML^{-1}T^{-1}]$	$[FL^{-2}T]$
角加速度	$[T^{-2}]$	$[T^{-2}]$	运动黏度	$[L^2T^{-1}]$	$[L^2T^{-1}]$
压强、应力	$[ML^{-1}T^{-2}]$	$[FL^{-2}]$	线热胀系数	$[\theta^{-1}]$	$[\theta^{-1}]$
力矩	$[ML^2T^{-2}]$	[FL]	导热率	$[MLT^{-3}\theta^{-1}]$	$[FT^{-1}\theta^{-1}]$
能量、热	$[ML^2T^{-2}]$	[FL]	比热容	$[L^2T^{-2}\theta^{-1}]$	$[L^2T^{-2}\theta^{-1}]$
冲力	$[MLT^{-1}]$	[FT]	热容量	$[ML^{-1}T^{-2}\theta^{-1}]$	$[FL^{-2}\theta^{-1}]$
功率	$[ML^2T^{-3}]$	$[FLT^{-1}]$	导热系数	$[MT^{-3}\theta^{-1}]$	$[FL^{-1}T^{-1}\theta^{-1}]$

第5章 结构模型试验

2) 量纲的相互关系

量纲间的相互关系可简要归结如下。

(1) 两个物理量相等，不仅指数值相等，而且量纲也要相同。

(2) 两个同量纲参数的比值是无量纲参数，其值不随所取单位的大小而变。

(3) 一个完整的物理方程式中，各项的量纲必须相同，因此方程才能用加、减并用等号联系起来。这一性质称为量纲和谐。

(4) 导出量纲可和基本量纲组成无量纲组合，但基本量纲之间不能组成无量纲组合。一个导出量纲与其他量纲至少能够组成一个无量纲组合。

(5) 若在一个物理方程中共有几个物理参数 x_1, x_2, $\cdots$, x_n 和 k 个基本量纲，则可组成 $n-k$ 个独立的无量纲组合。无量纲参数组合简称为"π数"。用公式的形式可表示为

$$f(x_1, x_2, \cdots, x_n) = 0 \tag{5-29}$$

改写为

$$\varphi(\pi_1, \pi_2, \cdots, \pi_{n-k}) = 0 \tag{5-30}$$

式中

$$\pi = x_1^{a_1} x_2^{a_2} x_3^{a_3} \cdots x_n^{a_n} \tag{5-31}$$

这一性质称为 π 定理。

根据量纲的关系，可以证明两个相似物理过程相对应的 π 数必然相等，仅仅是相应各物理量间数值大小不同。这就是用量纲分析法求相似条件的依据。

【**例 5-2**】 用量纲分析法，确定例 5-1 的相似条件。

解：(1) 确定影响因素及量纲系统。

根据材料力学知识，受横向荷载作用的梁的正应力 σ 和跨中挠度 f 是截面抗弯模量 W、荷载 P、梁跨度 l、弹性模量 E 和截面惯性矩 I 的函数。用函数形式表示：

$$F(\sigma, f, P, l, E, W, I) = 0 \tag{a}$$

物理量个数 $n=7$，基本量纲个数 $k=2$，故独立的 π 数有 $(n-k)=5$。

(2) 根据 π 定理，式(a)可改写为 π 函数方程：

$$g(\pi_1, \pi_2, \pi_3, \pi_4, \pi_5) = 0 \tag{b}$$

式中

$$\pi = \sigma^{a_1} f^{a_2} P^{a_3} l^{a_4} E^{a_5} W^{a_6} I^{a_7} \tag{c}$$

(3) 确定量纲矩阵：

	σ	f	P	l	E	W	I
[L]	−2	1	0	1	−2	3	4
[F]	1	0	1	0	1	0	0

(d)

(4) 根据量纲和谐，确定 π 数。由量纲矩阵，可得基本量纲指数关系的联立方程。

对量纲 [L]： $-2a_1 + a_2 + a_4 - 2a_5 + 3a_6 + 4a_7 = 0 \tag{e}$

对量纲 [F]： $a_1 + a_3 + a_5 = 0 \tag{f}$

上述方程组共有 7 个未知量，只有 2 个方程，需假定 5 个变量的值，其他 2 个未知量（一般取基本量纲的指数，本例中取 P、l）由下面两式确定：

$$a_4 = 2a_1 - a_2 + 2a_5 - 3a_6 - 4a_7 \tag{g}$$

$$a_3 = -a_1 - a_5 \tag{h}$$

上述方程组的解，可用 π 矩阵来表示（矩阵中的每一行组成一个无量纲组合）

	σ	f	E	W	I	P	l
π_1	1	0	0	0	0	−1	2
π_2	0	1	0	0	0	0	−1
π_3	0	0	1	0	0	−1	2
π_4	0	0	0	1	0	0	−3
π_5	0	0	0	0	1	0	−4

(i)

由上述矩阵可得 5 个 π 数

$$\pi_1 = \frac{\sigma l^2}{P}, \quad \pi_2 = \frac{f}{l}, \quad \pi_3 = \frac{El^2}{P}, \quad \pi_4 = \frac{W}{l^3}, \quad \pi_5 = \frac{I}{l^4} \tag{j}$$

(5) 由第三相似定理，确定相似条件：

$$\frac{S_\sigma S_l^2}{S_P} = 1, \quad \frac{S_f}{S_l} = 1, \quad \frac{S_E S_l^2}{S_P} = 1, \quad \frac{S_W}{S_l^3} = 1, \quad \frac{S_I}{S_l^4} = 1 \tag{k}$$

【例 5-3】 用量纲分析法，求质量-弹簧-阻尼动力系统的相似条件。

解：(1) 确定影响因素及量纲系统：

由动力学知识可知，该问题的主要影响因素有质量 m、弹簧刚度 k、阻尼系数 C、质点的位移 x、速度 v、加速度 a、时间 t 和干扰力 $P(t)$。用函数形式表示：

$$F(m, k, C, x, v, a, t, P) = 0 \tag{a}$$

在式(a)中，物理量个数 $n=8$，基本量纲个数 $k=3$，故独立的 π 数有 $(n-k)=5$。

(2) 确定量纲矩阵：由每个物理量的基本量纲的幂指数组成。

	m	k	C	x	v	a	t	P
[L]	−1	−1	−1	1	1	1	0	1
[F]	1	1	1	0	0	0	0	0
[T]	2	0	1	0	−1	−2	1	0

(b)

(3) 确定 π 矩阵：将基本量纲对应的物理量排在最后（虚线之后），其他物理量放在前（虚线之前），并假定其他物理量组成的矩阵为单位矩阵，则可得基本量纲物理量的矩阵。

	m	k	C	v	a	x	P	t
π_1	1	0	0	0	0	1	−1	−2
π_2	0	1	0	0	0	1	−1	0
π_3	0	0	1	0	0	1	−1	−1
π_4	0	0	0	1	0	−1	0	1
π_5	0	0	0	0	1	−1	0	2

(c)

由上述矩阵可得 5 个 π 数：

$$\pi_1 = \frac{mx}{Pt^2}, \quad \pi_2 = \frac{kx}{P}, \quad \pi_3 = \frac{Cx}{Pt}, \quad \pi_4 = \frac{vt}{x}, \quad \pi_5 = \frac{at^2}{x} \tag{d}$$

(4) 由第三相似定理，确定相似条件：

$$\frac{S_m S_l}{S_P S_t^2} = 1, \quad \frac{S_k S_l}{S_P} = 1, \quad \frac{S_C S_l}{S_P S_t} = 1, \quad \frac{S_v S_t}{S_l} = 1, \quad \frac{S_a S_t^2}{S_l} = 1 \tag{e}$$

需要注意的是用量纲分析法确定无量纲 π 函数时有着一定的任意性，而且当参与物理过程的物理量较多时，可组成的 π 数很多。若要全部满足与这些 π 数相对应的相似条件，条件将十分苛刻，有些是不可能达到也不必要达到的。所以量纲分析法中选择物理参数是具有决定意义的。物理参数的正确选取取决于模型设计者的专业知识以及对所研究的问题初步分析的正确程度。甚至可以说，如果不能正确选择有关的参数，量纲分析法就无助于模型设计。

5.3 结构模型设计

模型设计是模型试验是否成功的关键，因此在模型设计中不仅是确定模型的相似条件，还应综合考虑各种因素，如模型的类型、模型材料、试验条件以及模型制作条件等，以确定出适当的物理量的相似常数。

5.3.1 模型的类型

结构模型通常分为弹性模型、强度模型和间接模型。根据试验目的选择模型类型，用以验证结构的设计计算方法和测试结构动力特性为目的时，一般选择弹性模型；用以研究结构的极限强度和极限变形性能为目的时，选择强度模型。

弹性模型试验的目的是要从中获得原型结构在弹性阶段的资料，其研究范围仅局限于结构的弹性阶段。它常用在钢筋（或型钢）混凝土结构、砌体结构的设计过程中，用以验证新型结构的设计计算方法是否正确或为设计计算提供某些参数。目前来说，结构动力模型一般都是弹性模型。弹性模型的制作材料不必与原型结构的材料完全相似，只需模型材料在试验过程中具有完全的弹性性质，如高层或超高层结构常用有机玻璃制作弹性模型。弹性模型试验无法预测实际结构在荷载作用下产生的非弹性性能，如混凝土开裂后的结构性能、钢材达到屈服后的结构性能。

强度模型试验的目的是探讨原型结构的极限强度、极限变形以及在各级荷载作用下的结构性能，它常用于钢筋（或型钢）混凝土结构、钢结构的弹塑性性能研究。这种模型试验的成功与否很大程度上取决于模型与原型材料（混凝土和钢材）性能的相似程度。目前来说，钢筋（或型钢）混凝土结构的小比例强度模型还只能做到不完全相似的程度，主要的困难是材料的完全相似难以满足。

间接模型试验的目的是要得到关于结构支座、反力、弯矩、剪力、轴力等内力的资料，因此间接模型并不要求与原型结构直接相似，如框架的内力分布主要取决于梁、柱等构件之间的刚度比，梁、柱的截面形状不必直接与原型结构相似，为便于制作，可采用原型截面或型钢截面代替原型结构构件的实际截面。随着计算技术的发展，很多情况下间接模型试验完全可由计算机分析所取代，所以目前很少使用。

5.3.2 模型设计程序及模型几何尺寸

1. 模型设计程序

模型设计一般按照下列程序进行。
（1）根据任务明确试验的具体目的和要求，选择适当的模型制作材料。
（2）针对任务所研究的对象，用模型试验理论的方法确定相似准数。
（3）根据现有试验条件，确定出模型的几何尺寸，即几何相似常数。
（4）根据由相似准数导出的相似条件，定出其他相似常数。
（5）绘出模型施工图。

2. 模型几何尺寸

根据模型类型、模型材料、制作工艺和试验条件，确定模型的最优几何尺寸，即几何相似常数 S_l 的值。小模型所需荷载小，但制作较困难，加工精度要求高，对量测也有较高要求；大模型所需荷载较大，但制作容易，对量测仪表也无特殊要求。因此，要综合考虑试验目的、试验条件、模型制作工艺来确定模型的缩尺比例。

一般来说，对于局部性、研究结构强度的模型，选较大尺寸，其尺寸比例可为原型的 1/4～1；而整体结构模型、弹性模型可取较小的尺寸，一般可取为原型的 1/20～1/2。另外，均质材料结构的模型比非均质材料结构的模型要小。常见结构模型的缩尺比例如表 5-2 所示。

表 5-2 模型的缩尺比例

结构类型	壳体结构	高层建筑	大跨桥梁	砌体结构	结构节段	风洞模型
弹性模型	1：200～1：50	1：60～1：20	1：50～1：10	1：8～1：4	1：10～1：4	1：300～1：50
强度模型	1：30～1：10	1：10～1：5	1：10～1：4	1：4～1：2	1：6～1：2	无强度模型

模型尺寸的不准确是引起模型误差的主要原因之一。模型尺寸的允许误差范围和原结构的允许误差范围一样，为 5%，但由于模型的几何尺寸小，允许制作偏差的绝对值就较小，在制作模型时对其尺寸应加倍注意。模板对模型尺寸有重要的影响，制作模型板的材料应体积稳定，不随温度、湿度而变化。有机玻璃是较好的模板材料，为了降低费用，也可用表面覆有塑料的木材做模型，型铝也是常用的模板材料，它和有机玻璃配合使用相当方便。

对于钢筋混凝土结构模型，模型钢筋一般都很细柔，其位置易在浇捣混凝土时受机械振动的影响，从而直接影响结构的承载能力。对于直线型构件常用在两个端模板上钢筋位置处钻孔，使钢筋钻孔洞并将钢筋稍微张紧以确保其位置。

对于某些结构，如薄壁结构，由于原型结构腹板较薄。若为了满足几何相似条件按三维几何比例缩小制作模型就会产生模型制作工艺上的困难。这样就会无法用几何相似设计模型，而需考虑采用非完全几何相似的方法设计模型，即所谓的变态模型设计。关于变态模型设计可参考有关的专著。

5.3.3 模型设计的相似关系

1. 静力相似

静力相似是指模型与原型不仅几何相似,而且所有的作用也相似。对于一般的静力弹性模型,当以长度及弹性模量的相似常数 S_l、S_E 为设计时首先确定的条件,所有其他量的相似常数都是 S_l 和 S_E 的函数或等于 1。表 5-3 列出了结构静力试验模型的相似关系。

表 5-3 结构静力模型的相似关系

类型	物理量	量纲(绝对系统)	理想模型	实用模型
材料特性	应力 σ	$[FL^{-2}]$	S_E	1
	弹性模量 E	$[FL^{-2}]$	S_E	1
	剪切模量 G	$[FL^{-2}]$	S_E	1
	泊松比 μ	$[1]$	1	1
	密度 ρ	$[FL^{-4}T^2]$	S_E/S_l	$1/S_l$
	应变 ε	$[1]$	1	1
几何尺寸	线尺寸 l	$[L]$	S_l	S_l
	线位移 x	$[L]$	S_l	S_l
	角位移 θ	$[1]$	1	1
	面积 A	$[L^2]$	S_l^2	S_l^2
	惯性矩 I	$[L^4]$	S_l^4	S_l^4
荷载	集中荷载 P	$[F]$	$S_E S_l^2$	S_l^2
	线荷载 w	$[FL^{-1}]$	$S_E S_l$	1
	面荷载 q	$[FL^{-2}]$	S_E	1
	弯矩及扭矩 M	$[FL]$	$S_E S_l^3$	S_l^3
	剪力 Q	$[F]$	$S_E S_l^2$	S_l^2

从表 5-3 可知,静力模型的相似常数是 S_l 和 S_E 的函数。对于表中的实用模型,实际上是假设原型和模型应力相等的等强度模型。从表中可知,模型材料的密度为原型材料的 $1/S_l$ 倍,显然在实际中是很难实现的。为了解决这一矛盾,一般采用在模型结构上附加质量的办法,来弥补材料容积密度不足所产生的影响,但附加的人工质量必须不改变结构的强度和刚度特性。

钢筋混凝土结构的强度模型要求正确反映原型结构的弹塑性性质,包括给出和原型结构相似的破坏形态、极限变形能力以及极限承载能力。对模型材料的相似要求就更为严格。理想的模型混凝土和模型钢筋应和原结构的混凝土和钢筋具有相似的 σ-ε 曲线,并且在极限强度下的变形 ε_c 和 ε_s 相等如图 5-2 所示。当模型材料满足这些要求时,由量纲分析得出的钢筋混凝土强度模型的相似条件如表 5-4 中第(3)栏所示。注意这时 $S_{Es}=S_{Ec}=$

$S_{\sigma c}$（角标 s 和 c 分别表示钢筋和混凝土），即要求模型钢筋的弹性模量相似常数等于模型混凝土的弹性模量相似常数和应力相似常数。由于钢材是目前能找到的唯一适用于模型的加筋材料，因此 $S_{Es}=S_{Ec}=S_{\sigma c}$ 这一条件很难满足，除非 $S_{Es}=S_{Ec}=S_{\sigma c}=1$，那模型结构采用和原结构相同的混凝土和钢筋。此条件下对其余各物理量的相似常数要求列于表 5-4 的中第(4)栏，其中模型混凝土密度相似常数为 $1/S_l$，要求模型混凝土的密度为原结构混凝土密度的 S_l 倍。当需考虑结构本身的质量对结构性能的影响时，为满足密度相似的要求，需在模型结构上加附加质量。

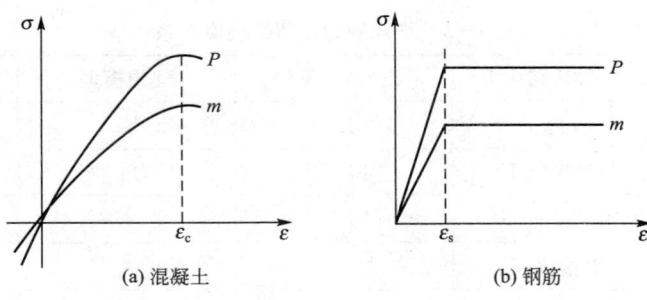

图 5-2 理想相似材料的 σ-ε 曲线

表 5-4 钢筋混凝土强度模型的相似常数

物理量		量纲（绝对系统）	理想模型	实际模型	不完全相似模型
（1）		（2）	（3）	（4）	（5）
材料特性	混凝土应力 σ_c	$[FL^{-2}]$	$[S_{\sigma c}]$	$[1]$	$[S_\sigma]$
	混凝土应变 ε_c	$[1]$	$[1]$	$[1]$	$[S_\varepsilon]$
	混凝土弹性模量 E_c	$[FL^{-2}]$	$[S_{\sigma c}]$	$[1]$	$[S_\sigma/S_\varepsilon]$
	混凝土泊松比 μ_c	$[1]$	$[1]$	$[1]$	$[1]$
	混凝土密度 ρ_c	$[FL^{-4}T^2]$	$[S_{\sigma c}/S_l]$	$[1/S_l]$	$[S_\sigma/S_l]$
	钢筋应力 σ_s	$[FL^{-2}]$	$[S_{\sigma c}]$	$[1]$	$[S_\sigma]$
	钢筋应变 ε_s	$[1]$	$[1]$	$[1]$	$[S_\varepsilon]$
	钢筋弹性模量 E_s	$[FL^{-2}]$	$[S_{\sigma c}]$	$[1]$	$[1]$
几何尺寸	线尺寸 l	$[L]$	$[S_l]$	$[S_l]$	$[S_l]$
	线位移 x	$[L]$	$[S_l]$	$[S_l]$	$[S_\varepsilon S_l]$
	角位移 θ	$[1]$	$[1]$	$[1]$	$[S_\varepsilon]$
	钢筋面积 A_s	$[L^2]$	$[S_l^2]$	$[S_l^2]$	$[S_\sigma S_l^2/S_\varepsilon]$
荷载	集中荷载 P	$[F]$	$[S_\sigma S_l^2]$	$[S_l^2]$	$[S_\sigma S_l^2]$
	线荷载 w	$[FL^{-1}]$	$[S_\sigma S_l]$	$[S_l]$	$[S_\sigma S_l]$
	面荷载 q	$[FL^{-2}]$	$[S_\sigma]$	$[1]$	$[S_\sigma]$
	弯矩 M	$[FL]$	$[S_\sigma S_l^3]$	$[S_l^3]$	$[S_\sigma S_l^3]$

混凝土的弹性模量和 σ-ε 曲线直接受骨料及其级配情况的影响，模型混凝土的骨料多为中砂、粗砂，其级配情况也和原结构的不同，因此实际情况下 $S_{Ec}\neq 1$，$S_{\sigma c}$ 和 $S_{\varepsilon c}$ 也不等于 1，如图 5-3 所示。在 $S_{Es}=1$ 的情况下，为满足 $S_{\sigma s}=S_{\sigma c}$，$S_{\varepsilon s}=S_{\varepsilon c}$，需调整模型钢筋的面积，如表 5-4 中第(5)栏所示。严格地讲，这是不完全相似，对于非线性阶段的试验结果会有一定的影响。

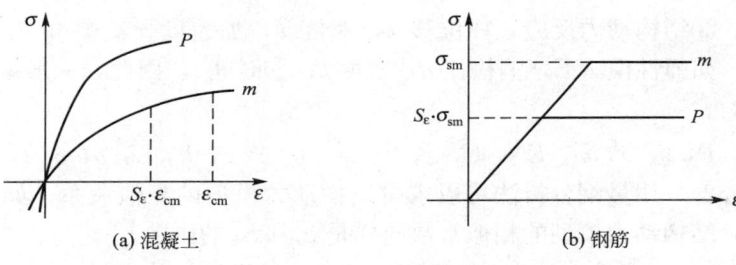

(a) 混凝土　　　　　　　　(b) 钢筋

图 5-3　不完全相似材料的 σ-ε 曲线

当研究钢筋混凝土的剪力、裂缝等问题时，要求模型混凝土的抗拉性能以及混凝土和钢筋间的粘结情况和原型相似，这无疑是十分困难的，因为目前对原型结构中粘结力机理的了解还很有限。

对于砌体结构由于它也是由块材(砖、砌块)和砂浆两种材料复合组成的，除了在几何比例上缩小并对块材做专门加工和给砌筑带来一定的困难外，同样要求模型和原型有相似的应力-应变曲线，实际上就采用与原型结构相同的材料。砌体结构模型的相似常数如表 5-5 所示。

表 5-5　砌体结构模型试验的相似常数

	物理量	量纲(绝对系统)	理想模型	实用模型
材料特性	砌体应力 σ	$[FL^{-2}]$	$[S_\sigma]$	$[1]$
	砌体应变 ε	$[1]$	$[1]$	$[1]$
	砌体弹性模量 E	$[FL^{-2}]$	$[S_\sigma]$	$[1]$
	砌体泊松比 μ	$[1]$	$[1]$	$[1]$
	砌体质量密度 ρ	$[FL^{-4}T^2]$	$[S_\sigma/S_l]$	$[1/S_l]$
几何尺寸	线尺寸 l	$[L]$	$[S_l]$	$[S_l]$
	线位移 x	$[L]$	$[S_l]$	$[S_l]$
	角位移 θ	$[1]$	$[1]$	$[1]$
	面积 A	$[L^2]$	$[S_l^2]$	$[S_l^2]$
荷载	集中荷载 P	$[F]$	$[S_\sigma S_l^2]$	$[S_l^2]$
	线荷载 w	$[FL^{-1}]$	$[S_\sigma S_l]$	$[S_l]$
	面荷载 q	$[FL^{-2}]$	$[S_\sigma]$	$[1]$
	弯矩 M	$[FL]$	$[S_\sigma S_l^3]$	$[S_l^3]$

2. 动力相似

在进行结构动力模型设计时,由于结构的惯性力是作用在结构上的主要荷载,因此必须要考虑模型与原型结构的材料质量密度的相似。同时,在材料的力学性能相似要求方面还应考虑应变速率对材料性能的影响。与结构动力模型相关的主要物理量如下。①结构的几何尺寸 l。②作用:如集中力 P,均布荷载 w,面荷载 q,重力加速度 g,质量 m,能量 EN,阻尼力 C。③结构动力反应:如位移 x,速度 $\dot{x}$,加速度 $\ddot{x}$,转角 θ,应力 σ,应变 ε;④材料性能:如弹性模量 E,泊松比 μ,密度 ρ;⑤时间 t。因此,一般结构动力问题用函数形式可表示为

$$F(l, P, q, g, m, EN, C, x, \dot{x}, \ddot{x}, \theta, \sigma, \varepsilon, E, G, \mu, \rho, t)=0 \quad (5-32)$$

根据式(5-32),用量纲分析法可以求得结构动力模型的相似关系,如表 5-6 所示。从表 5-6 可见,结构动力模型的相似常数同样是 S_l 和 S_E 的函数。

表 5-6 结构动力模型的相似常数

	物理量	量纲(绝对系统)	理想模型	人工质量模型	忽略重力模型
材料特性	应力 σ	$[FL^{-2}]$	$[S_E]$	$[S_E]$	$[S_E]$
	应变 ε	$[1]$	$[1]$	$[1]$	$[1]$
	弹性模量 E	$[FL^{-2}]$	$[S_E]$	$[S_E]$	$[S_E]$
	泊松比 μ	$[1]$	$[1]$	$[1]$	$[1]$
	质量密度 ρ	$[FL^{-4}T^2]$	$[S_E/S_l]$	$[S_\rho]$(忽略)	$[S_\rho]$
几何尺寸	线尺寸 l	$[L]$	$[S_l]$	$[S_l]$	$[S_l]$
	线位移 x	$[L]$	$[S_l]$	$[S_l]$	$[S_l]$
	角位移 θ	$[1]$	$[1]$	$[1]$	$[1]$
	面积 A	$[L^2]$	$[S_l^2]$	$[S_l^2]$	$[S_l^2]$
荷载	集中荷载 P	$[F]$	$[S_E S_l^2]$	$[S_E S_l^2]$	$[S_E S_l^2]$
	线荷载 w	$[FL^{-1}]$	$[S_E S_l]$	$[S_E S_l]$	$[S_E S_l]$
	面荷载 q	$[FL^{-2}]$	$[S_E]$	$[S_E]$	$[S_E]$
	弯矩 M	$[FL]$	$[S_E S_l^3]$	$[S_E S_l^3]$	$[S_E S_l^3]$
	质量 m	$[FL^{-1}T^2]$	$[S_\rho S_l^3]$	$[S_\rho S_l^3]$	$[S_\rho S_l^3]$
	能量 EN	$[FL]$	$[S_E S_l^3]$	$[S_E S_l^3]$	$[S_E S_l^3]$
	刚度 k	$[FL^{-1}]$	$[S_E S_l]$	$[S_E S_l]$	$[S_E S_l]$
动力性能	阻尼 C	$[FL^{-1}T]$	$[S_E S_l^{3/2}]$	$[S_E S_l^{3/2}]$	$[S_E S_l^{3/2}]$
	时间 t,周期 T	$[T]$	$[S_l^{1/2}]$	$[S_l^{1/2}]$	$[S_l(S_\rho/S_E)^{1/2}]$
	频率 f	$[T^{-1}]$	$[S_l^{-1/2}]$	$[S_l^{-1/2}]$	$[S_l^{-1}(S_\rho/S_E)^{-1/2}]$
	速度 $\dot{x}$	$[LT^{-1}]$	$[S_l^{1/2}]$	$[S_l^{1/2}]$	$[(S_E/S_\rho)^{1/2}]$
	加速度 $\ddot{x}$	$[LT^{-2}]$	$[1]$	$[1]$	$[S_l^{-1}(S_E/S_\rho)^{1/2}]$
	重力加速度 g	$[LT^{-2}]$	$[1]$	$[1]$	忽略

由于动力问题中要模拟惯性力、恢复力和重力,对模型材料的弹性模量和材料密度要求很严格。从表 5-6 可知,模型的自振频率较高,是原型的 $\sqrt{S_l}$ 或 $S_l(S_E/S_\rho)^{\frac{1}{2}}$ 倍,输入荷载谱及选择振动台或激振器时,应注意这一要求。从表 5-6 还可看出,$S_E/S_l=S_\rho$,因此,模型的弹性模量应比原型的小或材料密度应比原型的大。对于由两种材料组成的钢筋混凝土结构模型,这一条件很难满足。因此,在同样的重力加速度情况下进行试验时,需要用附加质量来弥补材料容积密度不足所产生的影响。值得注意的是,这种相似也只是近似的。

另外,由于目前对阻尼产生的机理认识还不是很清楚,因此,要对结构阻尼的相似模拟是非常困难的。不过,小阻尼对结构的基本特征值和固有频率的影响非常小,故不满足这个相似条件对试验结果不会带来较大的影响。

5.4 模型材料与模型制作

准确地了解材料的性质及其对试验结果的影响,是成功地完成模型试验的先决条件。可以用来制造模型的材料很多,但是没有绝对理想的材料。因此,正确地了解材料性质及其对试验结果的影响,对于顺利完成模型试验往往有决定性意义。

5.4.1 模型试验对模型材料的基本要求

(1) 保证相似要求,即要求模型设计满足相似准则,可以将模型上测得的物理量换算成原型结构上相应的物理量。

(2) 保证量测要求,即能够产生足够的变形,使量测仪表有足够的读数,因此弹性模量应低一些,但也不能过低以致因安装应变片或其他量测仪器本身的刚度影响试验结果。

(3) 保证材料性能要求,即材料性能稳定,不因温度、湿度的变化而变化。由于模型结构的尺寸较小,周围环境的温度、湿度变化对它的影响远远大于原型结构的影响,因此模型材料性能稳定很重要,应保证材料徐变小。由于徐变是时间、温度和应力的函数,故徐变对试验结果影响很大,而真正的弹性变形不应该包括徐变。

(4) 保证制作方便,即易于加工,价格便宜,模型材料要根据模型试验的目的来正确选择。如果模型试验的目的在于研究弹性阶段的应力状态,则模型材料应尽可能与一般弹性理论的基本假定一致,即均质、各向同性、应力与应变呈线性关系和固定不变的泊松比。对于研究结构的全部特性(即弹性和非弹性以及破坏时的特性)的模型试验,通常要求模型材料与原型结构材料的特性相似。

5.4.2 常用的几种模型材料

相似设计要求模型和原型能描述同一物理现象,所以,要求模型材料和原型材料的物理性能、力学性能相似。结构模型可分为弹性模型和强度模型两大类,因此,模型材料也可分为弹性模型材料和强度模型材料两大类。

1. 弹性模型材料

弹性模型主要用于研究原型在弹性阶段的应力状态和动力特性。因此，模型材料的性能应尽可能满足一般弹性理论的基本假定，即要求模型材料为匀质、各向同性、应力与应变呈线性关系和固定的泊松比。满足上述条件的常用模型材料如下。

1) 金属材料

金属材料的力学性能大都符合弹性理论的基本假定。常用的有钢材、铜、铝合金等，其泊松比接近混凝土的泊松比。钢和铜可焊接，易于加工，而铝合金一般采用铆接，连接特性很难满足原型的要求。另外，金属材料的弹性模量比混凝土高，所以，模型的试验荷载大，动力试验时，时间缩比大、加速度大，这时，可用等强度的方法，通过减小模型的断面来减小模型的刚度，从而减小试验荷载或加速度。当进行等强度设计时，应验算构件的局部稳定性能，使失稳时的荷载与原型相似。

2) 塑料

制作模型的塑料种类很多，热固性的有环氧树脂、聚酯树脂，热塑性的有聚氯乙烯、有机玻璃等。塑料作为模型材料的优点是强度高而弹性模量低，容易加工；缺点是徐变较大，弹性模量受温度变化的影响较大。

有机玻璃是各向同性的匀质材料，模型中用得较多。由于徐变较大，试验中应控制试验环境温度和材料的应力。另外，由于模型接头强度较低，模型设计时应注意接头设计。

环氧树脂可在半流体状态下浇注成型，然后固化。在环氧树脂中掺入铝粉、水泥、砂等填充料，可改善材料的力学性能。一般情况下，填料增加，可提高材料的弹性模量，但抗拉强度下降。另外，环氧树脂的抗拉强度比抗压强度低，当应力较高时，应力-应变曲线呈现非线性，所以，在弹性模型中应控制模型应力。

3) 石膏

用石膏制作模型，其优点是容易加工，成本较低，泊松比与混凝土接近，弹性模量可以改变；其缺点是抗拉强度低，要获得均匀和正确的弹性模量较困难。

石膏模型可用石膏浆注入尺寸准确的模具来制作，也可将石膏浇注成整块后进行机械加工。石膏也可用以大致地模拟混凝土的塑性性能，配筋的石膏模型可用来模拟钢筋混凝土的破坏形态。

2. 强度模型材料

强度模型主要用于研究结构的极限承载力和极限变形能力，因此，要求模型材料应与原型材料相似或相同。常用的强度模型材料有以下几种。

（1）水泥砂浆。水泥砂浆主要用于制作钢筋混凝土板壳等薄壁结构的模型，其力学性能接近混凝土，但由于缺乏级配，应力-应变曲线较难与混凝土相似，所以目前用得较少。

（2）微粒混凝土。微粒混凝土是按相似比缩小混凝土骨料的粒径进行级配，使模型材料的应力-应变曲线与原型相似。为了满足弹性模量相似，有时可用掺入石灰浆的方法来降低模型材料的弹性模量。它的缺点是抗拉强度一般比要求值高，这将延缓模型的开裂。但是，在不考虑重力效应的模型中，有时能弥补重力失真的不足，使模型开裂荷载接近实际情况。

（3）环氧微粒混凝土。当模型很小时，用微粒混凝土制作不易浇捣密实，强度不均匀，易破碎，这时，可采用环氧微粒混凝土制作。环氧微粒混凝土是由环氧树脂和按一定级配的骨料拌和而成。骨料可采用水泥、砂等,但必须干燥。环氧微粒混凝土的应力-应变曲线与普通混凝土相似,但抗拉强度偏高。

(4) 钢材。模型中采用的钢材特点是尺寸小,一般采用同种材性的钢材。由于许多小尺寸的型材采用冷拉技术制作,所以在用做模型材料时,应进行退火处理。

(5) 模型钢筋。模型钢筋一般采用盘状细钢筋、镀锌铁丝,使用前,先要拉直,而拉直过程是一次冷加工过程,会改变材料的力学性能,所以,使用前应进行退火处理。另外,目前使用的模型钢筋一般没有螺纹等表面压痕,不能很好地模拟原型结构中钢筋与混凝土的粘结。

(6) 模型砌块。对于砌体结构模型,一般采用按长度相似比缩小的模型砌块。对于混凝土小砌块和粉煤灰砌块,可采用与原型相同的材料,在模型模子中浇注而成。对于粘土砖,可制成模型砖坯烧结而成,也可用原型砖切割而成。

5.4.3 模型制作

1. 混凝土结构模型

混凝土结构模型一般采用水泥砂浆、微粒混凝土和环氧微粒混凝土等材料,置模浇注的方法制作。由于模型一般都是小比例模型,构件的尺寸很小,所以要求模板的尺寸误差小,表面平整,易于观察浇筑过程,易于拆模,因此,一般外模采用有机玻璃(透视平整、易加工),内模采用泡沫塑料(易于切割和拆模)。

当无法浇注时,也可用抹灰的方法制作,但抹灰施工的质量比浇注的差,其强度一般只有浇注的50%,且强度不稳定,所以,当有条件浇注时,尽量采用浇注的方法施工。

2. 砌体结构模型

砌体结构模型的制作关键是灰缝的砌筑质量,主要包括灰缝的厚度和饱满程度。由于模型缩小后,灰缝的厚度很难按比例缩小,所以,一般要求模型灰缝的厚度在5mm左右,砌筑后模型的砌体强度与原型相似。另外,为了使模型结构能真正反映实际震害,模型灰缝的饱满程度也应与原型保持一致。

在制作的过程中,不要片面强调模型的制作质量,把灰缝砌得很饱满,这样会造成模型的砌筑质量与实际工程的砌筑质量不同,从而导致模型的抗震能力很高,与实际震害不符。

3. 金属结构模型

金属结构模型的制作关键是材料的选取和节点的连接。由于模型缩小后,许多钢结构型材已无法找到合适的模型型材,只能用薄铁皮或铜皮加工焊接成模型型材。制作加工时,应认真研究模型的制作方案,避免焊接时烧穿铁皮和焊接变形。

对于焊接困难的铝合金材料模型,一般采用铆钉连接。这种模型不宜用于模拟钢结构的焊接性能。另外,铆钉连接结构的阻尼比焊接结构大,所以,在动力模型中不宜采用。

4. 有机玻璃模型

有机玻璃模型一般采用标准有机玻璃型材切割成需要的形状和尺寸,然后用胶粘结而成。由于接口处强度较低，一般宜采用榫接，并应尽量减小连接间隙。

5.4.4 模型试验应注意的问题

模型试验和一般结构试验的方法原则上相同，但模型试验也有自己的特点，下面针对这些特点提出在模型试验中应注意的问题。

(1) 模型尺寸。在模型试验中对模型尺寸的精度要求比一般结构试验对构件尺寸的要求严格得多，所以在模型制作中控制尺寸的误差是极为重要的。由于结构模型均为缩尺比例模型，尺寸的误差直接影响试验的测试结果，为此，在模型制作时，一方面要对模板的尺寸把握住精度要求，另一方面还要注意选择体积稳定，不易随湿度、温度变化而有明显变化的材料作为模板。对于缩尺比例不大的结构强度模型材料以选择与原结构同类的材料为好，若选用其他材料如塑料，因材质本身不稳定或制作时不可避免的加工工艺误差，这些都将对试验结果产生影响，因此，在模型试验之前，需对所设应变测点和重要部分的断面尺寸进行仔细量测，以此尺寸作为分析试验结果的依据。

(2) 试件材料性能的测定。模型材料的各种性能，如应力-应变曲线、泊松比、极限强度等，都必须在模型试验之前就准确地测定。通常测定塑料的性能可用抗拉及抗弯试件；测定石膏、砂浆、细石混凝土和微粒混凝土的性能可用各种小试件，形状可参照混凝土试件(如立方体、棱柱体等)。考虑到尺寸效应的影响，模型的材性小试件尺寸应和模型的最小截面或临界截面的大小基本相应。试验时要注意这些材料也有龄期的影响，对于石膏试件还应注意含水量对强度的影响，对于塑料应测定徐变的影响范围和程度。

(3) 试验环境。模型试验对周围环境的要求比一般结构试验严格。对于塑料模型试验的环境温度，一般要求温度变化不超过±1℃。对于温度影响比较敏感的石膏模型，最好能够在有空调的室内进行试验。一般的模型试验，为了减小温度变化对模型试验的影响，应选择温度较稳定的时间(如夜间)里进行。

(4) 荷载选择。模型试验的荷载必须在试验进行之前先仔细校正。重物加载如砝码、铁块都应事先经过检验，如用杠杆和千斤顶施加集中荷载，则加载设备都要经过设计并准确制造，使用前还要进行标定。此外，若试验要完全模拟实际的荷载有困难时，可改用明确的集中荷载，这样比勉强模拟实际荷载好，以使整理和推算试验结果时不会引入较大的误差。

(5) 变形量测。一般模型的尺寸都很小，所以通常应变量测多采用电阻应变计。对于复杂应力状态下的模型，可先用脆性漆法求得主应力的方向，然后再粘贴电阻应变计。对于塑料模型，因塑料的导热性很差，应采取措施减少电阻应变计受热后升温而带来的误差。若采用箔式应变计，应设立单独的温度补偿计，并降低电阻应变仪的桥路电压。

模型试验的位移量测仪表的安装位置应特别准确，否则将模型试验结果换算到原型结构会引起较大的误差。如果模型的刚度很小，则应注意量测仪表的质量和固定等因素的影响。

总之，模型试验比一般结构试验要求更严格，因为模型试验结果较小的误差推算到原型结构则是不可忽略的较大的误差。因此，模型试验工作必须考虑周全，决不能有半点马虎。

本 章 小 结

结构模型试验作为结构研究的一个重要手段,并以它特有的解决问题的"能力"在土木工程的设计、施工和理论分析等方面,发挥了应有的作用。

(1) 物理现象相似。物理现象相似是指除了几何相似外,在进行物理过程的整个系统中,在相应的时刻第一过程和第二过程相应的物理量之间的比例应保持常数。物理量相似包括几何相似、荷载相似、时间相似、边界条件相似、初始条件相似。

(2) 相似原理是研究自然界相似现象的性质和鉴别相似现象的基本原理,由三个相似定理组成。这三个相似定理从理论上阐明了相似现象有什么性质,满足什么条件才能实现现象的相似。第一、第二相似定理是以现象相似为前提的情况下,确定了相似现象的性质,给出了相似现象的必要条件。第三相似定理补充了前面两个定理,明确了只要满足单值条件相似和由此导出的相似准数相等这两个条件,则现象必然相似。

(3) 相似判断的确定一般包括方程式分析法和量纲分析法。方程式分析法是指研究现象中的各物理量之间的关系可以用方程式表达时,采用表达这一物理现象的方程式导出相似判据。它包括代数方程的方程式分析法和微分方程的方程式分析法。量纲分析法是根据描述物理过程的物理量的量纲和谐原理,寻找物理过程中各物理量间的关系而建立相似准数的方法。它不要求建立现象的方程式,而只要求确定哪些物理量参加所研究的现象,以及知道测量这些量的单位系统的量纲就够了。

(4) 模型试验技术的关键是模型的设计。模型设计首先根据任务明确试验的具体目的和要求,选择适当的模型制作材料;然后针对任务所研究的对象,用模型试验理论确定相似准数;根据现有试验条件,确定模型的几何尺寸,即几何相似常数;最后根据由相似准数导出的相似条件,确定出其他相似常数,绘制模型施工图。

(5) 正确地了解材料性质及其对试验结果的影响,对于顺利完成模型试验有决定性的意义。所用的模型材料有:金属、塑料、石膏、水泥砂浆、细石混凝土等。

思 考 题

1. 模型试验有哪些优点?其使用范围有哪些?
2. 模型相似是指哪些方面的相似?相似常数的含义是什么?
3. 量纲分析法的基本概念是什么?何谓 π 定理?
4. 简述方程式法确定相似常数的步骤。
5. 简述量纲分析法确定相似常数的步骤。
6. 模型设计的基本程序是什么?
7. 用于模型试验的材料应满足哪些要求?

第 6 章 工程结构静载试验

教学目标

熟悉结构静载试验的各项准备工作的内容和要求，掌握结构的试验安装、加载、荷载计算、挠度、裂缝、应变观测的内容；掌握受弯构件、受压构件、桁架构件等常见结构的加载方案设计和量测方案设计；掌握静载试验的数据处理及分析方法。

教学要求

知识要点	能力要求	相关知识
加载与量测方案的设计	(1) 掌握结构静载试验加载方案的设计 (2) 掌握结构静载试验量测方案的确定	等效荷载
常见结构构件的静载试验	(1) 掌握受弯构件的静载试验的工作内容 (2) 掌握受压构件的静载试验的工作内容 (3) 掌握桁架构件的静载试验的工作内容	加载方案 量测技术
量测数据的整理	(1) 掌握整体变形量测结果的整理 (2) 掌握应变量测结果的分析方法 (3) 掌握平面应力状态下的主应力计算 (4) 了解试验曲线与图表绘制的整理内容	应力分析 应变分析

引言

静载试验是结构试验中最常见的一种试验，静载试验的目的是通过对试验结构或构件直接施加荷载，测定和研究结构在静力荷载作用下的反应，分析、判定结构的工作状态与受力状况。土木工程结构静载试验所涉及的问题是多方面的，静载试验的荷载制度如何？静载试验使用什么样的设备、仪表？不同类型的构件其试验方法是否相同？试验数据该如何处理？学习本章后将对这些问题有一个基本的认识。

6.1 工程结构静载试验概述

工程结构的主要职能是承受结构的直接作用，因此，研究结构承受直接静载作用的

第6章 工程结构静载试验

状况是结构试验与分析的主要目的。在结构直接作用中，经常起主导作用的是静力荷载。因此，结构静载试验成为结构试验中最基本和最大量的试验。例如，对结构的强度、刚度及稳定等问题的试验研究，就常常只做静载试验。当然，相对动载试验而言，结构静载试验所需的技术与设备也比较简单，容易实现，这也是静载试验被经常应用的原因之一。

结构静载试验是用物理力学方法，测定和研究结构在静荷载作用下的反应，分析、判定结构的工作状态与受力情况。根据试验观测时间长短不同，又分为短期试验与长期试验。为了尽快取得试验成果，通常多采用短期试验。但短期试验存在荷载作用与变形发展的时间效应问题。例如，混凝土与预应力混凝土结构的徐变和预应力损失、裂缝开展等；时间效应比较明显，有时按试验目的就需要进行长期试验观测。

结构静载试验方法，人类很早就加以应用，并揭示了许多结构受力的奥秘，有效地促进了结构理论的发展与结构形式的创新。在科学技术迅猛发展的今天，尽管各种各样的结构分析方法不断涌现，动载试验也被置于越来越突出的位置，但静载试验分析方法在结构研究、设计和施工中仍起着主导作用，成为基准试验。

大型振动台的出现，无疑给结构抗震试验提供了一个有效手段。振动台能提供结构比较接近实际的震害现象与数据，但振动台试验存在很多局限性，如台面承载力小、试验费用高、技术比较复杂等。低周反复试验（又称拟静力试验）和计算机-电液伺服联机试验（又称拟动力试验）方法，相对于振动台试验比较简单，耗资较小，加载器出力也较大，可以对许多足尺结构或大模型进行静力和抗震性能试验。目前国内外大多数规范的抗震条文都是以这种试验结果为依据的，但就其方法的实质来说，仍为静载试验。因此，静载试验方法不仅能为结构静力分析提供依据，同时也可为某些动力分析提供间接依据。此外，这种试验不仅促进了静载试验方法的不断发展与完善，而且试验设备、量测仪表、试验方法、数据采集与处理技术等方面也有长足进步。因而，静载试验是结构试验的基本方法，是结构试验的基础。

结构静载试验项目是多种多样的，其中最大量、最基本的试验是单调加载静力试验。单调加载静力试验是指在短时间内对试验对象平稳地一次连续施加荷载，荷载从"零"开始一直加到结构构件破坏，或在短时期内平稳地施加若干次预定的重复荷载后，再连续增加荷载直到结构构件破坏。

单调加载静力试验主要用于研究结构承受静荷载作用下构件的承载力、刚度、抗裂性等基本性能和破坏机制。土木工程结构中大量的基本构件试验主要是承受拉、压、弯、剪、扭等最基本作用的梁、板、柱和砌体等系列构件。通过单调加载静力试验可以研究各种基本作用单独或组合作用下构件的荷载和变形的关系。对于混凝土构件尚有荷载与开裂的相关关系及反映结构构件变形与时间关系的徐变问题。对于钢结构构件则还有局部或整体失稳问题。对于框架、屋架、壳体、折板、网架、桥梁、涵洞等由若干基本构件组成的扩大构件，在实际工程中除了有必要研究与基本构件相类似的问题外，还有构件间相互作用的次应力、内力重分布等问题。对于整体结构通过单调加载静力试验能揭示结构空间工作、整体刚度、非承重构件和某些薄弱环节对结构整体工作的影响等方面的某些规律。

本章主要讨论结构和构件的单调加载静载试验原理、内容和方法，拟静力试验和拟动力试验将在本书的第8章中讨论。结构试验和结构检验本质上没有区别，只是试验目的、深入程度上有所差异，两者都是静载试验的重要组成部分。因此，这里的基本原理和方法也适用于已建结构的检测。

6.2 加载与量测方案的设计

6.2.1 加载方案

确定加载方案是比较复杂的问题，涉及的技术因素很多。试件的结构形式、荷载的作用图式、加载设备的类型、加载制度的技术要求、场地的大小以及试验经费等都会影响加载方案的确定。一般要求是，在满足试验目的的前提下，尽可能做到试验技术合理、财政开支经济和安全试验。

1. 试验的荷载图式

单调加载静力试验是工程结构静载试验的典型代表，其荷载按作用形式分有集中荷载和分布荷载；按荷载作用方向分有垂直荷载、水平荷载和任意方向荷载，有单向作用和双向作用反复荷载等。确定加载方案是个比较复杂的问题，涉及的技术因素很多。试件的结构形式、荷载的作用图式、加载设备的类型、加载制度的技术要求、场地的大小以及试验经费等都会影响加载方案的确定。荷载设计是根据试验目的的不同，要求在试验时能正确地在试件上呈现上述荷载。

试验荷载在试件上的布置形式称为加载图式。一般要求加载图式与理论计算简图相一致。但是，由于条件限制无法实现或者为了加载的方便而采用不同于计算所规定的荷载图式时，可根据试验的目的和要求，采用与计算简图等效的荷载图式。

等效荷载是指加在试件上，使试件产生的内力图形与计算简图相近，控制截面的内力值相等的荷载。如图6-1(a)所示的简支梁，要测定内力 M_{max} 与 V_{max}，因受加载条件

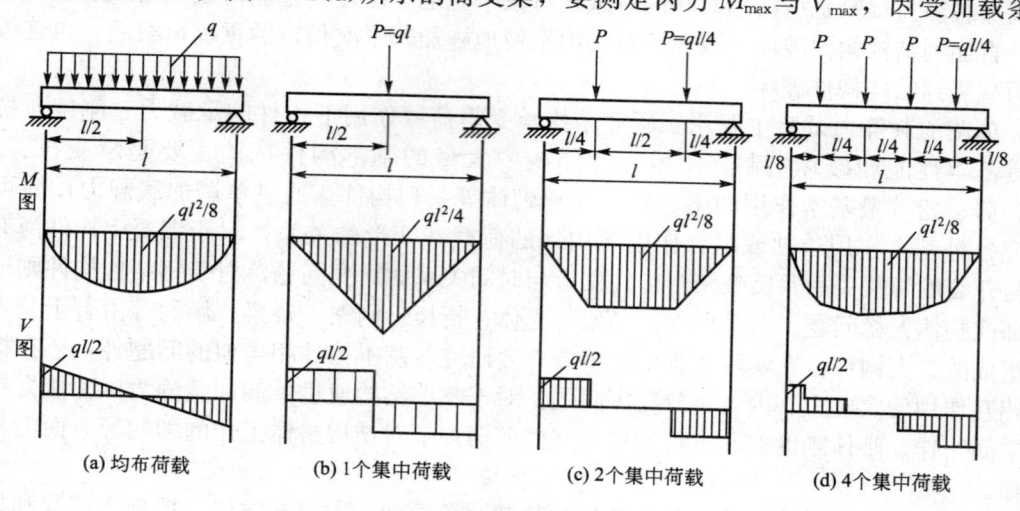

图6-1 等效荷载示意

限制，无法用均布荷载施加至破坏，必须采用集中荷载。若按图 6-1(b)二分点一集中荷载加载形式，则 V_{max} 虽相同，但 M_{max} 不相等；采用图 6-1(d)的八分点四集中荷载加载方法，效果则更趋近理论要求。集中荷载点越多，结果越接近理论计算简图。可见，至少要用四分点二集中荷载以上的偶数集中荷载加载形式，才是本例的等效荷载。

采用等效荷载时必须注意，除控制截面的某个效应与理论计算相同外，该截面的其他效应和非控制截面的效应，则可能有差别，所以必须全面验算因荷载图式改变对试验结构构件的各种影响；必须特别注意结构构造条件是否会因最大内力区域的某些变化而影响承载性能，对杆件不等强的结构，尤其要细加分析和验算，采用有效的等效荷载形式，如可采用增加集中荷载个数的形式来消除或减小这些影响。对关系明确的影响，试验结果则可以加以修正，否则不宜采用等效荷载形式。

当采用一种加载图式不能反映试验要求的几种极限状态时，应采用几种不同的加载图式分别在几个截面上进行。例如，梁的试验不仅要做正截面抗弯承载力极限状态试验，还要求进行斜截面抗剪承载力极限状态试验。若只采用一种加载图式，往往因一种极限状态首先破坏，而另一种极限状态不能得到反映。一般情况，一个试件上只允许用一种加载图式。只有对第一种加载图式试验后的构件采取补强措施，并确保对第二种加载图式的试验结果不带来任何影响时，才可在同一试件上先后进行两种不同加载图式的试验。

2. 试验荷载制度

荷载种类和荷载图式确定后，还要按一定的程序加载。加载程序可以有多种，根据试验的目的和要求不同而选择，一般结构试验的加载程序分预加载、标准荷载和破坏荷载三个阶段。图 6-2 所示为一种典型的静载试验加载程序。对非破坏性试验只加至标准荷载即正常使用荷载，试验后的试件还可以使用。对破坏性试验，当加载到标准荷载后，不卸载即直接进入破坏阶段试验。

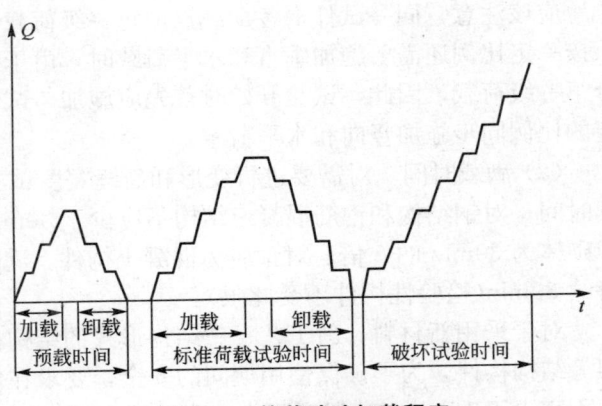

图 6-2 静载试验加载程序

1) 预加载

在试验前对试件进行预加载，其目的如下。

(1) 使试件各部分接触良好，进入正常工作状态。经过若干次预加载，使荷载与变形关系趋于稳定。

(2) 检查全部试验装置是否可靠。

(3) 检查全部测试仪器仪表是否工作正常。

(4) 检查全体试验人员的工作情况，使他们熟悉自己的任务和职责以保证试验工作顺利进行。

预载一般分三级进行，每级取标准荷载的 20%，然后分 2~3 级卸完。对于混凝土试件，预载值不宜超过开裂荷载值的70%。

2) 正式加载

(1) 荷载分级。荷载分级的目的，一方面是控制加载速度，另一方面是便于观察结构变形，为读取各类试验数据提供必要的时间。

一般的结构试验，荷载分级如下。

① 标准荷载前，每级加载值不应大于标准荷载(含自重)的20%，分五级加至标准荷载。

② 标准荷载后，每级加载值不宜大于标准荷载的10%。

③ 当荷载加至计算破坏荷载的90%后，每级应取不大于标准荷载的5%，直至试件破坏。

④ 对于混凝土试件，加载至计算开裂荷载的90%后，每级取不大于标准荷载的5%，直至试件开裂，然后按②、③加载。

柱子试验一般按计算破坏荷载的1/10~1/15分级，接近开裂和破坏荷载时，应减至原来的1/3~1/2施加。

砌体抗压试验，对不需要测变形的试件，按预期破坏荷载的10%分级，每级1~1.5min内加完，恒载1~2min。加至预期破坏荷载的80%后，不分级直接加载至破坏。

为了使试件在荷载作用下的变形得到充分发挥和达到基本稳定，同时观察试件在荷载作用时的各种变形，每级荷载加完后应有一定的持续时间，钢结构一般不少于10min；钢筋混凝土结构应不少于15min。

应该注意，同一试件上各加载点，每一级荷载都应当按统一比例增加，保持同步。如果按一定比例还需要施加垂直和水平荷载时，由于搁置在试件上的试验设备重量已作为部分第一级荷载，因此，试验开始时首先应施加与试件自重成比例的水平荷载，然后再按规定的比例同步施加竖向和水平荷载。

(2) 满载时间。对需要进行变形和裂缝宽度试验的结构，在标准短期荷载作用下的持续时间，对钢结构和钢筋混凝土结构不应少于30min；木结构不应少于30min的2倍，拱或砌体为30min的6倍；对预应力混凝土构件，满载30min后加至开裂，在开裂荷载下再持续30min(检验性构件不受此限)。

对于采用新材料、新工艺、新结构形式的结构构件，跨度较大(大于12m)的屋架、桁架等结构构件，为了确保使用期间的安全，要求在使用状态短期试验荷载作用下的持续时间不宜少于12h，在这段时间内变形继续不断增长而无稳定趋势时，还应延长持续时间直至变形发展稳定为止。如果荷载达到开裂试验荷载计算值时，试验结构已经出现裂缝则开裂试验荷载可不必持续作用。

(3) 空载时间。受载结构卸载后到下一次重新开始受载之间的间歇时间称为空载时间。空载对于研究性试验是非常必要的。因为观测结构经受荷载作用后的残余变形和变形的恢复情况均可说明结构的工作性能。要使残余变形得到充分发展需要有相当长的空载时间，有关试验标准规定：对于一般的钢筋混凝土结构空载时间取45min；对于较重要的结构构件和跨度大于12m的结构取18h(即为满载时间的1.5倍)；对于钢结构不应少于30min。为了解变形恢复过程，必须在空载期间定期观察和记录变形值。

3) 卸载

凡间断性加载试验,或仅做刚度、抗裂和裂缝宽度检验的结构与构件,以及测定残余变形的试验及预载之后,均须卸载,使结构、构件有恢复弹性变形的时间。卸载一般可按加载级距,也可放大1倍或分2次卸完。

6.2.2 量测方案

1. 确定量测项目

静荷载试验的基本量测内容如下。
(1) 结构的最大挠度和扭转变位,包括桥梁上、下游两侧的挠度差及水平位移等。
(2) 结构控制截面最大应力(或应变),包括混凝土表面应力和最外缘钢筋应力等。
(3) 支点沉降、墩台位移与转角、活动支座的变位等。
(4) 桁架结构支点附近杆件及其他细长杆件的稳定性。
(5) 裂缝的出现和扩展,包括初始裂缝的出现,裂缝的宽度、长度、间距、位置、方向和形状,以及卸载后的闭合状况。
(6) 温度变化对结构控制截面测点应力和变位的影响。

根据桥梁调查和测算的深度,综合考虑结构特点和桥梁技术现状等,可适当增加以下观测内容。
(1) 桥跨结构挠度沿桥长或沿控制截面桥宽的分布。
(2) 结构构件控制截面应变分布图,要求沿截面高度分布不少于5个应变测试点,包括最边缘和截面突变处的测点。
(3) 控制截面的挠度、应力(或应变)的纵向和横向影响线。
(4) 行车道板跨中和支点截面挠度或应变影响面。
(5) 组合构件的结合面上、下缘应变。
(6) 支点附近结构斜截面的主拉应力。
(7) 控制断面的横向应力增大系数。

2. 测点的选择和布置

静载试验的测点布设应满足分析和推断结构工作状况最低的需要,测点的布设不宜过多,但要保证观测质量。主要测点的布设应能控制结构最大应力(应变)和最大挠度(位移)。对重要的测点宜采用两种测试方法校对量测值。

1) 挠度测点的布置

一般情况下,对挠度测点的布设要求能够测量结构的竖向挠度、侧向位移和扭转变形,应能给出受检跨及相邻跨的挠曲线和最大挠度。每跨一般需布设3~5个测点。挠度测试结果应考虑支点下沉修正,应观测支座下沉量、墩台的沉降、水平位移与转角、连拱桥多个墩台的水平位移等。对于整体式梁桥,一般对称于桥轴线布置,截面设单测点时,布置在桥轴线上;对于多梁式桥,可在每梁底布置一个或两个测点。有时为了验证计算理论,需要实测控制截面挠度的纵向和横向影响线。对较宽的桥梁或偏载应取上下游平均值或分析扭转效应。

2) 结构应变测点的布设

应力应变测点的布设应测出内力控制截面沿竖向、横向的应力分布状态。对组合构件应测出组合构件的结合面上下缘应变。梁的每个截面的竖向测点沿截面高度应不少于5个测点，包括上、下缘和截面突变处，应能说明平截面假定是否成立。横向截面抗弯应变测点应布设在截面横桥向应力可能分布较大的部位，沿截面上下缘布设，横桥向布设一般不少于3处，以控制最大应力的分布，宽翼缘构件应能给出剪力滞效应的大小。对于箱形断面，顶板和底板测点应布设"十"字应变花，而腹板测点应布设45°应变花，T形断面下翼缘可用单向应变片。

此外，一般还应实测控制断面的横向应力增大系数。当结构横向联系构件质量较差、联结较弱时则必须测定控制断面的横向应力增大系数。简支梁跨中截面横向应力增大系数的测定，既可采用观测跨中沿桥宽方向应变变化的方法，也可采用观测跨中沿桥宽方向挠度变化的方法来进行计算，或用两种方法互相校验。

3) 混凝土结构应变测点的布设

对于预应力混凝土结构，应变测点可用长标距(5×150mm)应变片构成应变花贴在混凝土表面，而对部分预应力或钢筋混凝土结构，受拉区则应用小标距应变片测受拉钢筋的拉应变，可凿开混凝土保护层直接在钢筋上设置拉应力测点，但在试验完后必须修复保护层。

当采用测定混凝土表面应变的方法来确定钢筋混凝土结构中钢筋承受的拉力时，考虑到混凝土表面已经和可能产生的裂缝对观测的影响，可用测定与钢筋同高度的混凝土表面上一定间距的两点间的平均应变来确定钢筋的拉应力。选择这两点的位置时，应使其标距大致等于裂缝的间距或裂缝间距的倍数。可以根据结构受力后的三种情况进行选择。

(1) 预计混凝土加载后不会产生裂缝情况时，可以任意选择测点位置及标距，但标距不应小于4倍混凝土最大粒径。

(2) 加载前未产生裂缝，加载后可能产生裂缝的情况时，如图6-3(a)所示，选择相连的20cm、30cm两个标距。当加载后产生裂缝时可分别选用20cm、30cm或20cm+30cm标距的测点读数来适应裂缝间距。

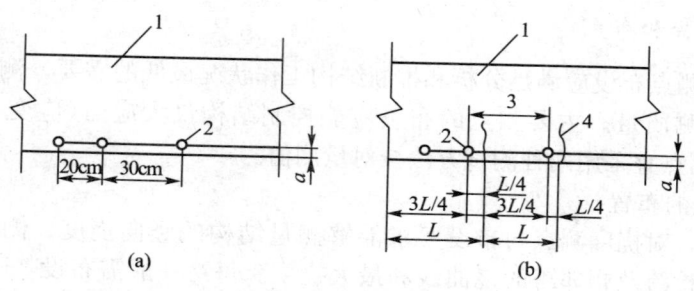

图6-3 混凝土结构应变测点布置示意图
1—梁体；2—千分表；3—标距；4—裂缝

(3) 加载前已经产生裂缝，为避免加载后产生新裂缝的影响，可根据裂缝间距选择测点位置及间距。图6-3(b)为用手持式应变仪时的测点布置图。为提高测试精度，也可增大标距,跨越两条以上的裂缝,但测点在裂缝间的相对位置仍应不变。

4) 剪切应变测点的布设

对于剪切应变测点一般采取设置应变花的方法进行观测。为方便起见,对于梁桥的切应力也可在截面中性轴处主应力方向设置单一应变测点来进行观测。梁桥的实际最大切应力截面应设置在支座附近而不是支座上。具体位置:从梁底支座中心起向跨中作与水平线成45°斜线,此斜线与截面中性轴高度线的交点即为梁最大切应力位置。可在这一点沿最大压应力或最大拉应力方向设置应变测点,距支座最近的加载点则应设置在45°斜线与桥面的交点上。

5) 温度测点的布设

在与大多数测点较接近的部位设置1~2处气温观测点。此外,根据需要可在结构主要控制截面布置结构温度测点,以观测结构温度变化对测点应力和变位的影响。布设于结构上的温度测点应能反映结构温度的内外表面差异、向阳与背阴面差异、迎风面与背风面差异以及上面与下面的差异。

6) 常用桥梁的主要测点布置

主要测点的布设应能控制结构的最大应力(应变)和最大挠度(或位移),测点的布设不宜过多,但要保证观测质量,几种常用桥梁体系的主要测点布设如下。

(1) 简支梁桥:跨中挠度,支点沉降,跨中截面应变。

(2) 连续梁桥:跨中挠度,支点沉降,跨中和支点截面应变。

(3) 悬臂梁桥:悬臂端部挠度,支点沉降,支点截面应变。

(4) 拱桥:跨中与 $L/4$ 处挠度,拱顶、$L/4$ 和拱脚截面应变。

挠度观测测点一般布置在桥中轴线位置。截面抗弯应变测点应设置在截面横桥向应力可能分布较大的部位,沿截面上下缘布设,横桥向测点设置一般不少于3处,以控制最大应力的分布。

根据桥梁调查和检查工作的深度,综合考虑结构特点和桥梁状况等按需要加设测点。

3. 仪器的选择与测读原则

1) 位移的量测

一般的梁、板、拱、桁架结构的位移测定,主要是指挠度及其变形曲线的测定。

挠度的测试断面,一般在 1/2 跨、1/4 跨、1/8 跨、3/4 跨、7/8 跨等位置布设测点,以便能测出挠度变形的特征曲线。对梁或板宽大于或等于100cm的构件,应考虑在横截面两侧都布设测点,测值取两侧仪表读数的平均值。为了求得最大挠度值以及其变形特征曲线,测试中要设法消除支座沉降的影响。

常用的位移测量的仪器、仪表有各种类型的挠度计、百分表、位移传感器等。

在工程结构设计中的荷载横向分布系数,往往是以测定桥梁横断面各梁(或梁肋)挠度的方法推算出来的。具体做法是在特征断面(跨中或1/4跨断面),所有梁或梁肋布点测挠度,然后经过简单的数据处理,即可得到该断面的荷载横向分布特征值。

2) 应变的量测

试验结构的断面内力(弯矩、轴力、剪力、扭矩)和断面应力分布,一般都是通过应变测定来反映的,所以,应变值的正确测定是非常重要的。

应变的测量分为以下两种情况。

(1) 已知工程结构主应力方向。

对承受轴力的结构,如桁架中的杆件,测点应在平行于结构轴线的两个侧面,每处不少于两点。对承受弯矩和轴力共同作用的结构,如拱式结构的拱圈等,应在弯矩最大的位置处,平行轴线的两侧布点,每处不少于4点。对承受弯矩作用的结构,如梁式结构,应在弯矩最大的位置处,沿截面上、下边缘布点或沿侧面梁高方向布点,每处不少于2点。

(2) 未知工程结构的主应力方向。

在受弯构件中正应力和切应力共同作用的区域、截面形状不规则或者有突变的位置,这些部位的主应力、切应力的大小和方向都是未知的。当测定这些部位的平面应力状态时,一般按 $x-y$ 坐标系均匀布点,每点按3个方向布设成一个应变花形式,再按此测出的应变确定主应力的大小和方向。

应变测试常用的仪器和仪表有千分表、杠杆引申仪、手持应变仪、电阻应变仪等。

3) 裂缝的观测

对于钢筋混凝土梁,加载后受拉区及时发现第一条裂缝是十分重要的。测定裂缝的仪器、仪表有刻度放大镜、塞尺、应变计、电阻应变仪等。

刻度放大镜可用来测定混凝土裂缝的宽度。最小刻度值为 $0.01 \sim 0.1$mm,量程为 $3 \sim 8$mm。使用时将放大镜的物镜对准需测定的裂缝,经过目测即可读出裂缝的宽度。

塞尺的用途是测定混凝土裂缝的深度,它由一些不同厚度的薄钢片组成。按裂缝宽度选择合适的塞尺厚度并插入裂缝中,根据塞尺插入的深度即可测得裂缝的深度。

用应变测量仪测量裂缝的出现或开裂荷载时,应在结构内力最大的受拉区,沿受力主筋方向连续布置电阻应变片或应变计,连续布置的长度不小于 $2 \sim 3$ 个计算的裂缝间距或不小于30倍的主筋直径。在裂缝没有出现前,仪表的读数是有规律的;若在某级荷载作用下开裂,则跨越裂缝的仪表读数骤增,而相邻的其他仪表读数很小或出现负值。

在每级荷载作用下出现的裂缝或原有裂缝的开展,都要在结构上标明,用软铅笔在离裂缝 $1 \sim 3$mm 处平行地描出裂缝的走向、长度和宽度,并注明荷载吨位。试验结束时,根据结构上的裂缝,绘出裂缝展开图。

加载过程应对结构控制点位移(或应变)、结构整体行为或薄弱部位破损实行监控,并随时向指挥人员汇报。要随时将控制点实测数值与计算结果进行比较,如实测值超过计算值较多,应暂停加载,查明原因后再决定是否继续加载。加载过程中应指定人员随时观察结构各部位(尤其是薄弱部位)可能产生的新裂缝,结构是否产生不正常的响声,加载时墩台是否发生摇晃现象等,如有这些情况应及时报告试验指挥人员,以便采取相应的措施。

加载试验中裂缝观测的重点是结构承受拉力较大部位及原有裂缝较长、较宽的部位。在这些部位应量测裂缝长度、宽度,并在混凝土表面沿裂缝走向进行描绘。加载过程中观测裂缝长度及宽度的变化情况,可直接在混凝土表面进行描绘记录,也可采用专门的表格记录。加载至最不利荷载及卸载后应对结构裂缝进行全面检查,尤其应仔细检查是否产生新的裂缝,并将最后检查情况填入裂缝观测记录表。

6.3 常见结构构件静载试验

6.3.1 受弯构件的试验

1. 试件的安装和加载方法

单向板和梁是典型的受弯构件,也是土木工程中的基本承重构件。预制板和梁等受弯构件一般都是简支的,在试验安装时多采用正位试验,其一端采用铰支承,另一端采用滚动支承。为了保证构件与支承面的紧密接触,在支墩与钢板、钢板与构件之间应用砂浆找平,对于板一类宽度较大的试件,要防止支承面产生翘曲。

构件试验时的荷载方式应符合设计规定和实际受载情况。为了试验加载的方便或因受加载条件限制时,可以采用等效加载方式,使试验构件的内力图形与实际内力图形相等或接近,并使两者最大受力截面的内力值相等。

板一般承受均布荷载,试验加载时应将荷载施加均匀。梁所受的荷载较大,当施加集中荷载时可以用杠杆重力加载,更多的则采用液压加载器通过分配梁加载,或用液压加载系统控制多台加载器直接加载。对于吊车梁的试验,由于主要荷载是吊车轮压所产生的集中荷载,试验加载图式要按抗弯抗剪最不利的组合来决定集中荷载的作用位置分别进行试验。

构件试验时的荷载图式应符合设计规定和实际受载情况。为了试验加载的方便或受加载条件限制时,可以采用等效加载图式,使试验构件的内力图形与实际内力图形相等或接近,并使两者最大受力截面的内力值相等。

在受弯构件试验中经常利用几个集中荷载来代替均布荷载。如能采用四个集中荷载来加载试验,则会得到更为满意的结果[图 6-1(d)]。采用等效荷载试验能较好地满足弯矩 M 与剪力 V 值的等效,但试件的变形(刚度)不一定满足等效条件,应考虑修正。

对于吊车梁的试验,由于主要荷载是吊车轮压所产生的集中荷载,试验加载图式要按抗弯抗剪最不利的组合来决定集中荷载的作用位置分别进行试验。

2. 试验项目和测点布置

钢筋混凝土梁板构件的生产鉴定性试验一般只测定构件的承载力、抗裂度和各级荷载作用下的挠度及裂缝开展情况。对于科学研究性试验,除了承载力、抗裂度、挠度和裂缝观测外,还需测量构件某些部位的应变,以分析构件中应力的分布规律。

1) 挠度的测量

梁的挠度值是量测数据中最能反映其综合性能的一项指标,其中最主要的是测定梁跨中最大挠度值 f_{max} 及弹性挠度曲线。

为了求得梁的真正挠度 f_{max},试验者必须注意支座沉陷的影响。对于图 6-4(a)所示的梁,试验时由于荷载的作用,其两个端点处支座常常会有沉陷,以致使梁产生刚性位移,因此,如果跨中的挠度是相对地面进行测定的话,则同时还必须测定梁两端支承面相对同一地面的沉陷值,所以最少要布置三个测点。

值得注意的是,支座下的巨大作用力可能或多或少地引起周围地基的局部沉陷,因

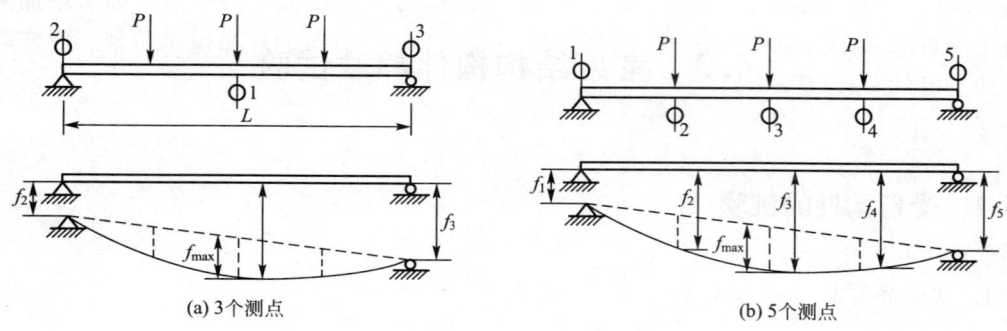

(a) 3个测点 (b) 5个测点

图 6-4 梁的挠度测点布置

此,安装仪器的表架必须距支座墩子有一定距离。只有在永久性的钢筋混凝土台座上进行试验时,上述地基沉陷才可以不予考虑。但此时两端部的测点可以测量梁端相对于支座的压缩变形,从而可以比较准确地测得梁跨中的最大挠度 f_{max}。

对于跨度较大(大于 6000mm)的梁,为了保证量测结果的可靠性,并求得梁在变形后的弹性挠度曲线,测点应增加至 5~7 个,并沿梁的跨间对称布置,如图 6-4(b)所示。对于宽度较大的(大于 600mm)梁,必要时应考虑在截面的两侧布置测点,所需仪器的数量也就需要增加一倍,此时各截面的挠度取两侧仪器读数的平均值。

如欲测定梁平面外的水平挠曲可按上述同样原则进行布点。

对于宽度较大的单向板,一般均需在板宽的两侧布点,当有纵肋的情况下,挠度测点可按测量梁挠度的原则布置于肋下。对于肋形板的局部挠曲,则可相对于板肋进行测定。

对于预应力混凝土受弯构件,量测结构整体变形时,尚需考虑构件在预应力作用下的反拱值。

2) 应变测量

梁是受弯构件,试验时要量测由于弯曲产生的应变,一般在梁承受正负弯矩最大的截面或弯矩有突变的截面上布置测点。对于变截面梁,有时也需在截面突变处设置测点。

如果只要求测量弯矩引起的最大应力,则只需在截面上下边缘纤维处安装应变计即可。为了减少误差,上下纤维上的仪表应设在梁截面的对称轴上,如图 6-5(a)所示,或是在对称轴的两侧各设一个仪表,取其平均应变量。

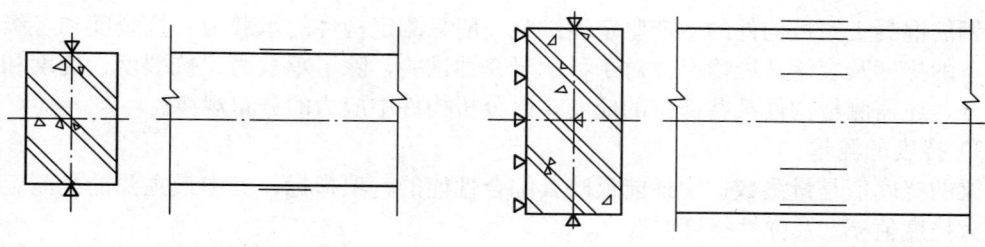

(a) 测量截面最大纤维应变 (b) 测量中和轴的位置与应变分布规律

图 6-5 测量梁截面应变分布的测点布置

对于钢筋混凝土梁,由于材料的非弹性性质,梁截面上的应力分布往往是不规则的。为了求得截面上应力分布的规律和确定中和轴的位置,就需要增加一定数量的应变测点,一般情况下沿截面高度至少需要布置五个测点,如果梁的截面高度较大时,尚需增加测点数量。测点越多,则中和轴位置确定越准确,截面上应力分布的规律也越清楚。应变测点沿截面高度的布置可以是等距的,也可以是不等距而外密里疏,以便比较准确地测得截面上较大的应变,如图 6-5(b)所示。

(1) 纯弯曲区域应力测量。在梁的纯弯曲区域内,梁截面上仅有正应力,在该处截面上可仅布置单向的应变测点,如图 6-6 截面Ⅰ—Ⅰ所示。

钢筋混凝土梁受拉区混凝土开裂以后,此时布置在混凝土受拉区的电阻应变计将丧失其量测的作用。为了进一步考察截面的受拉性能,常常在受拉区的钢筋上也布置测点以便量测钢筋的应变,由此可获得梁截面上内力重分布的规律。

(2) 平面应力测量。在荷载作用下的梁截面(图 6-6)Ⅱ—Ⅱ上既有弯矩作用,又有剪力作用,为平面应力状态,为了求得该截面上的最大主应力及切应力的分布规律,需要布置直角应变网络,通过三个方向上应变的测定,求得最大主应力的数值及作用方向。

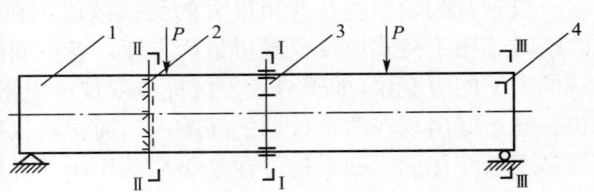

图 6-6 钢筋混凝土梁测量应变的测点布置

注:截面Ⅰ—Ⅰ测量纯弯曲区域内正应力的单向应变测点;
截面Ⅱ—Ⅱ测量切应力与主应力的应变网络测点(平面应变);
截面Ⅲ—Ⅲ测量梁端零应力区校核测点。
1—试件;2—切应力与主应力的应变网络测点(平面应变);
3—纯弯曲区域内正应力的单向应变测点;
4—梁端零应力区校核点

抗剪测点应设在切应力较大的部位。对于薄壁截面的简支梁,除支座附近的中和轴处切应力较大外,还可能在腹板与翼缘的交接处产生较大的切应力或主应力,这些部位宜布量测点。当要求测量梁沿长度方向的切应力或主应力的变化规律时,则在梁长度方向宜分布较多的切应力测点。有时为测定沿截面高度方向切应力的变化,则需沿截面高度方向设置测点。

(3) 钢箍和弯筋的应力测量。对于钢筋混凝土梁来说,为研究梁斜截面的抗剪机理,除了混凝土表面需要布置测点外,通常在梁的弯起钢筋或箍筋上布置应变测点,如图 6-7 所示。这里较多的是用预埋或试件表面开槽的方法来解决设点的问题。

(4) 翼缘与孔边应力测量。对于翼缘较宽较薄的 T 形梁,其翼缘部分受力不一定均匀,以致不能全部参加工作,这时应该沿翼缘宽度布置测点,测定翼缘上应力分布情况,如图 6-8 所示。

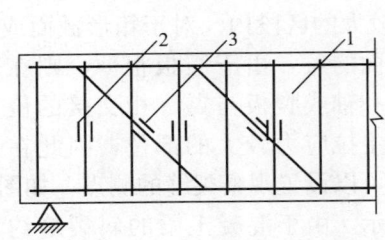

图 6-7 混凝土梁弯起钢筋和箍筋的应变测点
1—试件;2—箍筋应力测点;3—弯起钢筋上的应力测点

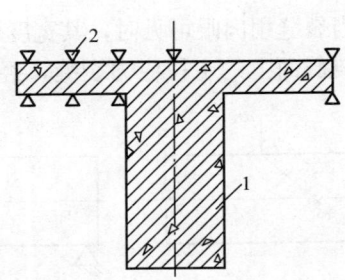

图 6-8 T 形梁翼缘的应变测点布置
1—试件;2—翼缘上应变测点

(5) 校核测点。为了校核试验的正确性及便于整理试验结果时进行误差修正，经常在梁的端部凸角上的零应力处设置少量测点，以检验整个量测过程是否正确，如图 6-6 截面Ⅲ—Ⅲ所示。

3) 裂缝测量

裂缝量测主要包括测定开裂荷载、裂缝位置、裂缝宽度和深度，以及描述裂缝的发展和分布。

在钢筋混凝土梁试验时，经常需要测定其抗裂性能，因此要在估计裂缝可能出现的截面或区域内，沿裂缝的垂直方向连续地或交替地布置测点，以便准确地控制开裂。对于混凝土构件，主要是控制弯矩最大的受拉区及剪力较大且靠近支座部位的斜截面开裂。

一般垂直裂缝产生在弯矩最大的受拉区段，在这一区段连续设置测点，如图 6-9 所示。这时选用手持式应变仪测量最为方便，各点间的间距按选用仪器的标距决定。如果采用其他类型的应变仪（如千分表、杠杆应变仪或电阻应变计），由于各仪器的不连续性，为防止裂缝正好出现在两个仪器的间隙内，通常将仪器交错布置。当裂缝未出现前，仪器的读数是逐渐变化的；如果构件在某级荷载作用下开始开裂时，则跨越裂缝测点的仪器读数将会有较大的跃变，此时相邻测点仪器读数可能变小，有时甚至会出现负值。图 6-10 给出的梁的荷载应变曲线表明：4 号和 5 号测点产生突然转折的现象，4 号测点的应变减小，而 5 号测点的应变增加，表明 5 号测点处混凝土已经开裂。至于裂缝的宽度，则可根据裂缝出现前后 5 号测点两级荷载间读数差值来计算。

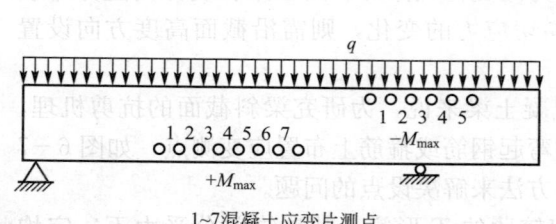

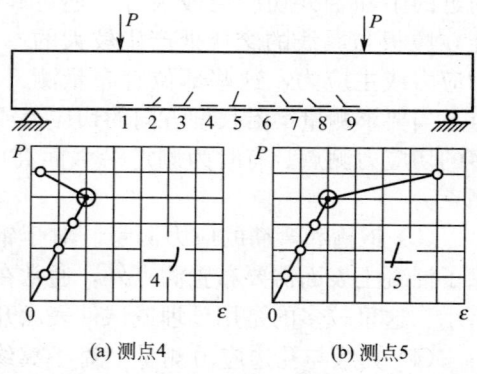

图 6-9　混凝土受拉区抗裂测点布置

1~7—混凝土应变片测点

图 6-10　荷载-应变曲线

1~9—混凝土应变片测点

当裂缝用肉眼可见时，其宽度可用最小刻度为 0.01mm 及 0.05mm 的读数放大镜测量。斜截面上的主拉应力裂缝，经常出现在剪力较大的区段内。对于箱形截面或工字形截面的梁，由于腹板很薄，则在腹板的中和轴或腹板与翼缘相交接的位置上常是主拉应力较大的部位，因此在这些部位可以设置观察裂缝的测点，如图 6-11 所示。由于混凝土梁的斜裂缝约与水平轴成 45°的角度，则仪器标距方向应与裂缝方向垂直，如图 6-11(a)所示。有时为

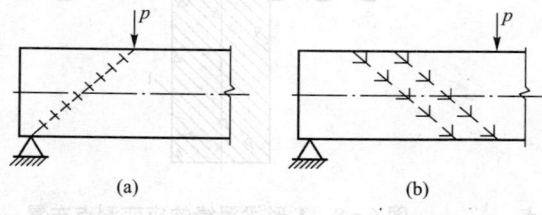

图 6-11　混凝土斜截面裂缝测点布置

了进行分析,在测定斜裂缝的同时,也可同时设置测量方应力或切应力的应变网络,如图 6-11(b)所示。

每一构件中测定裂缝宽度的裂缝数目一般不少于 3 条,包括第一条出现的裂缝以及开裂最大的裂缝。凡测量宽度的裂缝部位应在试件上标明并编号,各级荷载下的裂缝宽度数据应记在相应的记录表格上。

每级荷载下出现的裂缝均须在试件上标明,即在裂缝的尾端注出荷载级别或荷载数量。以后每加一级荷载后裂缝长度扩展,需在裂缝新的尾端注明相应荷载。由于卸载后裂缝可能闭合,所以应紧靠裂缝的边缘 1~3mm 处平行画出裂缝的位置走向。

试验完毕后,根据上述标注在试件上的裂缝绘出裂缝展开图。

6.3.2 受压构件的试验

受压构件(包括轴心受压和偏心受压构件)是工程结构中的基本承重构件,柱是最常见的受压构件。

1. 试件安装和加载方法

受压试验可以采用正位或卧位试验的安装加载方案。有大型结构试验机条件时,试件可在长柱试验机上进行试验,也可以利用静力试验台座上的大型荷载支承设备和液压加载系统配合进行试验。但对高大的柱子正位试验时安装和观测均较费力,这时改用卧位试验方案则比较安全,但安装就位和加载装置往往又比较复杂,同时在试验中要考虑卧位时结构自重所产生的影响。

在进行柱与压杆纵向弯曲系数的试验时,构件两端均应采用比较灵活的可动铰支座形式,一般采用构造简单效果较好的刀口支座。如果构件在两个方向有可能产生屈曲时,应采用双刀口铰支座,也可采用圆球形铰支座,但制作比较困难。

中心受压柱安装时一般先对构件进行几何对中,将构件轴线对准作用力的中心线。几何对中后再进行物理对中,即加载达 20%~40% 的试验荷载时,测量构件中央截面两侧或四个面的应变,并调整作用力的轴线,以达到各点应变均匀为止。对于偏压试件,也应在物理对中后,沿加力中线量出偏心距离,再把加载点移至偏心距的位置上进行试验。对钢筋混凝土结构由于材质的不均匀性,物理对中一般比较难于满足,因此实际试验中仅需保证几何对中即可。

2. 试验项目和测点设置

压杆与柱的试验一般观测其破坏荷载;各级荷载下的侧向挠度值及变形曲线;控制截面或区域的应力变化规律以及裂缝开展情况。图 6-12 所示为偏心受压短柱试验时的测点布置。试件的挠度由布置在受拉边的百分表或挠度计进行量测,与受弯构件相似,除了量测中点最大挠度值外,可用侧向五点布置法量测挠度曲线。对于正位试验的长柱其侧向变位可用经纬仪观测。

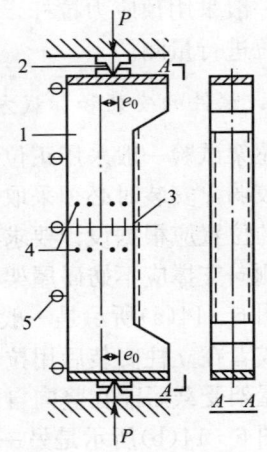

图 6-12 偏压短柱试验测点布置
1—试件;2—铰支座;3—应变计;4—应变仪测点;5—挠度计

受压区边缘布置应变测点，可以单排布点于试件侧面的对称轴线上或在受压区截面的边缘两排对称布点。为验证构件平截面变形的性质，沿压杆截面高度布置 5~7 个应变测点。受拉区钢筋应变同样可以用内部电测方法进行。

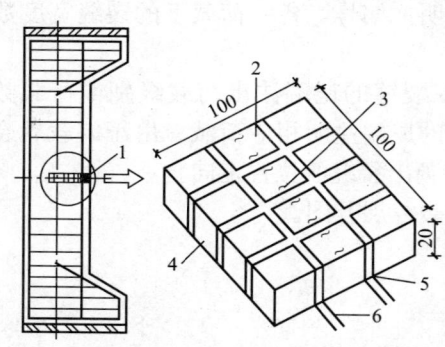

图 6-13 量测区压应力图形的测力板
1—测力板；2—测力块；3—贴有应变计的铝板；4—填充块；5—水泥砂浆；6—应变计引出线

为了研究偏心受压构件的实际压区应力图形，可以利用环氧水泥-铝板测力块组成的测力板进行直接测定，如图 6-13 所示。测力板用环氧水泥块模拟有规律的"石子"组成。它由四个测力块和八个填块用 1:1 水泥砂浆嵌缝做成，尺寸为 100mm×100mm×20mm。测力块是由厚度为 1mm 的 H 形铝板浇筑在掺有硅砂的环氧水泥中制成，尺寸为 22mm×25mm×30mm，事先在 H 形铝板的两侧粘贴 2mm×6mm 规格的应变计两片，相距 13mm，焊好引出线。填充块的尺寸、材料与制作方法与测力块相同，但内部无应变计。

测力板先在 100mm×100mm×300mm 的轴心受压棱柱体中进行加载标定，得出每个测力块的应力-应变关系，然后从标定试件中取出，将其重新浇注在偏压试件内部，测量中部截面压区应力分布图形。

6.3.3 屋架试验

桁架、拱架、屋架等结构是建筑工程中常见的一种承重结构形式。其特点是跨度较大，但只能在自身平面内承受荷载，而平面外刚度很小。在建筑物中要依靠侧向支撑体系相互联系，形成足够的空间刚度。屋架主要承受作用于节点的集中荷载，因此大部分杆件受轴力作用。当屋架上弦有节间荷载作用时，上弦杆受压弯作用。对于跨度较大的屋架，下弦一般采用预应力拉杆，因而屋架在施工阶段就必须考虑到试验的要求，配合预应力施工张拉进行量测。

1. 试件的安装和加载方法

屋架试验一般采用正位试验，即在正常安装位置情况下支承及加载。由于屋架平面外刚度较弱，安装时必须采取专门措施，设置侧向支撑，以保证屋架上弦的侧向稳定；侧向支撑的位置应根据设计要求确定，支撑点的间距应不大于上弦杆平面外的设计计算长度，同时侧向支撑应不妨碍屋架在其平面内的竖向位移。

图 6-14(a) 所示是一般采用的屋架侧向支撑方式。支撑立柱可以用刚性很大的荷载支承架或者在立柱安装后用拉杆与试验台座固定。支撑立柱与屋架上弦杆之间设置轴承，以便于屋架受载后能在竖向自由变位。

图 6-14(b) 所示是另一种设置侧向支撑的方法。其水平支撑杆应有适当长度，并能够承受一定压力，保证屋架能竖向自由变位。

当屋架进行非破坏性试验时，也可采用两榀同时进行试验的方案，这时平面外稳定问题可用图 6-14(c) 所示的 K 形水平支撑体系来解决。当然也可以用大型屋面板做水平支

第 6 章 工程结构静载试验

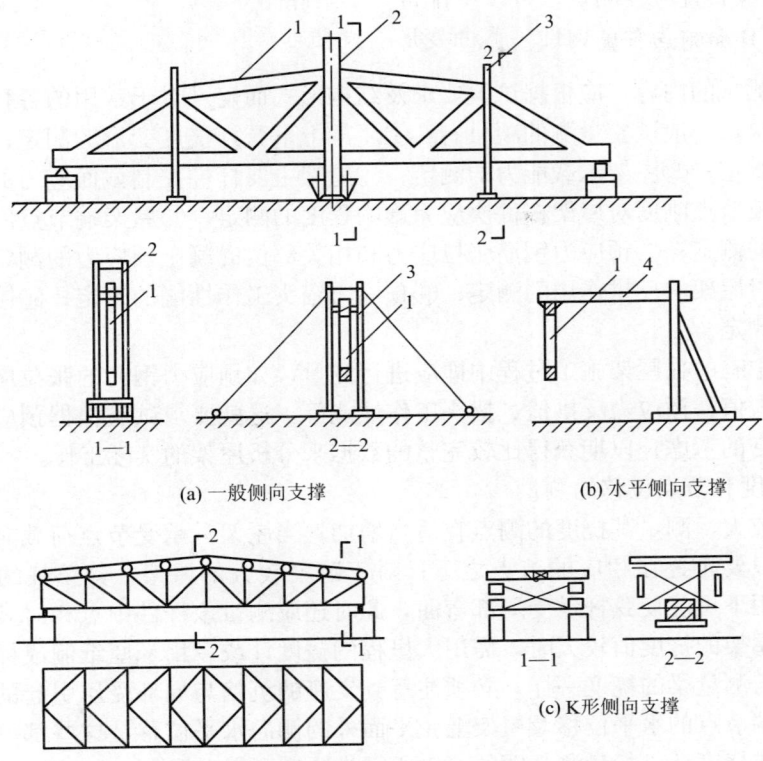

图 6-14 屋架试验的侧向支撑
1—试件；2—荷载支撑架；3—拉杆式支撑架；4—水平支撑杆

撑，但要注意不能将屋面板三个角焊死，防止屋面板参加工作。成对屋架试验时可以在屋架上铺设屋面板后直接堆放重物。

屋架试验时支承方式与梁试验相同，但屋架端节点支承中心线的位置对屋架节点局部受力影响较大，应特别注意。由于屋架受载后下弦变形伸长较大，以致滚动支座的水平位移往往较大，所以支座上的支承垫板应留有充分余地。

屋架试验的加载方式可以采用重力直接加载（当两榀屋架成对正位试验时），由于屋架大多是在节点承受集中荷载，一般借助杠杆重力加载。为使屋架对称受力，施加杠杆吊篮应使相邻节点荷载相间地悬挂在屋架受载平面前后两侧。由于屋架受载后的挠度较大（特别当下弦钢筋应力达到屈服时），因此在安装和试验过程中应特别注意，以免杠杆倾斜太大产生对屋架的水平推力和吊篮着地而影响试验的继续进行。在屋架试验中由于施加多点集中荷载，所以采用同步液压加载是最理想的方案，但也需要液压加载器活塞有足够的有效行程，适应结构挠度变形的需要。

当屋架的试验荷载不能与设计图式相符时，同样可以采用等效荷载的原则代替，但应使需要试验的主要受力构件或部位的内力接近设计情况，并应注意荷载改变后可能引起的局部影响，防止产生局部破坏。近年来由于同步异荷液压加载系统的研制成功，对于屋架试验中加几组不同集中荷载的要求，已经可以实现。

有些屋架有时还需要做半跨荷载的试验，这时对于某些杆件可能比全跨荷载作用时更为不利。

2. 试验项目和测点布置

屋架试验测试的内容,应根据试验要求及结构形式而定。对于常用的各种预应力钢筋混凝土屋架试验,一般试验量测的项目有:①屋架上下弦杆挠度变形的测定;②屋架的抗裂度及裂缝的测定;③屋架承载能力的测定;④屋架主要杆件控制截面应力的测定;⑤屋架节点的变形及节点刚度对屋架杆件次应力影响程度的测定;⑥屋架端节点的主应力及其方位、切应力的测定;⑦预应力钢筋张拉应力和相关部位混凝土预应力的测定;⑧屋架下弦预应力钢筋对屋架的反拱作用的测定;⑨预应力锚头工作性能的测定;⑩屋架吊装时控制杆件性能的测定。

上述项目中有的在屋架施工过程中即应进行测量,如预应力钢筋的张拉应力及其对混凝土的预压应力值、预应力反拱值、锚头工作性能等,这就要求试验根据预应力施工工艺的特点做出周密的考虑,以期获得比较完整的数据来分析屋架的实际工作。

1) 屋架挠度和节点位移的测量

屋架跨度较大,测量其挠度的测点宜适当增加。当屋架只承受节点荷载时,测定上下弦挠度的测点只要布置在相应的节点之下;对于跨度较大的屋架,其弦杆的节间往往很大,在荷载作用下可能使弦杆承受局部弯曲,此时还应测量该杆件中点相对其两端节点的最大位移。当屋架的挠度值较大时,需用大里程的挠度计或者用米厘纸制成标尺通过水准仪进行观测。与测量梁的挠度一样,必须注意到支座的沉陷与局部受压引起的变位。如果需要量测屋架端节点的水平位移及屋架上弦平面外的侧向水平位移,这些都可以通过水平方向的百分表或挠度计进行量测。图 6-15 所示为挠度测点布置。

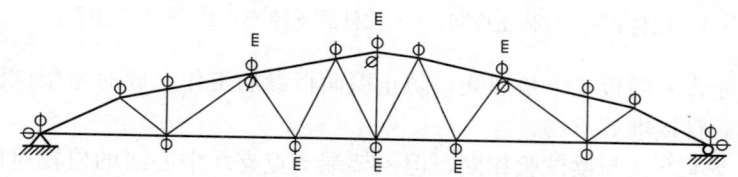

图 6-15 屋架试验挠度测点布置

ɸ—测量屋架上、下弦节点挠度及端节点水平位移的百分表或挠度计;
∅—测量屋架上弦平面外水平位移的百分表或挠度计;
E—钢尺或米厘纸尺,当挠度或变位较大以及拆除挠度计后用以量测挠度

2) 屋架杆件内力测量

当研究屋架实际工作性能时,常常需要了解屋架杆件的受力情况,因此要求在屋架杆件上布置应变测点来确定杆件的内力值。一般情况,在一个截面上引起法向应力的内力最多是三个,即轴向力 N、弯矩 M_x 及 M_y,对于薄壁杆件则可能有四个,即增加扭矩。

分析内力时,一般只考虑结构的弹性工作。这时,在一个截面上布置的应变测点数量只要等于未知内力数,就可以用材料力学的公式求出全部未知内力数值。应变测点在杆件截面上的布置位置如图 6-16 所示。

一般钢筋混凝土屋架上弦杆直接承受的荷载,除轴向力外,还可能有弯矩作用,属压弯构件,截面内力主要由轴向力 N 和弯矩 M 组合。为了测量这两项内力,如图 6-16(b)

所示，在截面对称轴上下纤维处各布置一个测点。屋架下弦主要为轴力 N 作用，一般只需在杆件表面布置一个测点，但为了便于核对和使所测结果更为精确，如图 6-16(a) 所示，经常在截面的中和轴位置上成对布置测点，取其平均值计算内力 N。屋架的腹杆，主要承受轴力作用，布点可与下弦一样。

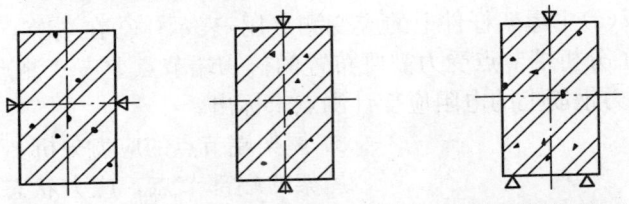

(a) 只有轴力 N 作用　(b) 有轴力 N 和弯矩 M_x 作用　(c) 有轴力 N 和弯矩 M_x、M_y 作用

图 6-16　屋架杆件截面上应变测点布置方式

如果用电阻应变计测量弹性匀质杆件或钢筋混凝土杆件开裂前的内力，除了可按上述方法求得全部内力值外，还可以利用电阻应变仪测量电桥的特性及电阻应变计与电桥连接方式的不同，使量测结果直接等于某一个内力所引起的应变。

为了正确求得杆件内力，测点所在截面位置应经过选择，屋架节点在设计理论上均假定为铰接，但钢筋混凝土整体浇捣的屋架，其节点实际上是刚接的，由于节点的刚度，以致在杆件中邻近节点处还有次弯矩作用，并由此在杆件截面上产生应力。因此，如果仅希望求得屋架在承受轴力或轴力和弯矩组合影响下的应力并避免节点刚度影响时，测点所在截面要尽量离节点远一些。反之，假如要求测定由节点刚度引起的次弯矩，则应该把应变测点布置在紧靠节点处的杆件截面上。图 6-17 所示为 9m 柱距、24m 跨度的预应力混凝土屋架试验测量杆件内力的测点布置。

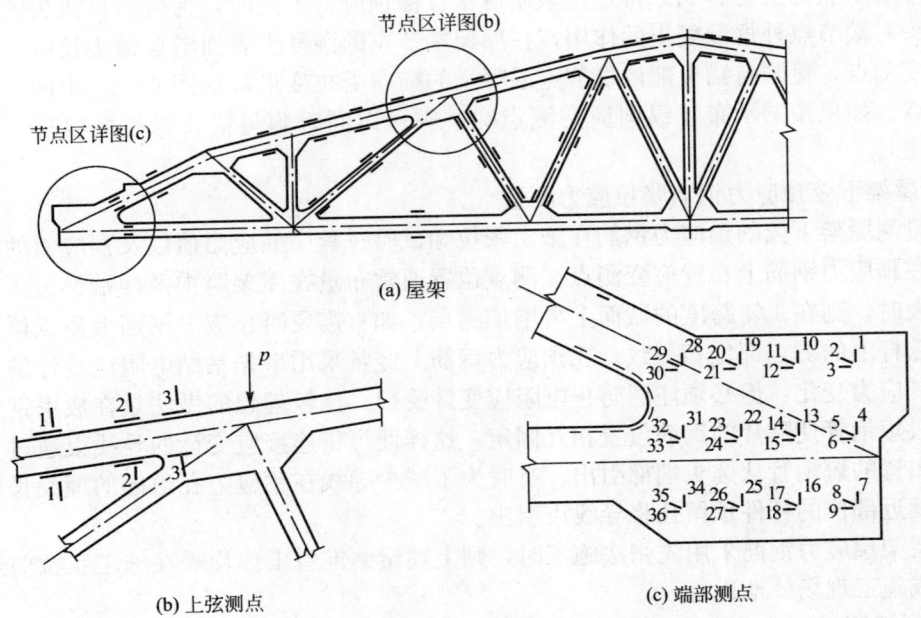

(a) 屋架

(b) 上弦测点　　　　　　　　(c) 端部测点

图 6-17　9m 柱距、24m 跨度预应力混凝土屋架试验杆件内力测点布置

应该注意，在布置屋架杆件的应变测点时，绝不可将测点布置在节点上，因为该处截面的作用面积不明确。图6-17(b)所示屋架上弦节点中截面1—1的测点是量测上弦杆的内力；截面2—2是量测节点次应力的影响；比较两个截面的内力，就可以求出次应力。截面3—3是错误布置。

说明：①图6-17(a)中屋架杆件上的应变测点用-表示；②在端节点部位屋架上下弦杆上的应变测点是为了分析端节点受力需要布置的；③端节点上应变测点布置如图6-17(c)所示；④下弦预应力钢筋上的电阻应变计测点未标出。

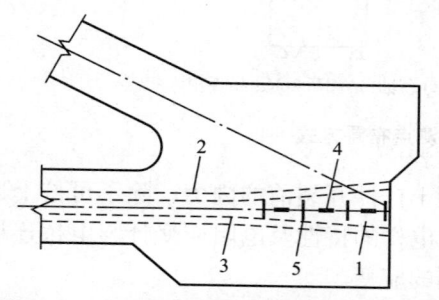

图6-18 屋架端节点自锚头部位测点布置
1—混凝土自锚锚头；2—屋架下弦预应力钢筋预留孔；3—预应力钢筋；4—纵向应变测点；5—横向应变测点

3) 屋架端节点的应力分析

屋架的端部节点，应力状态比较复杂，这里不仅是上下弦杆相交点，屋架支承反力也作用于此，对于预应力钢筋混凝土屋架，下弦预应力钢筋的锚头也直接作用在节点端。更由于构造和施工上的原因，经常引起端节点的过早开裂或破坏，因此，往往需要通过试验来研究其实际工作状态。为了测量端节点的应力分布规律，要求布置较多的三向应变网络测点，如图6-18所示，一般用电阻应变计组成。从三向小应变网络各点测得的应变量，通过计算或图解法求得端节点上的切应力、正应力及主应力的数值与分布规律。为了量测上下弦杆交接处豁口应力情况，可沿豁口周边布置单向应变测点。

4) 预应力锚头性能测量

对于预应力钢筋混凝土屋架，有时还需要研究预应力锚头的实际工作和锚头在传递预应力时对端节点的受力影响。特别是采用后张自锚预应力工艺时，为检验自锚头的锚固性能与锚头对端节点外框混凝土的作用，在屋架端节点的混凝土表面沿自锚头长度方向布置若干应变测点，量测自锚头部位端节点混凝土的横向受拉变形，如图6-18中所示的横向应变测点。如果按图示布置纵向应变测点时，则可以同时测得锚头对外框混凝土的压缩变形。

5) 屋架下弦预应力钢筋张拉应力测量

为量测屋架下弦的预应力钢筋在施工张拉和试验过程中的应力值以及预应力的损失情况，需在预应力钢筋上布置应变测点。测点位置通常布置在屋架跨中及两端部位。如屋架跨度较大时，则在1/4跨度的截面上可增加测点；如有需要时预应力钢筋上测点位置可与屋架下弦杆上的测点部位相一致。在预应力钢筋上经常采用事先粘贴电阻应变计的办法进行量测其应力变化，但必须注意防止电阻应变计受损。比较理想的做法是在成束钢筋中部放置一段短钢管使贴片的钢筋位置相互固定，这样便可将连接应变计的导线束通过钢筋束中断续布置的短钢管从锚头端部引出。有时为了减少导线在预应力孔道内的埋设长度，可从测点就近部位的杆件预留孔将导线束引出。

如屋架预应力钢筋采用先张法施工时，则上述量测准备工作均需在施工张拉前到预制构件厂或施工现场就地进行。

6) 裂缝测量

预应力钢筋混凝土屋架的裂缝测量，通常要实测预应力杆件的开裂荷载值；量测使用

第 6 章 工程结构静载试验

状态下试验荷载值作用下的最大裂缝宽度及各级荷载作用下的主要裂缝宽度。在屋架中由于端节点的构造与受力复杂，经常会产生斜裂缝，应引起注意。此外腹杆与下弦拉杆以及节点的交汇之处，将会较早开裂。

在屋架试验的观测设计中，利用结构与荷载对称性特点，经常在半榀屋架上考虑测点布置与安装主要仪表，而在另半榀屋架上仅布置若干对称测点，作为校核之用。

6.4 量测数据整理

量测数据包括在准备阶段和正式试验阶段采集到的全部数据，其中一部分是对试验起控制作用的数据，如最大挠度控制点、最大侧向位移控制点、控制截面上的钢筋应变屈服点及混凝土极限拉、压应变等。这类起控制作用的参数应在试验过程中随时整理，以便指导整个试验过程的进行。其他大量测试数据的整理分析工作，将在试验后进行。

对实测数据进行整理，一般均应算出各级荷载作用下仪表读数的递增值和累计值，必要时还应进行换算和修正，然后用曲线或图表给以表达。

在原始记录数据整理过程中，应特别注意读数及读数值的反常情况，如仪表指示值与理论计算值相差很大，甚至有正负号颠倒的情况，这时应对出现这些现象的规律性进行分析，判断其原因所在，一般可能的原因有两方面：一是由于试验结构本身发生裂缝、节点松动、支座沉降或局部应力达到屈服而引起数据突变；另一方面也可能是由于测试仪表安装不当造成的。凡不属于差错或主观造成的仪表读数突变都不能轻易舍弃，待以后分析时再做判断处理。

6.4.1 整体变形量测结果整理

1. 简支构件的挠度

构件的挠度是指构件本身的挠曲程度。由于试验时受到支座沉降、构件自重和加荷设备、加荷因式及预应力反拱的影响，要得到构件受荷后的真实实测挠度，应对所测挠度值进行修正。修正后的挠度计算公式为

$$a_s^0 = (a_q^0 + a_g^0)\psi \tag{6-1}$$

$$a_g^0 = \frac{M_g}{M_b}a_b^0 \quad \text{或} \quad a_g^0 = \frac{P_g}{P_b}a_b^0 \tag{6-2}$$

式中 a_q^0——消除支座沉降后的跨中挠度实测值；

a_g^0——构件自重和加载设备自重产生的跨中挠度值；

M_g——构件自重和加载设备自重产生的跨中弯矩值；

M_b、a_b^0——外加试验荷载开始至构件出现裂缝前一级荷载的加载值产生的跨中弯矩值和跨中挠度的实测值；

ψ——做等效集中荷载代替均匀荷载时的加载图式修正系数，如表 6-1 所示。

表 6-1 加载图示修正系数 ψ

名称	加载图示	修正系数 ψ
均布荷载	跨度 l，均布荷载 q	1.0
二集中力，四分点，等效荷载	两集中力 P 位于 $l/4$ 处，中间 $l/2$	0.91
二集中力，三分点，等效荷载	两集中力 P 位于 $l/3$ 处	0.98
四集中力，八分点，等效荷载	四集中力 P，间距 $l/8, l/4, l/4, l/4, l/8$	0.99
八集中力，十六分点，等效荷载	八集中力 P，间距 $l/16, l/8, \dots, l/8, l/16$	1.0

由于仪表初读数是在试件和试验装置安装后读取，加载后量测的挠度值中未包括试件本身自重所引起的挠度，因此在试件挠度值中应加上试件自重和设备自重产生的挠度 a_g^0，a_g^0 的值可近似地认为构件在开裂前是处在弹性工作阶段，弯矩-挠度为线性关系如图 6-19 所示。

若等效集中荷载的加载图式不符合表 6-1 所列因式时，应根据内力图形用图乘法或积分法求出挠度，并与均布荷载下的挠度比较，从而求出加载图式修正系数 ψ。

如果支座处有障碍，在支座反力作用线上不能安装位移计时，可将仪表安装在离支座反力作用线内侧 d 距离处，在 d 处所测挠度比支座沉降大，因而跨中实测挠度将偏小，应对式(6-1)中的 a_q^0 乘以系数 ψ_a。ψ_a 为支座测点偏移修正系数，列于表 6-2 中。

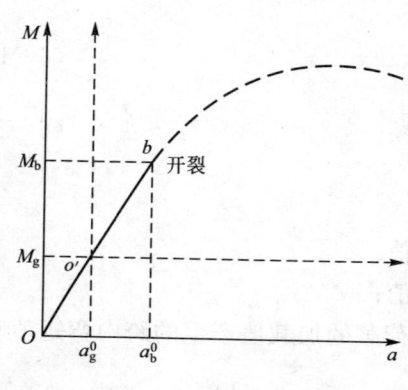

图 6-19 自重挠度的计算

第6章 工程结构静载试验

表 6-2 支座测点偏移修正系数 ψ_a

荷载图示	d/l									
	0.01	0.02	0.03	0.04	0.05	0.06	0.07	0.08	0.09	0.10
跨中集中荷载 P	1.031	1.064	1.099	1.136	1.176	1.218	1.264	1.312	1.362	1.420
三分点两点集中荷载	1.032	1.067	1.103	1.143	1.185	1.230	1.278	1.329	1.386	1.446
四分点三点集中荷载	1.033	1.067	1.104	1.144	1.189	1.232	1.281	1.333	1.390	1.451
均布荷载 q	1.033	1.068	1.106	1.146	1.189	1.236	1.285	1.338	1.396	1.457

在预应力钢筋混凝土结构中,当预应力钢筋放松后,对混凝土产生了预压作用而使结构产生反拱,构件越长反拱值越大。因此实测挠度中应扣除预应力反拱值 a_p。此时,式(6-1)可改写为

$$a_{s,p}^0 = (a_q^0 + a_g^0 - a_p)\psi \qquad (6-3)$$

式中 a_p——预应力反拱值,对研究性试验取实测值 a_p^0,对检验性试验取计算值,不考虑超张拉对反拱的加大作用。

上述修正方法的基本假设认为构件刚度 EI 为常数。对于钢筋混凝土构件,裂缝出现后沿全长各截面的刚度为变量,仍按上述因式修正将有一定误差。

2. 悬臂构件的挠度

计算悬臂构件自由端在各荷载作用下的短期挠度实测值,应考虑固定端的支座转角、支座沉降、构件自重和加载设备重量的影响,如图 6-20 所示。在试验荷载作用下,经修正后的悬臂构件自由端短期挠度实测值可表达为

$$a_{s,ca}^0 = (a_{q,ca}^0 + a_{g,ca}^0)\psi_{ca} \qquad (6-4a)$$

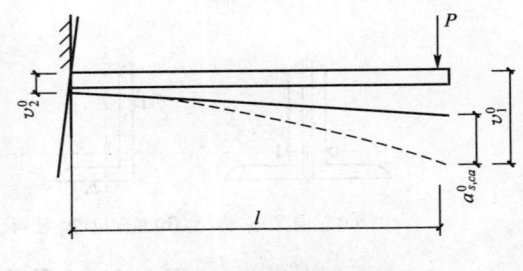

图 6-20 悬臂构件的挠度

$$a_{q,\alpha}^0 = v_1^0 - v_2^0 - l \cdot \tan\alpha \tag{6-4b}$$

$$a_{g,\alpha}^0 = \frac{M_{g,\alpha}}{M_{b,\alpha}} a_{b,\alpha}^0 \tag{6-5}$$

式中 $a_{q,\alpha}^0$ ——消除支座沉降后悬臂构件自由端短期挠度实测值；

v_1^0、v_2^0——悬臂端和固定端竖向位移；

$a_{g,\alpha}^0$、$M_{b,\alpha}$——悬臂构件自重和设备重量产生的挠度值和固端弯矩；

$a_{b,\alpha}^0$、$M_{b,\alpha}$——从试验荷载开始至悬臂构件出现裂缝前一级荷载为止的自由端挠度实测值和固端弯矩；

α——悬壁构件固定端的截面转角；

l——悬壁构件的外伸长度；

ψ_α——加载图式修正系数，当在自由端用一个集中力做等效荷载时取 $\psi_\alpha = 0.75$，否则应按图乘法找出修正系数 ψ_α。

6.4.2 应变测量结果分析

通过应变测量结果分析，可得到截面内力、平面应力状态。

1. 截面弹性内力计算

通过对轴向受力、拉弯、压弯等构件的实测应变分析，可以得到构件的截面弹性内力。

1）轴向拉、压构件

拉、压构件测点布置如图6-21(a)所示。根据截面中和轴或最小惯性矩轴上布置的测点应变，截面轴向力可按下式计算：

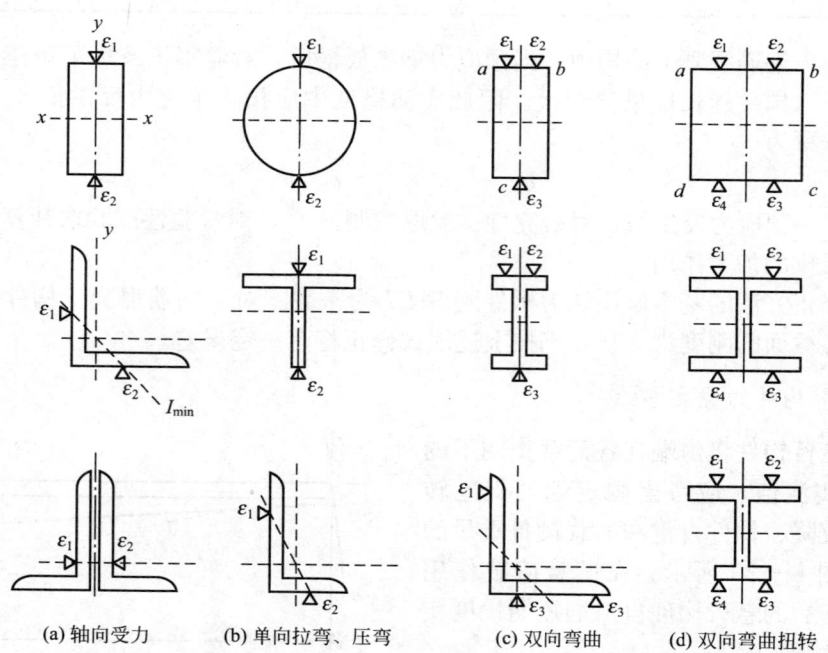

图6-21 各种受力截面上的测点布置

$$N = \sigma \cdot A = \bar{\varepsilon} E \cdot A \qquad (6-6)$$

式中 E、A——为材料弹性模量和截面面积；

$\bar{\varepsilon}$——实测的截面平均应变，$\bar{\varepsilon} = \dfrac{1}{n}\sum\limits_{i=1}^{n}\varepsilon_i$。

由上式可知，受轴向拉伸或压缩构件的内力，不论截面形状如何，只要将测得轴向应变值代入式(6-6)即可求得内力；但由于绝对的轴向力几乎并不存在，因而常用两个以上应变计安装在轴向的对称位置上，取其平均值作为轴向应变。

2) 单向压弯、拉弯构件

压弯或拉弯构件的内力有轴向力 N 和受力平面内的弯矩 M，应变计数量不得少于欲求内力的种类数，因而必须安装两个应变计。这类构件测点布置如图 6-21(b) 所示。由材料力学知，截面边缘应力计算公式为

$$\sigma_1 = \frac{N}{A} \pm \frac{My_1}{I} \qquad (6-7)$$

$$\sigma_2 = \frac{N}{A} \pm \frac{My_2}{I} \qquad (6-8)$$

注意：$y_1 + y_2 = h$，$\sigma_1 = \varepsilon_1 E$，$\sigma_2 = \varepsilon_2 E$，则截面轴力及弯矩计算公式为

$$M = \frac{EI}{h}(\varepsilon_2 - \varepsilon_1) \qquad (6-9)$$

$$N = \frac{EA}{h}(\varepsilon_1 y_2 - \varepsilon_2 y_1) \qquad (6-10)$$

式中 A、I——构件截面面积和惯性矩；

ε_1、ε_2——截面上、下边缘的实测应变值；

y_1、y_2——截面中性轴至截面上、下边缘测点的距离。

3) 双向弯曲构件

构件受轴力 N、双向弯矩 M_x 和 M_y 作用时，截面上的测点布置如图 6-21(d) 所示。根据测得的四个应变 ε_1、ε_2、ε_3、ε_4，利用外插法求出截面相应四个角的应变值 ε_a、ε_b、ε_c、ε_d，再利用下式中的任意三个方程，即可求解 N、M_x 和 M_y。

$$\left.\begin{aligned}
\sigma_a = \varepsilon_a E = \frac{N}{A} + \frac{M_x}{I_x}y_1 + \frac{M_y}{I_y}x_1 \\
\sigma_b = \varepsilon_b E = \frac{N}{A} + \frac{M_x}{I_x}y_1 + \frac{M_y}{I_y}x_2 \\
\sigma_c = \varepsilon_c E = \frac{N}{A} + \frac{M_x}{I_x}y_2 + \frac{M_y}{I_y}x_1 \\
\sigma_d = \varepsilon_d E = \frac{N}{A} + \frac{M_x}{I_x}y_2 + \frac{M_y}{I_y}x_2
\end{aligned}\right\} \qquad (6-11)$$

对于图 6-21(c) 所示的测点布置，可利用上式中的前三个方程，取消 σ_c 中的最后一项，即可求出 N、M_x 和 M_y。

若构件除轴向力 N 和弯矩 M_x 及 M_y 作用外，还有扭转力矩 T 时，则在上述各式中再加上一项 $\sigma_\omega = T\omega/I_\omega$。利用上述四式可同时解出 N、M_x、M_y 和 T。关于型钢的各边缘点的扇形惯性矩 I_ω 和主扇形面积 ω 可查阅有关型钢表。

利用数值法求内力时，当内力多于两个时就比较困难，手工计算工作量较大。因而在

结构试验中,对于中性轴位置不在截面高度 1/2 处的各种非对称截面,或应变测点多于 3 个以上时可以采用图解法来分析内力。

【例 6-1】 已知 T 形截面形心 $y_1=200$mm,高度 $h=600$mm,实测上、下边缘的应变为 $\varepsilon_1=100\times10^{-6}$、$\varepsilon_2=400\times10^{-6}$,如图 6-22 所示。用图解法分析截面上存在的内力及其在各测点产生的应变值。

解:按比例画出截面几何形状及实测应变图,如图 6-22 所示。通过水平中和轴与应变图的交点 e 作一条垂线,得到轴向力产生的应变 ε_N 和弯曲产生的应变 ε_M,其值计算如下

$$\varepsilon_0 = \left(\frac{\varepsilon_2-\varepsilon_1}{h}\right)y_1 = \frac{(400-100)\times10^{-6}}{600}\times200 = 100\times10^{-6}$$

$$\varepsilon_N = \varepsilon_1 + \varepsilon_0 = (100+100)\times10^{-6} = 200\times10^{-6}$$

$$\varepsilon_{1M} = \varepsilon_1 - \varepsilon_N = (100-200)\times10^{-6} = -100\times10^{-6}$$

$$\varepsilon_{2M} = \varepsilon_2 - \varepsilon_N = (400-200)\times10^{-6} = 200\times10^{-6}$$

通过本例分析知,材料力学中的概念如弯曲应变符合平截面假定、截面形心处的应变不受双向弯曲的影响等,是图解法的基础。

【例 6-2】 一对称的矩形截面上布置 4 个测点,测得应变后换算成应力,画出应力图并延长至边缘,得边缘应力为 $\sigma_a=-44$MPa,$\sigma_b=-22$MPa,$\sigma_c=24$MPa,$\sigma_d=54$MPa,如图 6-23 所示。用图解法分析截面上的应力及其在各测点上的应力值。

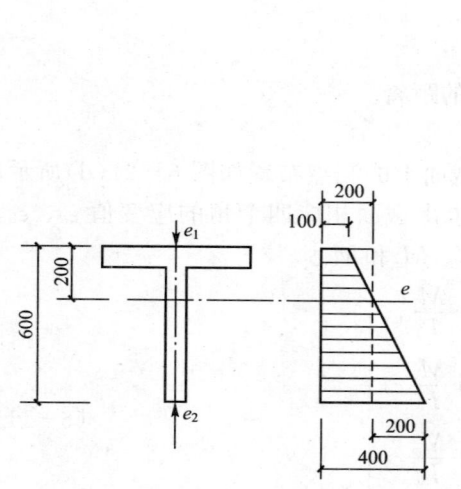

图 6-22 T 形截面应变分析

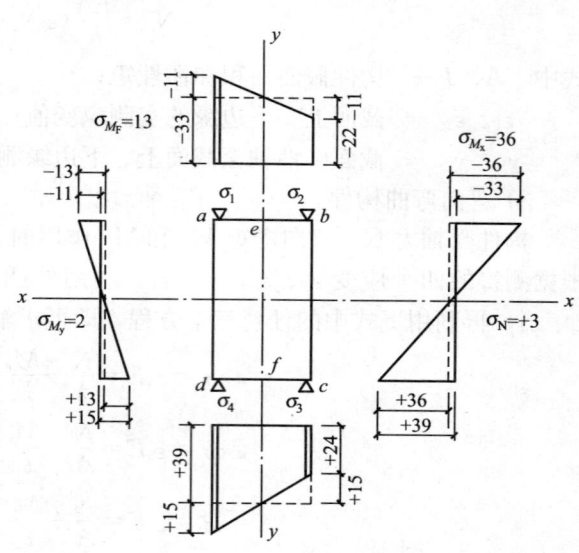

图 6-23 对称截面应变分析

解:求出上、下盖板中点处的应力,即:

$$\sigma_e = \frac{\sigma_a+\sigma_b}{2} = \frac{-44-22}{2}\text{MPa} = -33\text{MPa}$$

$$\sigma_f = \frac{\sigma_c+\sigma_d}{2} = \frac{24+54}{2}\text{MPa} = 39\text{MPa}$$

由于 σ_e、σ_f 的符号不同,可知有轴向力 N 和垂直弯矩 M_x 共同作用。根据 σ_e、σ_f 进一步分解得右侧应力图,可知其轴向力为拉力,其值为

$$\sigma_N = \frac{\sigma_e + \sigma_f}{2} = \frac{-33+39}{2} \text{MPa} = 3 \text{MPa}$$

$$\sigma_{M_x} = \pm \frac{\sigma_f - \sigma_e}{2} = \pm \frac{39+33}{2} \text{MPa} = \pm 36 \text{MPa}$$

因为上、下盖板应力分布图呈两个梯形，说明除了有 N 和 M_x 外，还有其他内力作用，这时可通过沿水平盖板的应力图得左侧应力图。其值为

$$\frac{\sigma_a - \sigma_b}{2} = \pm \frac{-44+22}{2} \text{MPa} = \mp 11 \text{MPa},$$

$$\frac{\sigma_d - \sigma_c}{2} = \pm \frac{54-24}{2} \text{MPa} = \pm 15 \text{MPa}$$

由于截面上、下相应测点余下的应力绝对值及其符号均不同，说明它们是由水平弯矩 M_y 和扭矩 T 联合产生，其值为：

$$\sigma_{M_y} = \pm \frac{-15+11}{2} \text{MPa} = \mp 2 \text{MPa},$$

$$\sigma_{M_T} = \mp \frac{-15-11}{2} \text{MPa} = \pm 13 \text{MPa}$$

现将计算结果列于表 6-3 中，求得四种应力后，根据截面几何性质，按材料力学公式，即可求得各项内力值。

表 6-3 应力分析结果

应力组成	符号	各点应力/MPa			
		σ_a	σ_b	σ_c	σ_d
垂直弯矩产生的应力	σ_{M_x}	−36	−36	+36	+36
轴向力产生的应力	σ_N	+3	+3	+3	+3
水平弯矩产生的应力	σ_{M_y}	+2	−2	−2	+2
扭矩产生的应力	σ_{M_T}	−13	+13	−13	+13
各点实测的应力	$\sum$	−44	−22	+24	+54

6.4.3 平面应力状态下的主应力计算

测试解决平面应力状态问题，应在布置应变测点时予以考虑。例如，当主应力方向已知时，只需量测两个方向的应变；当主应力方向未知时，一般需要量测三个方向的应变，以确定主应力的大小及方向。根据弹性理论得知其计算公式为

$$\left. \begin{array}{l} \sigma_x = \dfrac{E}{1-\mu^2}(\varepsilon_x + \mu \varepsilon_y) \\ \tau_{xy} = G \gamma_{xy} \end{array} \right\} \tag{6-12}$$

式中　E、μ——材料弹性模量和泊松比；
　　　ε_x、ε_y——x、y 方向上的单位应变；
　　　G——切变模量，$G = E/[2(1+\mu)]$。

因而已知主应力方向（假定为 x，y 方向）时，可以测得 ε_1（x 方向）、ε_2（y 方向）。利用上述公式就可以确定主应力 σ_1、σ_2 和切力 τ 值：

$$\left.\begin{aligned}\sigma_1 &= \frac{E}{1-\mu^2}(\varepsilon_1+\mu\varepsilon_2) \\ \sigma_2 &= \frac{E}{1-\mu^2}(\varepsilon_2+\mu\varepsilon_1) \\ \tau &= \frac{E}{1-\mu^2}(\varepsilon_1-\varepsilon_2)=\frac{\sigma_1-\sigma_2}{2}\end{aligned}\right\} \qquad (6-13)$$

若主应力方向未知，则必须量测三个方向的应变。假定三个应变片与 x 轴的夹角分别为 θ_1、θ_2、θ_3，如图 6-24 所示，则在各 θ 方向上量测的应变值分别为 $\varepsilon_{\theta 1}$、$\varepsilon_{\theta 2}$、$\varepsilon_{\theta 3}$。这些应变与正交应变 ε_x、ε_y 和切应变 γ_{xy} 之间的关系为：

$$\varepsilon_{\theta i} = \varepsilon_x \cos^2\theta_i + \varepsilon_y \sin^2\theta_i + \gamma_{xy}\cos\theta_i \cdot \sin\theta_i \qquad (6-14)$$

式中 θ_i——应变片与 x 轴的夹角，$i=1,2,3$。

式(6-13)是由 θ_1、θ_2、θ_3 组成的联立方程组，解方程组即可求得 ε_x、ε_y 和 γ_{xy} 的值。再将之代入下列公式，即可求得主应变及其方向为

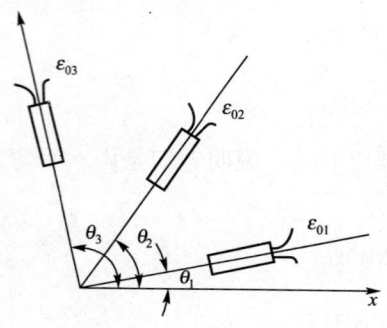

图 6-24 应变参考轴

$$\left.\begin{aligned}\genfrac{}{}{0pt}{}{\varepsilon_1}{\varepsilon_2} &= \frac{\varepsilon_x+\varepsilon_y}{2} \pm \sqrt{\left(\frac{\varepsilon_x-\varepsilon_y}{2}\right)^2+\left(\frac{\gamma_{xy}}{2}\right)^2} \\ \tan 2\theta_x &= \frac{\gamma_{xy}}{\varepsilon_x-\varepsilon_y} \\ \gamma_{\max} &= 2\sqrt{\left(\frac{\varepsilon_x-\varepsilon_y}{2}\right)^2+\left(\frac{\gamma_{xy}}{2}\right)^2}\end{aligned}\right\} \quad (6-15\text{a})$$

式中 θ_x——正应变 ε_1 与 x 轴的夹角。

令 $\dfrac{\varepsilon_x+\varepsilon_y}{2}=A$；$\dfrac{\varepsilon_x-\varepsilon_y}{2}=B$；$\dfrac{\gamma_{xy}}{2}=C$

$$\left.\begin{aligned}\genfrac{}{}{0pt}{}{\varepsilon_1}{\varepsilon_2} &= A \pm \sqrt{B^2+C^2} \\ \tan 2\theta_x &= \frac{C}{B} \\ \gamma_{\max} &= 2\sqrt{B^2+C^2}\end{aligned}\right\} \qquad (6-15\text{b})$$

式中，A、B 和 C 各参数随应变花的形式不同而异，如表 6-4 所示。

表 6-4 应变花及其形式参数

应变花名称	应变花形式	应变花形式参数		
		A	B	C
45°直角应变花		$\dfrac{\varepsilon_0+\varepsilon_{90}}{2}$	$\dfrac{\varepsilon_0-\varepsilon_{90}}{2}$	$\dfrac{2\varepsilon_{45}-\varepsilon_0-\varepsilon_{90}}{2}$

应变花名称	应变花形式	应变花形式参数 A	B	C
60°等边三角形应变花	(图) ε_{60}, ε_{120}, ε_0	$\dfrac{\varepsilon_0+\varepsilon_{60}+\varepsilon_{120}}{3}$	$\varepsilon_0 - \dfrac{\varepsilon_0+\varepsilon_{60}+\varepsilon_{120}}{3}$	$\dfrac{\varepsilon_{60}-\varepsilon_{120}}{\sqrt{3}}$
伞形应变花	(图) ε_{60}, ε_{120}, ε_{90}, ε_0	$\dfrac{\varepsilon_0+\varepsilon_{90}}{2}$	$\dfrac{\varepsilon_0-\varepsilon_{90}}{2}$	$\dfrac{\varepsilon_{60}-\varepsilon_{120}}{\sqrt{3}}$
扇形应变花	(图) ε_{135}, ε_{90}, ε_{45}, ε_0	$\dfrac{\varepsilon_0+\varepsilon_{45}+\varepsilon_{90}+\varepsilon_{135}}{4}$	$\dfrac{\varepsilon_0-\varepsilon_{90}}{2}$	$\dfrac{\varepsilon_{135}-\varepsilon_{45}}{2}$

将应变值代入式(6-13),得主应力的计算式为

$$\left.\begin{aligned}
\sigma_1 \atop \sigma_2 &= \left(\frac{E}{1-\mu}\right)A \pm \left(\frac{E}{1+\mu}\right)\sqrt{B^2+C^2} \\
\tan 2\theta_x &= \frac{C}{B} \\
\tau_{\max} &= \left(\frac{E}{1+\mu}\right)\sqrt{B^2+C^2}
\end{aligned}\right\} \qquad (6-16)$$

6.4.4 试验曲线与图表绘制

为了方便分析,试验数据常用表格、图像或函数表达。同一组数据可以同时用这三种方法表达,目的就是为了使分析简单、直观。建立函数关系的方法主要有回归分析、系统识别等方法,这里介绍表格和图像。

1. 表格

表格是最基本的数据表达方法,无论绘制图像还是建立函数表达式,都需要数据表。表格分为汇总表格和关系表格两大类。汇总表格把试验结果中的主要内容或试验中的某些重要数据汇集于一个表格中,起着类似于摘要和结论的作用,表中的行与行、列与列之间没有必然的关系;关系表格是把相互有关的数据按一定的格式列于表中,表中行与行、列

与列之间有一定的关系,它的作用是使有一定关系的若干变量的数据更加清楚地表示出变量之间的关系和规律。

表格的形式不拘一格,关键在于完整、清楚地显示数据内容。对于工程检测试验记录表格,表格内容除了记录数据外,还应适当包括工程名称、委托单位、检测单位、检测日期、气象环境条件、仪器名称、仪器编号及试验、测读、记录、校核、项目负责人的签字等项内容。

2. 图像

表格的直观性不强,试验数据经常用图像表达,图像表达方式有曲线图、形态图、直方图和馅饼图等。试验中常用曲线图表达数据关系,用形态图表达试件破坏形态和裂缝扩展形态。

1) 曲线图

对于定性分析和整体分析来说,曲线图是最合适的方法,它可以直观地反映数据的最大值、最小值、走势、转折。

(1) 坐标的选择与试验曲线的绘制。选择适当的坐标系、坐标参数和坐标比例,有时对于反映数据规律是相当重要的。试验分析中常用直角坐标反映试验参数间的关系。直角坐标系只能反映两个变量间的关系。有时会遇到变量不止两个的情况,这时可采用"无量纲变量"作为坐标来表达。例如,为了验证钢筋混凝土矩形单筋梁的截面承载力公式 $M_u = A_s \sigma_s \left(h_0 - \dfrac{A_s \sigma_s}{2bf_{cn}} \right)$,需要进行大量的试验研究,而每一个试件的配筋率 $\rho = \dfrac{A_s}{bh_0}$、混凝土强度等级 f_{cu}、截面形状和尺寸 bh_0 都有差别,若以每一试件的实测极限弯矩 M_u^0 和计算极限弯矩 M_u^c 逐一比较,就无法用曲线表示。但若将纵坐标改为无量纲,以 $\dfrac{M_u^0}{M_u^c}$ 来表示,横坐标分别以 ρ 和 f_{cu} 表示,如图 6-25 所示,则即使截面相差较大的梁,也能反映其共同的规律。图 6-25 说明,当配筋率超过某一临界值或混凝土等级低于某一临界值时,则按上述公式算得的极限弯矩将偏于不安全。

上面的例子告诉我们,如何组合试验参数作为坐标轴,应根据分析目标而定,同时还要有专业的知识并仔细地考虑。不同的坐标比例和坐标原点会使曲线变形、平移,应选择适当的坐标比例和坐标原点使曲线特征突出并占满整个坐标系。

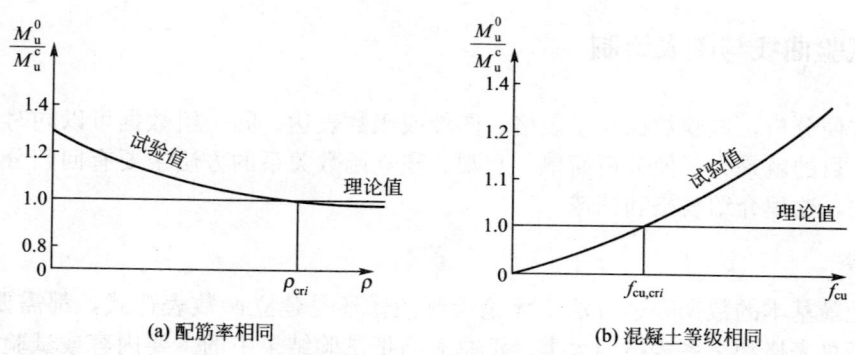

图 6-25 混凝土梁承载力试验曲线

绘制曲线时，运用回归分析的基本概念，使曲线通过较多的试验点，并使曲线两旁的试验点大致相等。

(2) 常用试验曲线。常用的试验曲线有荷载-变形、荷载-应变、荷载-应力曲线等。

荷载变形曲线有很多，如结构或构件的整体变形曲线；控制点或最大挠度点的荷载变形曲线；截面的荷载变形（转角）曲线；铰支座与滚动支座的荷载侧移曲线；变形时间曲线、反复荷载作用下的结构构件的延性曲线；滞回曲线等。

图 6-26 所示是三条荷载挠度曲线。曲线 1 及曲线 2 的 OA 段说明结构处于弹性状态。曲线 2 整体表现出结构的弹性和弹塑性性质，这是钢筋混凝土结构的典型现象。钢筋混凝土结构由于结构裂缝、钢筋屈服会在曲线上先后出现两个转折点。结构变形曲线反映出的这种特性可以在整体挠曲曲线和支座侧移曲线中得到验证。对于加载过程，曲线 3 属于反常现象，说明试验存在问题。

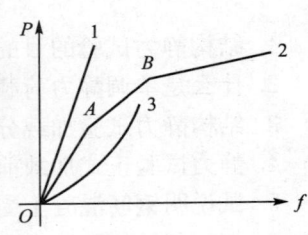

图 6-26 荷载变形曲线特征

荷载变形曲线可反映出结构工作的弹塑性性质；反复荷载作用下的结构延性曲线可反映出结构的软化性质；滞回曲线可反映出结构的恢复力性质；变形时间曲线可反映出结构长期工作性能；等等。这些曲线还包含了什么信息、反映了结构工作的什么问题、什么时候需要绘制，可以从相关专业知识中得到了解。

2) 形态图

试验过程中，应在构件上按裂缝展开面和主侧面绘出其开展过程并注上出现裂缝的荷载值及宽度、长度，直至破坏。待试验结束后照相或用坐标纸按比例做描绘记录。

此外，结构破坏形态、截面应变图都可以采用绘图方式记录。

除上述的试验曲线和图形外，根据试验研究的结构类型、荷载性质、变形特点等，还可以绘出一些其他结构特性曲线，如超静定结构的荷载反力曲线、节点局部变形曲线、节点主应力轨迹图等。

本 章 小 结

结构静载试验是结构试验中最为常见的、大量的试验，也是结构试验的基础性试验。通过对本章的学习，应重点掌握如下内容。

(1) 不同的加载方法和加载设备，其加载特点和适用范围不尽相同，使用时本着方便、适用的原则灵活选用，同时应注意其荷载大小、加载精度及加载行程等。

(2) 试验数据的可靠与否取决于测量仪器及正确的使用方法。使用前应根据试件材料、被测参数的大小、范围、测量精度要求、测点数量等合理选择测量仪器。同时，对测量仪器应有妥善的保管、维护，使用前还应进行必要的校准。

(3) 充分的试验准备、准确的试验安装、正确的加载程序、合理的测点布置为结构试验的准确性和试验的顺利进行提供了保障。因此，试验前应根据加载图式和必要的安全防范措施进行试验安装；根据试验目的合理安排测点数量和位置；试验过程中应严格按照试验规程规定的试验步骤、加载程序等试验方法进行试验。

（4）试验成果最终体现在试验数据的整理和分析中。试验数据的整理、分析不仅涉及对数据的误差处理，还涉及专业知识。整理、分析试验数据时，应该结合专业知识综合考虑。

思 考 题

1. 结构静力试验的目的和意义是什么？
2. 什么是单调静力荷载试验？简述单调静力加载试验的加载程序。
3. 结构静力试验加载分级的目的和作用是什么？
4. 静力试验正式加载前，为什么需要对结构进行预载试验？预载时应注意什么问题？
5. 试说明钢筋混凝土受弯构件试验的主要量测项目和测试方法。
6. 如何利用位移计观测混凝土受弯构件裂缝的出现？
7. 对结构或构件进行内力和变形测量时，对测点的选择和布置有哪些要求？
8. 已知一承受均布荷载 q 的简支梁，跨度为 l，现进行荷载试验，采用两种方案进行加载试验：（1）在四分点处施加两个等效集中荷载；（2）在跨中施加等效荷载 P。试根据跨中弯矩相等的原则，确定上述等效荷载。

第7章 工程结构动载试验

教学目标

了解结构动力试验中利用计算机进行数字信号采集与处理的基本原理;熟悉动荷载特性的测定以及结构动力反应的各种测定内容;掌握用自由振动法及强迫振动法测定结构的动力特性的方法,了解用脉动法测定结构的动力特性的方法。了解结构疲劳试验和风洞试验的测试内容。

教学要求

知识要点	能力要求	相关知识
数字信号分析处理基础	(1) 了解周期信号的幅值谱、相位谱、功率谱 (2) 了解信号 A/D、D/A 转换	傅里叶变换
工程结构动力特性试验测定	(1) 了解人工激振法测定结构的动力特性 (2) 了解随机振动法测定结构的动力特性	自由振动法 强迫振动法 脉动法
工程结构动力反应试验的测定	(1) 了解探测主振源的试验方法 (2) 了解结构动态参数的测量方法 (3) 了解结构动力系数的试验测定	
工程结构疲劳试验	了解疲劳试验项目、试验荷载、试验步骤、试验观测、试件安装	
工程结构风洞试验	了解结构风洞试验的缩尺模型和量测系统	

引言

工程结构在实际使用过程中除了承受静荷载作用外,还常常承受各种动荷载作用。为了确定动荷载的特性、结构的动力特性及结构在动荷载作用下的动力反应,一般要进行结构动力试验。动力试验是结构试验工作的一个重要组成部分。

动力试验与静力试验相比,具有一些特殊的规律性。首先,引起结构振动的动荷载是随时间而改变的;其次,结构在动荷载作用下的反应与结构本身的动力特性有密切关系。动荷载所产生的动力效应有时远远大于其相应的静力效应,可能使结构遭受严重破坏。

7.1 工程结构动载试验概述

各种类型的土木工程结构(房屋结构、桥梁等),在实际使用过程中除了受静荷载作用外,常常还受各种动荷载作用,因此在工程结构中经常有许多动载引起的振动问题所产生的不利影响需要研究解决。解决工程振动问题,可通过理论分析和试验研究两种手段进行。结构动载试验就是通过试验方法对各类结构进行分析研究,随着结构动力加载设备和振动测试技术的发展,结构的动力加载试验研究已成为人们研究结构动力问题的重要手段。动力加载试验和实测工程结构在动荷载作用下的振动影响,主要解决下列问题。

(1) 实测工程结构物在实际动荷载下的振动反应(振幅、频率、加速度、动应力等)。通过量测得到的数据资料,用于研究由于受振动影响的结构性能是否安全可靠。

① 实测动力机器作用下的厂房结构振动。
② 实测车辆移动荷载作用下的桥梁振动。
③ 实测在风荷载作用下高层建筑或高耸构筑物(电视塔、输电铁塔、斜拉桥和悬索桥的索塔等)所引起的风振反应。
④ 实测大雨对斜拉桥的斜拉索产生的雨振对索塔的振动反应。
⑤ 实测爆炸产生的瞬时冲击荷载对结构引起的振动影响。

(2) 采用各种类型的激振手段,对原型结构或模型结构进行动力特性试验,主要测定工程结构的自振频率、阻尼系数和振型等,动力性能参数又称自振特性参数或振动模态参数。这是研究结构的抗震、抗风性能的基本参数。

① 在实际结构中,动荷载作用影响在很大程度上取决于结构的自振周期。为了判定动荷载作用的影响大小,必须了解各类结构的自振周期。据调查,不同类型的工程结构在同一动荷载作用下的动力反应相差几倍,甚至十几倍。为此,国内外专家对各类结构自振特性的实测和研究十分重视。

② 通过结构动力性能试验了解结构的自振频率,可以避免和防止动荷载作用所产生的干扰力与结构发生共振现象,以及对仪器设备的生产和人体健康所产生的不利影响,根据实测结果可以采取必要的措施进行隔振或减振。

③ 结构受动力作用特别是地震作用后,结构受损开裂使其刚度发生变化,刚度的减小使结构的自振周期变长,阻尼增大。由此,可以通过实测结构自身动力特性的变化来识别结构的损伤程度,为结构的可靠度"诊断"提供依据。

(3) 工程结构或构件的疲劳试验用于研究和实测移动荷载及重复荷载作用下的结构疲劳强度。

土木工程结构振动形式有些是确定性振动,但大多情况下则属于随机振动。对于确定性振动和随机振动,从量测到数据分析处理,其方法和难易程度都有较大差别。结构在动荷载作用下的反应与结构本身动力特性有着密切的关系,动荷载产生的动力效应有时远远大于相应的静力效应。近年来计算机技术的发展及信号处理机和结构动态分析设备不断得到应用,更新的、功能更强的、更加完善的机型和软件相继出现,在结构随机振动分析和动力试验结果数据处理方面得到了迅速发展。目前已能够方便、迅速、准确地处理动荷载试验所获得的大量数据,识别模态参数,建立结构动力模型,从而使结构动载试验资料的分析处理工作有了一个崭新的面貌。

7.2 数字信号分析处理基础

随着计算机技术的发展，数字信号处理技术得到了越来越广泛的应用，它已成为现代科学技术必不可少的工具。现代结构动荷载试验技术中的数据采集与分析基本实现了数字化，传感器拾取的模拟信号经过转换后成为数字信号，由计算机直接记录和分析，使结构动力特性的试验与分析达到了自动化、智能化水平，以往所使用的光线示波器、X-Y 函数记录仪等动态测量仪器逐渐被取代。

数字信号处理的主要内容包括频谱分析与数字滤波，前者又包含相关统计分析，如幅值统计、相关分析等，其数字运算核心是离散傅里叶变换（DFT）与快速傅里叶变换（FFT），后者又包含了无限冲击响应滤波（IIR）与有限冲击响应滤波。进行结构动力特性数据处理时，需要具备一定的数字信号分析基础，如信号的变换与处理、滤波、数据采样及快速傅里叶变换等。本节重点介绍信号转换、频谱分析等一些基础理论的概念。

7.2.1 周期信号的幅值谱、相位谱、功率谱

从数学分析已知，任何周期函数在满足狄利克莱（Dirichlet）条件下，可以展开成正交函数线性组合的无穷级数，如正交函数集是三角函数集（$\sin\omega_0 t$，$\cos\omega_0 t$）或复指数函数集（$e^{jn\omega_0 t}$），则可展开成为傅里叶级数，通常有实数形式表达式：

$$x(t) = \frac{a_0}{2} + \sum_{n=1}^{\infty}(a_n\cos\omega_0 t + b_n\sin\omega_0 t) \quad (n=1,2,\cdots) \tag{7-1}$$

或

$$x(t) = \frac{a_0}{2} + \sum_{n=1}^{\infty}A_n\cos(\omega_0 t - \phi_n) \quad (n=1,2,\cdots) \tag{7-2}$$

以上两式中各参数及相应关系如下：

常值分量
$$a_0 = \frac{2}{T}\int_{-\frac{T}{2}}^{\frac{T}{2}}x(t)\mathrm{d}t \tag{7-3}$$

余弦分量的幅值
$$a_n = \frac{2}{T}\int_{-\frac{T}{2}}^{\frac{T}{2}}x(t)\cos n\omega_0 t\mathrm{d}t \tag{7-4}$$

正弦分量的幅值
$$b_n = \frac{2}{T}\int_{-\frac{T}{2}}^{\frac{T}{2}}x(t)\sin n\omega_0 t\mathrm{d}t \tag{7-5}$$

各频率分量的幅值
$$A_n = \sqrt{a_n^2 + b_n^2} \tag{7-6}$$

各频率分量的相位
$$\phi_n = \arctan\frac{b_n}{a_n} \tag{7-7}$$

平均功率
$$\psi_x^2 = \frac{1}{T}\int_{-\frac{T}{2}}^{\frac{T}{2}}x^2(t)\mathrm{d}t = \sum_{n=-\infty}^{\infty}|C_n|^2 \tag{7-8}$$

以上各式可建立 A_n-ω 关系，称为幅值谱；ϕ_n-ω 关系，称为相位谱；ψ_x^2-ω 关系，称为功率谱。

7.2.2 信号 A/D、D/A 转换

1. A/D 转换

把连续时间信号转换为与其相对应的数字信号的过程称之为模-数(A/D)转换过程，反之则称为数-模(D/A)转换过程，它们是数字信号处理的必要程序。一般测试信号的数字处理系统中，来自前级测试系统的模拟信号经抗频混滤波器预处理，变成带限信号，经 A/D 转换成为数字信号，再送入数字信号分析仪或数字计算机完成信号处理。如果需要，再由 D/A 转换器将数字信号转换成模拟信号。

A/D 转换过程包含了采样、量化、编码，其工作原理如图 7-1 所示。采样又称为抽样，是利用采样脉冲序列 $p(t)$，从连续时间信号 $x(t)$ 中抽取一系列离散样值，使之成为采样信号 $x(n\Delta t)$ 的过程（$n=0, 1, \cdots$；Δt 称为采样间隔；$1/\Delta t=f_s$ 称为采样频率）。量化又称幅值量化，把采样信号 $x(n\Delta t)$ 经过舍入或截尾的方法变为只有有限个有效数字的数，这一过程称为量化。编码是将离散幅值经过量化以后变为二进制数字，即取"0"或"1"，信号 $x(t)$ 经过上述变换以后，即成为时间上离散、幅值上量化的数字信号。

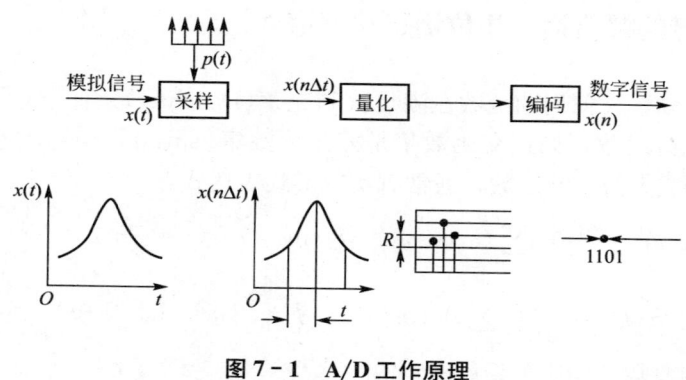

图 7-1 A/D 工作原理

2. 采样定理

当采样时间间隔较长，即采样频率较小时，采样信号经傅里叶变换后产生的谱图之间高频与低频部分发生重叠现象，称为频混现象，这将使信号复原时丢失原始信号中的高频信号，因此对采样脉冲序列的间隔必须加以限制。理论研究表明，采样频率 $\omega_s=2\pi/T_s$ 或 $f_s=1/T$ 必须大于或等于信号 $x(t)$ 中的最高频率 ω_m 的两倍，则不发生频混现象，即 $\omega_s \geqslant 2\omega_m$ 或 $f_s \geqslant 2f_m$，称为采样定理，又因为时域采样间隔 T_s 决定于 f，所以又称为时域采样定理。

这一定理可做如下物理解释：一个频谱受限的信号 $x(t)$，如果频谱只占据 $-\omega_m \sim \omega_m$ 范围，则信号可以用等间隔采样值唯一地表示，而采样间隔必须不大于 $1/(2f_m)$，或者说最低采样频率为 $2f_m$。也可以这样去理解，一个频率有限信号，其频率大小反映在时域内，就是它的波形变化速度，即它的最高变化速度将受最高频率分量 ω_m 的限制。因此为了保留这一频率分量的全部信息，一个周期的间隔内，至少采样两次，即必须满足 $\omega_s \geqslant 2\omega_m$。

采样定理说明了一个问题,即当对时域模拟信号采样时,应以多大的采样频率(或称采样时间间隔)采样,才不致丢失原始信号的信息;或者说,可由采样信号无失真地恢复原始信号。

3. D/A 转接

D/A 转换是将数字信号恢复为连续波形的过程,一般由保持电路实现。例如,零阶保持与一阶多角保持电路等,零阶保持是在两个采样值之间,令输出保持上一个采样值的值。由于保持变换构成的信号存在着不连续点(台阶状),所以还需用模拟低通滤波器予以平滑。

4. 窗函数

数字信号处理的主要数学工具是傅里叶变换。应注意到,傅里叶变换是研究整个时间域和频率域的关系。然而,当运用计算机实现工程测试信号处理时,不可能对无限长的信号进行运算,而是取其有限的时间间隔(一般为 1024 个点)进行分析,通常称为块分析,这就需要进行截断,截断方法就是将无限长的信号乘以窗函数(Window Function)。这里"窗"的含义是指透过窗口能够观测到整个外景的一部分,其余被遮蔽(视为零)。

实际应用的窗函数,可分为以下三类。

(1) 幂窗。采用时间变量某种幂次的函数,如矩形、三角形、梯形或其他时间(t)的高次幂。

(2) 三角函数窗。应用三角函数,即正弦或余弦函数等组合成复合函数,如汉宁窗、海明窗等。

(3) 指数窗。采用指数时间函数,如高斯窗等。

5. 快速傅里叶变换

实际模拟信号经采样后得到的是一个离散的时间序列,因此需要采用离散傅里叶变换(DFT)才能得到其频谱特性。由于离散傅里叶变换的计算工作量巨大,很难实现,快速傅里叶变换(FFT)是一种减少 DFT 计算时间的算法,FFT 算法是将 DFT 中大量不必要的运算进行周期性与对称性简化之后,避免了大量重复的运算,使得 DFT 的运算过程大大简化。在此之前,对采样点 $N=1000$,DFT 算法运算量约需 200 万次,而 FFT 大约需 1.5 万次,可见 FFT 方法大大地提高了运算效率。

6. 数字信号处理系统组成

随着微电子技术和信号处理技术的发展,在工程测试中,数字信号处理方法得到越来越广泛的应用,特别是在信号分析设备中,以数字信号处理理论为基础,用通用或专用的数字计算机,配置一定的外围设备所构成的数字信号处理系统和信号处理机,为快速而准确地分析测试结果提供了方便。由于数字信号处理系统和信号处理机具有运算速度快、实时能力强、运算功能多、分辨力高、操作方便等优点,因此在信号分析设备中,占有越来越重要的地位。

数字信号处理系统一般由图 7-2 所示的几部分组成,各个部分分别是一台或多台设备,信号处理机则是把这几部分集合于一体。另外,信号处理机还具有能进行大批量信号样本记录的专项或多项处理功能。

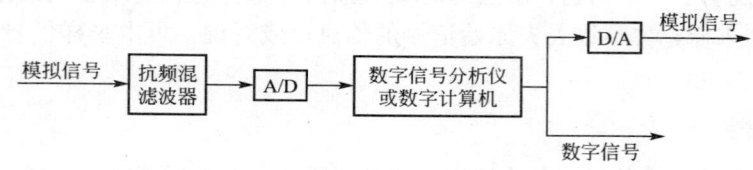

图 7-2 一般数字信号处理

1) 信号预处理

信号预处理是指在数字处理之前，对信号用模拟方法进行的处理，对信号进行预处理的目的是把信号变成适于数字处理的形式，以减小数字处理的困难。系统的预处理部分主要包括以下几种设备、仪器或电路。

(1) 解调器：用于由远距离传输到信号处理系统的调制信号进行解调。

(2) 输入放大器(或衰减器)：对输入信号的幅值进行处理，使信号值与 A/D 转换器的动态范围相适应。

(3) 抗频混滤波器：衰减信号中不感兴趣的高频成分，减小频混的影响。

(4) 隔直电路：隔离被分析信号的直流分量，可用于对信号做消除趋势项及直流分量的干扰处理。

2) 信号采集

信号采集是将预处理后的模拟信号变为数字信号存入到指定的地方，其核心是 A/D 转换器。信号处理系统的性能指标与信号采集装置有密切关系，围绕 A/D 转换器包括采样保持电路、时基信号发生器、触发系统和控制器等几部分电路电器组成。

3) 分析计算

对采集到的数字信号进行分析和计算，可用数字运算器件组成信号处理器完成，也可用通用微型计算机配上一定的程序软件或采用软、硬件相结合的方法完成。数字分析计算速度快，使用简单方便，用软件实现分析计算，运算速度较快，而且通用性强，修改容易。工程测试中信号的分析计算，主要是做时域中的概率统计、相关分析、建模和识别，频域中的频谱分析、功率谱分析、传递函数分析等。目前分析计算这些信息的速度已达到"实时"。

4) 显示记录

记录一般采用屏幕显示，打印机打印结果数据或图形，绘图机绘出相应曲线图等方式；也可将分析计算的结果转存到磁盘或其他储存器上，供进一步分析使用。

7.3 工程结构动力特性试验

工程结构的动力特性又称结构的自振特性，反映结构本身所固有的动态参数，主要包括结构的自振频率，阻尼系数和振型等一些基本参数。这些特性由结构的组成形式、质量分布、结构刚度、材料性质、构造连接等因素决定，而与外荷载无关。

工程结构的动力特性可以根据结构动力学的原理计算得到，但由于实际结构的组成形式、刚度、质量分布和材料性质等因素不同，经过计算得出的理论值有一定的误差，因此结构的动力特性参数只能通过试验测定。为此，采用试验手段研究各种结构物的动力特性引起人们的关注和重视。由于土木工程的类型各异,结构形式也有所不同,其动力特性相差很大,所采用的试验方法和仪器设备也不完全相同,因此试验结果会出现较大差异。但因为结构动力特性试验一般不会破坏结构,通常可以在实际结构上进行多次反复试验,以获得可靠的试验结果。

用试验方法实测结构的自振特性,就要设法对结构激振,使结构产生振动,根据试验仪器记录到的振动波形图进行分析计算即可得到。结构动力性能试验的激振方法主要有人工激振法和环境随机激振法,人工激振法又可分为自由振动法和强迫振动法。

7.3.1 人工激振法测定结构动力特性

1. 自由振动法

自由振动法是设法使结构产生自由振动,通过分析记录仪记录下的有衰减的自由振动曲线,获得结构的基本频率和阻尼系数。

使结构产生自由振动的方法较多,通常可采用突加荷载法和突卸荷载法。在试验中采用初位移或初速度的突卸或突加荷载的方法(详见 3.6 节),使结构受一冲击荷载作用产生自由振动。在现场试验中可用反冲激振器(简易火箭法)对结构产生冲击荷载;在工业厂房中可以通过锻锤、冲床、行车刹车等使厂房产生自由振动;在桥梁上则可用载重汽车越过障碍物或紧急刹车产生冲击荷载;在实验室内进行模型试验时可用锤击法使模型产生自由振动。

试验时一般将测振传感器布置在结构可能产生最大振幅的部位,但要避开某些杆件可能产生的局部振动。最好在结构中多布置几点,以便观察结构的整体振动情况。

应用自由振动法量测结构自由振动时间历程曲线的量测系统如图 7-3 所示。记录曲线如图 7-4 所示。

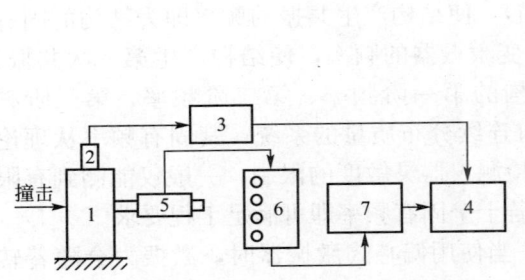

图 7-3　自由振动量测系统
1—结构物;2—拾振器;3—放大器;
4—光线示波记录仪;5—应变式位移传感器;
6—应变仪桥盒;7—动态电阻应变仪

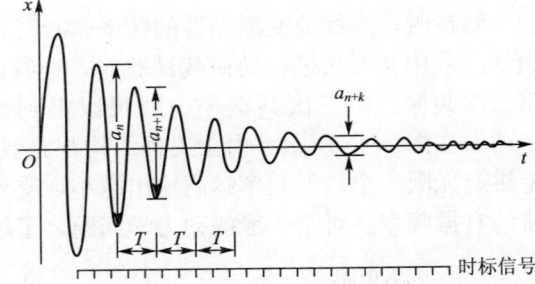

图 7-4　自由振动时间历程曲线

1)自振频率的测定

在实测得到的有阻尼的结构自由振动图,可以根据时间信号直接测量振动波形的周期,如图 7-4 所示。为了消除荷载影响,起始的第一、第二个波不取用。同时,为了提高精确度，可以取若干个波的总时间除以波的数量得出平均数作为基本周期。其倒数就是基本频率，即 $f=1/T$。

2）结构的阻尼特性测定

结构的阻尼特性用对数衰减率或阻尼比来表示。根据动力学公式，在有阻尼的自由振动中，相邻两个振幅按指数曲线规律衰减，二者之比为常数，即

$$\frac{a_n}{a_{n+1}}=e^{\xi\omega_0 T} \quad (7-9)$$

对上式两边取对数，则得阻尼比

$$\xi=\frac{1}{2\pi}\ln\frac{a_n}{a_{n+1}} \quad (7-10)$$

在实际工程测量中，一般取实测振动时程曲线图中 k 个周期进行计算，得平均阻尼比为

$$\xi=\frac{1}{2\pi k}\ln\frac{a_n}{a_{n+k}} \quad (7-11)$$

用自由振动法得到的周期和阻尼系数均比较准确，但其缺点是只能测得基本频率。

2. 强迫振动法

强迫振动法又称共振法。一般采用惯性式机械离心激振器对结构施加周期性的简谐振动，使结构产生简谐强迫振动。由结构动力学可知，当干扰力的频率与结构本身自振频率相等时，结构就出现共振，利用共振现象测定结构的自振特性。

试验时，应将激振器固定在结构上，不让其跳动，否则将影响试验结果。激振器的激振方向和安装位置要根据所测试结构的情况和试验目的而定。一般来说，整体建筑物的动荷载试验多为水平方向激振，楼板或桥梁的动荷载试验多为垂直方向激振。要特别注意的是，激振器的安装位置应选在所要测量的各个振型曲线都不是节点的地方。

1）结构的固有频率测定

测量时，连续改变激振器的频率（频率扫描），使结构产生共振的频率即为结构的固有频率。采用共振法进行动荷载试验时，连续改变激振器的频率，使结构产生第一次共振、第二次共振、第三次共振……就可以得到结构的第一阶频率、第二阶频率、第三阶频率……如图 7-5 所示。由于工程结构都是具有连续分布质量的系统，其固有频率从理论上讲有无限多个，但频率越高输出越小，受到检测仪器灵敏度的限制，一般仅能测到有限阶的自振频率。对于一般的动力学问题，了解若干个固有频率即可满足工程要求。

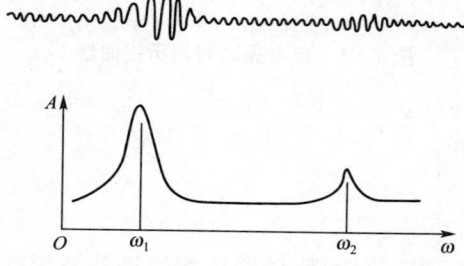

图 7-5 频率扫描时间历程曲线和共振曲线

当使用偏心式激振器时，激振力会随着转速的改变而改变，激振力的大小与激振器转速的平方成正比。为了使得在不同激振力作用下的结果具有可比性，将测得的振幅折算为单位激振力下的振幅或将振幅换算为相同激振力下的振幅。通常使用的方法是将实测振幅 A 除以激振器的圆频率的平方 ω^2，即以 $\mu_d = A/\omega^2$ 为纵坐标，为 ω 横坐标绘制出共振曲线，如图 7-6 所示。曲线上峰值对应的频率值即为结

构的固有频率。

2) 由共振曲线确定结构的阻尼系数和阻尼比

由结构动力学可知，有阻尼的单自由度体系在简谐荷载作用下的动力放大系数为

$$\mu_d = [(1-\nu^2)^2 + 4\nu^2\xi^2]^{-\frac{1}{2}} \quad (7-12)$$

式中 υ——频率比，$\nu = \omega/\omega_0$。

在图 7-6 所示的动力放大系数 μ_d 与激振频率 ω 的关系曲线（共振曲线）上，共振峰所对应的频率即是被测结构的自振频率。在共振曲线上做一直线 $\mu_d = \frac{1}{\sqrt{2}}\mu_{dmax}$，与共振曲线相交，即

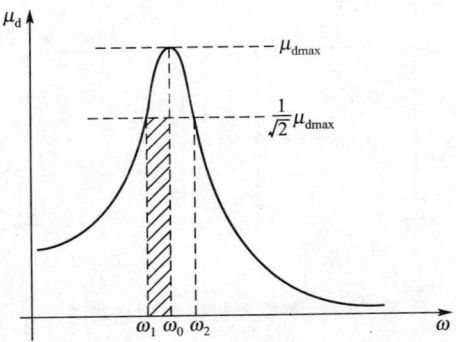

图 7-6 用共振曲线求解阻尼系数和阻尼比

将 $\mu_d = \frac{1}{\sqrt{2}}\left(\frac{1}{2\xi}\right)$ 代入式(7-12)，代入后将方程两边平方，得：

$$\nu_1 = 1-\xi, \quad \nu_2 = 1+\xi$$

将两者相减则有

$$\nu_2 - \nu_1 = 2\xi = \frac{\omega_2}{\omega_0} - \frac{\omega_1}{\omega_0}$$

故有

$$\xi = \frac{\omega_2 - \omega_1}{2\omega_0} \quad (7-13)$$

则结构阻尼系数为

$$\beta = \frac{\omega_2 - \omega_1}{2} \quad (7-14)$$

3) 结构的振型测量

应用共振法还可以测量结构的振型。结构按某一固有频率做振动时形成的弹性曲线称为对应于此频率的振型。用共振法测量振动时，将若干拾振器布置在结构的相应部位，当激振器使结构发生共振时，同时记录结构各部位的振动时程，通过比较各点的振幅和相位，也可以得到与共振频率相应的振型，如图 7-7 所示。

当拾振器数量较少或记录装置可容纳的测量通道少于需要测量的测点数量时，可以采用跑点法进行测量，将一个拾振器的位置固定不动，即作为参照点，逐步移动其他拾振器的位置，使拾振器跑过其他所有测量点，将各次测量的结果与参照点的结果进行对比分析。应注意参照点的位置不能取在节点的部位。

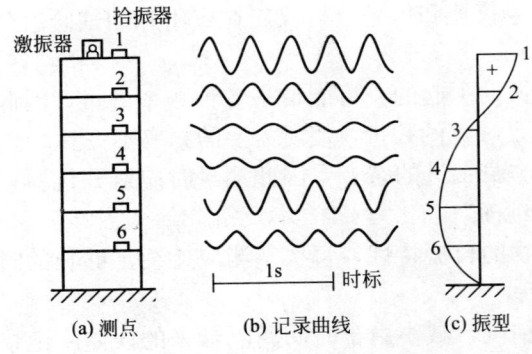

图 7-7 用共振法测建筑物振型

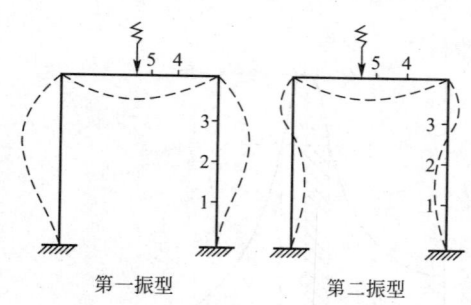

图 7-8 测框架振型时测点布置

对于框架结构的振型测量如图 7-8 所示，激振器布置在框架横梁的中间，测振传感器布置在梁和柱子的中间、柱端及 1/4 处，这样便能较好地测出框架结构的振型曲线。图 7-8 所示为第一振型和第二振型。

对于桥梁结构的振型测量方法与上述方法基本相同，桥梁结构多数为梁、板结构，激振器布置在跨中位置，测点沿跨度方向（从跨中到两端支座处）连续布置垂直方向的测振传感器，视跨度大小一般不少于五个测点，以便将各测点的振幅（位移）连接形成振型曲线。也可用自由振动法即采用载重汽车行驶到梁跨中位置紧急刹车，使桥梁产生自由振动，但只能测量到结构的第一振型（主振型）。

7.3.2 环境随机振动法测量结构动力特性

环境随机振动法又称为脉动法，即利用脉动来测量和分析结构动力特性的方法。人们在试验观测中发现，建筑物由于受外界环境的干扰而经常处于微小而不规则的振动之中，其振幅一般在 0.01mm 以下，这种环境随机振动称之为脉动。

建筑物或桥梁的脉动与地面脉动、风动或气压变化有关，特别是受火车和机动车辆行驶、机器设备开动等所产生的扰动，以及大风或其他冲击波传来的影响尤为显著，其脉动周期为 0.1~0.8s。由于任何时候都存在着环境随机振动，而由此引起建筑物或桥梁结构的脉动是经常存在的。其脉动源不论是风动还是地面脉动，都是不规则的和不确定的变量，在随机理论中称此变量为随机过程，它无法用一个确定的时间函数来描述。由于脉动源是一个随机过程，因此所产生的建筑物或桥梁结构的脉动也必然是一个随机过程。大量试验证明，建筑物或桥梁的脉动有一个重要性质，它能明显地反映出其本身的固有频率和其他自振特性。所以采用脉动法测量和分析结构动力特性成为目前最常用的试验方法。

采用脉动法的优点是不需要专门的激振设备，而且不受结构形式和大小的限制，通用于各种结构，因而得到广泛应用。但是由于脉动信号比较微弱，测量仪器的选择应使用低噪声、高灵敏度的拾振器和放大器，并应有记录仪器和信号分析仪。在应用脉动试验法分析结构的动力特性时，应注意以下问题。

(1) 由于工程结构的脉动是由于环境随机振动引起的，可能带来各种频率分量，因此为得到具有足够精度的数据，要求记录仪器有足够宽的频带，使所需要的频率不失真。

(2) 脉动记录中不应有规则的干扰或仪器本身带进的杂音，因此测量时应避开机器或其他有规则振动的影响，以保持记录信号的"纯净"。

(3) 为使每次记录的脉动均能够反映结构物的自振特性，每次量测应持续足够长的时间，且重复几次。

(4) 为使高频分量在分析时能满足要求的精度，减小由于时间间隔带来的误差，记录设备应有足够快的记录速度。

(5) 布置测点时为得到扭转频率应将结构视为空间体系，应在高度方向和水平方向同

第7章 工程结构动载试验

时布置传感器。

(6) 每次观测最好能记录当时附近地面振动以及天气、风向风速等情况,以便分析这些因素对脉动的影响。

脉动法测量的记录波形图的分析通常采用以下几种方法。

1. 主谐量法

结构物固有频率的谐波分量是脉动信号中的主要成分,在脉动记录图上可以直接量测出来。凡是振幅大、波形光滑(即有酷似"拍"的现象)处的频率总是多次重复出现。如果建(构)筑物各部位在同一频率处的相位和振幅符合振型规律,那么就可以确定此频率就是建(构)筑物的固有频率。通常基频出现的机会最多,比较容易确定。对一些较高的建(构)筑物,有时第二、第三频率也可能出现。若记录时间能放长些,分析结果的可靠性就会大一些。若欲画出振型图,应将某一瞬时各测点实测的振幅变换为实际振幅绝对值(或相对值),然后画出振型曲线。

例如,有一空心砖砌体模型(比例为 1∶2),其平面、立面及测点布置如图 7-9(a)所示。模型各层横向水平振动的脉动记录如图 7-9(b)所示。由图可见,第一频率比较明显,而第二频率未出现。第一振型在脉动图中起突出作用,若取图示两个游标记号▽处的时间差为 0.525s,则其周期为 $T=0.535/5=0.107s$,频率为 $f=1/T=9.35Hz$。画出振型曲线如图 7-9(c)所示。

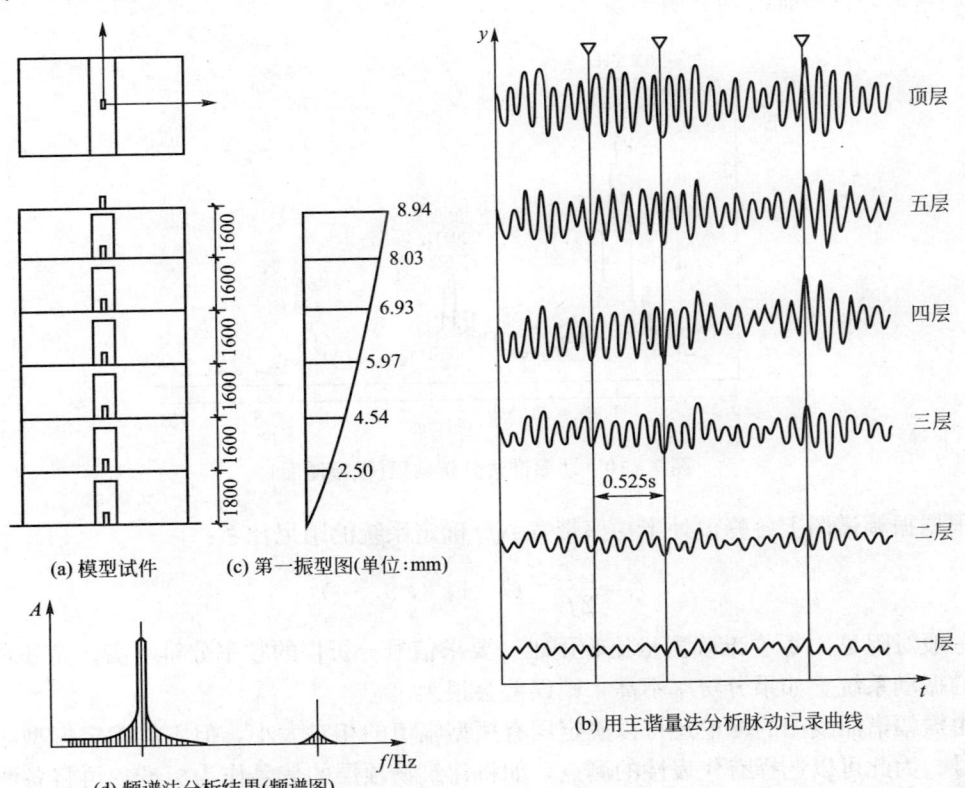

图 7-9 频谱分析法和主谐量法分析脉动记录曲线

2. 频谱分析法

将建(构)筑物脉动记录图看成是各种频率的谐量合成。由于其主要成分为建(构)筑物固有频率的谐波分量和脉动源频率的谐波分量,因此用傅里叶级数将脉动图分解并做出其频谱图,则在频谱图上出现的峰值点所对应的频率就是建(构)筑物固有频率及脉动源的频率,若脉动源中没有规则的振动信号,则就是建(构)筑物固有频率,如图 7-9(d) 所示。

3. 功率谱分析法

通过频谱分析法可以利用脉动振幅谱即功率谱(又称均方根谱)的峰值确定建筑物的固有频率和振型,用各峰值处的半功率带宽确定阻尼比。

假设建(构)筑物的脉动是一种平稳的各态历经的随机过程,且结构各阶阻尼比很小,各阶固有频率相隔较远。将建筑物各测点处实测所得到的脉动信号输入到傅里叶信号分析仪进行功率谱分析,得到各测点的脉动振幅谱(均方根谱)$\sqrt{G_g(f)}$ 曲线,如图 7-10 所示。然后根据对振幅谱曲线图的峰值点对应的频率进行综合分析,以确定各阶固有频率 f_i。由于脉动源是由多种情况产生,所以实测到的振幅谱曲线上的所有峰值并不都是系统整体振动的固有频率,这就要从各测点振谱图综合分析加以识别,单凭一条曲线判断不了。一般来说,如果各测点的振幅谱图上都有某频率的峰值,而且幅值和相位也符合振型规律,这就可以确定为该系统的固有频率。

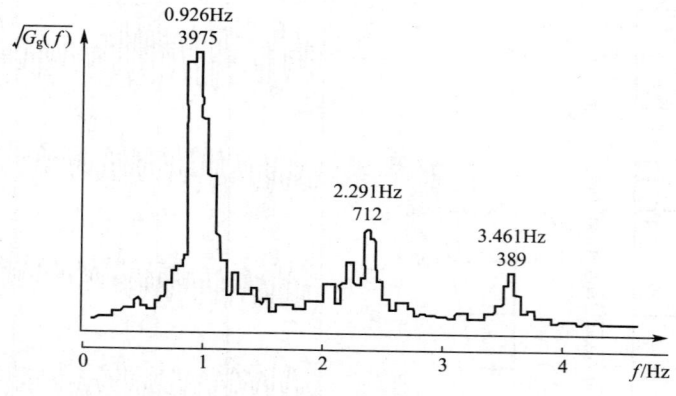

图 7-10 功率谱法分析结果(振幅谱图)

根据振幅谱图上各峰值处半功率带宽 Δf_i 确定系统的阻尼比 ξ_i:

$$\xi_i = \frac{\Delta f_i}{2f_i} \quad (i=1,2,3,\cdots) \tag{7-15}$$

一般对阻尼比 ξ_i 要准确测量比较困难,要求信号分析仪的频率分辨率高,尤其对阻尼比小的振动系统。如果分辨率不高,则误差会很大。

由振幅谱曲线图的峰值还可以确定固有振型幅值的相对大小,但不能确定振型幅值的正负号。为此可以选择有代表性的测点,如将建筑物顶层的信号作为标准,再将各测点信号分别与标准信号做互谱分析,求出各个互谱密度函数的相频特性 $\theta_{kg}(f)$。若 $\theta_{kg}(f)=0$ 说明两点同相位,若 $\theta_{kg}(f)=\pm\pi$ 说明两点相位相反,这样就可以确定振型幅值的正负号了。

以上仅是对建筑物脉动进行功率谱分析方法的简要叙述,要准确获得结构的实际动力特性参数,问题还有很多,具体操作时应参考专门的文献资料。特别是新的振动模态参数识别技术的发展和应用,为快速而准确地确定结构的动力特性开辟了新途径。

4. 统计法

由于弹性体受随机因素影响而产生的振动必定是自由振动和强迫振动的叠加,具有随机性的强迫振动在任意选择的多数时刻的平均值为零,因而利用统计法即可得到建筑物自由振动的衰减曲线。

具体做法是:在脉动记录曲线上任意取 y_1, y_2, …, y_n, 当 y_i 为正值时记为正,且 y_i 以后的曲线不变号;当 y_i 为负值时也变为正,且 y_i 以后的曲线全部变号。在 y 轴上排齐起点,绘出 y_i 曲线后,用这些曲线的平均值画出另一条曲线,这条曲线便是建筑物自由振动时的衰减曲线。利用它便可求得基本频率和阻尼。用统计法求阻尼时,必须有足够多的曲线取其平均值,一般不得少于 40 条。

7.4 工程结构动力反应试验

生产和科研中提出的一些问题,往往要求对动荷载作用下的结构动力反应进行试验测定。例如,工业厂房在动力机械设备作用下的振动情况;桥梁在列车通过时引起的振动;高层建筑物和高耸构筑物在风荷载作用下的振动;结构在地震作用或爆炸作用下的动力反应等。在这类试验中有些是实际生产过程中的动荷载,也有的是用专门设备产生的模拟动荷载。

7.4.1 探测主振源的方法

作用在结构上的动荷载常常是很复杂的,许多情况下是由多个振源产生的,首先要找出对结构振动起主导作用而危害最大的主振源,然后测定其特性。

结构发生振动,其主振源并不总是显而易见的,这时可以通过下述一些试验方法测定。

在工业厂房内有多台动力机械设备时,可以逐个开动,观察结构在每个振源影响下的振动情况,从中找出主振源,但是这种方法往往由于影响生产而不便实现。

分析实测振动波形,按照不同振源将会引起规律不同的强迫振动这一特点,可以间接判定振源的某些性质,作为探测主振源的参考依据。

当振动记录图形是间歇性的阻尼振动,而且有明显尖峰和衰减的特点时,说明是撞击性振源所引起的振动,如图 7-11(a)所示。

转速恒定的机械设备将引起规律的、稳定的具有周期性的振动。图 7-11(b)所示是具有单一简谐振源的接近正弦规律的振动图形,这可能是一台机器或多台转速一样的机器所引起的振动。

图 7-11(c)所示是两个频率相差两倍的简谐振源引起的合成振动图形。

图 7-11(d)所示是三个简谐振源引起的更为复杂的合成振动图形。

当振动图形符合"拍振"的规律时，振幅周期性地由小变大，又由大变小，如图 7-11(e)所示。这有两种可能的情况，一种是由两个频率接近的简谐振源共同作用；另一种是只有一个振源，但其频率和结构的固有频率相近。

图 7-11(f)所示是属于随机振动一类的记录图形，它是由随机性动荷载引起的。例如，液体或气体的压力脉冲。

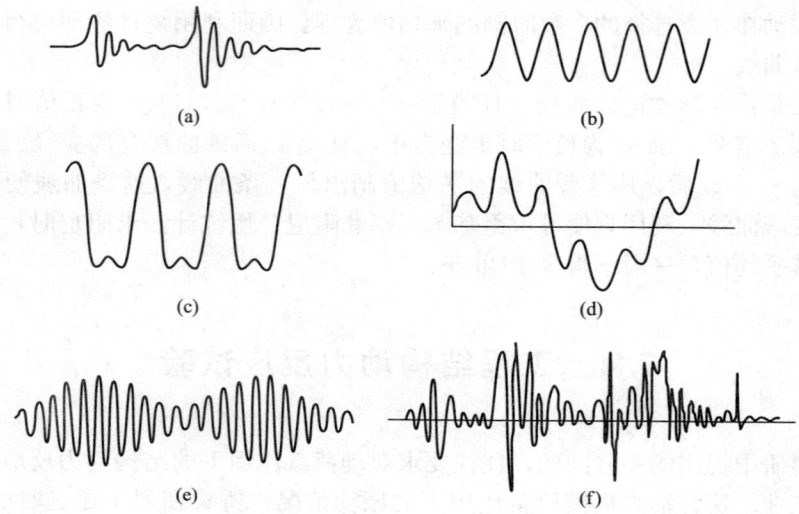

图 7-11 各种振源的振动记录

分析结构振动的频率，可以作为进一步判断主振源的依据。结构强迫振动的频率和作用力的频率相同，因此具有这种频率的振源就可能是主振源。对于简谐振动可以直接在振动记录图上量出振动频率，而对于复杂的合成振动则需将合成振动记录图做进一步分析，做出复合振动频谱图，在频谱图上可以清楚地看出合成振动是由哪些频率成分组成的，哪一个频率成分具有较大的幅值，从而判断哪一个振源是主振源。

某厂有一个钢筋混凝土框架，高 17.5m，上面有一个 3000kN 的化工容器，如图 7-12 所示。此框架建成投产后即发现水平横向振动很大，人站在上面就能明显地感觉到，但框架本身及其周围并无大的动力设备。振动从何而来一时看不出，于是以探测主振源为目的进行了实测。在框架顶部、中部和地面设置了测振传感器，实测振动记录如图 7-13 所示。可以看出框架顶部 17.50m 处、8m 处和 ±0.00m 处的振动记录图的形式是一样的，不同的是顶部振动幅度大，人感觉明显；地面振动幅度小，人感觉不出，只能用仪器测出；所记录的振动明显地是一个"拍振"。这种振动是由两个频率值接近的简谐振动合成的结果。运用分析"拍振"的方法可得出，组成"拍振"的两个分振动的频率分别是 2.09Hz 和 2.28Hz，相当于 125.4 次/min 和 136.8 次/min。经过调查，原来距此框架 30 多米处是该厂压缩机车间。此车间有六台大型卧式压缩机，其中 4 台为 136r/min，2 台为 125r/min。因此可以确定出振源即大型空气压缩机。

确定主振型后，根据实测振幅和框架顶层的化工容器的质量，进一步推算振动产生加速度和惯性力。

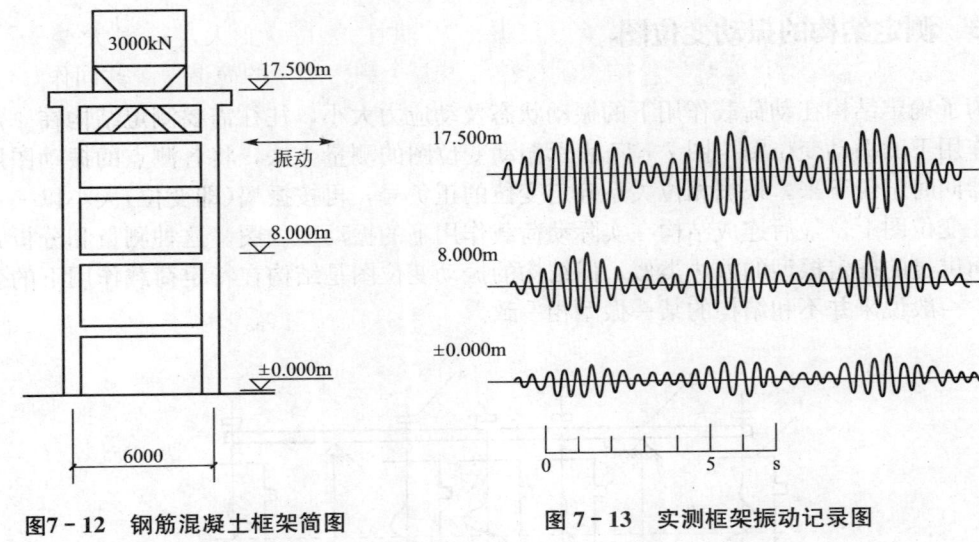

图7-12 钢筋混凝土框架简图　　　图7-13 实测框架振动记录图

7.4.2 结构特定部位动参数的测定

实践中经常遇到需要测定结构物在动荷载作用下特定部位的动参数，如振幅、频率（或频率谱）、速度、加速度、动变形等。这种情况下，只要在结构振动时布置适当的拾振器（如位移传感器、速度传感器、加速度传感器或电阻应变计等）记录振动图即可。测点布置根据结构情况和试验目的而定。例如，为了校核结构承载力就应将测点布置在最危险的部位即控制断面上；如果是测定振动对精密仪器的影响，一般应在精密仪器基座处测定振动参数；多层厂房常需要测定某个振源（如机床扰力）引起的振动在结构内传布和衰减的情况，如振动在同一楼层内的传布情况。在图7-14所示的实例中，振源为动力机床，将振源处测得的振幅定为1，其余各点测得的振幅与振源处的振幅之比称为该点的传布系数，将各点传布系数标在图上就可明显地看出此振源产生的振动情况在楼层内的影响范围和衰减情况。

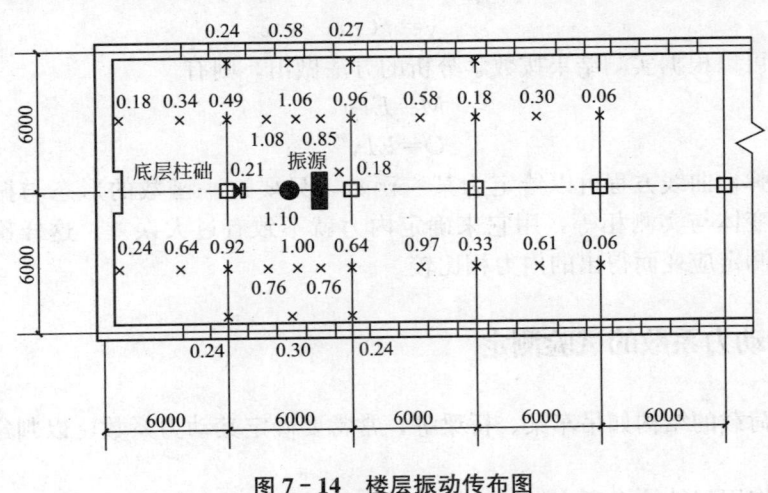

图7-14 楼层振动传布图

×—测点位置；●—实测振幅

7.4.3 测定结构的振动变位图

为了确定结构在动荷载作用下的振动状态及动应力大小，往往需要测定结构在一定动荷载作用下的振动变位图。图 7 - 15 表示振动变位图的测量方法，将各测点的振动图用记录仪器同时记录下来，根据相位关系确定变位的正负号，再按振幅（即变位）大小以一定比例画在变位图上，最后连成结构在实际动荷载作用下的振动变位图。这种测量和分析方法与前面讲过的确定振型的方法类似。但结构的振动变位图是结构在特定荷载作用下的变形曲线，一般说来并不和结构的某一振型相一致。

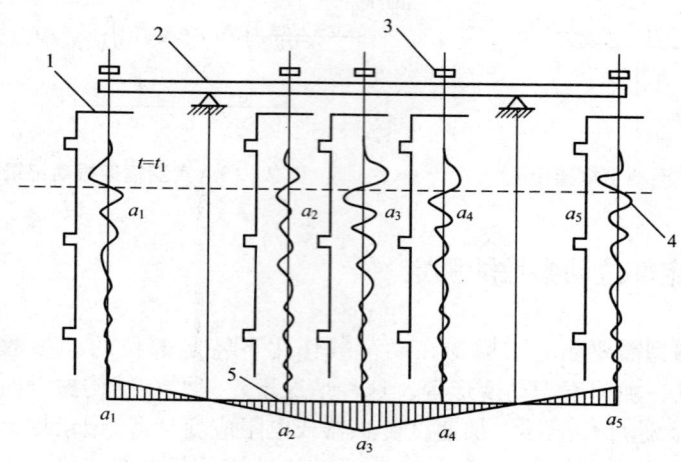

图 7 - 15 结构振动变位图
1—时间信号；2—结构（梁）；3—拾振器；4—记录曲线；5—$t=t_1$ 时结构变位图

确定了振动变位图后，即有可能按结构力学的理论近似地确定结构由于动荷载所产生的内力。

设振动弹性曲线方程为

$$y = f(x) \tag{7-16}$$

这一方程可以根据实测结果按数学分析的方法做出，则有

$$M = EIy'' \tag{7-17}$$

$$Q = EIy''' \tag{7-18}$$

实际上，弹性曲线方程可以给定为某一函数，只要这一函数的形态与振动变位图相似，而且最大变体与实测相等，用它来确定内力就不致有过大误差。这样确定的结构内力，可与直接测定应变而得出的内力相比较。

7.4.4 结构动力系数的试验测定

承受移动荷载的结构如吊车梁、桥梁等，常常要确定其动力系数，以判定结构的工作情况。

移动荷载作用于结构上所产生的动挠度，往往比静荷载时产生的挠度大。动挠度和静

挠度的比值称为动力系数。结构动力系数一般用试验方法实测确定。为了求得动力系数，先使移动荷载以最慢的速度驶过结构，测得挠度图如图 7-16(a)所示，然后使移动荷载按某种速度驶过，这时结构产生最大挠度 y_d（实际测试中采取以各种不同速度驶过，找出产生最大挠度的某一速度），如图 7-16(b)所示。从图上量得最大静挠度 y_j 和最大动挠度 y_d，即可求得动力系数：

$$\mu = \frac{y_d}{y_j} \quad (7-19)$$

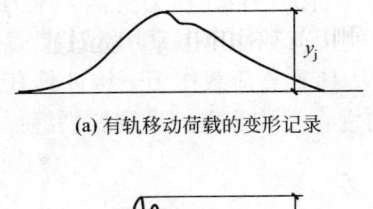

(a) 有轨移动荷载的变形记录

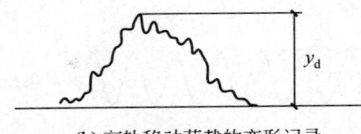

(b) 有轨移动荷载的变形记录

上述方法只适用于一些有轨的动荷载，对无轨的动荷载（如汽车）不可能使两次行驶的路线完全相同。有的移动荷载由于生产工艺上的原因，用慢速行驶测最大静挠度也有困难，这时可以采取一次高速行驶测试，记录图形如图 7-16(c)所示。取曲线最大值为 y_d，同时在曲线上绘出中线，相应于 y_d 处中线的纵坐标即 y_j，按上式即可求得动力系数。

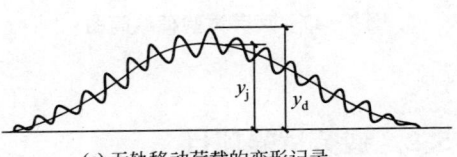

(c) 无轨移动荷载的变形记录

图 7-16 动力系数测定

量测动挠度一般采用差动式位移传感器，配备信号放大器和记录仪即可。

7.5 工程结构疲劳试验

7.5.1 结构疲劳试验概述

工程结构中存在着许多疲劳现象，如桥梁、吊车梁，直接承受悬挂吊车作用的屋架和其他主要承受重复荷载作用的构件等，其特点都是受重复荷载作用。这些结构物或构件在重复荷载作用下达到破坏时的强度比其静力强度要低得多，这种现象称为疲劳。结构疲劳试验的目的就是要了解在重复荷载作用下结构的性能及其变化规律。

疲劳问题涉及的范围比较广，对某一种结构物而言，它包含材料的疲劳和结构构件的疲劳，如钢筋混凝土结构中有钢筋的疲劳、混凝土的疲劳和组成构件的疲劳等。目前疲劳理论研究工作正不断发展，疲劳试验也因目的要求不同而采取不同的方法。这方面国内外试验研究资料很多，但目前尚无标准化的统一试验方法。

近年来，国内外对结构构件——特别是钢筋混凝土构件的疲劳性能的研究比较重视，其原因有以下几点。

（1）普遍采用极限强度设计和高强材料，以致许多结构构件处于高应力状态下工作。

（2）正在扩大钢筋混凝土构件在各种重复荷载作用下的应用范围，如吊车梁、桥梁、轨枕、海洋石油平台、压力机架、压力容器等等。

（3）使用荷载作用下采用允许截面受拉开裂设计。

（4）为使重复荷载作用下构件具有良好的使用性能，改进设计方法，防止重复荷载导致过大的垂直裂纹和提前出现斜裂缝。

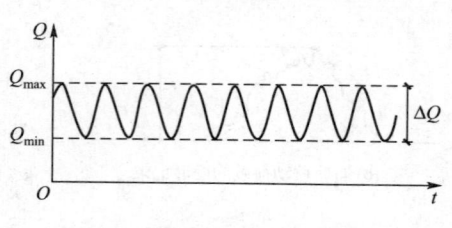

图 7-17 疲劳试验荷载简图

疲劳试验一般均在专门的结构疲劳试验机上进行，如结构构件大部分采用脉冲千斤顶施加重复荷载，也有采用偏心轮式振动设备。目前，国内对疲劳试验还是采取对构件施加等幅匀速脉动荷载，借以模拟结构构件在使用阶段不断反复加载和卸载的受力状态，其作用如图 7-17 所示。

下面以钢筋混凝土结构为例介绍疲劳试验的主要内容和方法。

7.5.2 疲劳试验项目

对于鉴定性疲劳试验，在控制疲劳次数内，应取得如下数据，同时满足现行设计规范要求。

（1）抗裂性及开裂荷载。
（2）裂缝宽度及其发展。
（3）最大挠度及其变化幅度。
（4）疲劳强度及其疲劳寿命。

对于科研性的疲劳试验可根据研究目的来确定试验项目。如果是正截面的疲劳性能试验应包括以下试验项目。

（1）各阶段截面的应力分布状况，中和轴变化规律。
（2）抗裂性及开裂荷载。
（3）裂缝宽度、长度、间距及其发展。
（4）最大挠度及其变化规律。
（5）疲劳强度的确定。
（6）破坏特征分析。

7.5.3 疲劳试验荷载

1. 疲劳试验荷载取值

疲劳试验的上限 Q_{max} 是根据构件在最大标准荷载、最不利组合下产生的弯矩计算而得到的，荷载下限则根据疲劳试验设备的要求而定。

2. 疲劳试验荷载速度

疲劳试验荷载在单位时间内重复作用的次数（即荷载频率）会影响材料塑性变形和徐变。另外，频率过高时对疲劳试验附属设施带来的问题也较多。目前国内外尚无统一的频率规定，主要按疲劳试验机的性能而定。

荷载频率不应使构件及荷载架发生共振，同时应使构件在试验时与实际工作时的受力状态一致。为此，荷载频率 θ 与构件固有频率 ω 之比应满足关系：

$$\frac{\theta}{\omega}<0.5 \quad 或 \quad \frac{\theta}{\omega}>1.3 \tag{7-20}$$

3. 疲劳试验的控制次数

构件经受下列控制次数的疲劳荷载作用后，抗裂性（即裂缝宽度）、刚度、强度必须满足现行规范中的有关规定。

中级工作制吊车梁：$n=2\times10^6$ 次。

重级工作制吊车梁：$n=4\times10^6$ 次。

7.5.4 疲劳试验步骤

构件疲劳试验步骤可归纳为以下几个步骤。

1. 疲劳试验前预加静载试验

对构件施加不大于上限荷载20%的预加静载1～2次，消除松动及接触不良，压牢构件并使仪表运转正常。

2. 正式疲劳试验

第一步：先做疲劳前的静载试验，其目的是为了对比构件经受反复荷载后受力性能有何变化。荷载分级加到疲劳上限荷载，每级荷载可取上限荷载的20%，临近开裂荷载时应适当加密。第一条裂缝出现后仍以20%的荷载施加，每级荷载加完后停歇10～15min，记录读数。加满后分两次或一次卸载，也可采取等变形加载法。

第二步：进行疲劳试验。首先调节疲劳试验机上、下限荷载，待示值稳定后读取第一次动荷载读数。以后每隔一定次数（30万～50万次）读取数据。根据要求可在疲劳过程中进行静载试验（方法同上），完毕后重新启动疲劳机继续疲劳试验。

第三步：做破坏试验。达到要求的疲劳次数后进行破坏试验有两种情况：一种是继续施加疲劳荷载直至破坏，得到承受疲劳荷载的次数；另一种是做静载破坏试验，方法同前。荷载分级可以加大，疲劳试验的步骤如图7-18所示。

应该注意的是，不是所有疲劳试验都采用相同的试验步骤，随试验目的和要求的不同可有多种多样，如带裂缝的疲劳试验，静载可不分级缓慢地加到第

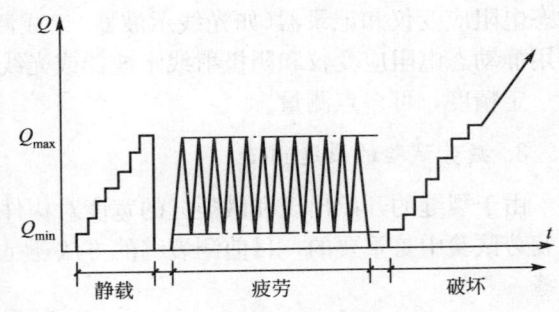

图7-18 疲劳试验步骤示意

一条可见裂缝出现为止，然后开始做疲劳试验，如图7-19所示；或者在疲劳试验过程中变更荷载上限，如图7-20所示。提高疲劳荷载的上限，可以在达到要求疲劳次数之前，也可以在达到要求疲劳次数之后。

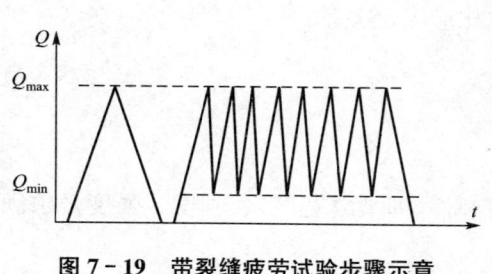

图 7-19 带裂缝疲劳试验步骤示意　　　图 7-20 变更荷载上限的疲劳试验

7.5.5 疲劳试验的观测

1. 疲劳强度

构件所能承受疲劳荷载作用次数 n，取决于最大应力值 σ_{max}（或最大荷载 Q_{max}）及应力变化幅度 ρ（或荷载变化幅度）。试验应按设计要求取最大应力值 σ_{max} 及疲劳应力比值 $\rho = \sigma_{max}/\sigma_{min}$。依据此条件进行疲劳试验，在控制疲劳次数内，构件的强度、刚度、抗裂性应满足现行规范要求。

当进行科研性疲劳试验时，构件以疲劳极限强度和疲劳极限荷载作为最大的疲劳承载能力。构件达到疲劳破坏时的荷载上限值为疲劳极限荷载。构件达到疲劳破坏时的应力最大值为疲劳极限强度。为了得到给定 ρ 值条件下的疲劳极限强度和疲劳极限荷载，一般采取的办法是：根据构件实际承载能力，取定最大应力值 σ_{max} 做疲劳试验，求得疲劳破坏时荷载作用次数 n，从 σ_{max} 与 n 双对数直线关系中求得控制疲劳极限强度，作为标准疲劳强度。它的统计值作为设计验算时疲劳强度取值的基本依据。

2. 疲劳试验的应变测量

一般采用电阻应变片测量动应变，测点布置依试验具体要求而定。测试方法有：①以动态电阻应变仪和记录器（如光线示波器）组成测量系统，这种方法的缺点是测点数量少；②用静动态电阻应变仪和阴极射线示波器或光线示波器组成测量系统，这种方法简便且具有一定精度，可多点测量。

3. 疲劳试验的裂缝测量

由于裂缝的开始出现和微裂缝的宽度对构件安全使用具有重要意义。因此，裂缝测量在疲劳试验中是重要的，目前测裂缝的方法还是利用光学仪器目测或利用应变传感器电测裂缝。

4. 疲劳试验的挠度测量

疲劳试验中动挠度测量可采用接触式测振仪、差动变压器式位移计和电阻应变式位移传感器等，如国产 CW-20 型差动变压器式位移计（量程 20mm），配合 YJD-1 型动态应变仪和光线示波器组成测量系统，可进行多点测量，并能直接读出最大荷载和最小荷载下的动挠度。

7.5.6 疲劳试验试件安装

构件的疲劳试验不同于静载试验，它连续进行的时间长，试验过程振动大，因此试件的安装就位以及相配合的安全措施均需认真对待，否则将会产生严重后果。具体安装时应注意以下问题。

（1）严格对中。荷载架上的分布梁、脉冲千斤顶、试验构件、支座以及中间垫板都要对中。特别是千斤顶轴心一定要同构件断面纵轴在一条直线上。

（2）保持平稳。疲劳试验的支座最好是可调的，这样即使构件不够平直也能调整安装水平。另外千斤顶与试件之间、支座与支墩之间、构件与支座之间都要确实找平，用砂浆找平时不宜铺厚，因为厚砂浆层易酥。

（3）安全防护。疲劳破坏通常是脆性断裂，事先没有明显预兆。为防止发生事故，对人身安全、仪器安全均应特别注意。

现行的疲劳试验都是采取实验室常幅疲劳试验方法，即疲劳强度是以一定的最小值和最大值重复荷载试验结果而确定。实际上结构构件是承受变化的重复荷载作用，随着测试技术的不断进步，常幅度疲劳试验将为符合实际情况的变幅疲劳试验所代替。

另外，疲劳试验结果的离散性是众所周知的。即使在同一应力水平下的许多相同试件，它们的疲劳强度也有显著的变异。而材料的不均匀性（如混凝土）和材料静力强度的提高（如高强钢材）更加大了变异。因此，对于试验结果的处理，大都采用数理统计的方法进行分析。

各国结构设计规范对构件在多次重复荷载作用下的疲劳设计都是提出原则要求，而无详细的计算方法，有些国家则在其他文件中加以补充规定。目前，我国正在积极开展结构疲劳的研究工作，结构疲劳试验的试验技术、试验方法也在相应地迅速发展。

7.6 工程结构的风洞试验

风是由强大的热气流形成的空气动力现象，其特性主要表现在风速和风向。而风速和风向随时都在变化，风速有平均风速和瞬时风速之分，瞬时风速最大可达到60m/s以上，对建筑物将产生很大的破坏力。我国将风力划分为12个等级，6级以上的大风就要考虑风荷载对建筑物的影响。我国沿海地区的建筑物也经常遭受到强台风的袭击，特别是近十几年来兴建的超高层建筑物和大型桥梁经常遭受强台风的袭击，造成房屋倒塌和人员伤亡。因此，很多专家学者致力于工程结构的抗风研究，并通过实测试验了解作用在工程结构上的风力特性。

要了解作用在工程结构上的风力特性，多数需要通过实测试验才能得到。实测试验由于在现场自然条件下进行，包括位移、风压分布和建筑物的振动参数的测定。实测试验通常选定常有强风发生的地区和有代表性的建筑物，需要应用各种类型的仪器综合配套，同时测出结构顶部的瞬时风速、风向、建筑物表面的风压，以及建筑物在风力作用下的位移、应力和振动特性等物理量，然后对大量实测数据进行综合分析，得出不同等级风力对建筑作用的影响程度，为结构的抗风设计提供依据。

由于实测试验要等待有强风的情况下才能测量,耗时很长,一般要一年左右,而且需要大量的人力、物力和财力,难度较大。科学家们为了系统地研究风力对各种结构的作用,除了实测试验之外,还采用缩小模型或相似模型在专门的试验装置内模拟风力试验,即风洞试验。

在多层房屋和工业厂房结构设计中,房屋的风载体形系数就是根据大量的风洞试验的结果归纳总结出来的。目前超大跨径的桥梁、大跨度屋盖结构和超高层建筑等新型结构体系也常用风洞试验确定与风荷载有关的设计参数。

7.6.1 工程结构缩尺模型的风洞试验

风洞试验装置是一种能够产生和控制气流,以模拟建筑或桥梁等结构物周围的空气流动,并可量测气流对结构的作用,以及观察有关物理现象的一种管状空气动力学试验设备。

为适应各种不同结构形式的风洞试验,风洞的构造形式和尺寸也各不相同。目前,日本国立土木研究所拥有世界上最大的单回路铅直回流形式的风洞实验室,风洞尺寸为宽41m、高4m、长30m,如图7-21所示,由36台直径1.8m的送风机组成。根据研究的需要,风洞可以产生各种形式的强风,主要适用进行大型桥梁的缩小模型风洞试验。日本多多罗大桥(世界最大斜拉桥,主跨880m)和日本明石海峡大桥(世界最长悬索桥,主跨1990m)建造前都进行了风环境缩尺模型风洞试验。

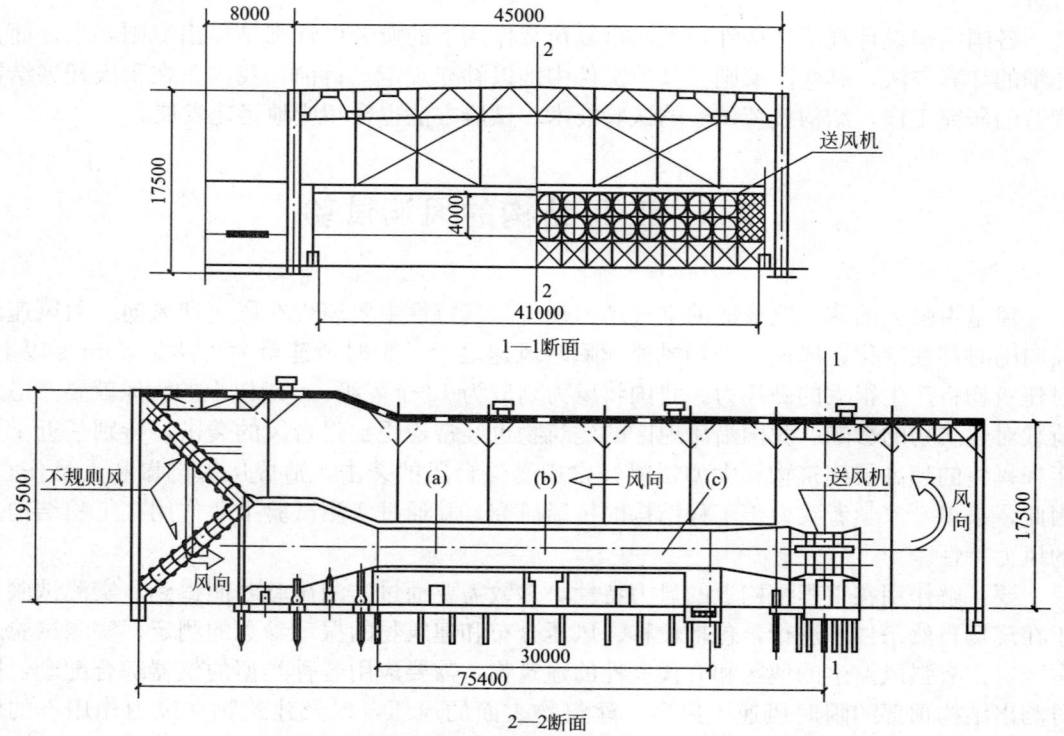

(a)一般气流试验位置;(b)斜风试验位置;(c)不规则风试验位置

图 7-21 大型风洞试验设施构成图

我国同济大学风洞实验室拥有三座大、中、小配套的边界层风洞设施，其中 TJ-3 型试验风洞尺寸为宽 15m、高 2m、长 14m。该风洞试验装置分别进行了上海国际金融大厦模型风洞试验和南京长江二桥南汊桥缩尺模型风洞试验。目前，浙江大学、哈尔滨工业大学、大连理工大学和汕头大学等也分别建成了风洞实验室。

7.6.2 风洞试验量测系统

结构风洞试验模型可分为钝体模型和气弹模型两种。其中，钝体模型主要用于研究风荷载作用下，结构表面各个位置的风压，气弹模型则主要用于研究风致振动以及相关的空气动力学现象。风洞试验主要的测试项目如下。

(1) 不同形式的风和不同风速作用下结构的应力、位移、变形等。
(2) 不同形式的风和不同风速作用下结构的动力特性。

图 7-22 给出了风洞试验量测系统框图。

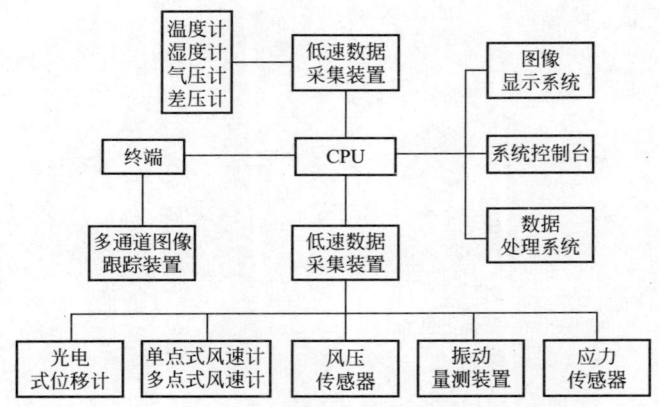

图 7-22 风洞试验量测系统框图

本 章 小 结

本章系统地介绍了结构动力试验的相关理论和试验方法，内容包括数字信号处理与分析方法、动载特性试验、结构的动力特性试验、结构的动力反应试验、结构疲劳试验和风洞试验。学习本章后，重点掌握结构动力特性试验的脉动法和动荷载参数的测量方法，以及动应力、动应变的测量及数据处理分析方法。

思 考 题

1. 什么是振动的时域表示法？如何由时域表示法变换成频域表示法？
2. 什么是采样定理？它在结构动力试验测定中有什么作用？

3. 结构的动力试验包括哪些内容？
4. 结构的动力系数的概念是什么？如何测定？
5. 采用脉动法测量结构动力特性有哪些优点？脉动法实测振动波形图通常采用哪些方法可以分析出结构的动力特性？
6. 结构动力系数的概念是什么？如何测定？
7. 疲劳试验的目的是什么？需测量哪些项目？判断疲劳试验破坏的标志是什么？
8. 什么叫风洞试验？风洞试验主要量测哪些内容？

第8章 工程结构抗震试验

教学目标

掌握结构抗震的低周反复加载试验；了解拟动力试验的内容；理解模拟地震振动台试验方法；了解天然地震试验的内容。

教学要求

知识要点	能力要求	相关知识
结构抗震的目的、任务、内容、分类和特点	(1) 了解结构抗震试验的目的、任务和内容 (2) 掌握结构抗震试验的分类和特点	
结构拟静力试验	(1) 理解拟静力试验的基本概念 (2) 掌握拟静力试验的加载方法 (3) 了解拟静力试验的测试项目 (4) 掌握拟静力试验的数据整理要求	
结构拟动力试验	(1) 理解拟动力试验的基本概念 (2) 掌握拟动力试验的设备 (3) 了解拟动力试验的操作方法和过程	
模拟地震振动台试验	(1) 了解模拟地震振动台的作用和组成 (2) 了解模拟地震振动台的加载过程及试验方法	
天然地震试验	(1) 了解工程结构的强震观测 (2) 了解天然地震试验场和工程结构地震反应观测体系	

引言

地震是一种自然现象，发生具有随机性，地震发生后的传播是不确定的。在工程结构抗震研究中，结构抗震试验研究是一个重要方面，其任务主要是对新材料、新结构的抗震能力进行研究，从而在地震区推广应用。本章主要讲述工程结构抗震试验的方法及相应的仪器设备，包括用静力试验方法近似模拟地震作用的拟静力试验和拟动力试验，再现地震过程的模拟地震振动台试验，在地震区对已建房屋进行测试的天然地震试验等。

8.1 结构抗震试验概述

8.1.1 结构抗震试验的目的和任务

地震是地球内部应力释放的一种自然现象,强烈的地震会造成道路、桥梁和建筑物的破坏,并危及人类生命和财产安全。全世界每年大约发生 500 万次地震,其中造成灾害的强烈地震平均每年发生十几次。我国是一个多地震国家,数年来曾发生多次强烈地震,如 1975 年 2 月 4 日辽宁海城和营口发生的里氏 7.4 级地震、1975 年 7 月 28 日河北唐山发生的里氏 7.8 级地震、2008 年 5 月 12 日四川汶川发生的里氏 8 级地震,均造成大量房屋和桥梁倒塌破坏和几十万人员伤亡,财产损失达数千亿元。

为了防止建筑物、道路、桥梁等基础设施免遭地震破坏,减少人员伤亡,研究人员从抗震设计理论和抗震试验两个方面对结构抗震性能进行了大量的研究。结构抗震性能一般从结构的强度、刚度、延性、耗能能力、刚度退化等方面来衡量,结构的抗震能力是结构抗震性能的表现。根据我国现行抗震设计规范的要求,结构应具有"小震不坏,中震可修,大震不倒"的抗震能力。因此,结构抗震试验研究的主要任务如下。

(1) 研究开发具有抗震性能的新材料。

(2) 对不同结构的抗震性能(包括抗震构造措施)进行试验研究,提出新的抗震设计方法。

(3) 通过对结构物的地震作用模型试验,研究结构的破坏特征与破坏过程,验证结构的抗震性能和抗震能力,评定其安全性。

(4) 为制定和修改抗震设计规范提供科学依据。

8.1.2 结构抗震试验的内容

在长期抗御地震灾害中,人们认识到工程结构抗震试验是研究结构抗震性能的一个重要方面。可是,怎样使试验做到既解决问题又比较经济却不太容易,因为地震的发生是随机的,地震发生后的传播是不确定性的,从而导致结构的地震反应是不确定性的,这给确定试验方案带来了困难。一般来说,结构抗震试验包括三个环节:结构抗震试验设计、结构抗震试验和结构抗震试验分析。它们的关系如图 8-1 所示。三者中,结构抗震试验设计是关键,结构抗震试验是中心,结构抗震试验分析是目的。本章主要对结构抗震试验的方法及试验分析做简要介绍。

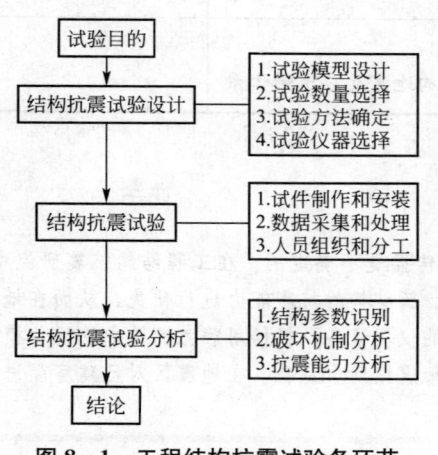

图 8-1 工程结构抗震试验各环节

8.1.3 结构抗震试验的特点

结构承受地震荷载实质上就是结构承受多次反复的水平荷载作用。因此，工程结构抗震试验的特点就是探索和再现结构在地震的反复作用下产生的变形来消耗地震作用输给的能量。结构抗震试验通常要求做到结构屈服以后，进入非线性阶段直至完全破坏的过程，并量测结构的强度、非线性变形性能和结构的实际破坏状态。

结构抗震试验在设备和技术难度及复杂性方面都比结构静力试验要大得多，造成这种现象的主要原因如下。

（1）结构抗震试验的荷载一般以动态形式出现，荷载的速度、加速度及频率将对结构产生动力响应。例如，加速度引起了惯性力，其荷载的大小又与结构本身的质量直接相关；荷载对结构产生的共振使应变、挠度等显著增大。

（2）应变速率的大小会直接影响结构的材料强度。动力荷载作用对结构应变速率会产生影响，加载速度越快，引起结构或构件的应变速率越高，使试件强度和弹性模量也相应得到提高。在冲击荷载作用下，材料强度与弹性模量的变化尤为明显。在地震力作用下，混凝土的钢筋应变速率主要取决于结构构件的反应。试验表明，在动力荷载反复作用下，结构的强度要比静力低周反复加载提高10%以上。

近年来，随着结构动力试验设备和试验技术的发展，结构抗震动力加载试验逐渐引起了专家学者的注意，并开始在结构抗震研究的实践中得到应用。

8.1.4 结构抗震试验方法的分类

结构抗震试验一般可分为结构抗震静力试验和结构抗震动力试验两大类，其中结构抗震静力试验又分为拟静力试验和拟动力试验；结构抗震动力试验又分为模拟地震振动试验和建筑物强震观测试验。其方法分类如图8-2所示。

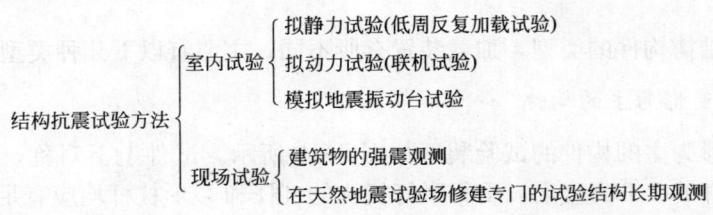

图8-2 结构抗震试验分类

8.2 拟静力试验

静力试验又称低周反复荷载试验，是指对结构或结构构件施加多次往复循环作用的静力试验，是使结构或结构构件在正反两个方向重复加载和卸载的过程，用以模拟地震时结构在往复振动中的受力特点和变形特点。这种方法是用静力方法求得结构振动时的效果，因此称为拟静力试验，或伪静力试验。

在拟静力试验中，加载过程的周期远大于结构的基本周期，因此其实质还是用静力加载方法来近似模拟地震荷载的作用。由于其所需设备和试验条件的相对简单，甚至可用普通静力试验用的加载设备来进行拟静力试验，目前为国内外大量的结构抗震试验所采用。结构拟静力试验一般以试件的荷载值或位移值作为控制量，使试件从开始受力到破坏的一种试验方法，由此获得结构或结构构件非弹性的荷载-变形特性，因此又称为恢复力特性试验。该方法的加载速率很低，因此由于加载速率而引起的应力、应变的变化速率对于试验结果的影响很小，可以忽略不计。同时该方法为循环加载，也称为周期性加载。

进行结构拟静力试验的主要目的，首先是建立结构在地震作用下的恢复力特性，确定结构构件恢复力的计算模型，通过试验所得的滞回曲线和曲线所包围的面积求得结构的等效阻尼比，衡量结构的耗能能力，同时还可得到骨架曲线，结构的初始刚度及刚度退化等参数；由此可以进一步从强度、变形和能量等三个方面判断和鉴定结构的抗震性能。最后可以通过试验研究结构构件的破坏机制，为改进现行结构抗震设计方法及改进结构设计的构造措施提供依据。

8.2.1 加载装置

试验加载装置多采用反力墙或专用抗侧力构架。加载设备主要用推拉千斤顶或电液伺服结构试验系统装置，并用计算机进行试验控制和数据采集。

电液伺服加载器或液压千斤顶一方面与试件连接，另一方面与反力装置连接，以便给结构施加作用。目前常用的反力装置主要有反力墙、反力台座、门式刚架、反力架和相应的各种组合荷载架。试验装置的设计应满足下列要求：①试验装置与试验加载设备应满足设计受力条件和支承方式的要求；②试验台、反力墙、门架、反力架等，其反力装置应具有刚度、强度和整体稳定试验性。试验台的重量不应小于结构试件最大重量的 5 倍。试验台应能承受垂直和水平方向的力。试验台在其可能提供反力部位的刚度，应比试件大 10 倍。

根据试验结构构件的类型，加载装置有所不同，主要有以下几种类型。

1. 以剪切变形为主的构件

以剪切变形为主的构件的试验装置如图 8-3 所示。试件上下对称，推拉千斤顶或作动器安装在试件的 1/2 高度上，平行联杆机构的杠杆和 L 形杠杆均应有足够的刚度，连接铰应做精密加工，尽可能减小间隙和摩阻力。

2. 以弯剪变形为主的构件

以弯剪变形为主的构件的试验装置如图 8-4 所示，垂直荷载的施加宜采用仿重力荷载架，尽可能减小滚动摩擦力对推力的抵消作用。

3. 梁柱节点及梁柱组合试件

框架结构梁柱节点试验装置如图 8-5 所示。水平力加于柱顶，梁有纵向反复位移，但不可上下移动。竖向荷载用千斤顶在柱顶施加，属自平衡系统，在反复水平力作用下其柱顶上压力不随柱顶位移而改变，从而能计入几何非线性的影响。

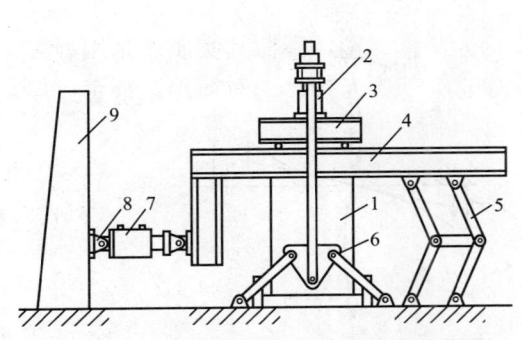

图 8-3 以剪切变形为主的构件试验装置
1—试件；2—竖向荷载千斤顶；3—分配梁；
4—厂形杠杆；5—平行联杆机构；6—仿重力荷载架；
7—推拉千斤顶；8—铰；9—反力墙

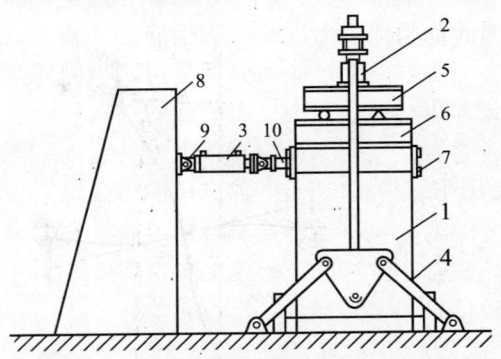

图 8-4 以弯剪变形为主的构件试验装置
1—试件；2—竖向荷载千斤顶；3—推拉千斤顶；
4—仿重力荷载架；5—分配梁；6—卧架；
7—螺栓；8—反力架；9—铰；10—拉压测力计

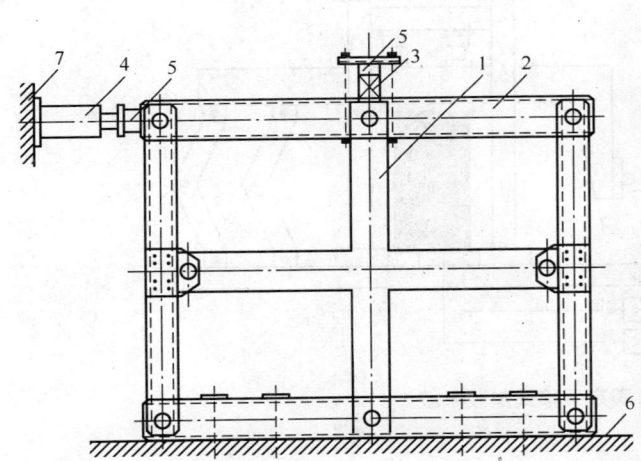

图 8-5 梁柱节点端加载装置及实物图
1—试件；2—几何可变框式试验架；3—竖向荷载加载器；4—水平荷载加载器；
5—荷载传感器；6—试验台座；7—水平荷载支承架

由于框架是超静定结构，因此对梁柱节点组合体的试件和加载装置进行设计时，对于边界条件的模拟尤需注意。在实际框架结构中，当侧向力作用时，节点上柱反弯点可视为水平可移动的铰，相对于上柱反弯点，下柱反弯点可视为固定铰，而节点两侧梁的反弯点均为水平可移动的铰，如图 8-6(a) 所示。在实际试验中为了使加载装置简便，往往采用梁端施加反对称荷载的方案，这时节点边界条件是上下柱反弯点均为不动铰，梁两侧反弯点为自由端，如图 8-6(b) 所示。以上两种方案的主要差别在于后者忽略了柱子位移效应。

4. 墙体顶部水平位移

这是为了模拟墙体实际受力与边界条件，以满足在试验中只允许墙体顶部产生水平位移而不产生转动而设计的一种固定平衡式加载装置，如图 8-7 所示。

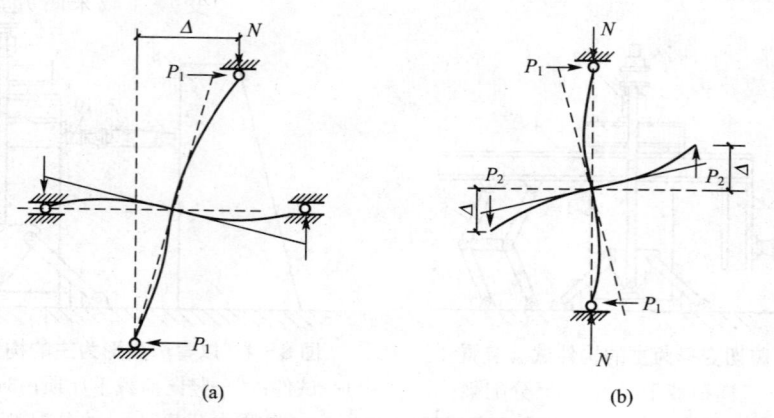

图 8-6 梁柱节点组合试件的边界模拟

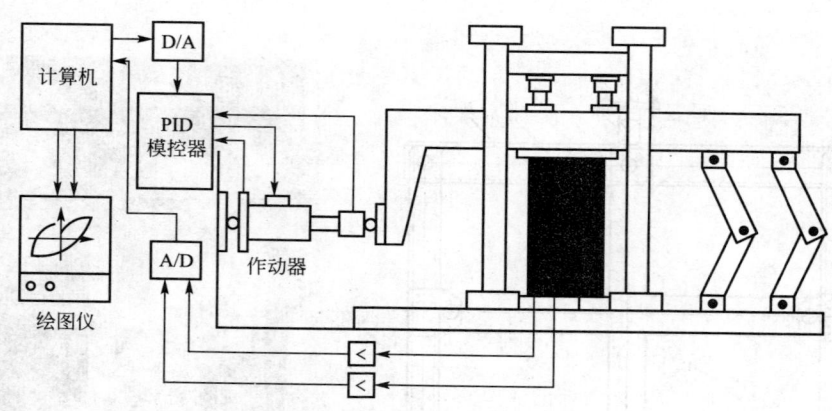

图 8-7 固定平移式加载系统

8.2.2 加载制度

拟静力试验主要有单向反复加载制度和双向反复加载制度。

1. 单向反复加载制度

1) 位移控制加载法

位移控制加载法是目前在结构抗震恢复特性试验中使用最普遍的一种加载方案。这种加载方案是在加载过程中以位移为控制量，或以屈服位移的倍数作为加载控制值。这里位移的概念是广义的，可以是线位移、转角、曲率或应变等参数。

当试验对象具有明确屈服点时，一般都以屈服位移的倍数为控制值。当构件没有明确的屈服点时(如轴力大的柱)或无屈服点时(如无筋砌体)，则由研究者主观制订一个认为恰当的位移标准值来控制试验加载。

对于变幅加载，控制位移的变幅加载如图 8-8 所示。图中纵坐标 μ 是延性系数或位移值，横坐标 n 为反复加载的周次，每一周以后增加位移的幅值。当对一个构件的性能不太了解时,作为探索性的研究,或者在确定恢复力模型时,用变幅加载来研究强度、变形和耗能的性能。

对于等幅加载,控制位移的等幅加载如图8-9所示。这种加载制度在整个试验过程中始终按照等幅位移施加,主要用于研究构件的强度降低率和刚度退化规律。

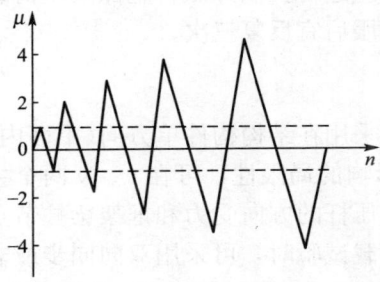 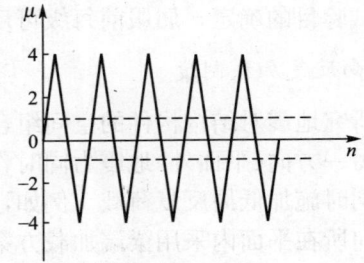

图8-8 控制位移的变幅加载制度　　　　图8-9 控制位移的等幅加载制度

对于变幅混合加载,位移混合加载制度是将变幅、等幅两种加载制度结合起来,如图8-10(a)所示。这样可以综合地研究构件的性能,其中包括等幅部分的强度和刚度变化,以及在变幅部分特别是大变形增长情况下强度和耗能能力的变化。在这种加载制度下,等幅部分的循环次数可随研究对象和要求不同而异,一般可从2次到10次不等。图8-10(b)所示也是一种位移混合加载制度,该加载制度在两种大幅值控制位移点之间有几次小幅值位移循环,这是为了模拟构件承受二次地震作用,其中小循环加载用来模拟余震的作用。

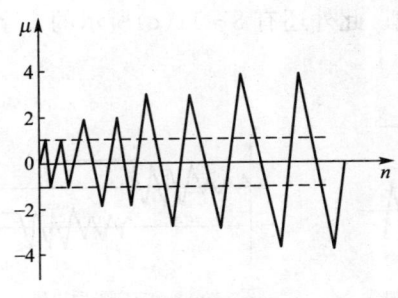 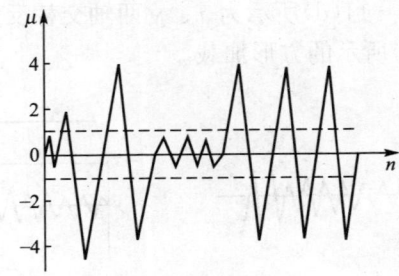

(a) 变幅等幅混合加载　　　　　　　　(b) 考虑多次地震影响的混合加载

图8-10 混合加载制度

由于试验对象、研究目的不同,国内外学者在所进行的试验研究工作中采用了各种控制位移加载方法,通过恢复力特性以研究和改进构件的抗震性能。在上述三种控制位移的加载方案中,以变幅等幅混合加载的方案作用得最多。

2) 作用力控制加载

作用力控制加载是在加载过程中以力作为控制值,按一定的力幅值进行循环加载。由于必须事先对试验结构的承载力进行估算,根据估算的承载力分级控制加载,若估算的承载力过高,在加载过程中容易发生失控,所以这种加载制度较少单独使用。

3) 力-位移混合控制加载

这种加载制度是先以力控制加载，当试件达到屈服状态时改用位移控制，直至试件破坏。《建筑抗震试验方法规程》(JGJ 101—1996)规定：试件屈服前，应采用荷载控制并分级加载，接近开裂和屈服荷载前宜减小级差加载；试件屈服后应采用变形控制，变形值应取屈服时试件的最大位移值，并以该位移的倍数为级差进行控制加载；施加反复荷载的次数应根据试验目的确定，屈服前每级可反复一次，屈服后宜反复三次。

2. 双向反复加载制度

为了研究地震对结构构件的空间组合效应，克服采用在结构构件单方向(平面内)加载时不考虑另一方向(平面外)地震力同时作用对结构影响的局限性，可在 x、y 两个主轴方向(二维)同时施加低周反复荷载。例如，对框架柱或压杆的方向受力和框架梁柱节点在两个主轴方向所在平面内采用梁端加载方案施加反复荷载试验时，可采用双向同步或非同步的加载制度。

1) x、y 轴双向同步加载

与单向反复加载相同，在低周反复荷载与构件截面主轴成 α 角的方向做斜向加载，使 x、y 两个主轴方向的分量同步作用。

反复加载同样可以采用位移控制、力控制和两者混合控制的加载制度。

2) x、y 轴双向非同步加载

非同步加载是在构件截面的 x、y 两个主轴方向分别施加低周反复荷载。由于 x、y 两个方向可以不同步或交替加载，因此，它可以有如图 8-11 所示的各种变化方案。图 8-11(a)所示为在 x 轴不加载，y 轴反复加载，或情况相反，即是前述的单向加载；8-11(b)所示为 x 轴加载后保持恒载，而 y 轴反复加载；8-11(c)所示为 x、y 轴先后反复加载；8-11(d)所示为 x、y 两轴交替反复加载；此外还有 8-11(e)所示的 8 字形加载或 8-11(f)所示的方形加载。

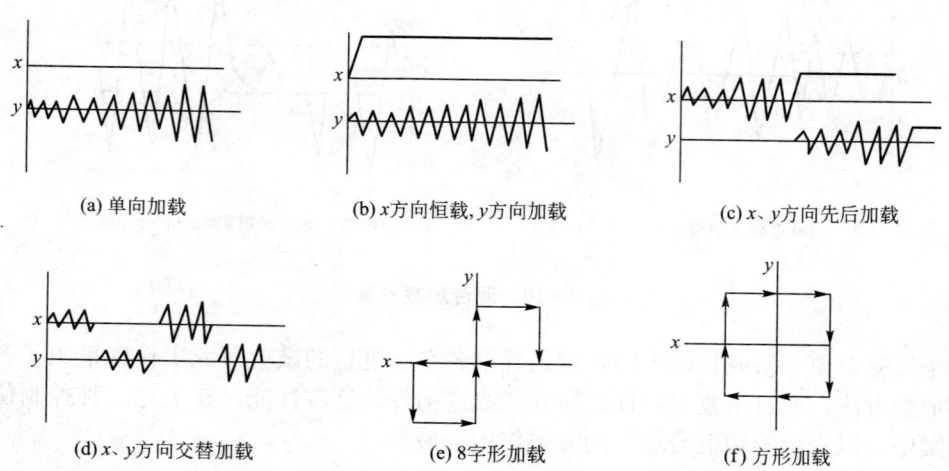

图 8-11 双向低周反复加载制度

当采用由计算机控制的电液伺服加载器进行双向加载试验时，可以对某一结构构件在 x、y 两个方向成 90°作用，实现双向协调稳定的同步反复加载。

8.2.3 测试项目

拟静力试验的测试项目应根据试验的具体内容、目的和要求确定。在我国，拟静力试验多数针对砖石或砌体的墙体试验、钢筋混凝土框架结构的节点和梁柱组合体试验。主要测试项目如下。

1. 墙体试验

1) 墙体变形

(1) 墙体的荷载-变形曲线。将由墙体顶部布置的电测位移计和水平液压加载器端部的荷载传感器测得的位移、荷载信号，绘制成墙体的荷载-变形曲线，即墙体的恢复力曲线。砖石或砌块的墙体试验如图8-12所示。

(2) 墙体侧向位移。主要是量测试件在水平方向的低周反复荷载作用下的侧向变形。可在墙体另一侧沿高度在其中心线上均匀布置五个测点，既可测得墙顶最大位移值，又可测得侧向的位移曲线，如图8-12所示。同时还可由底梁处测点的位移值消除试件整体平移的影响，还可由安装在底梁两侧的竖向位移计测得墙体的转动。如果将安装仪表的支架固定在试件的底梁上，试件整体平移的影响则自动消除。

(3) 墙体剪切变形。可由布置在墙面对角线上的位移计量测，如图8-13所示。

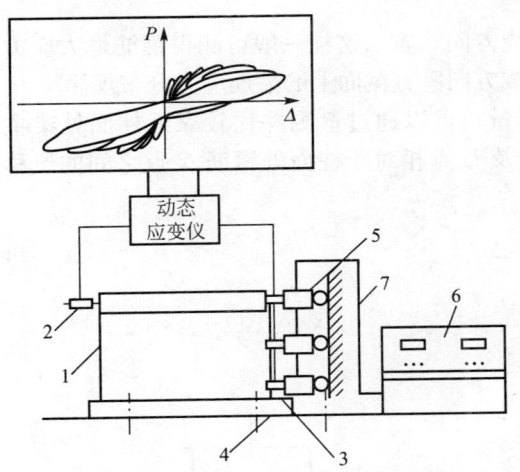

图8-12 墙体荷载-变形曲线量测系统
1—试件；2—位移传感器；3—荷载传感器；
4—试验台座；5—作动器；6—液压
加载装置；7—油管

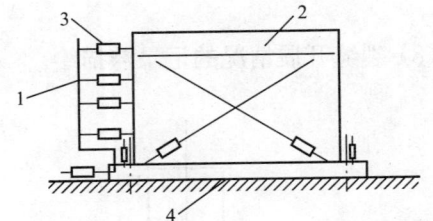

图8-13 墙体侧位移和剪切变形的测点布置
1—安装在试验台座上的仪表支架；2—试件；
3—位移计；4—试验台座

2) 墙体应变

墙体应变量测需要布置三向应变测点（即应变花），从而求得主拉应力和剪切应力。测试时，由于墙体材料的不均匀性，较多使用大标距电阻应变片及机械式仪表，在较大标距内测得特定部位的平均应变。

3) 裂缝观测

要求量测墙体的初裂位置、裂缝发展过程和墙体破坏时的裂缝分布形式。目前，大多用肉眼或读数放大镜观测裂缝。实际上,微裂缝往往发生在肉眼看见之前。可以利用应变计读数突增的方法,检测到最大应力和开裂部位。

4) 开裂荷载及极限荷载

只要准确测到初始裂缝,就可以确定开裂荷载。以荷载-变形曲线上的转折点为开裂荷载实测值;以荷载-变形曲线上荷载的最大值为极限荷载。此时,还需要记录竖向荷载的加载数值。

2. 钢筋混凝土框架节点及梁柱组合体试验

(1) 荷载及支座反力。通过测力传感器测定,对于在梁端加载时需要测量柱端水平反力,反之如采用柱端加载的方案,则必须测量梁端的支座反力。

(2) 荷载-变形曲线。变形包括梁端或柱端变形,主要是量测加载截面处的位移,并在控制位移加载阶段依此控制加载程序,测量主要采用电子位移传感器,通过 $x-y$ 函数记录仪记录整个试验荷载-变形曲线的全过程。

(3) 塑性铰区段曲率或转角。对于梁一般可在距柱 $0.5h_b$(梁高)或 h_b 处布点,对于柱子则可在距梁面 $0.5h_c$(柱宽)处布置测点,如图 8-14 所示。

(4) 节点核心区剪切角。可通过量测核心对角线的位移量来计算确定(图 8-14)。

(5) 梁柱纵筋应力。一般用电阻应变计量测。测点布置以梁柱相交处截面为主,在试验中为了测定塑性铰区段的长度或钢筋锚固应力,还可根据要求沿纵向钢筋布置更多的测点。

(6) 核心区箍筋应力。测点可按核心区对角线方向布置,这样一般可测得箍筋最大应力值。如果沿柱的轴线方向布点,则测得的是沿轴线方向垂直截面上的箍筋应力分布规律。

(7) 钢筋滑移。梁内纵筋通过核心区的滑移量,可以通过量测并比较靠近柱面处梁主筋上 B 点相对于柱面混凝土 C 点之间的位移 Δ_1 及 B 点相对于柱面处钢筋 A 点之间的位移 Δ_2 得到,如图 8-15 所示。

$$\Delta = \Delta_1 - \Delta_2 \tag{8-1}$$

(8) 裂缝开展情况的记录与描绘。

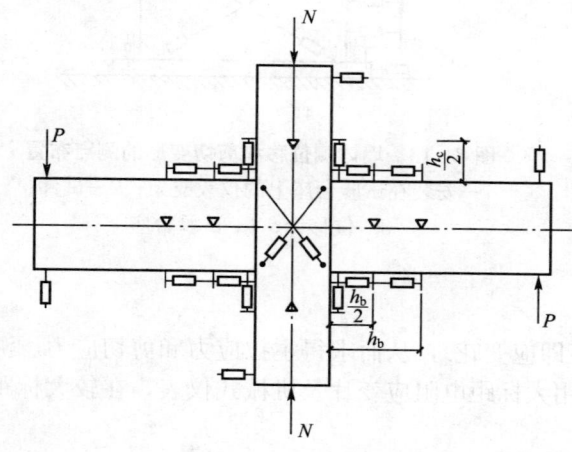

图 8-14 梁柱节点测点布置

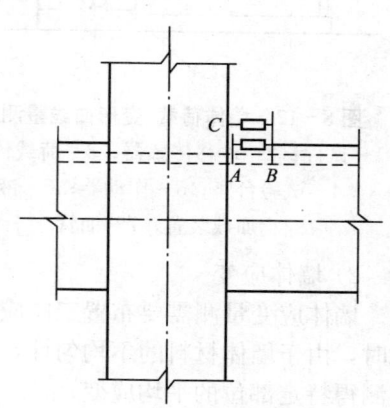

图 8-15 钢筋滑移时测点布置

8.2.4 试验数据分析

低周反复加载试验的结果通常由荷载-变形滞回曲线及相关参数描述，它们是研究结构抗震性能的基础数据。荷载-变形曲线的各级第一循环的峰点（卸载顶点）连接起来的包络线称为骨架曲线。骨架曲线在研究非线性地震反应时，反映了每次循环的荷载-变形曲线达到最大峰点的轨迹及试验构件的开裂荷载、极限荷载和延性特征。滞回环的形状随反复加载循环次数的增加而改变，对混凝土结构来说，滞回环的形状可以反映钢筋的滑移或剪切变形的扩展情况。滞回环面积的缩小，标志着耗能能力的退化，因此，可根据滞回环的形状和面积用以衡量和判断试验构件的耗能能力和破坏机制。为此，进行结构抗震性能研究时，根据骨架曲线和滞回曲线，可从结构的承载力、延性、退化及能量耗散等方面进行综合分析来评定结构的抗震性能。

1. 滞回曲线

低周反复试验中，加载一周所得到的荷载-位移曲线（P-Δ 曲线）称为滞回曲线。根据恢复力特性试验结果，滞回曲线可以归纳为四种基本情况：梭形，如图 8-16(a)所示；弓形，如图 8-16(b)所示；反 S 形，如图 8-16(c)所示和 Z 形，如图 8-16(d)所示。在许多构件试验中，往往开始是梭形，然后发展到弓形、反 S 形或最后达到 Z 形，后三种形式主要取决于滑移量的大小，滑移的大小将引起滞回曲线图形性质的变化。

从滞回环的图形可以看到不同的构件具有不同的破坏机制：正截面的破坏一般是梭形曲线；剪切破坏和主筋粘结破坏由于产生"捏缩效应"而引起弓形等形式的破坏；随着主筋在混凝土中滑移量变大以及斜裂缝的张合向 Z 形曲线发展。

2. 骨架曲线

在变位移幅值加载的低周反复试验中，如果把荷载-位移曲线中取所有每次循环峰点（卸载顶点）连接起来的包络线，就得到骨架曲线，如图 8-17 所示，它是每次循环的荷载-变形曲线达到最大峰点的轨迹。从图上可以发现，骨架曲线的形状大体上和单次加载曲线相似而极限荷载则略低一些。

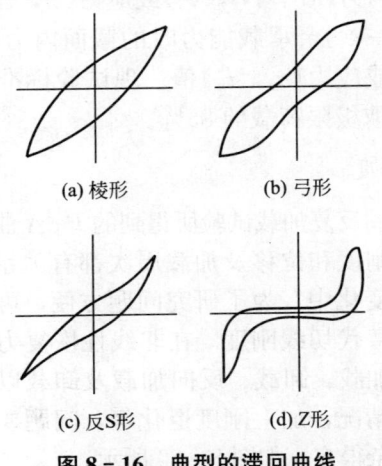

图 8-16 典型的滞回曲线

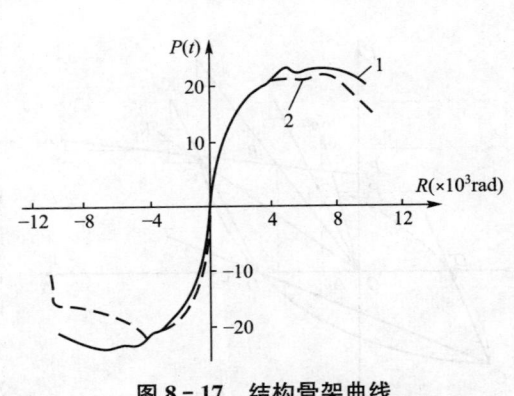

图 8-17 结构骨架曲线
1——次加载；2—反复加载

3. 强度

结构强度是低周反复加载试验的一项主要指标。结构构件的骨架曲线如图 8-18 所示，试验中各阶段强度指标包括以下几种。

(1) 开裂荷载。试件出现水平裂缝、垂直裂缝或斜裂缝时的截面内力(M_f，N_f，V_f)或应力(σ_f，τ_f)值。

(2) 屈服荷载。试件刚度开始明显变化时的截面内力(M_f，N_f，V_f)或应力(σ_f，τ_f)值。

结构构件处于受弯状态和大偏压情况时，屈服荷载一般是指受拉主筋(曲率或挠度产生明显变化)时的截面内力；对于受剪或受扭情况，一般是受力箍筋屈服时的截面内力值；对于小偏心受压或受轴压短柱，是指混凝土出现纵向裂缝时的截面内力值；对于钢筋锚固，则是指出现纵向劈裂时的内力或应力值。

对于有明显屈服点的试件，屈服强度可由 M-Δ 曲线的拐点来确定。如果没有明显的屈服点，如图 8-19 所示，则 M_y 和 Δ_y 的坐标就很难确定。在非线性计算中可以采用内力-变形曲线的能量等效面积法近似确定折算屈服强度。即从曲线原点作切线 OH 与通过最大荷载点 G 的水平线相交于 H 点，过 H 作垂直线在 M-Δ 曲线上交于点 I，连接 OI 延长后 HG 相交于 H'点，过 H'作垂线在 M-Δ 曲线上相交于 B 点，B 点即为假定的屈服点，由此确定 M_y 和 Δ_y。

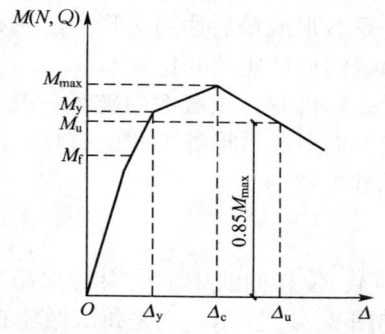

图 8-18 结构各阶段强度指标

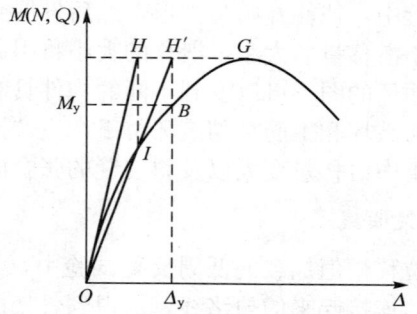

图 8-19 用能量等效面积法确定屈服强度

(3) 极限荷载。试件达到最大承载能力时的截面内力(M_f，N_f，V_f)或应力(σ_f，τ_f)值。

(4) 破损荷载。试件经历最大承载力后，达到某一剩余承载能力时的截面内力(M_u，N_u，V_u)或应力(σ_u，τ_u)值。现试验标准和规程规定可取极限荷载的 85%。

4. 刚度

从低周反复加载试验所得到的 P-Δ 曲线可以看到，刚度和位移及加载周次都有关系，并始终处于变化中。为了研究问题方便，可以用割线刚度替代切线刚度。在非线性恢复力特性中，由于加载、卸载、反向加载及卸载以及重复加载等情况，加上刚度退化等，问题要比一次加载复杂得多，如图 8-20 所示。

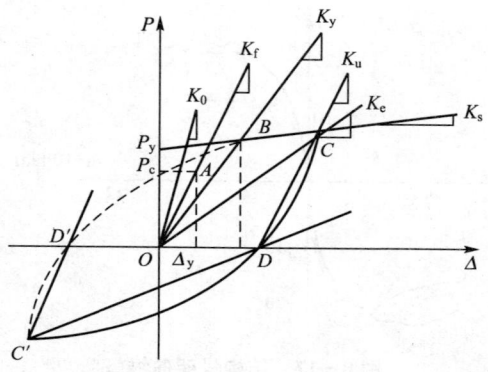

图 8-20 结构反复加载各阶段的刚度变化

1) 初次加载速度

第 8 章　工程结构抗震试验

初次加载的 $P\text{-}\Delta$ 曲线有一切线刚度 K_0，用于计算结构自振周期。继续加载到 A 点，结构发生了开裂，开裂荷载为 P_c，连接 OA 可得到开裂刚度 K_f，继续加载到达 B 点，结构屈服，屈服荷载为 P_y，屈服刚度为 OB 线的斜率 K_y。

2）卸载刚度

从 C 点卸载到 D 点荷载为零有一个过程，连接 CD 可得到卸载刚度 K_u。从大量的滞回曲线看，卸载刚度接近于开裂刚度或屈服刚度，它随构件受力特性和本身构造而变化。

3）反向加载、卸载刚度和重复加载刚度

从 D 点到 C' 点反向卸载刚度要受到许多因素的影响，如开裂受压后裂缝闭合，钢材的包辛格效应等，并且刚度随循环次数增加而不断降低。

从 C' 点到 D' 点反向卸载，由于结构的对称性，和 CD 段刚度比较接近。

从 D' 点正向反复加载时，构件刚度随循环次数增加而不断降低，具有和 DC' 段相似的特点。

4）等效刚度

在此次循环下，连接 OC，可以得到作为等效线性体系的等效刚度 K_e，等效刚度 K_e 随循环次数的增加而不断降低。

5. 延性系数

延性系数反映结构构件的变形能力，是评价结构抗震性能的一个重要指标。在低周反复加载试验所得的骨架曲线上，结构破坏时的极限变形和屈服时的屈服变形之比称为延性系数，即

$$\mu = \frac{\Delta_u}{\Delta_y} \tag{8-2}$$

式中　Δ_u——试件的极限位移；

Δ_y——试件的屈服位移。

这里所谓的变形是指广义变形，它可以是位移、转角或曲率。

砌体结构属于脆性结构，它不同于钢结构和钢筋混凝土结构。当出现裂缝后，虽然也有一定的变形，但其变形能力不是来自一般弹塑性结构的塑性变形，而是砌体的摩擦变形所致，严格地讲不能用"延性"来表示。这种变形可以用变形能力来反映，即砌体极限荷载时的变形与初裂时的变形之比。如果同样用 μ 来表示其变形能力，则有

$$\mu = \frac{\Delta_{极}}{\Delta_{裂}} \tag{8-3}$$

由于结构抗震是利用屈服后的塑性变形来消耗地震作用的能量，所以结构的延性越大，它的抗震能力越好。

6. 退化率

结构强度和刚度的退化率是指在控制位移做等幅低周往复加载时，每施加一周荷载后强度或刚度降低的速率，如图 8-21 所示。它反映了结构在一定条件下强度或刚度随反复荷载次数增加而降低的特性。退化率的大小反映了结构是否经受得起地震

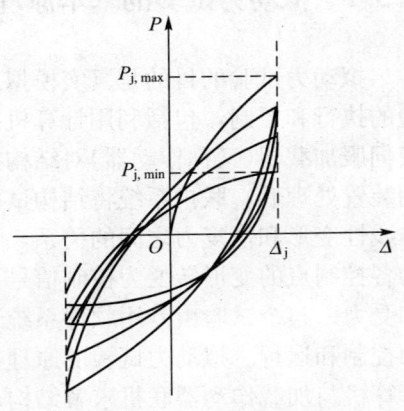

图 8-21　等位移往复加载时的刚度退化

的反复作用，当退化率小时，说明结构有较大的耗能能力。强度退化率的计算公式如下。

$$\lambda_i = \frac{P_{j,\max}^i}{P_{j,\max}^{i-1}} \quad (8-4)$$

式中 $P_{j,\max}^i$——变形延性系数为 j 时，第 i 次加载循环峰点荷载值；

$Q_{j,\max}^{i-1}$——变形延性系数为 j 时，第 $i-1$ 次加载循环峰点荷载值。

结构构件刚度退化的特性可用环线刚度来表示，即

$$K_i = \frac{\sum P_j^i}{\sum \Delta_j^i} \quad (8-5)$$

式中 P_j^i——变形延性系数为 j 时，第 i 次循环的峰点荷载值；

Δ_j^i——变形延性系数为 j 时，第 i 次循环的峰点位移值。

7. 能量耗散

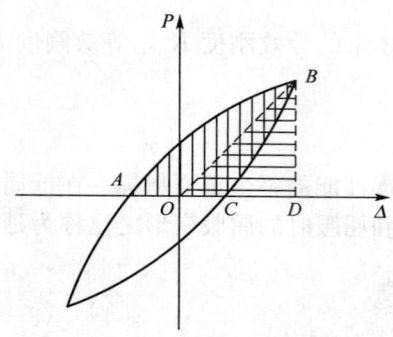

图 8-22 按滞回面积计算等效粘滞阻尼系数

结构构件吸收能量的好坏，可由滞回曲线包围的滞回面积和它的形状来衡量。由滞回环的面积可以求得等效粘滞阻尼系数 h_c，如图 8-22 所示。

$$h_c = \frac{1}{2\pi} \frac{ABC \text{ 图形面积}}{OBD \text{ 三角形面积}} \quad (8-6)$$

这也是结构抗震能力的一项指标。由图 8-22 可知，ABC 面积越大，则 h_c 越大，结构的耗能能力也越强。

通过低周反复加载试验可以获得上述多项指标和一系列具体参数，通过对这些参数值的对比分析，可以判断各类结构抗震性能的优劣并做出适当的评定。

8.3 拟动力试验

8.3.1 拟动力试验的基本原理

拟动力试验的目的是真实模拟地震对结构的作用，其基本原理是用计算机直接参与试验的执行和控制，包括利用计算机按地震实际反应计算得到的位移时程曲线驱动和控制电液伺服加载器（又称作动器）对结构施加荷载。同时进行结构反应的量测和数据采集，经检测装置处理后，联机系统将结构试验得到的反应量立即输入计算机，从而得到结构的瞬时非线性变形和恢复力之间的关系，再由计算机算出下一次加载后的变形，并将计算所得到的各控制点的变形转变为控制信号，驱动加载器强迫结构按实际地震反应实现结构的变形和受力。整个试验由专用软件系统通过数据库和运行系统来执行操作指令并完成整个系统的控制和运行。拟动力试验的原理也可用图 8-23 简单示意，拟动力试验法也可以看成用计算机与加载作动器联机求解结构动力方程的方法，这种方法的关键是结构恢复力直接从试件上测得，无需对结构恢复力做任何理论上的假设，解决理论分析中恢复力模型及参数

难以确定的困难。

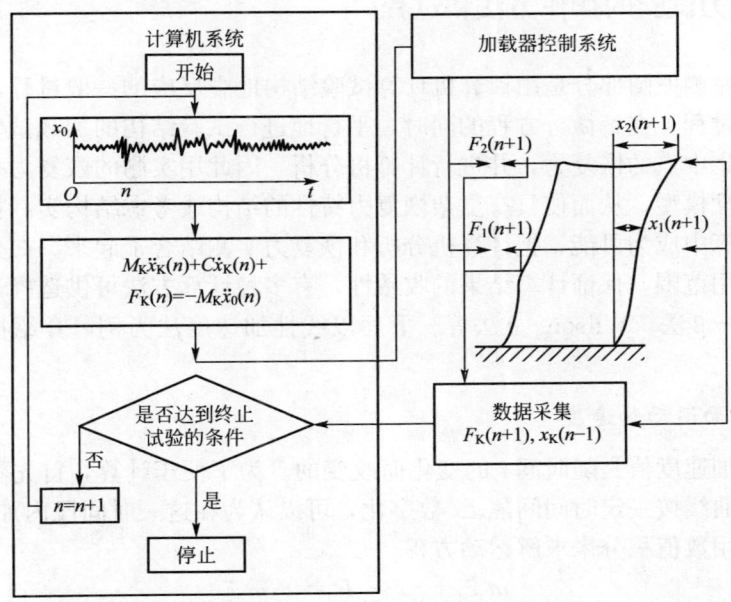

图 8 – 23　拟动力试验的基本原理

8.3.2　拟动力试验的设备

拟动力试验的加载设备与拟静力试验类似，一般由计算机、电液伺服加载器、传感器、试验台架等组成。

1. 计算机

拟动力试验中，计算机是整个试验系统的心脏，加载过程的控制和试验数据采集都由计算机来实现，同时对试验结构的其他反应参数，如应变、位移等进行演算和处理。

2. 电液伺服加载器

拟动力试验是计算机联机试验，加载器必须具有电液伺服功能。电液伺服加载器由加载器、控制系统和液压源组成，它可将力、位移、速度、加速度等物理量直接作为控制参数。由于它能较精确地模拟试件所受外力，产生真实的试验状态，所以在近代试验加载技术中被用于模拟各种振动荷载，特别是地震荷载等。

3. 传感器

拟动力试验中一般采用电测传感器。常用的传感器有力传感器、位移传感器、应变计等。力传感器一般内装在电液伺服加载器中。

4. 试验装置

试验可采用与静力试验或拟静力试验一样的台座，试验装置的承载能力应大于试验设计荷载的 150%。试件安装时，应考虑推拉力作用时试件与台座之间可能发生的松动。反力架与试件底部宜通过刚性拉杆连接，使之不发生相对位移。

8.3.3 拟动力试验的操作方法和过程

图 8-23 左侧框图部分是用计算机计算试验结构地震反应的一般过程，右侧框图部分是配机试验的过程。在解微分方程的同时，平行地进行试验结构的加载试验，同时测定试验结构各质点集中点的恢复力，并进行计算机分析。因此用实测的恢复力替代了经简化假设的恢复力特性模型，从而使具有复杂恢复力特性的结构或考虑结构实际构造特征的影响在地震反应计算中成为可能，把计算机分析和恢复力实测结合了起来。在分析中只要注意计算方法的适用范围，保证计算结果的收敛性，有多种计算方法可供选择，如线性加速度法、Newmark-β 法、Wilson-θ 法等。下面以线性加速度法为例，介绍拟动力试验的运算过程。

1. 输入地面运动加速度

地震波的加速度值是随时间 t 的变化而改变的。为了便于计算，首先将实际地震记录的加速度时程曲线按一定时间间隔 Δt 数字化，可以认为在这一时间段内加速度直线变化。这样，就可以用数值积分来求解运动方程

$$m\ddot{x}_n + c\dot{x}_n + F_n = -m\ddot{x}_{0n} \tag{8-7}$$

式中，$\ddot{x}_{0n}$、$\ddot{x}_n$ 及 $\dot{x}_n$ 分别为第 n 步时地面运动加速度、结构运动加速度及速度，F_n 为结构第 n 步时的恢复力。

2. 计算下一步的位移值

当采用中心差分法求解时，第 n 步的加速度可以用第 $n-1$ 步、第 n 步和第 $n+1$ 步的位移量表示。此时有

$$\ddot{x}_n = \frac{x_{n+1} - 2x_n + x_{n-1}}{\Delta t^2} \tag{8-8}$$

将以上两式代入运动方程，可得

$$x_{n+1} = \left[m + \frac{\Delta t}{2}c\right]^{-1} \times \left[2mx_n + \left(\frac{\Delta t}{2}c - m\right)x_{n-1} - \Delta t^2 F_n - m\Delta t^2 \ddot{x}_{0n}\right] \tag{8-9}$$

即由位移 x_{n-1}、x_n 和恢复力 F_n 求得第 $n+1$ 步的指令位移 x_{n+1}。

3. 位移值的转换

由加载控制系统的计算机将第 $n+1$ 步指令位移 x_{n+1} 通过 D/A 转换成输入电压，再通过电液伺服加载系统控制加载器对结构加载，由加载器用准静态的方法对结构施加 x_{n+1} 位移相对应的荷载。

（1）量测恢复力 F_{n+1} 及位移值 x_{n+1}。当加载器按指令位移值 x_{n+1} 对结构施加荷载时，通过加载器上的荷载传感器测得此时的恢复力 F_{n+1}，并由位移传感器测得位移反应值 x_{n+1}。

（2）由数据采集系统进行数据处理和反应分析。将 x_{n+1} 及 F_{n+1} 值连续输入用于数据处理和反应分析的计算机系统，利用位移 x_n、x_{n+1} 和恢复力 F_{n+1} 按同样方式重复进行计算和加载，用求得的位移值 x_{n+2} 和恢复力值 F_{n+2} 值连续对结构进行试验，直到输入加速度时程的指定时刻。

8.3.4 拟动力试验实例

1. 试验目的

(1) 掌握钢筋混凝土框架结构在实际地震作用下的特性和破坏机制。
(2) 对结构抗震分析方法进行研究探索。
(3) 检验与验证现行抗震规范的合理性。

2. 试验对象

试验对象为足尺的七层混凝土结构,平面尺寸为 17m×16m。水平荷载加力方向为三跨,垂直加力方向为两跨,框架底层高度为 3.75m,2~7 层高度各为 3.0m,总高度为 21.75m,如图 8-24 所示。在Ⓑ轴框架中设有等截面壁厚为 200mm 的连续抗震墙,在垂直于加力方向的 1、4 轴框架内设有用做限制平面变形的壁厚 150mm 的连续墙,该墙与柱没有联系。柱截面为 500mm×500mm,主梁截面为 300mm×500mm,次梁截面为 300mm×450mm。

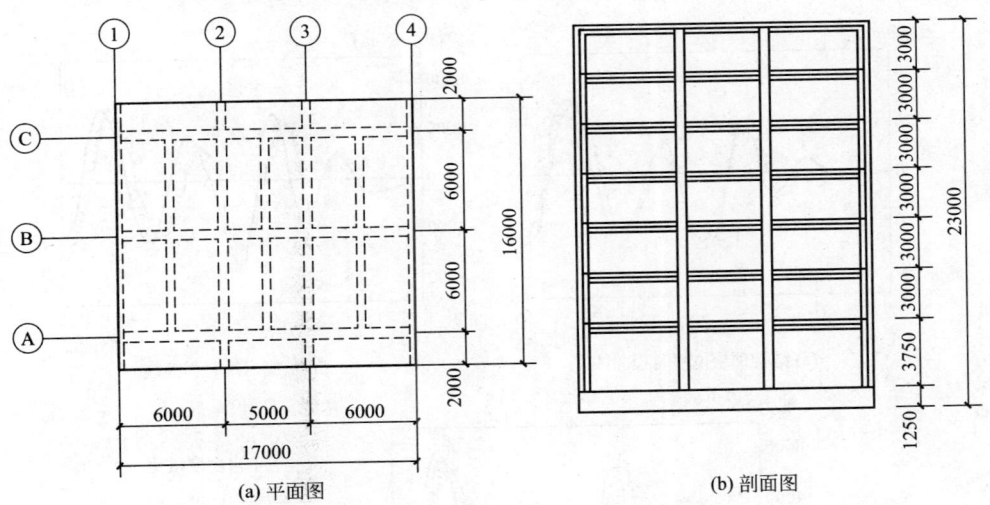

图 8-24 七层钢筋混凝土结构的平面图和剖面图

3. 试验过程

进行拟动力试验前,先进行结构的自由和强迫振动试验、各层单独加载试验及结构静力试验。进行拟动力试验时由于采用等效单自由度体系,在试验中使外力分布保持一阶振型,即符合倒三角形分布。这时将位于试验结构顶层的加载器按位移控制,该位移的大小是根据试验体顶层位移与基底剪力,通过单质点反应分布求得。而其他各层的加载还是按一定外力分布并按各层比例进行荷载控制。这样,既能掌握振动特性,又容易与静力试验的结果进行比较。

拟动力试验从弹性范围到塑性范围分四个阶段进行。

(1) 以探讨单质点解析方法及单质点拟动力试验的可靠性为目的,试验时控制层间变形转角为 1/7000,输入实际地震波的最大加速度为 23.5cm/s^2。

(2) 以超过开裂点的 1/400 层间变形转角为控制值,输入地震波的最大加速度为 105cm/s²。

(3) 以达到塑性变形 3/400 层间转角为控制值,输入地震波的最大加速度为 320cm/s²。

(4) 破坏试验,控制层间变形转角为 1/75,输入地震波的最大加速度为 350cm/s²。

整个试验布置了 541 个应变测点,192 个位移测点,7 个倾角仪,加载器的荷载传感器和位移传感器各 8 个。

4. 试验结果

(1) 层间剪力和顶层位移曲线保持良好的恢复力特性。

(2) 每层层间变形大体相同,试验结构的变形从弹性范围到塑性发展与假定的变形形式一致。

(3) 通过简化后的等效单质点框架的反应分析及多质点体系框架反应分析,两者的位移、弯矩反应比较一致,虽与试验结果比较略有误差,但两者反应时的时程趋势极为相似。基底剪力时程曲线的试验结果与等效单自由度分析结果较为相近,与多自由度分析结果有较大差别,这主要是由于第二振型的影响,如图 8-25 所示。

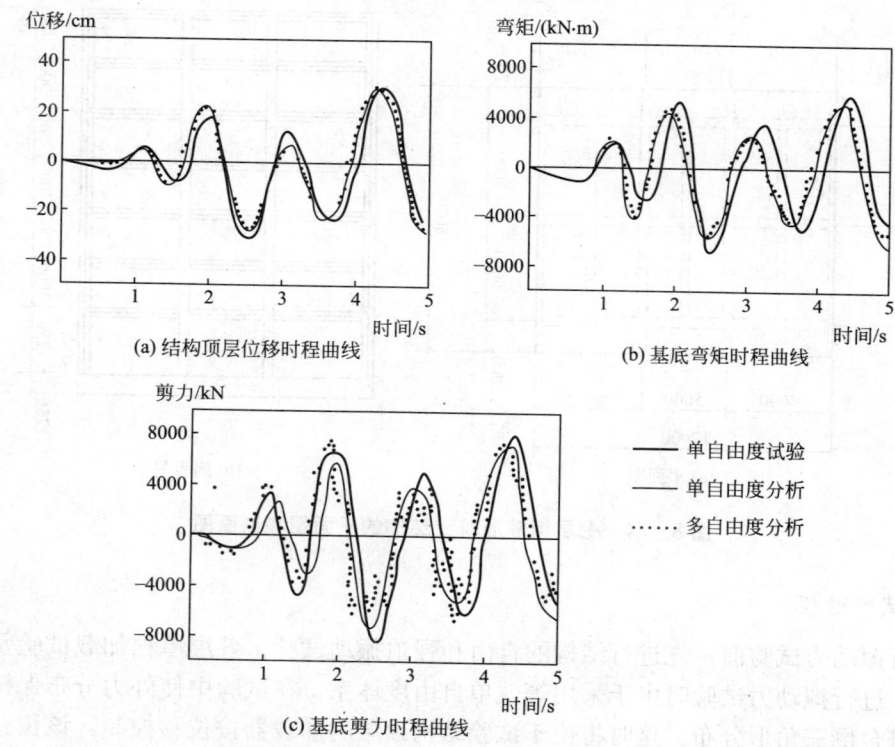

图 8-25 等效自由度、多自由度的分析与等效单自由度试验结构比较

从试验结果可以认为采用等效单自由度体系进行拟动力试验是一种可以接受的简便而实用的试验方法。

由上述可知,拟动力试验的主要特点如下。

(1) 拟动力试验是将地震实际反应所产生的惯性力作为荷载加在试验结构上,使之产生反应位移,与拟静力试验相比,拟静力试验可以最大限度地获得试件的承载力、刚度、变形和耗能等信息，但不能模拟结构在实际地震作用下的地震反应。与振动台试验相比，模拟地震振动台是带动试验结构的基础振动，两者的效果是很接近的，但振动台不能胜任原型或接近原型的结构试验；与结构在地震作用下的弹塑性响应的计算分析相比，解决了理论分析计算中恢复力模型及参数难以确定的困难，也无需对结构恢复力做任何理论上的假设。而拟动力试验方法不但吸收了拟静力周期性加载试验和模拟地震振动台试验这两种方法的优点，而且吸收了结构理论分析和计算的优点，可以模拟大型复杂结构的地震反应。

（2）由于联机加载过程中，每一个往复加载步长大致持续为60s左右，这样的加载过程完全可以看成是静态的，试验结构重现地震作用的反应也就可以人为地缓慢进行，特别是破坏过程，更利于观察和研究。

但是，拟动力试验也有下面的局限性。

（1）计算机的积分运算和电液伺服试验系统的控制都需要一定的时间，因此不是实时的试验分析过程，对于力学特征随时间而变化的结构物的地震反应分析将受到一定限制，也不能分析研究依赖于时间的粘滞阻尼的效果。

（2）进行拟动力试验必须具备及时进行运算及数据处理的手段、准确的试验控制方法及高精度的自动化量测系统，而这些条件只能通过计算机和电液伺服结构试验系统实现，因此拟动力试验要求有一定的设备和技术条件。

（3）结构物的地震反应本是一种动力现象，拟动力试验是用静力试验方法来重现的，必然有一定的差异，因此必须尽可能减少数值计算和静力试验两方面的误差，以及尽可能提高其相应的速度。

为使拟动力试验取得更好的效果，应根据试验研究目的，选择最优的数值计算方法。电液伺服结构试验系统的控制方法及位移和力的测定方法，目前虽然还存在一定困难，但拟动力试验原理和方法无疑是一种很有潜力的试验分析方法。

8.4 模拟地震振动台试验

模拟地震振动台试验可以适时地再现各种地震波的作用过程，并进行人工地震波模拟试验，它是在实验室内研究结构地震反应和破坏机理的最直接方法。这种设备具有一套先进的数据采集与处理系统，从而使结构动力试验水平得到了很大的发展与提高，并大大促进了结构抗震研究工作的开展。

8.4.1 试验加载过程

模拟地震振动台试验的加载过程包括结构动力特性、地震动力反应试验和量测结构不同工作阶段自振特性变化等试验内容。

对于结构动力特性试验，在结构模型安装上振动台前后均可采用自由振动法或脉动法进行试验量测。模型安装在振动台上以后，则可采用小振幅的白噪声输入振动台台面，进行激振试验，量测台面和结构的加速度反应，通过传递函数、功率谱等频谱分析，求得结构模型的自振频率、阻尼比和振型等参数。也可用正弦波输入的连续扫频，通过共振法测得模型的动力特性。

根据试验目的不同，在选择和设计振动台台面输入加速度时程曲线后，试验的加载过程有一次加载和多次加载。

1. 一次性加载过程

输入一个适当的地震记录，连续地记录位移、速度、加速度、应变等动力反应，并观察裂缝的形成和发展过程，以研究结构在弹性、弹塑性和破坏阶段的各种性能，如强度、刚度变化、能量吸收能力等。这种加载过程的主要特点是可以连续模拟结构在一次强烈地震中的整个表现与反应，但对试验过程中的量测和观察要求过高，破坏阶段的观测比较危险。因此，在没有足够经验的情况下很少采用这种加载方法。

2. 多次加载过程

目前，在模拟地震振动台试验中，大多数的研究者都采用多次加载的方案来进行试验研究。一般情况如下。

（1）动力特性试验。
（2）振动台台面输入运动，使结构产生微裂缝。
（3）加大台面输入运动，使结构产生中等程度的开裂。
（4）加大台面输入加速度的幅值，结构振动使其主要部位产生破坏，但结构还有一定的承载能力。
（5）继续加大台面运动，使结构变为机动体系，稍加荷载就会发生破坏倒塌。

8.4.2 试验的观测和动态反应量测

在模拟地震振动台试验中一般需观测结构的位移、加速度和应变反应，以及结构的开裂部位、裂缝的发展、结构的破坏部位和破坏形式等。在试验中位移和加速度测点一般布置在产生最大位移或加速度的部位。对于整体结构的房屋模型试验，则在主要楼面和顶层高度的位置上布置位移和加速度传感器。当需测层间位移时，应在相邻两楼层布置位移或加速度传感器。对于结构构件的主要受力部位和截面，要求测量钢筋和混凝土的应变、钢筋和混凝土的粘结滑移等参数。来自位移、加速度和应变传感器的所有信号由专门的数据采集系统进行数据采集和处理，其结果可由计算机终端显示或绘图机、打印机等设备输出。

8.4.3 五层砌块房屋模拟振动台试验实例

1. 试验模型

试验模型主要模拟1979年上海完成抗震静力试验的粉煤灰密实砌块的五层房屋，模型比例为实际结构的1/4，具体尺寸如图8-26所示。模型墙体厚度为6cm，用实际砌块的1/4经专门加工的粉煤灰陶粒砌块(22cm×9.5cm×6cm)和水泥石灰混合砂浆砌成，模型隔层设置现浇的钢筋混凝土圈梁，在门窗洞口设置控制过梁，模拟质量附加在预制楼板上，并与楼板一起浇注而成。

第 8 章　工程结构抗震试验

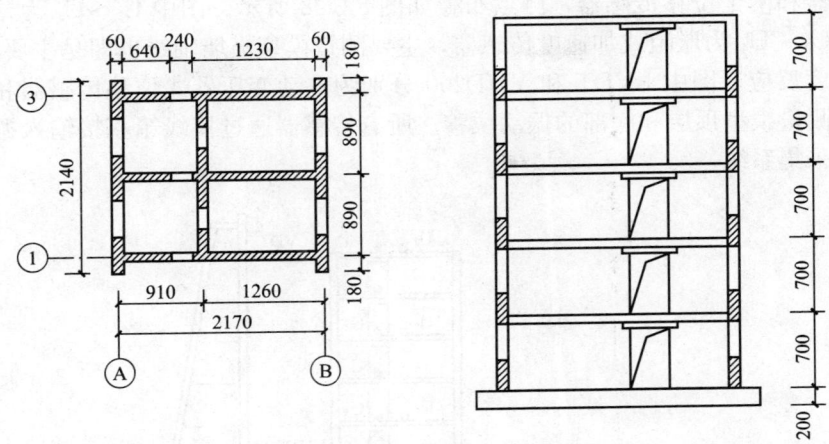

图 8-26　试验模型的平面及剖面图

2. 输入台面的荷载设计

在试验中，振动台台面输入的加速度是按《工业与民用建筑抗震设计规范》(TJ 11—1978) Ⅲ类场地土的反应谱设计的人工地震波，如图 8-27 所示，持续时间分别为 12s 和 20s，并按模型的时间相似系数进行了压缩。

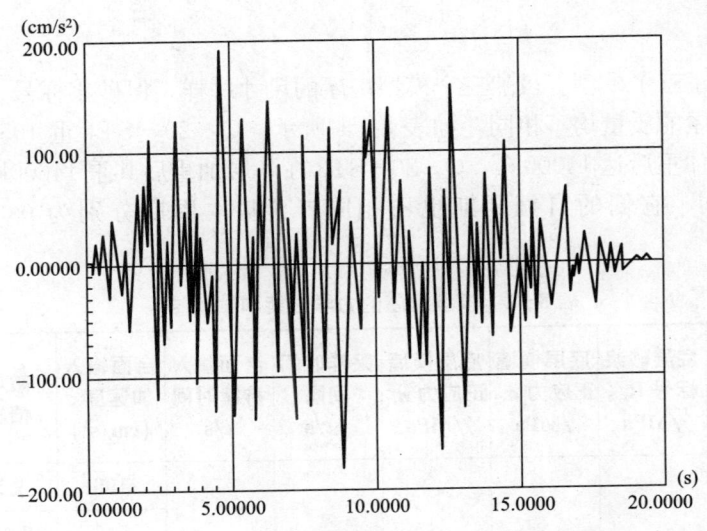

图 8-27　按规范 TJ 11—78 Ⅲ类场地土的反应谱设计的人工地震波

试验采用多次性加载，在正式试验前采用脉动法和白噪声激振测量模型的动力特性。在正式试验过程中不断加大台面输入加速度的最大峰值，按弹性、微裂、开裂、滑移到破坏倒塌几个阶段进行。

3. 测点布置

为了测量模型房屋在地震力作用下的位移、加速度反应，在模型结构中安装了 10 个加速度传感器和两个位移传感器,测点布置如图 8-28 所示。图中 $C_1 \sim C_6$ 为差容式加速度传感器,$U_1 \sim U_4$ 为压阻式加速度传感器,主要测量模型横墙轴线也即是主要加载 $x-x$ 方向的加速度反应。图中 LVDT 和 YHD200 分别为差动变压器式位移传感器和滑线电阻式位移计,测量模型顶层和底部的振动位移。所有传感器通过接线箱直接输入振动台控制室内的数据采集系统。

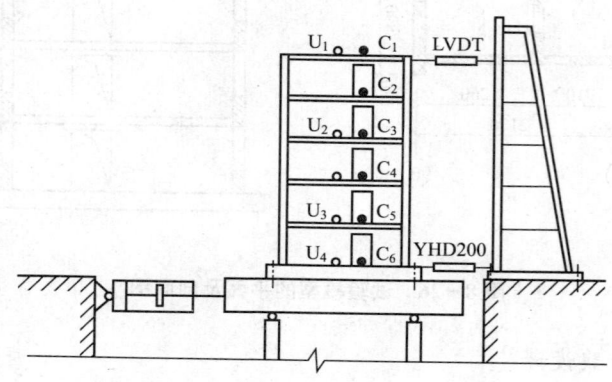

图 8-28 模型房屋的测点布置

模型房屋各层的惯性力、层间剪力、基底剪力和弯矩等可以根据各层楼面的加速度、质量以及层高等参数,由振动台的计算机系统进行计算分析。

4. 试验结果

试验共完成了三个模型。虽然三个模型房屋的尺寸一样,但砂浆标号、台面输入的持续时间及每幢房屋的质量均不相同,如表 8-1 所示。Q-20-ST1 重 10500kg,Q-20-ST2 在房屋顶层加重后达 11000kg,Q-20-ST3 在各层加重后共重 14600kg。由于模型的质量和刚度不同,它们的自振周期也不相同,其基本周期分别为 0.0714s、0.0637s 和 0.0855s。

表 8-1 模型房屋的力学性能和试验结果

模型	底层砂浆标号 $R_{2.1}$ /MPa	底层砂浆标号 $R_{2.5}$ /MPa	底层横墙正应力 σ_{c1} /MPa	底层横墙正应力 σ_{cr} /MPa	采样时间间隔 $\Delta t/s$	台面输入持续时间 t/s	台面输入加速度 a (cm/s²)	破坏情况	备注
Q-20-ST1	0.811	1.092	0.223	0.026	0.0058	3.48	196	未裂	以 1200cm/s² 反复输入 5 次后倒塌
							546	开裂	
							706	开裂	
							1200	滑移	
Q-20-ST2	2.903	2.892	0.231	0.0336	0.0062	6.20	155	未裂	以 1700cm/s² 反复输入 7 次后倒塌
							466	开裂	
							880	开裂	
							1780	滑移	

（续）

模型	底层砂浆标号 $R_{2.1}$ /MPa	底层砂浆标号 $R_{2.5}$ /MPa	底层横墙正应力 σ_{cl} /MPa	底层横墙正应力 σ_{cr} /MPa	采样时间间隔 Δt/s	台面输入持续时间 t/s	台面输入加速度 a (cm/s²)	破坏情况	备注
Q-20-ST3	2.903	1.143	0.319	0.0471	0.0074	7.40	108	未裂	以 900cm/s² 输入 4 次、以 1200cm/s² 输入 2 次后倒塌
							686	开裂	
							900	滑移	

在每一幢模型房屋试验过程中，加载是以逐次提高台面峰值加速度的方式进行的，因此，模型房屋要经过未开裂、开裂、破损和倒塌等几个不同的阶段。

1) 未开裂阶段

当输入峰值加速度很低（0.11～0.2g）时，房屋都未开裂，变形和反应很小，处在弹性阶段振动。顶层最大加速度反应如表 8-2 所示。

表 8-2 模型房屋在未开裂时的加速度反应

模型房屋	输入加速度/g	顶层反应/g	动力放大系数
Q-20-ST1	0.20	0.45	2.25
Q-20-ST2	0.16	0.44	2.75
Q-20-ST3	0.11	0.24	2.18

2) 开裂阶段

当台面输入峰值超过 0.4g 时，三幢模型房屋都出现裂缝，裂缝为水平缝和交叉缝，往往从门洞口向两边延长。对模型房屋 Q-20-ST3，以最大加速度峰值为 0.7g 输入时，房屋底层和二层横墙产生裂缝。结构顶层的绝对加速度反应时程曲线如图 8-29 所示。

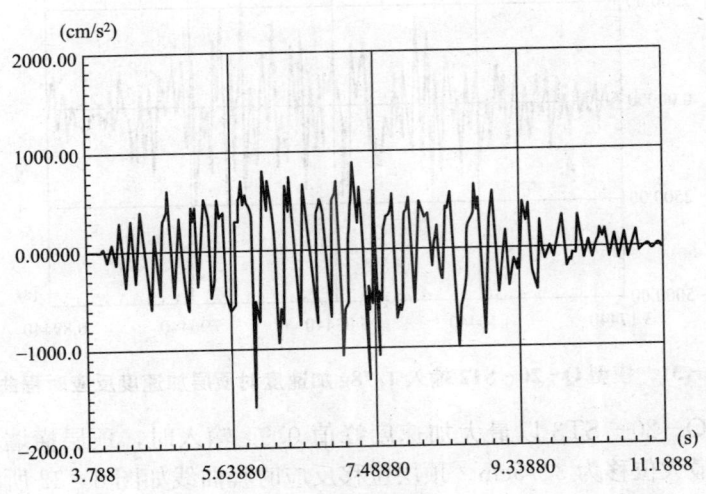

图 8-29 顶层加速度反应时程曲线

3) 破损阶段

破损阶段是指墙体形成临界裂缝后直到墙体产生局部破坏（如单个砌块塌落等）。

当模型房屋 Q-20-ST1 以 1.2g 输入时，底层横墙裂缝不断增大，发展到门洞口处的砌块滑移过大而变酥塌落。顶层的位移反应时程曲线如图 8-30 所示，最大位移达 7cm 左右。

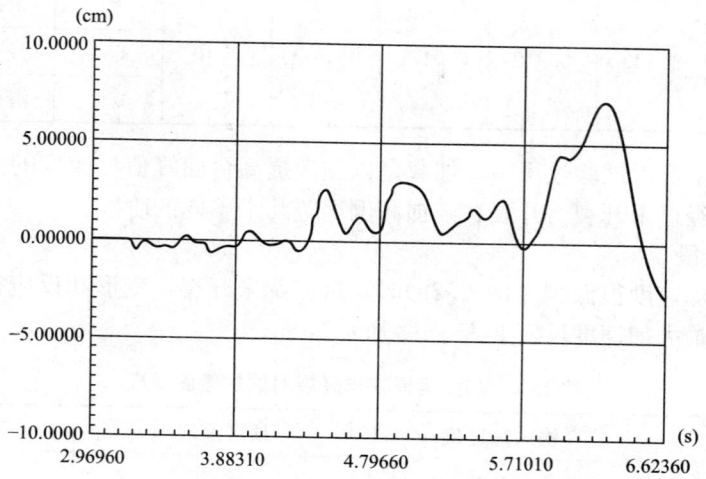

图 8-30　模型 Q-20-ST1 输入 1.2g 时顶层位移反应时程曲线

当模型房屋 Q-20-ST2 以最大加速度峰值为 1.78g 输入时，底层横墙严重开裂错位，最大滑移达 5cm 左右，纵墙由于横墙滑动过大向外鼓动出，横墙形成多道斜向和八字形裂缝，顶层最大加速度峰值为 2.75g，如图 8-31 所示。

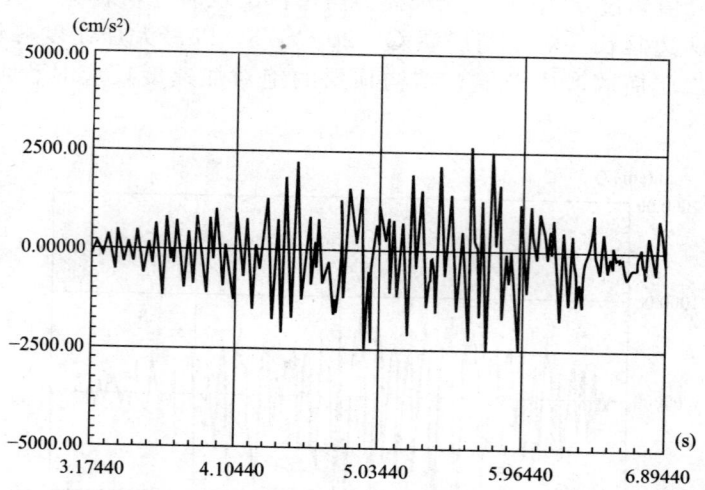

图 8-31　模型 Q-20-ST2 输入 1.78g 加速度时顶层加速度反应时程曲线

当模型房屋 Q-20-ST3 以最大加速度峰值 0.9g 输入时，顶层横墙出现临界裂缝，发生明显滑移，最大位移为 3.75cm。顶层位移反应时程曲线如图 8-32 所示。

从试验实际反应来看，即使在发生滑移的情况下，三个模型房屋的破坏程度也不相同：Q-20-ST1 破坏最严重，砌块塌落较多；Q-20-ST2 次之，砌块塌落较少；Q-20-ST3

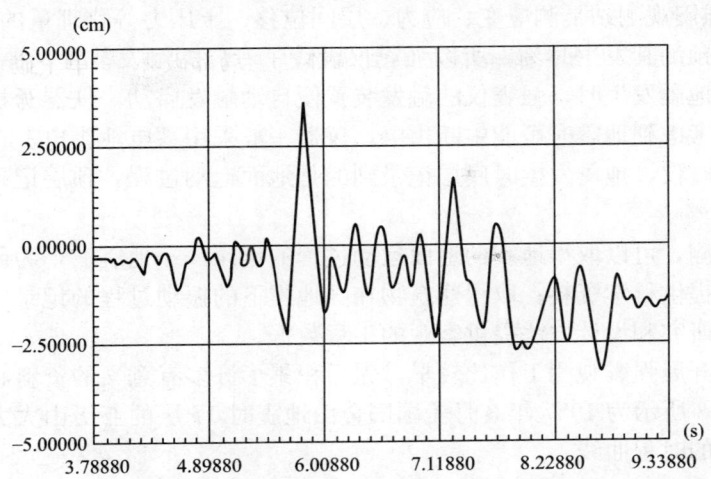

图 8-32 模型 Q-20-ST3 输入 0.9g 加速度时顶层位移反应时程曲线

破坏较轻，横墙变酥，砂浆层脱落。

4）倒塌阶段

模型房屋 Q-20-ST1 以 1.2g 反复输入 5 次，Q-20-ST2 以 1.78g 反复输入 7 次，Q-20-ST3 以 0.9g 反复输入 4 次再以 1.2g 反复输入 2 次后，整个结构全部倒塌，但楼板和砌块并没有甩出多远，基本上散落在底梁周围，和地震区所见倒塌现象非常相似。

8.5 天然地震试验

建筑物的抗震减灾是国内外专家学者近几十年研究的热门课题。随着科技的不断发展和新仪器设备的出现，为抗震试验方法创造了更有利的条件。除了在实验室运用上述所介绍的方法进行结构抗震试验研究外，还可在频繁出现地震的地区和可能出现大地震的地区进行各种观测试验，即天然地震试验。通过实地观测所得到的建筑物地震反应信息来弥补室内试验的不足。天然地震试验分为两大类，一类是工程结构的强震观测；一类是在地震区专门建造天然地震试验场和试验性建筑物，运用现代观测手段，建立地震反应观测体系，进行全天候观测。

8.5.1 强震观测

地震发生时，特别是强地震发生时，以仪器为手段观测地面运动过程中工程结构的动力反应的工作称为强震观测。

强震观测能够为地震工程科学研究和抗震设计提供确切数据，并用于验证抗震理论和抗震措施是否符合实际。强震观测的基本任务是：①取得地震时地面运动过程的记录，为研究地震影响场和烈度分布规律提供科学资料；②取得结构物在强震作用下振动过程的记录，为结构抗震的理论分析与试验研究以及设计方法提供客观的工程数据。

由于工程上习惯用加速度来计算地震反应，因此大部分强震仪都是用来测量线加速度值(国外有少数强震观测站是测应变、应力、层间位移、土压力等物理量的)。强震不经常发生,而且很难预测其发生时刻,所以强震仪设计了专门的触发装置,平时仪器不运转,无需专人看管,地震发生时,强震仪的触发装置便自动触发启动,仪器开始工作并将振动过程记录下来。考虑到地震时可能中断供电,仪器一般采用蓄电池供电。在建筑物底层和上层同时布置强震仪,地震发生时底层记录到的是地面运动过程,顶层记录到的即建筑物的加速度反应。

通过强震观测,可以取得地震的地面运动过程的记录——地震波,为研究地震影响场和烈度分布规律提供科学资料;取得建筑物在强地震下的振动过程的记录,为结构抗震的理论分析、试验研究和设计方法提供客观的工程数据。

美国和日本开展强震观测工作比较早,先后积累了许多有意义的资料和不少重要的强震记录。图 8-33 所示为 1957 年 3 月美国旧金山地震时 17 层的亚历山大大楼内记录到的地震加速度反应的时程曲线。

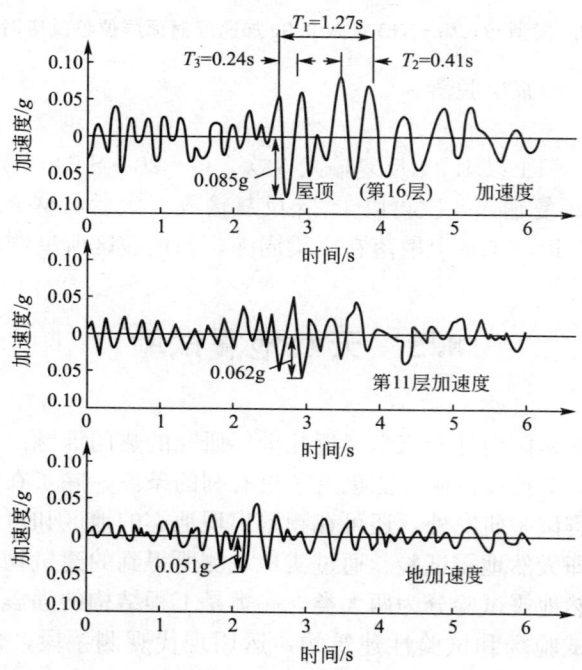

图 8-33 美国旧金山地震在亚历山大大楼
记录的地震加速度反应时程曲线

我国在 1966 年邢台地震以来,强震观测工作有了较大的发展,已经取得了一些有价值的地震记录。例如,1976 年唐山地震,京津地区记录到一些较高烈度的主震记录。然后,以唐山为中心布设的流动观测网,又取得了一批较高烈度的余震记录。

8.5.2 天然地震试验场

除强震观测以外,国外有在地震活动区为了观测结构受地震作用的反应而专门建造的试验场地。在场地上建造试验结构,这样可以运用一切现代化测试手段获取结构在地震发生时的各种反应。当然，从费用上讲，这是最为昂贵的。

目前世界上最负盛名的是日本东京大学生产技术研究所的千叶试验场，试验基地包括许多部分，抗震试验只是基本的一个组成部分。在抗震试验方面有大型抗震实验室、数据处理中心、化工设备天然地震试验场和房屋模型天然试验场等。其中，化工设备天然地震试验场中若干罐体实物建于1972年，此后陆续经受地震考验，取得不少数据。1977年9月的地震（加速度峰值 $100cm/s^2$），曾使罐体的薄钢壁发生压屈，为化工设备的抗震提供了实测的地震反应资料。

此外，在地震频繁地区或高烈度地震区结合房屋结构进行加固，有目的地采取多种方案的加固措施。当地震发生时，可以根据震害分析了解不同加固方案的效果。这时，虽然在结构上不设置任何仪表，但由于量大面广，所以也是很有意义的。另外，也可结合新建工程有意图地采取多种抗震措施和构造，以便发生地震时可以进行震害分析。应该指出，并非所有加固或新建房屋都能成为试验房屋，作为天然地震结构动力试验的房屋尚需具备以下必要的技术资料：①场地土的土层钻探资料；②试验结构的原始资料有竣工图样、材料强度、施工质量记录；③房屋结构历年检查及加固改建的全部资料，包括结构是否开裂，裂缝发展情况等；④本地区的地震记录。

本 章 小 结

本章主要介绍结构抗震试验的方法，要点如下：

（1）拟静力试验方法几乎可以应用于各种工程结构或构件抗震性能研究，突出的优点是它的经济性和实用性，从而使它具有应用上的广泛性。从试验设备和设施来看，它的要求比较低。但是，试验中未考虑应变速率的影响，这是它的不足之处。进行拟静力试验时，要根据研究的目的选择相应的加载方式和控制方法，通过试验结果确定结构或构件的抗震性能。

（2）拟动力试验是将计算机技术直接应用于检测和控制试验加载，这种模拟试验方法更接近地震反应的真实状态。拟动力试验的特点是不需要事先假定结构的恢复力特性，直接由计算机来完成非线性地震反应微分方程的求解，而恢复力值是通过直接作用在试验对象上的加载器的荷载值得到，所以这种方法是把计算机分析与恢复力实测结合起来的一种半理论半实验的非线性地震反应分析方法。但是用静力试验方法来实现地震反应这一种动力现象，必然有一定的差异，同时拟动力试验要求有一定的设备和技术条件。

（3）地震模拟振动台试验是较为理想的试验方法，它可以很好地重现地震过程，在实验室中研究工程结构地震反应和破坏机理，但是受振动台台面的限制，仅做结构缩尺模型的抗震试验，且振动台一次性投资较大。

（4）天然地震结构试验可以得到实际地震时地面运动的过程和建筑物在强地震作用下的振动过程，提供客观的实测数据。该方法费用高，难度大。

思 考 题

1. 抗震试验按照试验方法和试验手段的不同，可以分为哪几种方法？各有什么特点？

2. 低周反复加载静力试验的加载制度是什么？
3. 拟静力试验测量项目和内容应包括哪些？
4. 拟静力试验的结果应如何表达？如何用于结构抗震性能的评定？
5. 如何通过结构的强度、刚度、延性、退化率和能量耗散等方面的综合分析，分析结构的特性和能力？
6. 拟动力试验的特点是什么？
7. 地震模拟振动台动力加载试验在抗震研究中有什么作用？
8. 在选择和设计振动台台面的输入运动时，需要考虑哪些因素？

第 9 章　工程结构物的非破损检测技术

教学目标

了解土木工程结构试验中非破损检测适用范围。掌握混凝土结构、砌体结构和钢结构的非破损检测内容、检测技术原理以及检测方法。

教学要求

知识要点	能力要求	相关知识
结构检测的目的及内容	(1) 了解土木工程结构检测的目的 (2) 掌握土木工程结构检测的内容	
混凝土结构的检测	(1) 掌握混凝土抗压强度的检测 (2) 掌握超声法检测混凝土缺陷的技术 (3) 掌握混凝土结构内部钢筋检测技术	回弹法、超声法、超声回弹法、钻芯法、拔出法
砌体结构的检测	(1) 了解砌块结构检测的主要内容 (2) 掌握砌筑砂浆强度的检测方法 (3) 掌握砌体强度的检测方法	推出法、筒压法、砂浆片剪切法、点荷载法、射钉法、原位轴压法、扁顶法、原位单剪法、原位单砖双剪法
钢结构的检测	(1) 掌握钢材强度的测定方法 (2) 掌握超声法检测钢材和焊缝缺陷的方法 (3) 了解磁粉与射线探伤方法	

引言

结构检测是为评定结构的工程质量或鉴定既有结构的性能等所实施的检测工作。检测技术以现场非破损检测技术为主,即在不破坏结构或构件的前提下,在结构或构件的原位上对结构或构件的承载力、材料强度、结构缺陷、损伤变形及腐蚀情况等进行直接定量检测的技术。本章从结构检测的方法入手,重点阐述了混凝土结构、砌体结构、钢结构的现场检测的内容、一般要求及相应的检测技术。

9.1 非破损检测技术概述

现场结构试验大多数属于结构检验性质。它具有直接为生产服务的目的，经常用于验证和鉴定结构的设计与施工质量；为处理工程质量事故和受灾结构提供技术依据；为使用已久的旧建筑物检测、进行剩余寿命鉴定、维护或加固，以及改（扩）建提供合理的方案；为现场预制构件产品做检验合格与否的质量评定。

工程结构的设计与建造应遵循国家法规和科学规律，一旦违背将殃及建筑物的使用寿命和结构安全。大量事故隐患调查表明，不同历史时期的建筑物都与当时的社会经济环境、政策法规、建筑造价和科技水平等因素有直接关系。除此以外，建筑物在使用中还会遇到各种偶发事件而遭受损伤，如地基的不均匀沉降、结构的温度变形、长期超载使用和疲劳作用、工业事故，还有地震、台风、火灾、水灾等突发性灾害作用。这些多数是随机的，而且难以预测，设计更难考虑。一旦发生，都会影响工程结构的使用寿命。

非破损（或局部破损）检测技术是在不破坏（或微破损）结构构件材料内部结构、不影响结构整体工作性能和不危及结构安全的情况下，利用和依据物理学的力、声、电、磁和射线等的原理、技术和方法，测定与结构材料性能有关的各种物理量，并以此推定结构构件材料强度和内部缺陷的一种测试技术。

非破损检测技术可用于检测混凝土结构、钢结构和砌体结构的材料强度和内部缺陷，目前在我国使用较多的是回弹法、超声法和回弹超声综合法；对于局部破损检测技术主要用于检测结构或构件的材料强度，目前使用较多的是钻芯法、拔出法和贯入法。由于非破损检测技术的最大优点是可直接在结构构件上进行全面检测，可以比较真实地反映构件材料的实际强度，可以在不破坏结构和不影响使用性能的条件下检测结构内部有关材料质量的信息，因此它在工程中被广泛应用。

现场结构检验由于试验对象明确，除了预制构件的质量检验在预制厂或预制场地进行以外，大多数都在实际建筑物现场进行试验。这些结构经过试验检测后均要求能继续使用，所以这类试验一般都是非破坏性的，这是结构现场检测的主要特点。

对旧建筑物或受灾结构的鉴定也称为结构的可靠性诊断。可靠性诊断是指对结构的损伤程度和剩余抗力进行检测、试验、判断、分析研究并取得结论的全部过程。

现场试验检测的手段和方法很多，各自的特点和适用条件也不相同。到目前为止，还没有一种统一的方法能针对不同的结构类型和不同的检测目的而提供准确可靠的数据。所以在选择检测方法、仪表和设备时，应根据建筑物的历史情况和试验目的要求，按国家有关技术和鉴定标准，从经济、试验结果的可靠程度和对原有结构可能造成的损坏程度等诸多方面综合比较。但必须强调，任何单一的检测方法都不可取，对同一检测项目最好选择两种以上方法做对比试验，以增加检测结果的可信度。

本章从结构检测的方法入手，重点阐述结构检测的基本要求，混凝土结构、砌体结构、钢结构的现场检测内容，一般要求和相应的检测技术。

9.2 混凝土结构的检测

混凝土结构检测内容很广,凡是影响结构可靠性的因素都可成为检测的内容,从这个角度看,检测内容根据其属性可以分为以下几种。

(1) 几何量检测,如结构几何尺寸、变形、混凝土保护层厚度、钢筋位置和数量、裂缝宽度等。

(2) 物理性能和力学性能检测,如材料强度、结构的承载力、结构自振周期和结构振型等。

(3) 化学性能检测,如混凝土碳化、钢筋锈蚀等。

(4) 混凝土材料强度检测,非破损法对混凝土材料强度的检测,是以混凝土立方体试块标准强度与某些物理量之间的相关性为基础,检测时在不影响混凝土结构或构件性能的前提下对相关物理量进行测试,然后根据混凝土强度与这些物理量的相关关系推算被测混凝土的标准强度换算值,并据此推算出强度标准值的推定值,常用的方法有回弹法、超声脉冲法、超声-回弹综合法、射线吸收法等。

(5) 混凝土材料内部缺陷检测。检测方法主要有超声脉冲法、脉冲回波法、雷达扫描法、红外热谱法、声发射法等。除强度和缺陷检测外,还有混凝土的弹性性能、非弹性性能、耐久性、受冻层深度、含水率、钢筋位置与钢筋锈蚀、水泥含量等。常用的方法有共振法、敲击法、磁测法、电测法、微波吸收法、参透法等。

9.2.1 混凝土抗压强度检测

1. 回弹法

人们通过试验发现,混凝土的强度与其表面硬度存在内在联系,通过测量混凝土表面硬度,可以推定混凝土抗压强度。1948 年瑞士科学家史密特(E. Schmidt)发明了回弹仪,如图 9-1 所示。用回弹仪弹击混凝土表面时,由仪器内部的重锤回弹能量的变化,反映混凝土表面的不同硬度,此法称为回弹法。几十年来回弹法已成为结构混凝土检测中最常用的一种非破损检测方法。

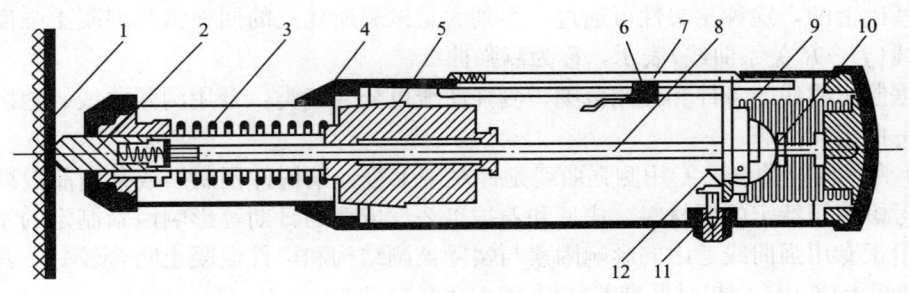

图 9-1 回弹仪的构造
1—构件表面;2—弹击杆;3—拉力弹簧;4—套筒;5—重锤;6—指针;
7—刻度尺;8—导杆;9—压力弹簧;10—调整螺丝;11—按钮;12—挂钩

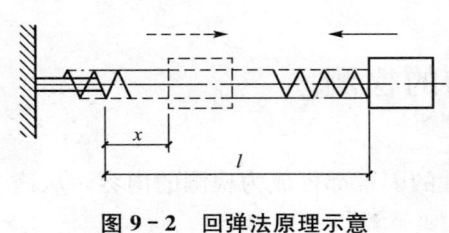

图 9-2 回弹法原理示意

1) 回弹法的基本原理

回弹法的基本原理是使用回弹仪的弹击拉簧驱动仪器内的弹击重锤，通过中心导杆，弹击混凝土的表面，并测出重锤反弹的距离，以反弹距离与弹簧初始长度之比为回弹值 R，由 R 与混凝土的相关关系来推定混凝土抗压强度。如图 9-2 所示，回弹值 R 可用下式表示为

$$R = \frac{x}{l} \times 100\% \qquad (9-1)$$

式中 l——弹击弹簧的初始拉伸长度；

x——重锤反弹位置或重锤回弹时弹簧的拉伸长度。

目前回弹法测定混凝土强度均采用归纳法，建立混凝土强度 f_{cu}^c 与回弹值 R 之间的一元回归公式，或建立混凝土强度 f_{cu}^c 与回弹值 R 及混凝土表面的碳化深度 d 相关的二元回归公式。目前常用的公式有

直线方程 $\qquad\qquad f_{cu}^c = A + BR_a \qquad (9-2a)$

抛物线方程 $\qquad\qquad f_{cu}^c = A + B(R_a) + C(R_a)^2 \qquad (9-2b)$

二元方程 $\qquad\qquad f_{cu}^c = A(R_a)^B \times 10^{Cd_m} \qquad (9-2c)$

式中 f_{cu}^c——某测区混凝土的强度换算值；

R_a——该测区修正后的回弹值；

d_m——该测区平均碳化深度；

A、B、C——常数项，按原材料条件等因素不同而变化。

根据上述原理，世界各国都先后制定了适合本国的回弹法测试标准。我国从 1985 年颁布第一部标准以来，技术上取得了很大进步。2005～2008 年，北京、辽宁、陕西、山东等地根据泵送商品混凝土的特点，先后专门编制了《回弹法检测泵送混凝土抗压强度技术规程》。2011 年，我国住房和城乡建设部（以下简称住建部）重新颁布了《回弹法检测混凝土抗压强度技术规程》（JGJ/T 23—2011）。这些新修订后的规程更适合我国国情及本地区情况，因此现场检测除了应遵守新颁布的规程规定以外，还应遵守本地区的规程。

2) 回弹法的测强曲线

回弹法测定混凝土的抗压强度，是建立在混凝土的抗压强度与回弹值之间具有一定相关性的基础上的，这种相关性可通过一系列大量试验所建立的回弹值与混凝土强度之间的关系曲线（f_{cu}-R 关系曲线）表示，称为测强曲线。

根据制定曲线的条件和使用范围，测强曲线可分为三类：专用测强曲线、地区测强曲线和统一曲线。

(1) 专用测强曲线。专用测强曲线是针对某工程、某构件预制厂或某商品混凝土供应站，仅考虑使用特定的原材料、成型和养护工艺、成型的日期等影响因素制定的基准测强曲线。由于专用强曲线考虑的影响因素与实际被测结构和构件混凝土吻合较好，其平均相对误差 $\delta \leqslant \pm 12.0\%$，相对标准差 $e_r \leqslant \pm 14.0\%$。

(2) 地区测强曲线。由本地区常用的材料、成型、养护工艺配制的混凝土试块，通过较多的破损与非破损试验所建立，选用于无专用曲线时检测符合规定条件的混凝土构件强

度,其平均相对误差 $\delta \leqslant \pm 14.0\%$,相对标准差 $e_r \leqslant \pm 17.0\%$。

(3) 统一曲线。我国建设部在制定《回弹法评定混凝土抗压强度技术规程》时,在全国广泛布点,由全国有代表性的材料、成型养护工艺配制的混凝土,通过试验建立曲线,其回归方程为

$$f_{cu} = 0.034488(R_a)^{1.9400} \times 10^{-0.0173d_m} \tag{9-3}$$

统一曲线适用于无地区或无专用测强曲线时检测符合规定条件的混凝土构件强度,其平均相对误差 $\delta \leqslant \pm 15.0\%$,相对标准差 $e_r \leqslant \pm 18.0\%$。

对于龄期大于 365 天的结构,不可简单地使用回弹法统一测强曲线换算混凝土强度,宜采用其他混凝土测强方法参与,共同进行测量,这样可以提高测量混凝土强度的准确性。当混凝土强度大于 60MPa 时,可采用标准能量大于 2.207J 的回弹仪另行制定检测方法及专用测强曲线。

3) 回弹法的检测技术

回弹法检测结构或构件混凝土强度有两种方式:一类是单个检测,适用于单个结构或构件的检测;另一类是批量检测,适用于在相同的生产工艺条件下,强度等级相同,原材料、配合比、条件养护基本一致且龄期相近的同类结构或构件。按批进行检测的构件,抽检数量不得少于同批构件总数的 30% 且构件数量不得少于 10 件。此外,抽检构件时,应严格遵守"随机"抽样的原则,并使所选构件具有代表性。

(1) 测区布置。

测区数量:每一结构或构件其测区数量应不少于 10 个,对于某一方向尺寸小于 4.5m 且另一方向尺寸小于 0.3m 的构件,其测区数量可适当减少,但不应少于 5 个。测区的大小不宜大于 $0.04m^2$,一般取为 4×4 的网格,网格大小为 50mm×50mm。

测区间距:相邻两测区的间距应控制在 2m 以内,测区离构件端部或施工缝边缘的距离不宜大于 0.5m,且不宜小于 0.2m。

测区位置:测区应优先考虑布置在混凝土浇筑的侧面,即与混凝土浇筑方向相垂直的贴模板的一面。如不能满足时,则可选在混凝土浇筑的表面或底面。测区宜选在构件的两个对称可测面上,也可选在一个可测面上,且应均匀分布。在结构或构件的受力部位、薄弱部位以及容易产生缺陷的部位(如梁与柱交接的节点处),必须布置测区,并应避开预埋件。

测区表面:测区表面应清洁、平整、干燥,不应有接缝、饰面层、粉刷层、浮浆、油垢和蜂窝麻面等。必要时可采用砂轮清除疏松层和杂物,且不应有残留的粉末或碎屑。

(2) 回弹值测量。

检测时,回弹仪应始终垂直于结构或构件的混凝土检测面,缓慢施压,准确读数,快速复位。测点在测区内均匀布置,测点间距不宜小于 20mm。测点距外露钢筋、预埋件的距离不小于 30mm。测点不应在气孔或外露石子上,同一测点只允许弹击一次。每一测区应记取 16 个回弹值,每一测点的回弹值读数估读至 1。对体积小、刚度差以及测试部位的厚度小于 100mm 的构件,测试时应设置支撑,加以固定,防止产生颤动,影响量测精度。

(3) 碳化深度测量。

对于老混凝土,由于受到大气中 CO_2 的作用,使混凝土中一部分未碳化的 $Ca(OH)_2$ 逐渐形成碳酸钙($CaCO_3$)而变硬,因而在老混凝土上测试的回弹值偏高,应予以修正。

回弹值测量完毕后,应在有代表性的位置上选择不少于构件测区数的30%测量碳化深度,取其平均值作为该构件每测区的碳化深度值。当碳化深度的最大最小值相差超过2.0mm时,应对所有测区的碳化深度进行测量。

测量碳化深度值时,用合适的工具在测区表面形成直径约为15mm的孔洞,其深度应大于混凝土的碳化深度。清除孔洞中的碎屑和粉末(用风吹),注意不得用水冲洗,应立即用浓度为1%的酚酞酒精溶液滴在孔洞内壁的边缘处,再用深度测量工具测量从测试表面到孔内混凝土不变色交界面的垂直距离,测量次数至少3次,取其平均值作为该测区混凝土的碳化深度值。每次量测读数精确至0.5mm。

4)数据处理

(1)回弹值的计算。计算测区平均回弹值时,应从该测区的16个测点的回弹值中分别剔除3个最大值和3个最小值,然后把余下的10个回弹值取平均值。

$$R = \frac{1}{10}\sum_{i=1}^{10} R_i \tag{9-4}$$

式中 R——测区回弹代表值,取有效测试数据的平均值,精确至0.1;

R_i——第i个测点的有效回弹值。

(2)回弹值修正。回弹值修正主要有非水平方向检测和非混凝土浇筑侧面的修正。当回弹仪测试位置非水平方向时,考虑到不同测试角度,回弹值应按下列公式修正:

$$R_a = R + R_{a\alpha} \tag{9-5}$$

式中 R_a——修正后的测区回弹代表值,精确至0.1;

$R_{a\alpha}$——测试角度为α时的测区回弹修正值,按表9-1取值。

表9-1 非水平方向检测时的回弹值修正值

测试角度 R	回弹仪向上				回弹仪向下			
	90°	60°	45°	30°	-30°	-45°	-60°	-90°
20	-6.0	-5.0	-4.0	-3.0	+2.5	+3.0	+3.5	+4.0
25	-5.5	-4.5	-3.8	-2.8	+2.3	+2.8	+3.3	+3.8
30	-5.0	-4.0	-3.5	-2.5	+2.0	+2.5	+3.0	+3.5
35	-4.5	-3.8	-3.3	-2.3	+1.8	+2.3	+2.8	+3.3
40	-4.0	-3.5	-3.0	-2.0	+1.5	+2.0	+2.5	+3.0
45	-3.8	-3.3	-2.8	-1.8	+1.3	+1.8	+2.3	+2.8
50	-3.5	-3.0	-2.5	-1.5	+1.0	+1.5	+2.0	+2.5

注:① $R_{m\alpha}$小于20或大于50时,均分别按20或50查表。
② 表中未列入的相应于$R_{m\alpha}$的修正值$R_{m\alpha}$,可用内插法求得,精确至0.1。

在混凝土浇筑的顶面或底面测得的回弹值,应按下列公式修正:

$$R_a = R + R_a^t + R_a^b \tag{9-6}$$

式中 R_a^t、R_a^b——测量顶面、底面时的回弹值修正值,按表9-2取值。

表9-2　不同浇筑面的回弹值修正值

R 或 R_a	表面修正值 (R_a^t)	底面修正值 (R_a^b)	R_m^t 或 R_m^b	表面修正值 (R_m^t)	底面修正值 (R_m^b)
20	+2.5	−3.0	40	+0.5	−1.0
25	+2.0	−2.5	45	0	−0.5
30	+1.5	−2.0	50	0	0
35	+1.0	−1.5			

注：① 在侧面测试时，修正值为0；R 小于20或大于50时，分别按20或50查表。
② 当先进行角度修正时，采用修正后的回弹代表值 R_a。
③ 表中未列数值，可采用内插法求得，精确至0.1。

测试时回弹仪处于非水平状态，同时测试面又非混凝土浇筑方向的侧面，则应对测得的回弹值先进行角度修正，然后对角度修正后的值再进行顶面或底面修正。

(3) 碳化深度值的计算。每一测区的碳化深度平均值按下式计算：

$$d_m = \frac{1}{n}\sum_{i=1}^{n} d_i \tag{9-7}$$

式中　d_m——测区的平均碳化深度值(mm)，计算至0.1mm；
d_i——第 i 次测量的碳化深度值(mm)；
n——测区碳化深度测量次数。

当 $d_m < 0.5$mm 时，按无碳化(即平均碳化深度 $d_m = 0$)进行处理。例如，$d_m > 6$mm，则按 $d_m = 6$mm 计算。碳化深度直接影响构件强度的推定，当碳化深度为1mm时，强度要降低5%~8%；当碳化深度为6mm时，强度降低32%~40%。因此，现场检测时对碳化深度的精确测量应引起足够的重视。

根据各测区的平均回弹值及平均碳化深度即可按《回弹法检测混凝土抗压强度技术规程》规定的方法查表确定各测区的混凝土强度。但要注意，当检测泵送混凝土制作的结构或构件时要符合下列规定：当碳化深度不大于2.0mm时，每一测区混凝土换算值应按表9-3进行修正；当碳化深度大于2.0mm时，可采用相同条件试件或钻取混凝土芯样进行修正，修正系数按式(9-8a)或式(9-8b)计算。

表9-3　泵送混凝土测区混凝土强度换算值的修正值

碳化深度值/mm		抗压强度值/MPa			
0.0, 0.5, 1.0	f_{cu}^c	≤40.0	45.0	50.0	55.0~60.0
	K	+4.5	+3.0	+1.5	0.0
1.5, 2.0	f_{cu}^c	≤30.0	35.0	40.0~60.0	
	K	+3.0	+1.5	0.0	

注：表中未列入的 $f_{cu,i}^c$ 值可用内插法求得其修正值，精确至0.1MPa。

5) 混凝土强度评定

(1) 测区混凝土强度值的计算。结构或构件第 i 个测区混凝土强度换算值，可按《回弹法检测混凝土抗压强度技术规程》所求得的平均回弹值 R_m 及平均碳化深度 d_m，由规程附录 A 的测区混凝土强度表查表得出。当有地区或专用测强曲线时，则混凝土强度换算值应按地区或专用测强曲线换算得出。当强度高于 60MPa 或低于 10MPa，附录表 A 查不出时，可记为 $f_{cu}^c>50$MPa 或 $f_{cu}^c<10$MPa，表中未列出的测区强度值可用内插法求得。

当检测条件与测强曲线的使用条件有较大差异时，采用数量不少于 6 个的相同条件试件或钻取混凝土芯样进行修正。钻取芯样时，每个部位应钻取一个芯样。计算时，测区混凝土强度换算值乘以修正系数。修正系数的计算公式为

$$\eta = \frac{1}{n}\sum_{i=1}^{n}\frac{f_{cu,i}}{f_{cu,i}^c} \tag{9-8a}$$

或

$$\eta = \frac{1}{n}\sum_{i=1}^{n}\frac{f_{cor,i}}{f_{cu,i}^c} \tag{9-8b}$$

式中　η——修正系数，精确到 0.01；
　　　$f_{cu,i}$——第 i 个混凝土立方体试件（边长为 150mm）的抗压强度值，精确到 0.1MPa；
　　　$f_{cor,i}$——第 i 个混凝土芯样试件（Φ100mm×100mm）的抗压强度值，精确到 0.1MPa；
　　　$f_{cu,i}^c$——对应于第 i 个试件或芯样部位，根据其回弹值和碳化深度值计算的测区混凝土强度换算值，精确到 0.1MPa。

(2) 结构或构件的测区混凝土强度平均值和标准差。

结构或构件的测区混凝土强度平均值可根据各测区的混凝土强度换算值计算。当测区数为 10 个以上时，尚应计算强度标准差。结构或构件混凝土的测区强度平均值及标准差按下列公式计算：

$$m_{f_{cu}^c} = \frac{1}{n}\sum_{i=1}^{n}f_{cu,i}^c \tag{9-9}$$

$$S_{f_{cu}^c} = \sqrt{\frac{\sum(f_{cu,i}^c)^2 - n(m_{f_{cu}^c})^2}{n-1}} \tag{9-10}$$

式中　$m_{f_{cu}^c}$——结构或构件测区混凝土强度的平均值（MPa），精确至 0.1MPa；
　　　n——对于单个检测的构件，取一个构件的测区数，对于批量检测的构件，取各抽检构件测区数之和；
　　　$S_{f_{cu}^c}$——结构或构件测区混凝土强度的标准差（MPa），精确至 0.01MPa。

(3) 结构或构件混凝土强度推定值 $f_{cu,e}$。

当该结构或构件的测区数量少于 10 个时，以构件中最小测区强度值作为该构件的混凝土强度推定值：

$$f_{cu,e} = f_{cu,min}^c \tag{9-11}$$

当该结构或构件的测区数量不少于 10 个或批量检测时，则按下列公式计算的计算值作为结构或构件的混凝土强度推定值：

$$f_{cu,e} = m_{f_{ccu}} - 1.645 S_{f_{cu}^c} \tag{9-12}$$

当该结构或构件的测区强度值中出现小于 10.0MPa 时，结构或构件的混凝土强度推定值为：

$$f_{cu,e} < 10.0\text{MPa} \tag{9-13}$$

(4) 对于按批量检测的构件，当该批构件混凝土强度标准差出现下列情况之一时，该批构件应全部按单个构件检测推定混凝土的强度值。

① 该批构件混凝土强度平均值 $m_{f_{cu}^c} < 25\text{MPa}$，且标准差 $S_{f_{cu}^c} > 4.5\text{MPa}$。
② 该批构件混凝土强度平均值 $m_{f_{cu}^c} \geqslant 25\text{MPa}$，且标准差 $S_{f_{cu}^c} > 5.5\text{MPa}$。

2. 超声法

声波可分为可闻声波、次声波和超声波三种。超声波是一种频率超过 20kHz 的机械波，其传播的指向性较其他声波要好，一般由高频电振荡激励换能器中的压电晶体产生。根据弹性力学理论，超声波在混凝土中的传播速度与混凝土的弹性模量、材料密度的关系为

$$v = \sqrt{\frac{E_d(1-\mu)}{\rho(1+\mu)(1-2\mu)}} \quad (9-14)$$

式中　E_d——混凝土的弹性模量；
　　　ρ——混凝土的密度；
　　　μ——混凝土的泊松比。

因此，混凝土的抗压强度 f_{cu} 与超声波在混凝土中的传播速度 v 具有一定的相关性。这就是超声法检测混凝土强度的基本原理。混凝土强度越高，相应超声波波速越大，通过试验可建立混凝土强度与声速的关系曲线或经验公式。目前常用的相关关系表达式有幂函数方程：

$$f_{cu}^c = Av^B \quad (9-15)$$

式中　f_{cu}^c——混凝土强度换算值；
　　　v——超声波在混凝土中传播速度；
　　　A、B——常数项。

超声波脉冲实质上是超声检测仪的高频电振荡激励仪器换能器中的压电晶体，由压电效应产生的机械振动发出的声波在介质中的传播，如图 9-3 所示。由于超声法检测混凝土强度不确定影响因素较多，测试结果误差较大，所以目前已很少单独应用超声法检测混凝土强度，而广泛采用超声回弹综合法检测混凝土强度，进而提高测试精度。

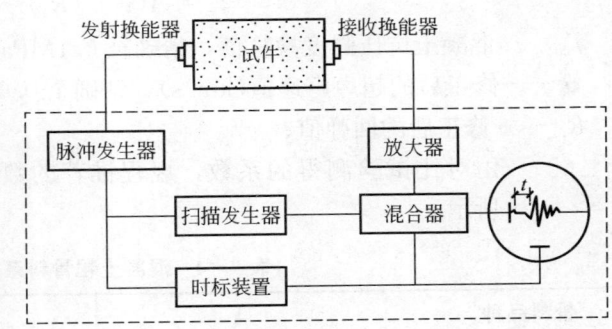

图 9-3　混凝土超声波检测系统

目前用于混凝土检测的超声波仪器可分为两大类。

(1) 模拟式：接收的超声信号为连续模拟量，可由时域波形信号测读参数，现在很少采用。

(2) 数字式：接收的超声信号转换为离散数字量，具有采集、储存数字信号，测读声

波参数和对数字信号处理的智能化功能。这是近年来发展起来的新技术，被广泛采用。

由于超声法检测混凝土强度不确定因素较多，测试结果误差较大，所以目前单独采用超声法检测混凝土强度已很少应用。而广泛采用超声回弹综合法检测混凝土强度，以提高测试精度。

3. 超声回弹综合法

1）基本原理

超声回弹综合法是指采用超声检测仪和回弹仪，在结构或构件混凝土的同一测区分别测量超声声时和回弹值，再利用已建立的测强公式，推算该测区混凝土强度的方法。该方法 1966 年由罗马尼亚建筑及建筑经济学院提出，此后在世界上得到迅速发展和应用，我国已制定了《超声回弹综合法检测混凝土强度技术规程》（CECS 02—2005）。

与单一的回弹法或超声法相比，超声回弹综合法具有以下优点。

(1) 混凝土的龄期和含水率对回弹值和声速都有影响。混凝土含水率大，超声波的声速偏高，而回弹值偏低；混凝土的龄期长，回弹值因混凝土表面碳化深度增加而增加，但超声波的声速随龄期增加的幅度有限。两者结合的综合法可以减少混凝土龄期和含水率的影响。

(2) 回弹法通过混凝土表层的弹性和硬度反映混凝土的强度，超声法通过整个截面的弹性特性反映混凝土的强度。回弹法测试低强度混凝土时，由于弹击可能产生较大的塑性变形，影响测试精度，而超声波的声速随混凝土强度增长到一定程度后，增长速度下降，因此，超声法对较高强度的混凝土不敏感。采用超声回弹综合法，可以内外结合，相互弥补各自的不足，较全面地反映了混凝土的实际质量。

超声回弹综合法由于上述优点，使得其测量范围加大。例如，采用超声回弹综合法可以不受混凝土龄期的限制，测试精度也有明显的提高。

在超声回弹综合法在结构同一测区分别测量声速值和回弹值，然后根据建立起来的测强公式推算该测区混凝土强度的一种方法。这两个参数同时与混凝土强度相关，规程中采用的相关方程为

$$f_{cu}^c = A(v_a)^B (R_a)^C \tag{9-16}$$

式中　f_{cu}^c——混凝土抗压强度换算值，精确至 0.1MPa；

　　　v_a——修正后的超声声速值(km/s)，精确至 0.01km/s；

　　　R_a——修正后的回弹值；

A、B、C——由对比试验测得的系数，规程推荐的数值与骨料的品种有关，如表 9-4 所示。

表 9-4　混凝土粗骨料系数

骨料品种	A	B	C
卵石	0.0056	1.439	1.769
碎石	0.0162	1.656	1.410

2）回弹测试及回弹值计算

回弹值的量测与计算方法，基本上参照回弹法检测规程，所不同的是不需测量混凝土的碳化深度。其他对测试面和测试角度计算修正方法相同。

3) 超声测试及声速值计算

(1) 测点布置。

超声测点应布置在回弹测试的同一测区内,每一测区布置3个测点。超声测试宜优先采用对测(图9-4)或角测(图9-5)。当被测构件不具备对测或角测条件时,可采用单面平测,如图9-6所示。测区宜避开钢筋密集区和预埋铁件,测试表面应清洁平整、干燥、无缺陷和无装饰面层,如有杂物粉尘应清除。按单个构件检测时,应在构件上均匀布置测区,每个构件上测区数量不应少于10个。同批构件按批抽样检测时,构件抽样数不应少于同批构件的30%,且不应少于10件。对一般施工质量的检测和结构性能的检测,可按照现行国家标准《建筑结构检测技术标准》(GB/T 50344—2004)的规定抽样。对某一方向尺寸不大于4.5m且另一方向尺寸不大于0.3m的构件,其测区数量可适当减少,但不应少于5个。

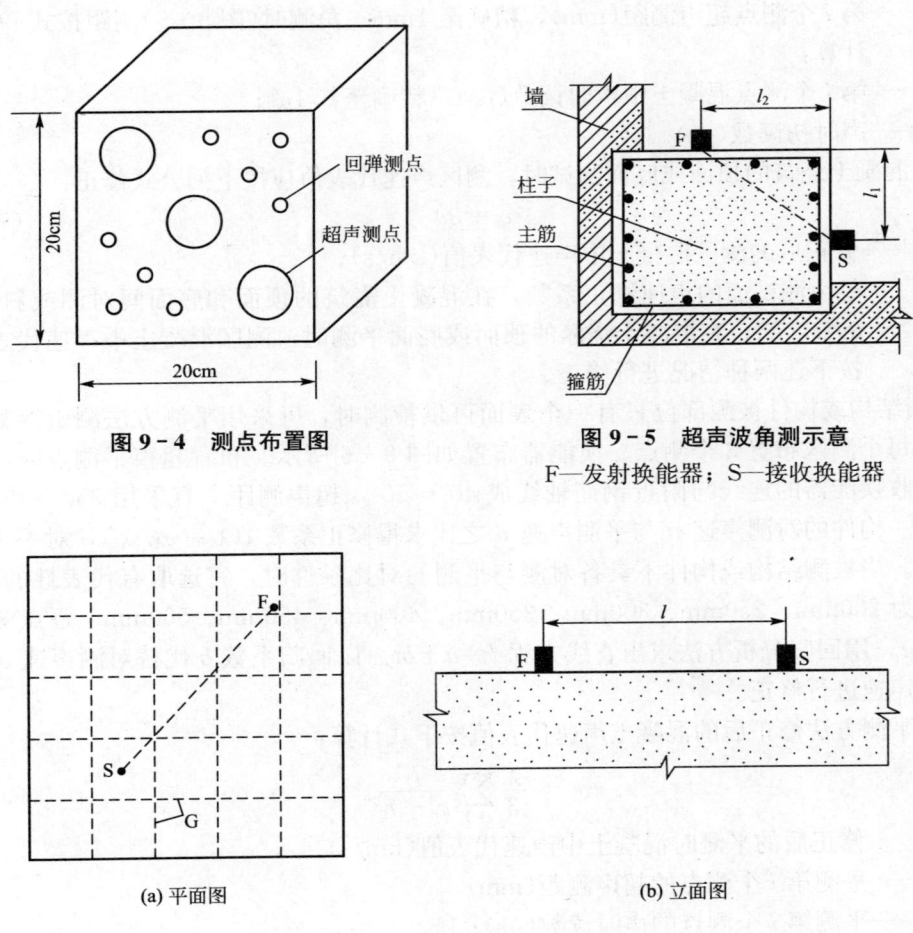

图 9-4 测点布置图

图 9-5 超声波角测示意
F—发射换能器;S—接收换能器

图 9-6 超声波平测示意
F—发射换能器;S—接收换能器;G—钢筋轴线

(2) 超声检测。

混凝土超声检测使用非金属超声检测仪,超声波的工作频率在1MHz以下,一般采用

50~100kHz。超声波检测系统主要包括超声波的发生、传递、接收、放大、时间测量和波形显示部分，图 9-3 给出了混凝土超声波的检测系统。

超声测试时必须保持换能器与被测混凝土表面有良好的耦合(如采用黄油、凡士林、石膏浆等)，以减少声能的反射损耗。

(3) 计算声速值。

分别计算 3 个测点的声速值 v_i，取 3 个测点声速的平均值作为该试件的混凝土中声速代表值 v，即

$$v = \frac{1}{3}\sum_{i=1}^{3}\frac{l_i}{t_i - t_0} \tag{9-17}$$

$$l_i = \sqrt{l_{1i}^2 + l_{2i}^2} \tag{9-18}$$

式中 v——测区混凝土中声速代表值(km/s)，精确至 0.01km/s；

l_i——第 i 个测点超声测距(mm)，精确至 1mm；角测时(图 9-5)测距按式(9-18)计算；

t_i——第 i 个测点混凝土中声时读数(μs)，精确至 0.1μs；

t_0——声时初读数(μs)。

当在混凝土浇筑的顶面或底面测试时，测区声速代表值应按下列公式修正：

$$v_a = \beta v \tag{9-19}$$

式中 v_a——修正后的测区混凝土中声速代表值(km/s)；

β——超声测试面的声速修正系数，在混凝土浇筑的顶面和底面间对测或斜测时，$\beta = 1.034$；在混凝土浇灌的顶面或底面平测时，测区混凝土中声速代表值应按下述两种情况进行修正。

① 当结构或构件被测部位只有一个表面可供检测时，可采用平测方法测量混凝土中的声速。每个测区布置 3 个测点。换能器布置如图 9-6 所示。布置超声平测点时，宜使发射和接收换能器的连线与附近钢筋轴线成 40°~50°，超声测距 l 宜采用 350~450mm。宜采用同一构件的对测声速 v_d 与平测声速 v_p 之比求得修正系数 $\lambda(\lambda = v_d/v_p)$，对平测声速进行修正。当被测结构或构件不具备对测与平测的对比条件时，宜选取有代表性的部位，以测距 l 为 200mm、250mm、300mm、350mm、400mm、450mm、500mm，逐点测读相应声时值 t，用回归分析方法求出直线方程 $l = a + bt$。以回归系数 b 代替对测声速 v_d，再对各平测声速进行修正。

采用平测方法修正后的混凝土声速代表值按下式计算：

$$v_a = \frac{\lambda}{3}\sum_{i=1}^{3}\frac{l_i}{t_i - t_0} \tag{9-20}$$

式中 v_a——修正后的平测时混凝土中声速代表值(km/s)；

l_i——平测第 i 个测点的超声测距(mm)；

t_i——平测第 i 个测点的声时读数(μs)；

λ——平测声速修正系数。

② 在构件浇筑顶面或底面平测时，可采用直线方程 $l = a + bt$ 求得平测数据，修正后的混凝土中声速代表值应按下列公式计算：

$$v_a = \frac{\lambda\beta}{3}\sum_{i=1}^{3}\frac{l_i}{t_i - t_0} \tag{9-21}$$

式中 β——超声测试面的声速修正系数，顶面平测 $\beta=1.05$，底面平测 $\beta=0.95$。

4. 钻芯法

1) 钻芯法的基本概念

钻芯法是在结构混凝土上直接钻取芯样，将芯样加工后进行抗压强度试验，这种方法被公认为是一种较为直观可靠的检测混凝土强度的试验方法。

钻芯法试验需要专门的取芯钻机，如图 9-7 所示，由于钻芯时对结构有局部损伤故属于半破损检验方法。芯样应具有代表性，并尽量在结构次要受力部位取芯。选样取芯位置时应特别注意避开主要受力钢筋、预埋件和管线的位置。取芯方法、操作技术、芯样加工要求、抗压试验和强度计算等均应遵循《钻芯法检测混凝土强度技术规程》(CECS 03—2007)。

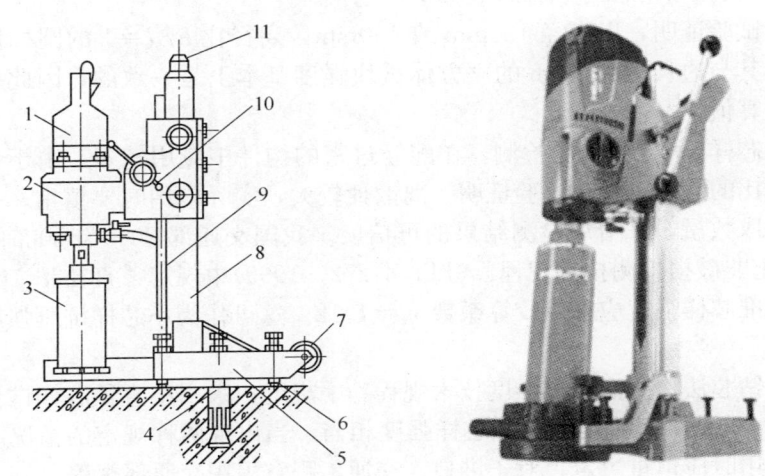

图 9-7 混凝土钻孔取芯机示意
1—电动机；2—变速箱；3—钻头；4—膨胀螺栓；5—底座；
6—支承螺丝；7—行走轮；8—立柱；9—升降齿条；10—进钻手柄；11—堵盖

2) 钻取芯样的技术要求

(1) 钻芯法适用于检测结构中强度不大于 80MPa 的普通混凝土强度(不宜小于 10MPa)。

(2) 钻取芯样前，应预先探测钢筋的位置，钻收的芯样内不应含有钢筋，尤其不允许含有与芯样轴线平行的纵向钢筋，以免影响芯样抗压强度。若是配筋较密的构件无法避开时，芯样内最多允许含有二根直径小于 10mm 的钢筋；直径小于 100mm 的小芯样试件只允许含有一根直径小于 10mm 的钢筋。

(3) 单个构件检测时，其芯样数量不应少于 3 个。

(4) 抗压试验的芯心试件宜采用标准芯样试件。钻取标准芯样的试件标称直径一般不应小于骨料最大粒径的 3 倍，并以直径 100mm，高度 h 与直径 d 之比为 1 的芯样作为标准芯样。采用小直径芯样试件时，直径不应小于 70mm，不得小于最大骨料径的 2 倍。芯样试件的数量应根据检测批的容量确定。标准芯样最小样品不宜少于 15 个。当采用小直径芯样试件时，最小样品量应适当增加。

(5) 芯样端面应磨平，防止不平整导致应力集中而影响实测强度。

(6) 钻孔取芯后结构上留下的孔洞应及时修补。

3) 芯样试件的试验和抗压强度值的计算

芯样试件宜在被检测结构成构件混凝土干、湿度基本一致的条件下进行抗压试验。如结构工作条件比较干燥，芯样在受压前应在室内自然干燥 3 天，以自然干燥状态进行试验。如结构工作条件比较潮湿，贴芯样应在 20℃±5℃ 的清水中浸泡 40~48h，从水中取出后进行试验。

芯样试件的混凝土抗压强度可按下式计算：

$$f_{cu,cor} = F_c/A \tag{9-22}$$

式中 $f_{cu,cor}$——芯样试件的混凝土抗压强度值(MPa)，精度至 0.1MPa；
F_c——芯样试件的抗压试验测得的最大压力(N)；
A——芯样试件抗压截面面积(mm^2)

国内外大量试验证明，以直径 100mm 或 150mm，高径比 $h/d=1$ 的圆柱体芯样试件的抗压测试值，其与边长为 150mm 的立方体试块强度基本上是一致的，因此可直接作为混凝土的强度换算值。

对于小直径芯样($d<100mm$)检测，在配筋过密的构件中应用较多。由于受芯样直径与粗骨料粒径之比的影响，大量试验证明，离散性较大，实际应用时要慎重。一般通过适当增加小芯样钻取数量，来增加检测结果的可信度。我国交通部 2000 年颁布的行业标准《港口工程混凝土非破损检测技术规程》(JTJ/T 272—1999)中规定：直径 $d<100mm$ 的芯样强度换算为标准芯样强度应乘以校算系数 $\eta_k=1.12$。这可作为小芯样抗压强度检测的参考依据。

新颁布的《钻芯法检测混凝土强度技术规程》中规定，采用小直径芯样试件时，其公称直径不应小于 70mm，其强度与标准芯样强度相当。当出现两种规定的情况时，视具体工程不同，在应用时应慎重决定，对于港口、交通工程宜采用交通部规程。

由于结构或构件在外力作用下，混凝土的破坏一般都是首先出现在最薄弱的区域，因此我国钻芯法规程规定，对于单个构件或单个构件的局部区域，取芯样试件混凝土换算强度中的最小值 $f_{cu,min}$ 作为代表值推定结构的混凝土强度。对于检测批的混凝土强度推定值，应计算推定区间，确定推定区间的上限值和下限值，然后按规程计算公式确定推定值。

5. 拔出法

1) 基本原理

拔出法试验是用一金属锚固件预埋入未硬化的混凝土浇筑构件内，或在已硬化的混凝土构件上钻孔埋入一膨胀螺栓，然后测试锚固件或膨胀螺栓被拔出时的拉力，由被拔出的锥台形混凝土块的投影面积，确定混凝土的拔出强度，并由此推算混凝土的立方抗压强度，也是一种半破损试验的检测方法。

在浇筑混凝土时预埋锚固件的方法，称为预埋法，或称 LOK 试验。在混凝土硬化后再钻孔埋入膨胀螺栓作为锚固件的方法，称为后装法，或称 CAPO 试验。预埋法常用于确定混凝土的停止养护、拆膜时间及施加后张法预应力的时间，按事先计划要求布置测点。后装法则较多用于已建结构混凝土强度的现场检测，检测混凝土的质量和判断硬化混凝土的现有实际强度。

拔出试验的基本原理是拔出力与混凝土强度之间的相关关系,其原理如图9-8所示。拔出试验时,混凝土的主拉应力达到极限破坏值,沿2α圆锥面产生开裂破坏,混凝土的抗拔强度f_P为

$$f_P = \frac{F}{A} \quad (9-23)$$

式中 A——截头圆锥破坏体的侧面积(mm^2);

F——破坏拔出力(N)。

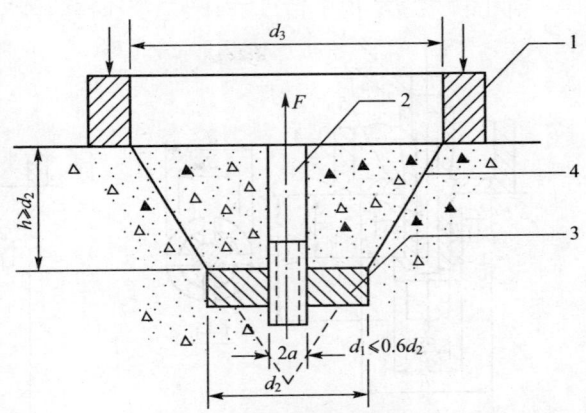

图9-8 拔出法基本原理
1—承力环；2—拉杆；3—锚固件；
4—混凝土破坏锥面

大量试验和理论分析表明,混凝土拔出强度f_P与混凝土的抗拉强度f_t相近,而f_t是立方体抗压强度f_{cu}的一元函数。所以混凝土的抗压强度f_{cu}与极限拉拔力F之间具有良好的线性关系,这就是拔出法检测混凝土强度的理论基础和基本原理。

预埋拔出法主要用于新建结构混凝土质量的控制,使用受到限制。而后装拔出法在新旧结构或构件中均可使用,已获得国际国内的广泛承认。在我国也得到了广泛采用,并已经颁布《后装拔出法检测混凝土强度技术规程》(CECS 69—1994)。所以,下面只介绍后装拔出法。

2) 后装拔出法试验装置

后装拔出法适用于强度不应低于10.0MPa的混凝土的强度检测。检测部位的混凝土表层与内部质量应一致,当表层与内部质量有明显差异时,应将薄弱表层的混凝土清除干净后方可进行检测。

拔出试验装置由钻孔机、磨槽机、锚固件及拔出仪(手动液压)等组成,实用中有圆环式和三点式两种拔出试验装置,如图9-9所示。圆环式拔出试验装置,宜用于石子粒径较小(<40mm)的混凝土,对混凝土的损伤较小,但试验时要求测试部位的混凝土表面必须平整。三点式拔出试验装置,宜用于石子粒径较大(<60mm)的混凝土,对混凝土的损伤较大,但试验时对测试部位的表面平整度要求不高。

3) 检测步骤

(1) 测点数量及布置。

测点数量:按单个构件检测时,应在构件上均匀布置3个测点。当3个拔出力中最大拔出力和最小拔出力与中间值之差均小于中间值的15%时,仅布置3个测点即可;当最大拔出力或最小拔出力与中间值之差均大于中间值的15%(包括两者均大于中间值的15%)时,应在最小拔出力测点附近再加两个测点。

当同批构件按批抽样检测时,抽检数量应不少于同批构件总数的30%,且不少于10件,每个构件不应少于3个测点。

测点布置:测点宜布置在构件混凝土成型的侧面,如不能满足这一要求时,可布置在混凝土成型的表面或底面。测点应布置在构件受力较大及薄弱部位,相邻两测点的间距不应小于$10h$,测点距构件边缘不应小于$4h$(h为锚固件的锚固深度)。测点应避开接缝、蜂

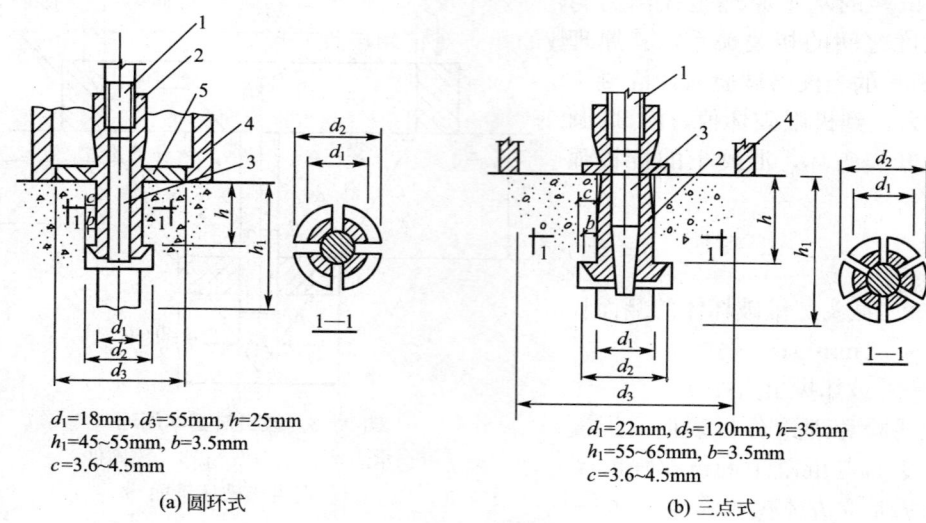

$d_1=18mm$, $d_3=55mm$, $h=25mm$
$h_1=45\sim55mm$, $b=3.5mm$
$c=3.6\sim4.5mm$

(a) 圆环式

$d_1=22mm$, $d_3=120mm$, $h=35mm$
$h_1=55\sim65mm$, $b=3.5mm$
$c=3.6\sim4.5mm$

(b) 三点式

图 9-9 拔出法试验装置
1—拉杆；2—胀簧；3—胀杆；4—反力支承；5—对中圆盘

窝、麻面部位和混凝土表层的钢筋、预埋件。测试面应平整、清洁、干燥，饰面层、浮浆等应予清除，必要时进行磨平处理。

（2）拔出试验。将锚固件的胀簧插入成型孔内，通过胀杆使胀簧锚固台阶完全嵌入环形槽内，保证锚固可靠。拔出仪与锚固件用拉杆对中连接，并与混凝土表面垂直，然后以 0.5~1.0kN/s 对拉杆均匀施加拔出力，直到混凝土开裂破坏、测力显示器读数不再增加为止，记录极限拔出力值。

（3）强度换算值。按已经建立的拔出力与立方体抗压强度之间的相关关系曲线，由拔出力确定混凝土的抗压强度换算值。混凝土强度换算值按下列一元回归直线方程计算：

$$f_{cu}^c = AF + B \tag{9-24}$$

式中 f_{cu}^c——混凝土强度换算值（MPa），精确至 0.1MPa；

F——拔出力（kN），精确至 0.1kN；

A、B——测强公式回归系数。

当混凝土强度对结构的可靠性起控制作用时（如轴压、小偏心受压构件和构件的受剪及局部承压部位等），或者一种检测方法的检测结果离散性很大时，需用两种或两种以上方法进行检测，以综合确定混凝土强度。

9.2.2 超声法检测混凝土缺陷

混凝土构件的缺陷检测可分为蜂窝、麻面、孔洞、夹渣、露筋、裂缝、疏松区和不同时间浇筑的混凝土结合面质量等项目。构件外部缺陷可通过目测、敲击、卡尺及放大镜等方式进行测量。对裂缝、内部空洞缺陷和表层损伤的检测，可采用超声法、冲击反射法等非破损检测方法，必要时可采用局部破损的方法对非破损的检测结构进行验证。

超声法检测混凝土缺陷的基本原理是利用超声波在介质中传播时，遇到缺陷产生绕射使传播速度降低,声时变长;在缺陷界面产生反射,使波幅和频率明显降低,接收波形发生畸变。综合波速、波幅、频率等参数的相对变化和接收波形的变化,对比相同条件下无缺陷混凝土的参数和波形,就可判断和评定混凝土的缺陷和损伤情况。

混凝土超声检测使用非金属超声检测仪,其超声波的工作频率在 1MHz 以下,一般采用 10~500kHz,换能器的频率选用 20~250kHz,根据不同的测试需要选用厚度振动式和径向振动式。为了规范检测和评定方法,国家颁布了《超声法检测混凝土缺陷技术规程》(CECS 21—2000),应按此规范执行。

1. 裂缝深度检测

1) 单面平测法

当结构的裂缝部位只有一个可测表面,估计裂缝深度又大于 500mm 时,可采用单面平测法。平测时应在裂缝的被测部位,以不同的测距,按跨缝和不跨缝布置测点(布置测点时应避开钢筋的影响)进行检测,其检测步骤如下。

(1) 不跨缝的声时测量。将 T 和 R 换能器置于裂缝附近同一侧,以两个换能器内边缘间距(l')等于 100mm,150mm,200mm,250mm,…分别读取声时值(t_i),绘制"时-距"坐标图,如图 9-10 所示,或用回归分析的方法求出声时与测距之间的回归直线方程:

$$l_i = a + b t_i \quad (9-25)$$

每测点超声波实际传播距离 l_i 为

$$l_i = l' + |a| \quad (9-26)$$

式中 l_i——第 i 点的超声波实际传播距离(mm);

l'——第 i 点的 R、T 换能器内边缘间距(mm);

a——"时-距"图中轴的截距或回归直线方程的常数项(mm)。

不跨缝平测的混凝土声速值为

$$v = (l'_n - l'_1)/(t_n - t_1) \quad 或 \quad v = b(\text{km/s}) \quad (9-27)$$

式中 l'_n、l'_1——第 n 点和第 1 点的测距(mm);

t_n、t_1——第 n 点和第 1 点读取的声时值(μs);

b——回归系数。

(2) 跨缝的声时测量。如图 9-11 所示,将 T、R 换能器分别置于以裂缝为对称的两侧,取 100mm,150mm,200mm,…分别读取声时值 t_i^0,同时观察首波相位的变化。

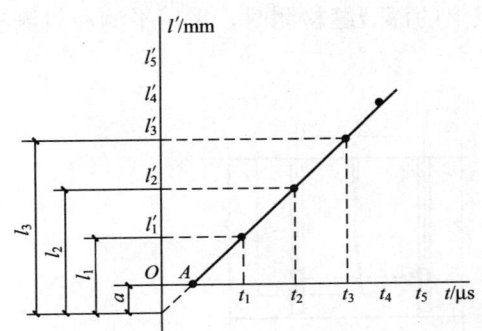

图 9-10 不跨距的平测"时-距"图

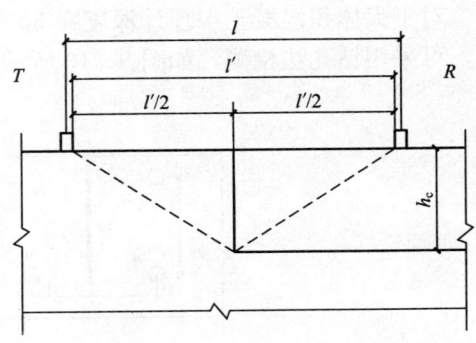

图 9-11 跨缝的测量示意

平测法检测，裂缝深度应按下式计算：

$$h_{ci} = l_i/2 \cdot \sqrt{(t_i^0 v/l_i)^2 - 1} \quad (9-28a)$$

$$m_{hc} = 1/n \cdot \sum_{i=1}^{n} h_{ci} \quad (9-28b)$$

式中　l_i——不跨缝平测时第 i 点的超声波实际传播距离(mm)；
　　　h_{ci}——第 i 点计算的裂缝深度值(mm)；
　　　t_i^0——第 i 点跨缝平测的声时值(μs)；
　　　m_{hc}——各测点计算裂缝深度的平均值(mm)；
　　　n——测点数。

（3）裂缝深度的确定方法。

① 跨缝测量中，当某测距发现首波反相时，可用该测距及两个相邻测距的测量值按式(9-28a)计算 h_{ci} 值，取此三点 h_{ci} 的平均值作为该裂缝的深度值(h_c)。

② 跨缝测量中如难于发现首波反相，则以不同测距按式(9-28a)、式(9-28b)计算 h_{ci} 及其平均值(m_{hc})。将各测距 l_i' 与 m_{hc} 相比较，当各测距 l_i' 小于 m_{hc} 和大于 $3m_{hc}$，应剔除该组数据，然后取余下 h_{ci} 的平均值，作为该裂缝的深度值(h_c)。

2）双面斜测法

（1）当结构的裂缝部位具有两个相互平行的测试表面时，可采用双面穿透斜测法检测。测点布置如图 9-12 所示，将 T、R 换能器分别置于两测试表面对应测点 1、2、3…的位置，读取相应声时值 t_i、波幅值 A_i 及主频率 f_i。

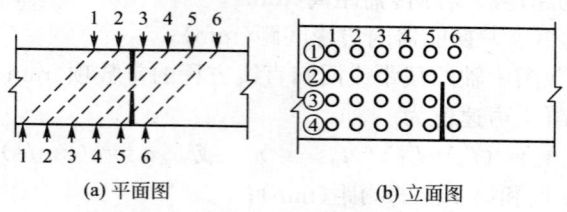

图 9-12　双面斜测裂缝测点布置图

（2）裂缝深度判定：当 T、R 换能器的连线通过裂缝，根据波幅声时和主频的突变，可以判定裂缝深度以及是否在断面内贯通。

3）钻孔对测法

对于大体积混凝土中预计深度在 500mm 以上的深裂缝检测时，采用平测和斜测有困难，可采用钻孔法检测，如图 9-13 所示。

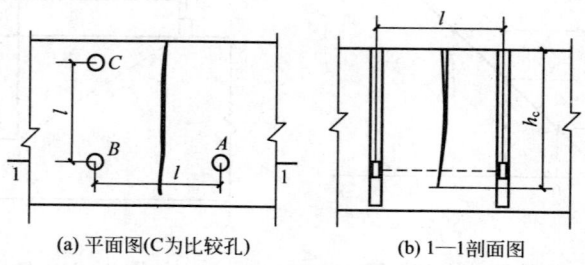

图 9-13　钻孔测裂缝深度示意

在裂缝对应两侧钻两个测试孔（A、B），测试孔间距宜为 2000mm。孔径应比所用换能器直径大 5～10mm，孔深度（不小于裂缝预计深度）700mm。孔内粉末屑应清理干净，并在裂缝一侧多钻一个孔距相同的比较孔 C［图 9-13(a)］，通过 B、C 两孔间测试无裂缝混凝土的声学参数。

裂缝深度检测应选用频率为 20～60kHz 的径向振动式换能器。测试前应先向测试孔中注满清水，然后将 T、R 换能器分别置于裂缝两侧的对应孔中，以相同高程等间距（100～400mm）从上到下同步移动，逐点读取声时、波幅和换能器所处的深度，如图 9-13b 所示。

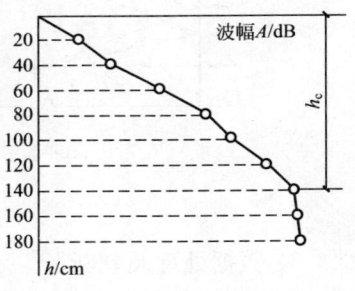

以换能器所处深度（h）与对应的波幅值（A）绘制 h-A 坐标图，如图 9-14 所示。随着换能器位置的下移，波幅逐渐增大，当换能器下移至某一位置后，波幅达到最大并基本稳定，该位置所对应的深度便是裂缝深度值 h_c。

图 9-14　h-A 坐标图

2. 不密实区和空洞检测

1）基本原理

超声检测混凝土内部的不密实区域或空洞的原理是根据各测点的声时（或声速）、波幅或频率值的相对变化，确定异常测点的坐标位置，从而判定缺陷的范围。

2）测试方法

（1）当构件具有两对相互平行的测试面时，可采用对测法。如图 9-15 所示，在测试部位两对相互平行的测试面上，分别画出等间距的网格（网格间距：工业与民用建筑为 100～300mm，其他大型结构物可适当放宽），并编号确定对应的测点位置。

（2）当构件只有一对相互平行的测试面时，可采用对测和斜测相结合的方法。如图 9-16 所示，在测位两个相互平行的测试面上分别画出网格线，可在对测的基础上进行交叉斜测。

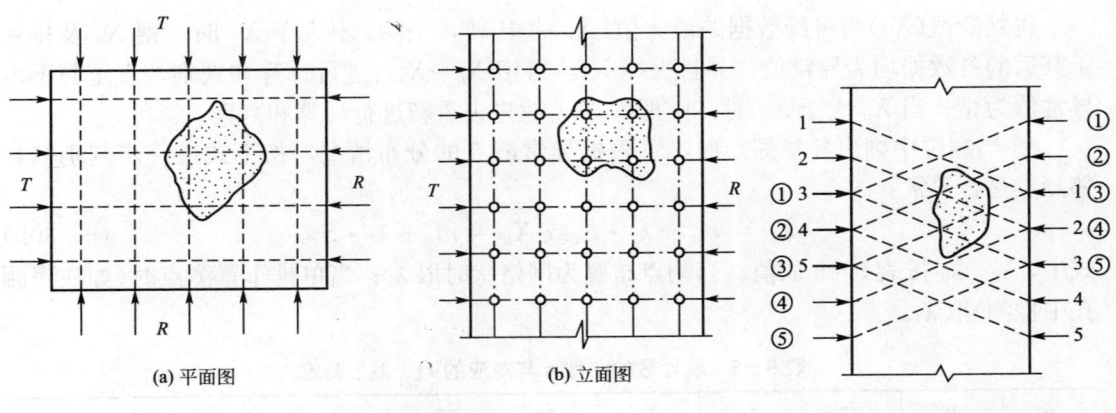

图 9-15　对测法示意　　　　　　图 9-16　对测法和斜测法结合示意

（3）当测距较大时，可采用钻孔或预埋管法，如图 9-17 所示。在测位预埋声测管或钻出竖向测试孔，预埋管内径或钻孔直径宜比换能器直径大 5～10mm，孔间距宜为 2～3m，其深度根据测试情况确定。检测时可用两个径向振动式换能器分别置于两测孔中进行测试。

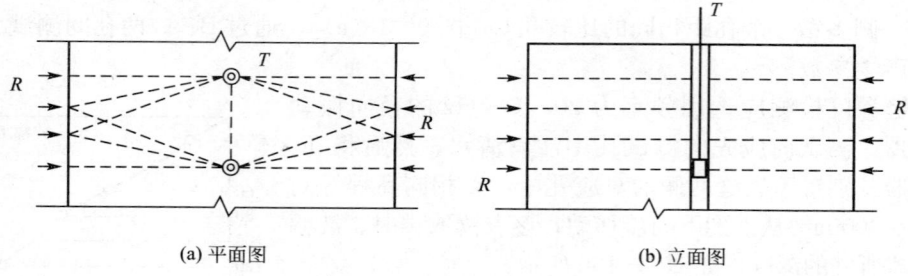

图 9-17 钻孔法示意

3) 数据处理及判断

(1) 测位混凝土声学参数的平均值(m_x)和标准差(S_x)应按下式计算：

$$m_x = \sum X_i / n \tag{9-29a}$$

$$S_x = \sqrt{\left(\sum X_i^2 - n \cdot m_x^2\right)/(n-1)} \tag{9-29b}$$

式中 X_i——第 i 点的声学参数测量值；
　　　n——参与统计的测点数。

(2) 异常数据可按下列方法判别。

① 将测位各测点的波幅、声速或主频值由大至小按顺序分别排列，即 $X_1 \geqslant X_2 \geqslant \cdots \geqslant X_n \geqslant X_{n+1} \cdots$，将排在后面明显小的数据视为可疑，再将这些可疑数据中最大的一个（假定 X_n）连同其前面的数据按式(9-29a)、式(9-29b)计算出 m_x 及 S_x 值，并按下式计算异常情况的判断值(X_0)：

$$X_0 = m_x - \lambda_1 \cdot S_x \tag{9-30a}$$

式中，λ_1 按表 9-5 取值。

将判断值(X_0)与可疑数据的最大值(X_n)相比较，当 X_n 不大于 X_0 时，则 X_n 及排列于其后的各数据均为异常值，并且去掉 X_n，再用 $X_l \sim X_{n-1}$ 进行计算和判别，直至判不出异常值为止；当 X_n 大于 X_0 时，应再将 X_{n+1} 放进去重新进行计算和判别。

② 当测位中判出异常测点时，可根据异常测点的分布情况，按下式进一步判别其相邻测点是否异常：

$$X_0 = m_x - \lambda_2 \cdot S_x \text{ 或 } X_0 = m_x - \lambda_3 \cdot S_x \tag{9-30b}$$

式中，λ_2、λ_3 按表 9-5 取值。当测点布置为网格状时取 λ_2；当单排布置测点时（如在声测孔中检测）取 λ_3。

表 9-5　统计数的个数 n 与对应的 λ_1、λ_2、λ_3 值

n	20	22	24	26	28	30	32	34	36	38
λ_1	1.65	1.69	1.73	1.77	1.80	1.83	1.86	1.89	1.92	1.94
λ_2	1.25	1.27	1.29	1.31	1.33	1.34	1.36	1.37	1.38	1.39
λ_3	1.05	1.07	1.09	1.11	1.12	1.14	1.16	1.17	1.18	1.19

(续)

n	40	42	44	46	48	50	52	54	56	58
λ_1	1.96	1.98	2.00	2.02	2.04	2.05	2.07	2.09	2.10	2.12
λ_2	1.41	1.42	1.43	1.44	1.45	1.46	1.47	1.48	1.49	1.49
λ_3	1.20	1.22	1.23	1.25	1.26	1.27	1.28	1.29	1.30	1.31
n	60	62	64	66	68	70	72	74	76	78
λ_1	2.13	2.14	2.15	2.17	2.18	2.19	2.20	2.21	2.22	2.23
λ_2	1.50	1.51	1.52	1.53	1.53	1.54	1.55	1.56	1.56	1.57
λ_3	1.31	1.32	1.33	1.34	1.35	1.36	1.36	1.37	1.38	1.39
n	80	82	84	86	88	90	92	94	96	98
λ_1	2.24	2.25	2.26	2.27	2.28	2.29	2.30	2.30	2.31	2.31
λ_2	1.58	1.58	1.59	1.60	1.61	1.61	1.62	1.62	1.63	1.63
λ_3	1.39	1.40	1.41	1.42	1.40	1.43	1.44	1.45	1.45	1.45
n	100	105	110	115	120	125	130	140	150	160
λ_1	2.32	1.65	1.66	1.67	1.68	1.69	1.71	1.73	1.75	1.77
λ_2	1.64	1.65	1.66	1.67	1.68	1.68	1.71	1.73	1.75	1.77
λ_3	1.46	1.47	1.48	1.49	1.51	1.53	1.54	1.56	1.58	1.59

③ 当测位中某些测点的声学参数被判为异常值时，可结合异常测点的分布及波形状况确定混凝土内部存在不密实区和空洞的位置及范围。当判断缺陷是空洞，且只有一对可供测试的表面时，混凝土内部空洞尺寸可按公式(9-31)进行估算，如图9-18所示。

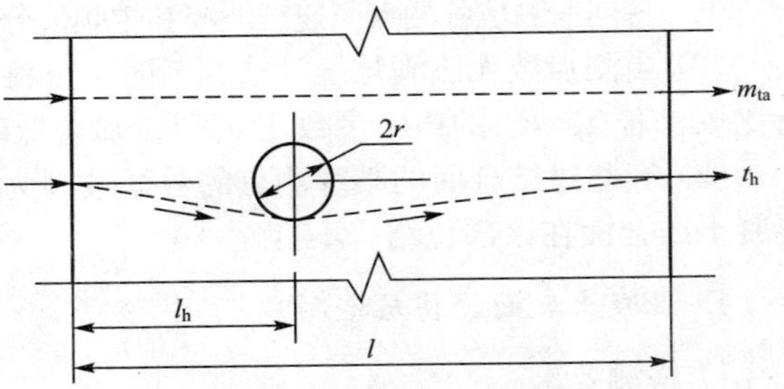

$$r = l/2 \cdot \sqrt{(t_\text{h}/m_\text{ta})^2 - 1} \qquad (9-31)$$

图 9-18 空洞尺寸估算原理

式中 r——空洞半径(mm)；

l——T、R 换能器之间的距离(mm)；

t_h——缺陷处的最大声时值(μs)；

m_ta——无缺陷区的平均声时值(μs)。

3. 混凝土结合面质量

1) 检测要求

使用商品混凝土经常由于机械故障或堵车等原因，出现时间间隔过长而分两次浇筑。混凝土之间界面的结合质量如何，可采用超声波检测方法。检测时按规程规定，被测部位和测点的确定应满足下列要求。

(1) 测试前应查明结合面的位置及走向，明确被测部位及范围；

(2) 构件的被测部位应具有使声波垂直或斜穿结合面的测试条件。

2) 检测方法

混凝土结合面质量检测可采用对测法和斜测法,如图 9-19 所示。布置测点时应注意下列几点。

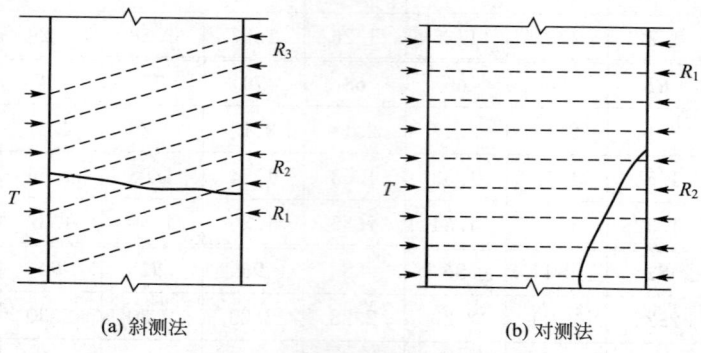

(a) 斜测法　　　　　　　　(b) 对测法

图 9-19　混凝土结合面质量检测示意

(1) 使测试范围覆盖全部结合面或有怀疑的部位。

(2) 各对 T-R_1(声波传播不经过结合面)和 T-R_2(声波传播经过结合面)换能器连线的倾斜角测距应相等。

(3) 测点的间距视构件尺寸和结合面外观质量情况而定,宜为 100~300mm。

(4) 按布置好的测点分别测出各点的声时、波幅和主频值。

3) 数据处理及判断

(1) 将同一测位各测点声速、波幅和主频值分别按式(9-29)、式(9-30)进行统计判断。

(2) 当测点数无法满足统计法判断时,可将 T-R_2 声波、波幅等声学参数与 T-R_1 进行比较,若 T-R_2 的声学参数比 T-R_1 显著低时,则该点可判为异常测点。

(3) 当通过结合面的某些测点的数据被判为异常,并查明无其他因素影响时,可判定混凝土结合面在该部位结合不良。

4. 混凝土表面损伤层检测

1) 检测要求

混凝土结构在使用过程中,因高温(如火灾)、冰冻和化学(酸、碱、盐)侵蚀,其表面会受到损伤,损伤厚度可以利用超声法进行检测。

检测表面损伤层厚度时,被测部位和测点的确定应满足下列要求。

(1) 根据构件的损伤情况和外观质量选取有代表性的部位布置测位。

(2) 构件被测表面应平整并处于自然干燥状态,且无接缝和饰面层。

(3) 测试结果宜做局部破损验证。

2) 测试方法

(1) 表面损伤层检测宜选用频率较低的厚度振动式换能器。

(2) 测试时 T 换能器应耦合好,R 换能器依次安置在间距为 30mm 的测点 1,2,3,…位置上,如图 9-20 所示,读取相应的声时值 t_1,t_2,t_3,…,并测量每次 T、R 换能器内边缘之间的距离 l_1,l_2,l_3,…。每一测位的测点数不得少于 6 个,当损伤层较厚时,应适当增加测点数。

(3) 当构件的损伤层厚度不均匀时，应适当增加测位数量。

3) 数据处理及判断

(1) 求损伤和未损伤混凝土的回归直线方程。

用各测点的声时值 t_i 和相应测距值 l_i 绘制"时-距"坐标图，如图 9-21 所示。由图可得到声速改变所形成的转折点，该点前后分别表示损伤和未损伤混凝土的 l 与 t 的相关直线。用回归分析方法分别求出损伤、未损伤混凝土 l 与 t 的回归直线方程：

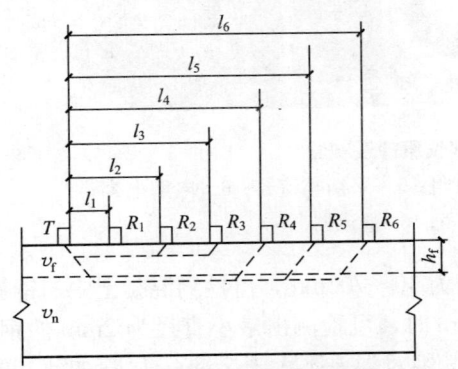

图 9-20　检测损伤层厚度示意

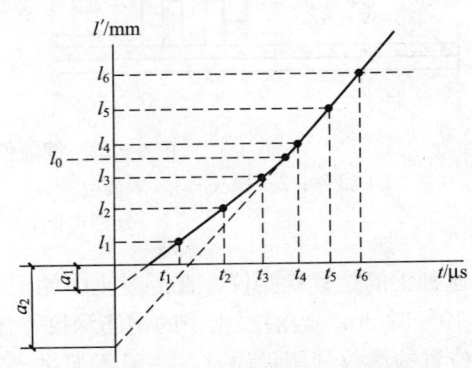

图 9-21　损伤层检测"时-距"图

损伤混凝土　　　　　　　　$l_f = a_1 + b_1 \cdot t_f$ 　　　　　　　(9-32a)

未损伤混凝土　　　　　　　$l_a = a_2 + b_2 \cdot t_a$ 　　　　　　　(9-32b)

式中　　l_f——拐点前各测点的测距(mm)，对应于图 9-20 中的 l_1、l_2、l_3；

　　　　t_f——对应于图 9-20 中 l_1、l_2、l_3 的声时 t_1、t_2、t_3 (μs)；

　　　　l_a——拐点后各测点的测距(mm)，对应于图 9-20 中的 l_4、l_5、l_6；

　　　　t_a——对应于测距 l_4、l_5、l_6 的声时(μs)；

a_1、b_1、a_2、b_2——回归系数，即图 9-21 中损伤和未损伤混凝土直线的截距和斜率。

(2) 损伤层厚度应按下式计算：

$$l_0 = (a_1 b_2 - a_2 b_1)/(b_2 - b_1) \quad (9-33)$$

$$h_f = l_0/2 \cdot \sqrt{(b_2 - b_1)(b_2 + b_1)} \quad (9-34)$$

式中　　h_f——损伤层厚度(mm)。

9.2.3　混凝土结构钢筋检测

1. 钢筋位置检测

对已建混凝土结构做可靠性诊断和对新建混凝土结构施工质量进行鉴定时，要求确定钢筋位置、布筋情况，正确测量混凝土保护层厚度和估测钢筋的直径。当采用钻芯法检测混凝土强度时，为了在取芯部位避开钢筋，也需做钢筋位置的检测。

钢筋位置检测仪(图 9-22)是利用电磁感应原理制成的。混凝土是带弱磁性的材料，而结构内配置的钢筋是带有强磁性的。检测时，钢筋位置检测仪的探头接触结构混凝土表面，探头中的线圈通过交流电，线圈周围就产生交流磁场。该磁场中由于有钢筋存在，线圈中产生感应电压。该感应电压的变化值是钢筋与探头的距离和钢筋直径的函数。钢筋越靠近探头、钢筋直径越大时，感应强度变化也越大。

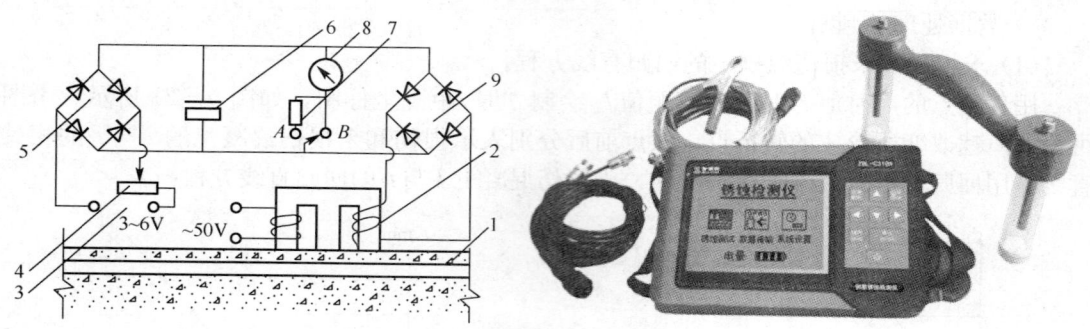

图 9-22 钢筋位置测试仪原理及实物
1—试件；2—探头；3—平衡电源；4—可变电阻；5—平衡整流器；6—电解电容；
7—分档电阻；8—电流表；9—整流器

这种钢筋位置检测仪，在混凝土中的探测深度为 40～700mm，可检测混凝土中的钢筋直径为 10～32mm。当混凝土中的钢筋深度小于 40mm 时，可检测出最小直径为 2mm 的钢筋。钢筋位置检测仪的测量误差，一般不超过 ±5%，其绝对误差不大于 2mm。尽管如此，要使钢筋位置检测仪获得最佳的检测结果，尚需具备一定的条件，即混凝土结构和构件中的配筋稀疏并距混凝土表面较近，钢筋布置在同一平面或在不同平面内且距离较大。

数字化钢筋位置和保护层厚度测定仪是磁感仪的升级产品，其检测结果可以与计算机连接，在屏幕上直观地观测钢筋的位置。

2. 钢筋锈蚀检测

钢筋保护层破损和混凝土碳化将引起钢筋锈蚀，而钢筋的锈蚀将导致混凝土保护层胀裂、剥落及钢筋有效截面削弱等结构破坏现象，直接影响结构的使用寿命。混凝土中钢筋的锈蚀，可采用电位差法进行检测。其基本原理是利用钢筋锈蚀将引起腐蚀电流，使电位发生变化。检测时采用铜-硫酸铜作为参考电极，另一端与被测钢筋连接，中间连接一个毫伏表，如图 9-23 所示，测量钢筋与参考电极之间的电位差，利用钢筋锈蚀程度与测量电位间建立的一定关系，可以判断钢筋锈蚀的可能性及其锈蚀程度。试验证明：电位差为正值，钢筋无锈蚀；电位差为负值，钢筋有锈蚀可能，负值越大，表明钢筋锈蚀程度越严重。表 9-6 所示为钢筋锈蚀状况的差别标准。

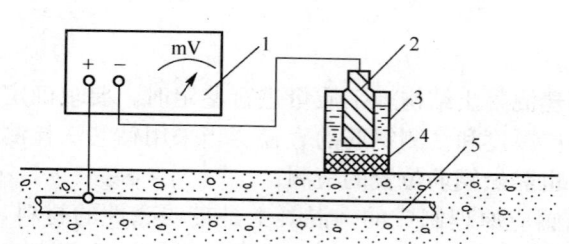
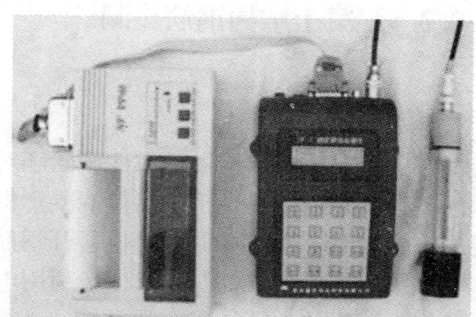

图 9-23 钢筋锈蚀测试仪原理及实物
1—毫伏表；2—铜棒电极；3—硫酸铜饱和溶液；4—多孔接头；5—混凝土中钢筋

表 9-6 钢筋锈蚀状况的差别标准

电位水平/mV	钢筋状况
0～-100	未锈蚀
-100～-200	发生锈蚀的概率＜10%，可能有锈斑
-200～-300	锈蚀不确定，可能有坑蚀
-300～-400	发生锈蚀的概率≥90%，可能大面积锈蚀
-400 以上（绝对值）	肯定锈蚀，严重锈蚀

如果某处相邻两测点值大于 150mV，则电位更负的测值处判定为锈蚀

钢筋锈蚀检测方法属于局部破损检测方法。目前，钢筋锈蚀检测仪还只能进行定性测量分析。为了提高测量精度，在测量前应对钢筋锈蚀检测仪的测量系统进行标定。在标定时，利用钢筋锈蚀检测仪的检测系统对混凝土中已知的、不同腐蚀状况的钢筋进行检测，记录其测量毫伏值，然后通过对被测结构和构件进行检测测试结果与标定值的比较，确定混凝土中的钢筋锈蚀情况。

钢筋锈蚀可导致断面削弱，在进行结构承载能力验算时应予以考虑。一般的折算方法是用锈蚀后的钢筋面积乘以原材料强度作为钢筋所能承担的极限拉（压）力，然后按现行设计规范验算结构的承载能力。测量锈蚀钢筋的断面积常用称重法或用卡尺量取锈蚀最严重处的钢筋直径。

在钢筋锈蚀检测过程中，需要局部损伤混凝土，使毫伏表的正极与混凝土中的钢筋可靠连接，因此钢筋锈蚀检测技术基本上是属于一种局部损伤的检测方法。

9.3 砌体结构的检测

9.3.1 砌块结构检测的主要内容

砌体结构的检测可分为砌筑块材、砌筑砂浆、砌体强度、砌筑质量与构造及损伤与变形等项目。具体的检测项目应根据施工质量验收、鉴定工作的需要和现场的检测条件等具体情况确定。

砌体工程的现场检测方法，按测试内容可以分为以下四类。

（1）检测砌体抗压强度：原位轴压法、扁顶法。
（2）检测砌体工作应力、弹性模量：扁顶法。
（3）检测砌体抗剪强度：原位单剪法、原位单砖双剪法。
（4）检测砌筑砂浆强度：推出法、筒压法、砂浆片剪切法、回弹法、点荷法和射钉法。

由于砖砌结构的特点，直接取样总是存在一定的难度和危险性，取样时的扰动会对试样产生不同程度的损伤而影响试样结果。同时对墙体也会造成较大损伤，影响结

构的安全。为此，砌体结构的原位非破损和半破损试验等现场检测技术已日益受到人们的重视。根据检测目的、设备和环境条件，表 9-7 列出了 10 种可供选择的检测方法。

表 9-7 砌体工程现场检测方法一览表

序号	检测方法	特　　点	用　　途	限制条件
1	原位轴压法	①属原位检测，直接在墙体上测试，测试结果综合反映了材料质量和施工质量；②直观性、可比性强；③设备较重；④检测部位局部破损	检测普通砖砌体的抗压强度	①槽间砌体每侧的墙体宽度应不小于1.5m；②同一墙体上的测点数量不宜多于1个，测点总数量不宜太多；③限用于240mm砖墙
2	扁顶法	①属原位检测，直接在墙体上测试，测试结果综合反映了材料质量和施工质量；②直观性、可比性较强；③扁顶重复使用率较低；④砌体强度较高或轴向变形较大时，难以测出抗压强度；⑤设备较轻；⑥检测部位局部破损	①检测普通砖砌体的抗压强度；②测试古建筑和重要建筑的实际应力；③测试具体工程的砌体弹性模量	①槽间砌体每侧的墙体宽度不应小于1.5m；②同一墙体上的测点数量不宜多于1个，测点总数量不宜太多
3	原位单剪法	①属原位检测，直接在墙体上测试，测试结果综合反映了施工质量和砂浆质量；②直观性强；③检测部位局部破损	检测各种砌体的抗剪强度	①测点宜选在窗下墙部位，且承受反作用力的墙体应有足够长度；②测点数量不宜太多
4	原位单砖双剪法	①属原位检测，直接在墙体上测试，测试结果综合反映了施工质量和砂浆质量；②直观性较强；③设备较轻便；④检测部位局部破损	检测烧结普通砖砌体的抗剪强度，其他墙体应经试验确定有关换算系数	当砂浆强度低于5MPa时，误差较大
5	推出法	①属原位检测，直接在墙体上测试，测试结果综合反映了施工质量和砂浆质量；②设备较轻便；③检测部位局部破损	检测普通砖墙体的砂浆强度	当水平灰缝的砂浆饱满度低于65%时，不宜选用
6	筒压法	①属取样检测；②仅需利用一般混凝土实验室的常用设备；③取样部位局部损伤	检测烧结普通砖墙体中的砂浆强度	测点总数量不宜太多

(续)

序号	检测方法	特　点	用　途	限制条件
7	砂浆片剪切法	①属取样检测；②专用的砂浆测强仪和其标定仪，较为轻便；③试验工作较简便；④取样部位局部损伤	检测烧结普通砖墙体中的砂浆强度	
8	回弹法	①属原位无损检测，测区选择不受限制；②回弹仪有定型产品，性能较稳定，操作简便；③检测部位的装修面层仅局部损伤	①检测烧结普通砖墙体中的砂浆强度；②适宜于砂浆强度均质性普查	砂浆强度不应小于2MPa
9	点荷法	①属取样检测；②试验工作较简便；③取样部位局部损伤	检测烧结普通砖墙体中的砂浆强度	砂浆强度不应小于2MPa
10	射钉法	①属原位无损检测，测区选择不受限制；②射钉枪、子弹、射钉有配套定型产品，设备较轻便；③墙体装修面层仅局部损伤	适宜于烧结普通砖和多孔砖砌体中，砂浆强度均质性普查	①定量推定砂浆强度，宜与其他检测方法配合使用；②砂浆强度不应小于2MPa；③检测前，需要用标准靶检校

9.3.2 砌块强度的检测

砌筑块材的检测可分为砌筑块的强度及强度等级、尺寸偏差、外观质量、抗冻性能、块材品种等检测项目。强度检测一般可采用取样法、回弹法、取样结合回弹法或钻芯法检测。最理想的方法是在结构上截取块材，由抗压试验确定相应的强度指标。但受现场条件限制，有时也采用回弹法、取样结合回弹的方法或钻芯法检测推断块材的强度。下面主要介绍回弹法。

1. 回弹法

回弹法检测砖块的基本原理与混凝土强度检测的回弹法相同。采用专门的HT-75型砖块回弹仪分别测量砖砌体回弹值。

对检测批的检测，每个检测批中可布置5～10个检测单元，共抽取50～100块砖进行检测。回弹测点布置在外观质量合格的砖条面上，每块砖的条面布置5个回弹测点，测点应避开气孔，且测点之间应留有一定的间距。

以每块砖的回弹测试平均值R_m为计算参数，按相应的测强曲线计算单块的抗压强度换算值；当没有相应的换算强度曲线时，经过试验验证后，可按式(9-35)计算块砖的抗压强度换算值：

粘土砖，$\quad f_{1,i}=1.08R_{m,i}-32.5 \quad$ (9-35a)

页岩砖，$\quad f_{1,i}=1.06R_{m,i}-31.4 \quad$ (9-35b)

煤矸石砖，$\quad f_{1,i}=1.05R_{m,i}-27.0 \quad$ (9-35c)

式中　$R_{m,i}$——第i块砖的回弹测试平均值；

$f_{1,i}$——第 i 块砖的抗压强度换算值。

回弹法检测数据处理时需要查《建筑结构检测技术标准》(GB/T 50344—2004)的相关表格。

2. 砌筑块材强度检测的要求

(1) 砌筑块材强度的检测，应将块材品种相同、强度等级相同、质量相近、环境相似的砌筑构件划分为一个检测批，每个检测批砌体的体积不宜超过 $250m^3$。

(2) 当依据砌筑块材强度和砌筑砂浆强度确定砌体强度时，砌筑块材强度的检测位置宜与砌筑砂浆强度的检测位置对应。

(3) 除了有特殊的检测目的之外，砌筑块材强度的检测时，取样检测的块材试样的外观质量应符合相应产品标准的合格要求，不应选择受灾害影响或作环境修饰用的块材作为试样或回弹测区，块材的芯样试件不得有缺陷。

(4) 砖和砌块尺寸及外观质量检测可采用取样检测或现场检测的方法。砖和砌块尺寸的检测，每个检测批可随机抽检 20 块块材，现场检测可仅抽检外露面；砖和砌块外观质量的检查可分为缺棱角、裂纹、弯曲等。现场检查可检查砖或块材的外露面；检查方法和评定指标应按现行产品标准确定。

(5) 砌筑块材外观质量不符合要求时，可根据与不符合要求的程度降低砌筑块材的抗压强度；砌筑块材的尺寸为负偏差时，应以实测构件的截面尺寸作为构件安全性验算和构造评定的参数。

9.3.3 砌筑砂浆强度的检测

砌筑砂浆的检测项目可分为砂浆强度、品种、抗冻性和有害元素含量等。依据国家标准《砌体工程现场检测技术标准》(GB/T 50315—2000)，检测砌筑砂浆的强度宜采用取样的方法(如推出法、筒压法、砂浆片剪切法、点荷法等)；检测砌筑砂浆强度的匀质性，可采用非破损的方法检测，如回弹法、射钉法、贯入法、超声-回弹综合法等。当这些方法用于检测既有建筑砌筑砂浆强度时，宜配合有取样的检测方法。下面介绍几种主要的检测方法。

1. 回弹法

回弹法检测砂浆强度的基本原理与混凝土强度检测的回弹法相同，它适用于推定烧结普通砖砌体中的砌筑砂浆强度。检测时，采用砂浆回弹仪测试反映砂浆表面硬度的回弹值，用酚酞试剂测试砂浆碳化深度，以此两项指标换算为砂浆强度。本方法不适用于推定高温、长期浸水、化学侵蚀和火灾等情况下的砂浆抗压强度。

1) 检测步骤

(1) 将结构划分为若干个检测单元，每单元随机选择 6 个构件作为 6 个测区。当一个检测单元不足 6 个构件时，应将每个构件作为一个测区。

(2) 测位：测试部位宜选在承重墙的可测面上，每个测位的面积宜大于 $0.3m^2$，并应避开门洞口及预埋件附近的墙体。测位处的粉刷层、勾缝砂浆、污物等应清除干净；弹击点处的砂浆表面应打磨平整，并除去浮灰。测位数不应少于 5 个。

(3) 测点：每个测位内均匀布置 12 个弹击点，两测点的间距不应小于 20mm。测点应避开砖的边缘、气孔或松动的砂浆。

（4）试验：每个测点上使用回弹仪连续弹击3次，第1、2次不读数，仅记录第3次的回弹值。测试时回弹仪应始终处于水平状态，其轴线应垂直于砂浆表面。在每一测位内，选择1~3处灰缝，用游标尺和1‰的酚酞试剂测量砂浆的碳化深度，读数应精确至0.5mm。

2）数据分析

从每个测位的12个测点的回弹值中，分别剔除最大值和最小值，按余下的10个回弹值计算算术平均值，以 R 表示。

每个测位的平均碳化深度，应取该测位各次量测值的算术平均值，以 d 表示，精确至0.5mm。平均碳化深度大于3mm时，取3.0mm。

3）强度推定

第 i 个测区第 j 个测位的砂浆强度换算值，应根据该测位的平均值和平均碳化深度值，分别按下列公式计算：

(1) $d \leqslant 1.0$ mm 时， $\qquad f_{2,ij} = 13.97 \times 10^{-5} R^{2.57}$ \hfill (9-36a)

(2) 1.0 mm $< d < 3.0$ mm 时， $f_{2,ij} = 4.85 \times 10^{-4} R^{3.04}$ \hfill (9-36b)

(3) $d \geqslant 3.0$ mm 时， $\qquad f_{2,ij} = 6.34 \times 10^{-5} R^{3.60}$ \hfill (9-36c)

式中 $f_{2,ij}$ ——第 i 测区第 j 个测位的砂浆强度换算值（MPa）；

d ——第 i 测区第 j 个测位的平均碳化深度（mm）；

R ——第 i 测区第 j 个测位的平均回弹值。

最后，测区的砂浆抗压强度平均值应按下式计算：

$$f_{2,i} = \frac{1}{n} \sum_{j=1}^{n} f_{2,ij} \qquad (9-37)$$

式中 n ——测区的测点数。

2. 推出法

推出法是利用推出仪从砖砌体中推出单块丁砖，测得水平推力及推出丁砖下部的砂浆饱满度，利用砂浆抗压强度与水平灰缝砂浆抗剪强度、砂浆饱满度之间的相关关系，推算砌筑砂浆的抗压强度，如图9-24所示。该方法适用于推定240mm厚普通砖墙中强度等级为M1~M15的砂浆强度。

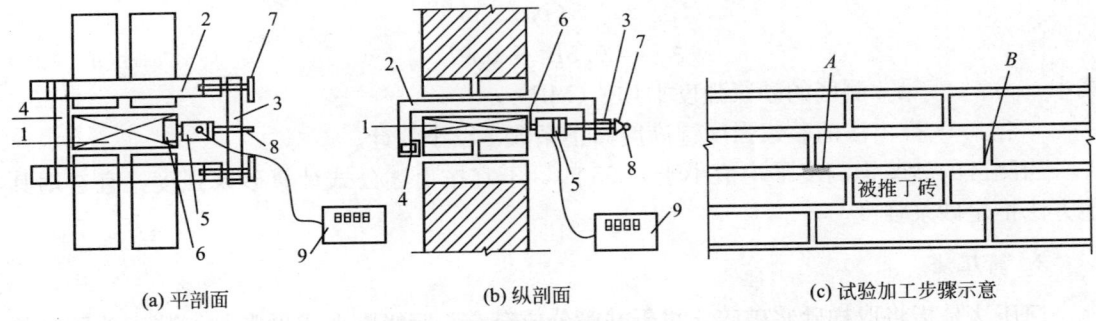

图9-24 推出仪及测试安装

1—被推出丁砖；2—支架；3—前梁；4—后梁；5—传感器；6—垫片；
7—调平螺丝；8—传力螺杆；9—推出力峰值测定仪

1) 试验步骤

(1) 取出被推丁砖上部的两块顺砖,如图 9-24(c)所示,应遵守下列规定。

① 使用冲击钻在图 9-24(c)所示 A 点打出约 40mm 的孔洞。

② 用锯条自 A 至 B 点锯开灰缝。

③ 将扁铲打入上一层灰缝,取出两块顺砖。

④ 用锯条锯切被推丁砖两侧的竖向灰缝,直至下皮砖顶面。

⑤ 开洞及清缝时不得扰动被推丁砖。

(2) 安装推出仪(图 9-24),用尺测量前梁两端与墙面距离,使其误差小于 3mm。传感器的作用点在水平方向应位于被推丁砖中间,铅垂方向应距被推丁砖下表面之上 15mm 处。

(3) 旋转加荷螺杆对试件施加荷载,加荷速度宜控制在 5kN/min。当被推丁砖和砌体之间发生相对位移,试件达到破坏状态记录推出力 N_{ij}。

(4) 取下被推丁砖,用百格网测试砂浆饱满度 B_{ij}。

2) 数据分析

(1) 单个测区的推出力平均值,应按下式计算:

$$N_{ij} = \xi_{3,i} \frac{1}{m} \sum_{j=1}^{m} N_{ij} \tag{9-38}$$

式中 N_i——第 i 测区的推出力平均值(kN),精确至 0.01kN;

N_{ij}——第 i 测区第 j 块测试丁砖的推出力峰值(kN);

$\xi_{3,i}$——砖品种的修正系数,对烧结普通砖取 1.00,对蒸压(养)灰砂砖取 1.14;

m——单个测区的测点数。

(2) 测区的砂浆饱满度平均值,应按下式计算:

$$B_i = \frac{1}{m} \sum_{j=1}^{m} B_{ij} \tag{9-39}$$

式中 B_i——第 i 测区的砂浆饱满度平均值,以小数计;

B_{ij}——第 i 测区第 j 块测试砖下的砂浆饱满度实测值,以小数计。

m——单个测区的测点数。

(3) 测区的砂浆强度平均值,应按下列公式计算:

$$f_{2,i} = 0.3(N_i/\xi_{4,i})^{1.19} \tag{9-40a}$$

$$\xi_{4,i} = 0.5B_i^2 + 0.9B_i \tag{9-40b}$$

式中 $f_{2,i}$——第 i 测区的砂浆强度平均值(MPa);

$\xi_{4,i}$——推出法的砂浆强度饱满度修正系数,以小数计。

当测区的砂浆饱满度平均值小于 0.65 时,不宜按上述公式计算砂浆强度,宜选用其他方法推定砂浆强度。

3. 筒压法

筒压法是指将取样砂浆破碎、烘干并筛分成符合一定级配要求的颗粒,装入承压筒并施加筒压荷载后,检测其破损程度,用筒压比表示,以此推定其抗压强度。

1) 试体及测试设备

从砖墙中抽取砂浆试样,在实验室内进行筒压荷载试验,测试筒压比,然后换算为砂浆强度。承压筒(图 9-25)可用普通碳素钢或合金钢自行制作,也可用测定轻骨料筒压强度的承压筒代替。

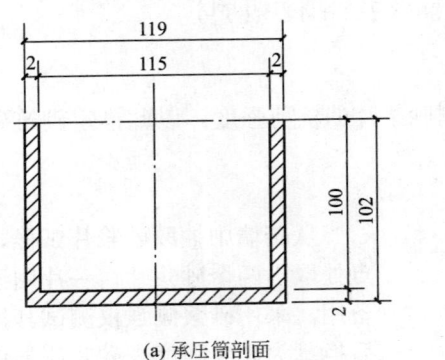
(a) 承压筒剖面

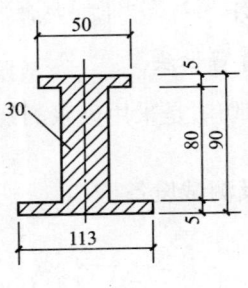
(b) 承压盖剖面

图 9-25 承压筒构造

2) 试验步骤

在每一测区,从距墙表面 20mm 以内的水平灰缝中凿取砂浆约 4000g,砂浆片(块)的最小厚度不得小于 5mm。

每次取烘干样品约 1000g,置于孔径 5mm、10mm、15mm 标准筛所组成的套筛中,机械摇筛 2min 或手工摇筛 1.5min。称取粒级 5~10mm 和 10~15mm 的砂浆颗粒各 250g,混合均匀后即为一个试样。共制备三个试样。每个试样应分两次装入承压筒。每次约装 1/2,在水泥跳桌上跳振 5 次。第二次装料并跳振后,整平表面,安上承压盖。

将装料的承压筒置于试验机上,盖上承压盖,开动压力试验机,应于 20~40s 内均匀加荷至规定的筒压荷载值后立即卸荷。不同品种砂浆的筒压荷载值分别为:水泥砂浆、石粉砂浆为 20kN;水泥石灰混合砂浆、粉煤灰砂浆为 10kN。

将施压后的试样倒入由孔径 5mm 和 10mm 标准筛组成的套筛中,装入摇筛机摇筛 2min 或人工摇筛 1.5min,筛至每隔 5s 的筛出量基本相等。称量各筛筛余试样的重量(精确至 0.1g),各筛的分计筛余量和底盘剩余量的总和,与筛分前的试样重量相比,相对差值不得超过试样重量的 0.5%;当超过时应重新进行试验。

3) 数据分析

(1) 标准试样的筒压比,应按下式计算:

$$T_{ij} = \frac{t_1 + t_2}{t_1 + t_2 + t_3} \tag{9-41}$$

式中　　T_{ij}——第 i 个测区中第 j 个试样的筒压比,以小数计;

t_1、t_2、t_3——分别为孔径 5mm、10mm 筛的分计筛余量和底盘中剩余量。

(2) 测区的砂浆筒压比,应按下式计算:

$$T_i = \frac{T_{i1} + T_{i2} + T_{i3}}{3} \tag{9-42}$$

式中　　T_i——第 i 个测区的砂浆筒压比平均值,以小数计,精确至 0.01;

T_{i1}、T_{i2}、T_{i3}——分别为第 i 个测区三个标准砂浆试样的筒压比。

根据筒压比,测区的砂浆强度平均值应按下列公式计算。

水泥砂浆:

$$f_{2,i} = 34.58(T_i)^{2.06} \tag{9-43a}$$

水泥石灰混合砂浆： $f_{2,i}=6.1(T_i)+11(T_i)^2$ （9-43b）
粉煤灰砂浆： $f_{2,i}=2.52-9.4(T_i)+32.8(T_i)^2$ （9-43c）
石粉砂浆： $f_{2,i}=2.7-13.9(T_i)+44.9(T_i)^2$ （9-43d）

4. 砂浆片剪切法

砂浆片剪切法是采用砂浆测强仪检测砂浆片的抗剪强度，以此推定砌筑砂浆抗压强度的方法。

1) 试体及测试设备

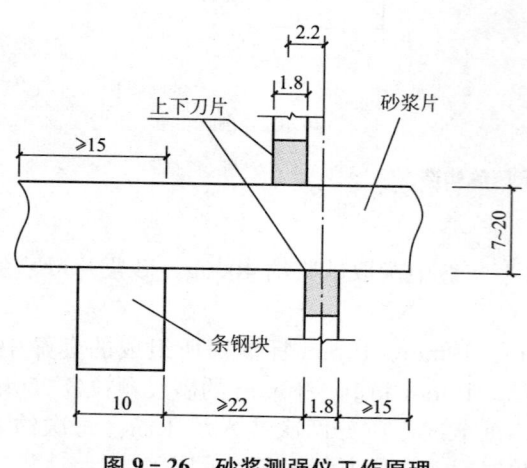

图 9-26 砂浆测强仪工作原理

从砖墙中抽取砂浆片试样，宜从每个测点处取出两个砂浆片，一片用于检测，一片备用。采用砂浆测强仪测试其抗剪强度，然后换算为砂浆强度。砂浆测强仪的工作状况如图 9-26 所示。

2) 测试方法

从测点处的单块砖大面上取下的原状砂浆大片，应编号分别放入密封袋（如塑料袋内）；同一个测区的砂浆片，应加工成尺寸接近的片状体，大面、条面均匀平整，单个试件的各向尺寸宜为：厚度 7～15mm，宽度 15～50mm，长度按净跨度不小于 22mm 确定。砂浆试件含水率应与砌体正常工作时的含水率基本一致。

调平砂浆测强仪、使水准泡居中；将砂浆试件置于砂浆测强仪内，并用上刀片压紧；开动砂浆测强仪，对试件匀速连续施加荷载，加荷速度不宜大于 10N/s，直至试件破坏；试件破坏后，应记读压力表指针读数，并根据砂浆测强仪的校验结果换算成剪切荷载值；用游标卡尺或最小刻度为 0.5mm 的钢板尺量测试件破坏截面尺寸，每个方向量测两次，分别取平均值。

试件未沿刀片刃口破坏时此次试验作废，应取备用试件补测。

3) 数据整理

(1) 砂浆试件的抗剪强度，应按下式计算：

$$\tau_{ij}=0.95\frac{V_{ij}}{A_{ij}} \tag{9-44}$$

式中 τ_{ij} ——第 i 个测区第 j 个砂浆试件的抗剪强度(MPa)；
V_{ij} ——试件的抗剪荷载值(N)；
A_{ij} ——试件破坏截面面积(mm^2)。

(2) 测区的砂浆抗剪强度平均值，应按下式计算：

$$\tau_i=\frac{1}{n_1}\sum_{j=1}^{n_1}\tau_{ij} \tag{9-45}$$

式中 τ_i ——第 i 个测区的抗剪强度平均值(MPa)。

(3) 测区的砂浆抗压强度平均值，应按下式计算：

第 9 章 工程结构物的非破损检测技术

$$f_{2,i} = 7.17\tau_i \tag{9-46}$$

(4) 当测区的砂浆抗剪强度低于 0.3MPa 时,应对式(9-46)的计算结果乘以表 9-8 的修正系数。

表 9-8 低强砂浆的修正系数表

τ_i/MPa	>0.30	0.25	0.20	<0.15
修正系数	1.00	0.86	0.75	0.35

5. 点荷法

点荷法是在砂浆片的大面上施加点荷载,以此推定砌筑砂浆抗压强度的方法。

1) 测试设备

试验设备采用小吨位压力试验机(最小读数盘值为 50kN 以内)和自制加荷头装置。加荷头装置(见图 9-27)采用钢材加工制作,形状为内角为 60°的圆锥体,其锥底直径为 40mm,锥体高度为 30mm;锥体的头部是半径为 5mm 的截球体,锥球高度为 3mm。加荷头数量为两个。加荷头与试验机的连接方法,可根据试验机的具体情况确定,宜将连接件与加荷头设计为一个整体附件。

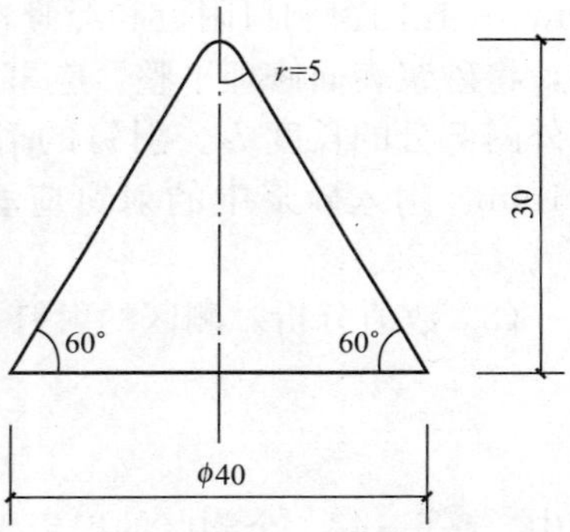

2) 试验步骤

(1) 测点布置:将结构划分为若干个检测单元,每单元随机选择 6 个构件作为 6 个测区。当一个检测单元不足 6 个构件时,应将每个构件作为一个测区。每区测点数不应少于 5 个。

图 9-27 加荷头端部尺寸示意

(2) 制备试件:从每个测点处,宜取出两个砂浆大片,一片用于检测,一片备用。其厚度为 5~12mm,预估荷载作用半径为 15~25mm,表面应平整,但其侧边缘不要求非常规则。在砂浆试件上画出作用点,量测其厚度。

(3) 加载试验:将砂浆试件水平放置在下加荷头上,上、下加荷头对准预先画好的作用点,并使上加荷头轻轻压紧试件,然后缓慢匀速施加荷载至试件破坏。

(4) 荷载作用半径量测:将破坏后的试件拼接成原样,测量荷载实际作用点中心到试件破坏线边缘的最短距离即荷载作用半径。

3) 数据整理

(1) 砂浆试件的抗压强度换算值,应按下列公式计算:

$$f_{2,ij} = (33.3\xi_{5,ij}\xi_{6,ij}N_{ij} - 1.1)^{1.09} \tag{9-47a}$$

$$\xi_{5,ij} = 1/(0.05\gamma_{ij} + 1) \tag{9-47b}$$

$$\xi_{6,ij} = 1/[0.03t_{ij}(0.1t_{ij} + 1) + 0.4] \tag{9-47c}$$

式中 N_{ij}——点荷载值(kN);
$\xi_{5,ij}$——荷载作用半径修正系数;
$\xi_{6,ij}$——试件厚度修正系数;
γ_{ij}——荷载作用半径(mm);

t_{ij}——试件厚度(mm)。

(2) 测区的砂浆抗压强度平均值,应按下式计算:

$$f_{2,i} = \frac{1}{n_1}\sum_{j=1}^{n_1} f_{2,ij} \qquad (9-48)$$

6. 射钉法

采用射钉枪将射钉射入墙体的水平灰缝中,根据成组射钉的射入量推定砌筑砂浆抗压强度的方法,即为射钉法。

(1) 试件及测试设备。每个测区的测点,在墙体两面的数量宜各半。测试设备包括射钉、射钉器、射钉弹和游标卡尺。

(2) 测试方法。在各测区的水平灰缝上,标出测点位置。测点处的灰缝厚度不应小于10mm;在门窗洞口附近和经修补的砌体上不应布置测点。清除测点表面的覆盖层和疏松层,将砂浆表面修理平整。应事先量测射钉的全长 l_1,将射钉射入测点砂浆中,并量测射钉外露部分的长度 l_2。射钉的射入量 $l=l_1-l_2$。对长度指标 l、l_1、l_2 的取值应精确至 0.1mm。射入砂浆中的射钉应垂直于砌筑面且无擦靠块材的现象,否则应舍去和重新补测。

(3) 数值分析。测区的射钉平均射入量,应按下式计算:

$$l_i = \frac{1}{n_1}\sum_{j=1}^{n_1} l_{ij} \qquad (9-49)$$

式中 l_i——第 i 个测区的射钉平均射入量(mm);

l_{ij}——第 i 个测区的第 j 个测点的射入量(mm)。

测区的砂浆抗压强度,应按下式计算:

$$f_{2,i} = a l_i^{-b} \qquad (9-50)$$

式中 a,b——射钉常数,按表 9-9 取值。

表 9-9 射 钉 常 数

砖品种	a	b
烧结普通砖	47000	2.52
烧结多孔砖	50000	2.40

9.3.4 砌体强度的检测

砌体结构强度的检测方法主要有扁顶法、原位轴压法、原位单剪法、原位单砖双剪法。

砌体的强度可采用取样的方法或现场原位的方法检测。取样法是从砌体中截取试件,在实验室测定试件的强度;原位法是在现场测试砌体的强度。

烧结普通砖砌体的抗压强度,可采用扁式液压顶法或原位轴压法检测;烧结普通砖砌体的抗剪强度,可采用原位双剪法或单剪法检测。

砌体强度的取样检测,应遵守下列规定。

(1) 取样检测不得构成结构或构件的安全问题。

(2) 试件的尺寸和强度测试方法应符合国家标准《砌体基本力学性能试验方法标准》(GB/T 50129—2011)的规定。

(3) 取样操作宜采用无振动的切割方法，试件数量应根据检测目的确定。

(4) 测试前应对试件局部的损伤予以修复，严重损伤的样品不得作为试件。

(5) 砌体强度的推定，可确定均值的推定区间；当砌体强度标准值的推定区间不满足要求时，也可按试件测试强度的最小值确定砌体强度的标准值。此时试件的数量不得少于3件，也不宜大于6件，且不应进行数据的舍弃。

1. 原位轴压法

本方法适用于推定 240mm 厚普通砖砌体的抗压强度。检测时，在墙体上开凿两条水平槽孔，安放原位压力机。原位压力机由手动油泵、扁式千斤顶、反力平衡架等组成，其工作状况如图 9-28 所示。

测试部位应具有代表性，并应符合下列规定：①测试部位宜选在墙体中部距楼、地面 1m 左右的高度处，槽间砌体每侧的墙体宽度不应小于 1.5m；②同一墙体上测点不宜多于 1 个，且宜选在沿墙体长度的中间部位，多于 1 个时其水平净距不得小于 2.0m；③测试部位不得选在挑梁下、应力集中部位以及墙梁的墙体计算高度范围内。

根据槽间砌体初裂和破坏时的油压表读数，分别减去油压表的初始读数，按原位压力机的校验结果计算槽间砌体的初裂荷载值和破坏荷载值。槽间砌体的抗压强度应按下式计算：

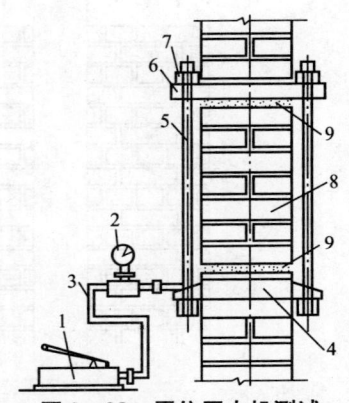

图 9-28 原位压力机测试工作状况

1—手动油泵；2—压力表；3—高压油管；4—扁式千斤顶；5—拉杆(共 4 根)；6—反力板；7—螺母；8—槽间砌体；9—砂垫层

$$f_{uij} = N_{uij}/A_{ij} \quad (9-51)$$

式中 f_{uij}——第 i 个测区第 j 个测点槽间砌体的抗压强度(MPa)；

N_{uij}——第 i 个测区第 j 个测点槽间砌体的受压破坏荷载值(N)；

A_{ij}——第 i 个测区第 j 个测点槽间砌体的受压面积(mm^2)。

槽间砌体抗压强度换算为标准砌体的抗压强度，应按下列公式计算：

$$f_{mij} = f_{uij}/\xi_{1,ij} \quad (9-52a)$$

$$\xi_{1,ij} = 1.36 + 0.54\sigma_{0ij} \quad (9-52b)$$

式中 f_{mij}——第 i 个测区第 j 个测点的标准砌体抗压强度换算值(MPa)；

$\xi_{1,ij}$——原位轴压法的无量纲的强度换算系数；

σ_{0ij}——该测点上部墙体的压应力(MPa)，其值可按墙体实际所承受的荷载标准值计算。

测区的砌体抗压强度平均值，应按下式计算：

$$f_{mi} = \frac{1}{n_1}\sum_{j=1}^{n_1} f_{mij} \quad (9-53)$$

式中 f_{mi}——第 i 个测区的砌体抗压强度平均值(MPa)；

n_1——测区的测点数。

2. 扁顶法

扁顶法是指采用扁式液压千斤顶在墙体上进行抗压试验，检测普通砖砌体的受压工作应力、弹性模量和抗压强度。

扁顶法试验装置是由扁式液压千斤顶(扁顶)、手动油泵等组成。试验时，将所检墙体的水平灰缝处砂浆掏空，形成两条水平空槽，然后把扁顶放入空槽内，通过手动液压泵加压，由压力表的读数测定施加压力大小，如图 9-29 所示。

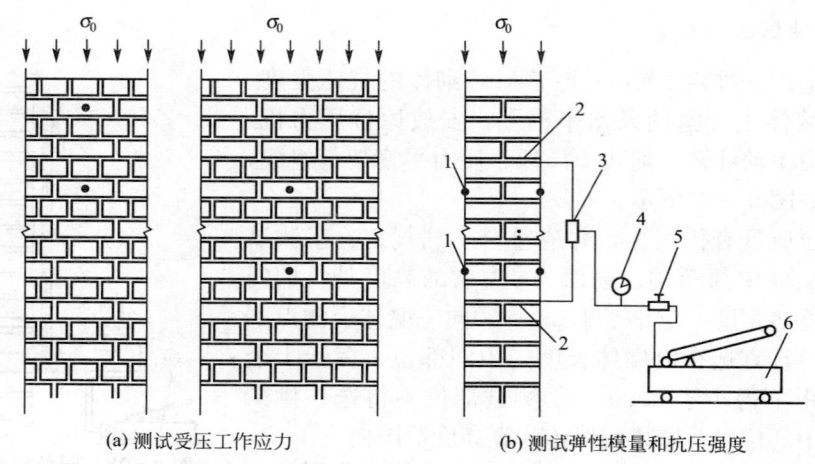

(a) 测试受压工作应力　　　　(b) 测试弹性模量和抗压强度

图 9-29　扁顶法试验装置与变形测点布置

1—变形测点角标；2—扁式液压千斤顶；3—三通接头；4—压力表；5—溢流阀；6—手动油泵

在被测试砌体部位布置应变测点进行变形量测的方法，如图 9-28 所示。它也可测量墙体的受压工作应力和砌体的弹性模量。

1) 试验步骤

(1) 实测墙体受压工作应力。检测时，首先在砖墙内开凿水平灰缝槽并在槽内装入扁顶，然后通过扁顶对墙体加载，使墙体的变形恢复到开槽之前的状态。此时，加载系统压力表显示的压力就是墙体的受压工作应力。

试样：在检测墙体的砖上粘贴两对变形测量的角标，角标相隔 4 皮砖块，标距取 250mm，在两角标之间标记一条水平灰缝(长度由扁顶宽度确定)，如图 9-29(a) 所示。

开槽：开槽前，采用手持应变仪测量两角标的初始距离 3 次，取其平均值。然后剔除水平灰缝内的砂浆并清理干净，再测量开槽后两角标间的距离，取 3 次的平均值。

试验：在槽内装入扁顶，然后逐级加载，每级为 5% 破坏荷载，并在 2min 内加完。采用手持应变仪测量砌体在扁式加载器加载后的变形，读数取 3 次测量的平均值。当变形值接近开槽前量测的读数时，应减小加载级差，直至实测变形值达到开槽前的读数，然后卸载。

(2) 实测墙内砌体抗压强度和弹性模量。在砖墙内开凿两条间距 7 皮或 8 皮砖水平灰缝槽，并在槽内装入扁顶。然后，通过扁顶对两槽之间的墙体加载试验，检测砌体抗压强度和弹性模量。

试样：在砖墙内选择两条水平灰缝槽，上下槽应互相平行、对齐。二者相距 7 皮（250mm×250mm 扁顶）或 8 皮砖（其他扁顶）。在槽内装入扁顶。

开槽：剔除所选定的水平灰缝内的砂浆并清理干净，在槽内装入扁顶。

试验：首先进行 10% 预估破坏荷载的预加载，然后再进行正式加载。正式加载时，每级为 10% 预估破坏荷载，并在 1.5min 内加完并恒载 2min。加载到 80% 预估破坏荷载后，不再分级加载。加载过程中，当压力表指针明显回退时，此时压力表的读数即为砌体的抗压强度。

当需要实测砌体弹性模量时，应在两水平槽间的砌体中部两侧各粘贴一对量测变形的脚标，脚标之间相隔 4 条水平灰缝，净距取 250mm，如图 9-29(b) 所示。试验前，量测两脚标之间的距离。然后按每级 10% 预估破坏荷载加载，并用手持应变仪量测每级荷载作用下的变形值。加荷应力的上限不宜大于槽间砌体极限抗压强度的 50%。

3) 数据分析

(1) 根据扁顶的校验结果，将压力表读数换算，确定试验荷载值。

(2) 根据试验结果，计算砌体在有侧向约束情况下的弹性模量。然后，乘以 0.85 换算为标准砌体的弹性模量。

墙体的受压工作应力，等于实测变形值达到开凿前的读数时所对应的应力值。槽间砌体的抗压强度应按式(9-51)计算，槽间砌体抗压强度换算为标准砌体的抗压强度应按下列公式计算：

$$f_{mij} = f_{uij}/\xi_{2,ij} \tag{9-54a}$$

$$\xi_{2,ij} = 1.18 + 4\frac{\sigma_{0,ij}}{f_{uij}} - 4.18\left(\frac{\sigma_{0,ij}}{f_{uij}}\right)^2 \tag{9-54b}$$

式中　$\xi_{2,ij}$——扁顶法的强度换算系数。

测区的砌体抗压强度平均值应按式(9-53)计算。

3. 原位单剪法

原位单剪法是在墙体上沿单个水平灰缝进行抗剪试验，检测砌体抗剪强度的方法，简称原位单剪法。

1) 试件及测试设备

本方法适用于推定砖砌体沿通缝截面的抗剪强度。检测时，测试部位宜选在窗洞口或其他洞口下三皮砖范围内，试件具体尺寸应按图 9-30 的确定。

测试设备包括螺旋千斤顶或卧式液压千斤顶、荷载传感器及数字荷载表等。试件的预估破坏荷载值应在千斤顶传感器最大测量值的 20%～80% 之间。检测前，应标定荷载传感器及数字荷载表，其示值相对误差不应大于 3%。

2) 现场试验

在选定的墙体上应采用振动较小的工具加工切口现浇钢筋混凝土传力件，如图 9-31 所示，按下述步骤进行加载试验。

①测量被测灰缝的受剪面尺寸，精确至 1mm。②安装千斤顶及测试仪表，千斤顶的加力轴线与被测灰缝顶面应对齐。③应匀速施加水平荷载，并控制试件在 2～5min 内破

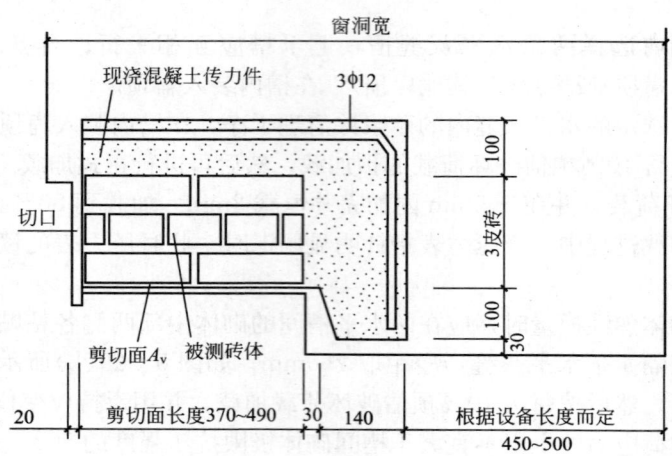

图 9-30 试件大样

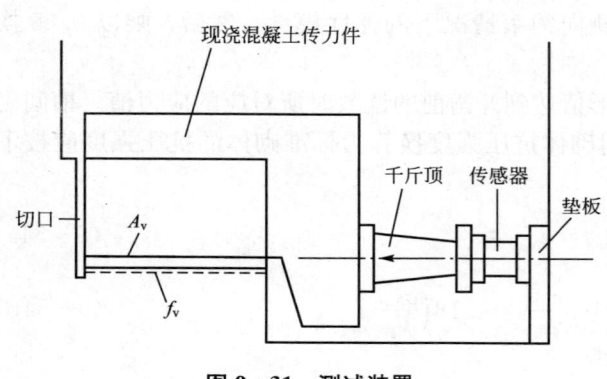

图 9-31 测试装置

坏。当试件沿受剪面滑动、千斤顶开始卸载时,即判定试件达到破坏状态。记录破坏荷载值,结束试验。在预定剪切面(灰缝)破坏,此次试验有效。④加荷试验结束后,翻转已破坏的试件,检查剪切面破坏特征及砌体砌筑质量,并详细记录。

3) 数据处理

根据测试仪表的校验结果,进行荷载换算,精确至 10N。根据试件的破坏荷载和受剪面积,应按下式计算砌体的沿通缝截面抗剪强度:

$$f_{vij} = N_{vij}/A_{vij} \tag{9-55}$$

式中 f_{vij}——第 i 个测区第 j 个测点的砌体沿通缝截面的抗剪强度(MPa);

N_{vij}——第 i 个测区第 j 个测点的抗剪破坏荷载(N);

A_{vij}——第 i 个测区第 j 个测点的受剪面积(mm^2)。

测区的砌体沿通缝截面抗剪强度平均值,应按下式计算:

$$f_{vi} = \frac{1}{n_1}\sum_{j=1}^{n_1} f_{vij} \tag{9-56}$$

式中 f_{vi}——第 i 个测区的砌体沿通缝截面的抗剪强度平均值(MPa)。

4. 原位单砖双剪法

原位单砖双剪法是采用原位剪切仪在墙体上对单块顺砖进行双面受剪试验,检测抗剪强度的方法。

1) 试件及测试设备

本方法适用于推定烧结普通砖砌体的抗剪强度。检测时,将原位剪切仪的主机安放在

第 9 章 工程结构物的非破损检测技术

墙体的槽孔内，其工作状况如图 9-32 所示。

本方法宜选用释放受剪面上部压应力 σ_0 作用下的试验方案；当能准确计算上部压应力 σ_0 时，也可选用在上部压应力 σ_0 作用下的试验方案。

在测区内选择测点，应符合下列规定。

(1) 每个测区随机布置的 n_1 个测点，在墙体两面的数量宜接近或相等。以一块完整的顺砖及其上下两条水平灰缝作为一个测点（试件）。

(2) 试件两个受剪面的水平灰缝厚度应为 8~12mm。

(3) 下列部位不应布设测点：门、窗洞口侧边 120mm 范围内；后补的施工洞口和经修补的砌体；独立砖柱和窗间墙。

(4) 同一墙体的各测点之间，水平方向净距不应小于 620mm，垂直方向净距不应小于 0.5m。

原位剪切仪的主机为一个附有活动承压钢板的小型千斤顶，其成套设备如图 9-33 所示。

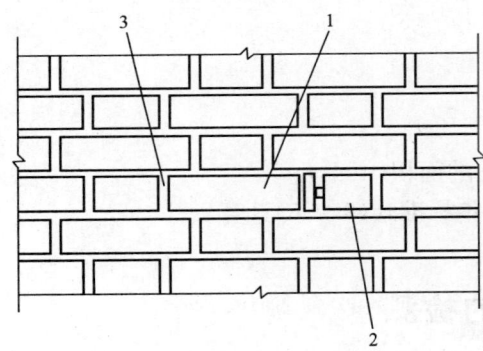

图 9-32 原位单位砖双剪试验示意
1—剪切试件；2—剪切仪主机；3—掏空的竖缝

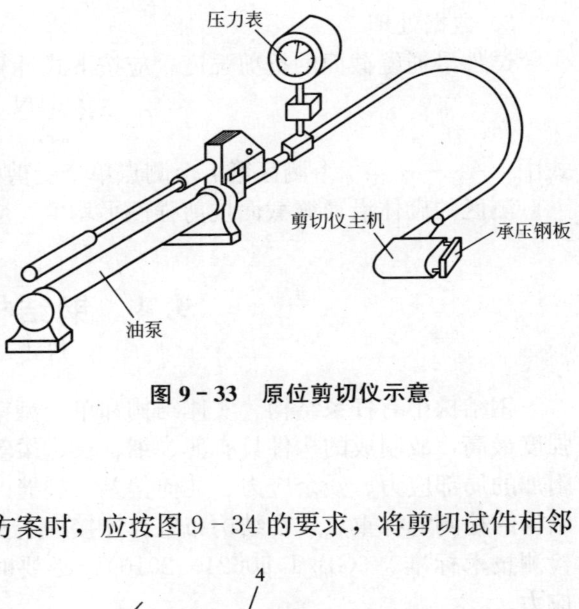

图 9-33 原位剪切仪示意

2) 现场试验

当采用带有上部压应力 σ_0 作用的试验方案时，应按图 9-34 的要求，将剪切试件相邻

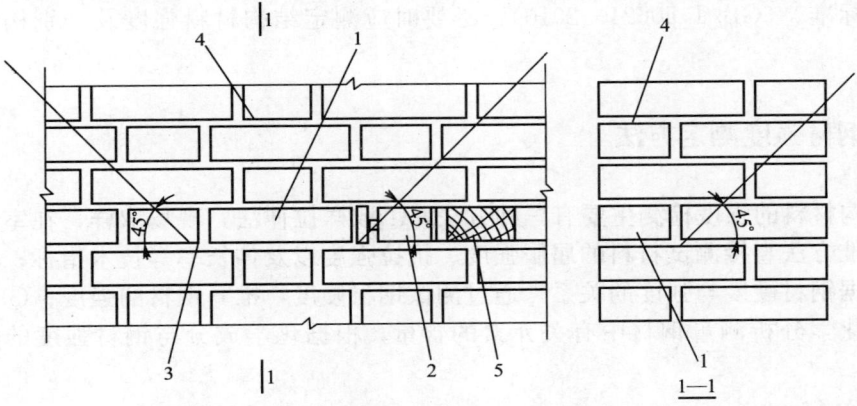

图 9-34 释放方案示意
1—试样；2—剪切仪主机；3—掏空竖缝；4—掏空水平缝；5—垫块

一端的一块砖掏出，清除四周的灰缝，制备出安放主机的孔洞，其截面尺寸不得小于 115mm×65mm，掏空、清除剪切试件另一端的竖缝。

当采用释放试件上部压应力 σ_0 的试验方案时，还应按图 9-34 所示，掏空水平灰缝，掏空范围由剪切试件的两端向上 45°按角扩散至灰缝 4，掏空长度应大于 620mm，深度应大于 240mm。

试件两端的灰缝应清理干净。开凿清理过程中，严禁扰动试件；如发现被推砖块有明显缺棱掉角或上、下灰缝有明显松动现象时，应舍去该试件。被推砖的承压面应平整，如不平时应用扁砂轮等工具磨平。

将剪切仪主机放入开凿好的孔洞中，使仪器的承压板与试件的砖块顶面重合，仪器轴线与砖块轴线吻合。若开凿孔洞过长，在仪器尾部应另加垫块。

操作剪切仪，匀速施加水平荷载，直至试件和砌体之间相对位移，试件达到破坏状态。加载的全过程宜为 1～3min。

记录试件破坏时剪切仪测力计的最大读数，精确至 0.1 个分度值。采用无量纲指示仪表的剪切仪时，还应按剪切仪的校验结果换算成以 N 为单位的破坏荷载。

3) 数据处理

试件沿通缝截面的抗剪强度，应按下式计算：

$$f_{vij} = \frac{0.64 N_{vij}}{2 A_{vij}} - 0.7 \sigma_{0ij} \tag{9-57}$$

式中 A_{vij}——第 i 个测区第 j 个测点单个受剪截面的面积(mm^2)。

测区的砌体沿通缝截面抗剪强度平均值，应按本标准式(9-56)计算。

9.4 钢结构的检测

钢结构中有杆系结构、实体结构和单个型钢结构等几类。由于钢材在工程结构材料中强度最高，故制成的构件具有薄、细、长、柔等特点。因其连接构造传递应力大，结构对附加的局部应力、残余应力、几何偏差、裂缝、腐蚀、振动撞击效应等也较敏感。因此钢结构的检测应将重点放在结构布置、连接构造及变形等方面，按照国家标准《钢结构现场检测技术标准》(GB/T 50621—2010)，必要时应测定结构材料强度及个别构件的实际应力。

9.4.1 钢材强度测定方法

钢结构材料的强度检测主要有三种方法：①取样拉伸法，现场取样，在室内试验机下按照标准方法直接测试材料的屈服强度、抗拉强度以及伸长率等技术指标；②表面硬度法，根据钢材硬度与强度的关系，通过测试钢材硬度，推算钢材的强度；③化学分析法，通过化学分析测量钢材中有关元素的含量，根据化学成分与钢材强度的关系计算强度。

1. 表面硬度法

表面硬度法是利用布氏硬度计来测定钢材表面的硬度，然后根据表面硬度间接推断钢材强度，如图9-35所示。检测时，由硬度计端阔部的钢珠撞击钢材表面和标准试样表面，并测量由此产生的凹痕直径，然后按经验公式计算钢材的抗拉强度 f：

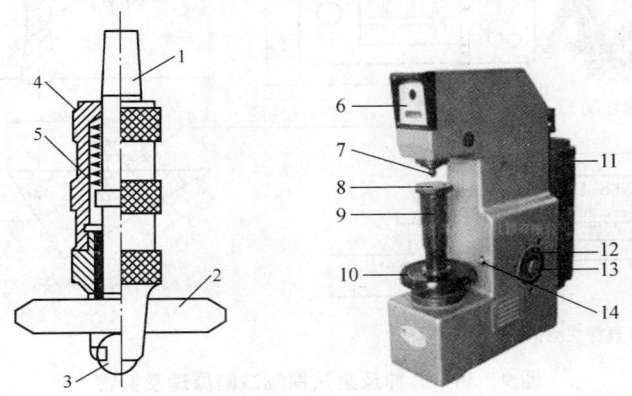

图9-35 布氏硬度原理图及实物

1—纵轴；2—标准棒；3—钢珠；4—外壳；5—弹簧 6—指示灯；7—压头；8—工作台；
9—立柱；10—手轮；11—荷载砝码；12—压紧螺钉；13—时间定位器；14—加载按钮

$$H_B = H_S \frac{D - \sqrt{D^2 - d_S^2}}{D - \sqrt{D^2 - d_B^2}} \tag{9-58a}$$

$$f = 3.6 H_B \tag{9-58b}$$

式中　H_B、H_S——钢材与标准试件的布氏硬度；
　　　d_B、d_S——硬度计钢珠在钢材和标准试件上的凹痕直径(mm)；
　　　D——硬度计钢珠直径(mm)。

测定钢材的极限强度 f 后，可依据同种材料的屈服比计算得到钢材的屈服强度。

2. 化学分析法

化学分析法是根据钢材中各化学成分粗略估算碳素钢强度的方法。可按式(9-59)计算：

$$\sigma_b = 285 + 7C + 0.06Mn + 7.5P + 2Si \tag{9-59}$$

式中　C、Mn、P、Si——表示钢材中碳、锰、磷、硅元素的含量，以0.01%为计量单位。

9.4.2 超声法检测钢材和焊缝缺陷

超声法检测钢材和焊缝缺陷的工作原理与检测混凝土内部缺陷相同，试验时较多采用脉冲反射法。超声波脉冲经换能器发射进入被测材料传播时，当通过材料不同界面(构件材料表面、内部缺陷和构件底面)时，会产生部分反射。这些声波各自往返的路程不同，回到换能器时间不同，在超声波探伤仪的示波屏幕上分别显示出各界面的反射波及其相对的位置，分别称为始脉冲、伤脉冲和底脉冲，如图9-36所示。由缺陷反射波与始脉冲和底脉冲的相对距离可确定缺陷在构件内的相对位置。如材料完好内部无缺陷，则显示屏上只有始脉冲和底脉冲，不出现伤脉冲。

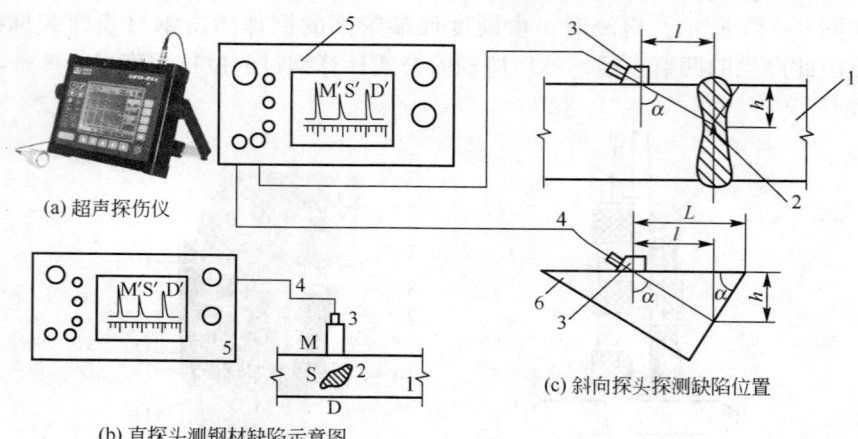

(a) 超声探伤仪

(b) 直探头测钢材缺陷示意图

(c) 斜向探头探测缺陷位置

图 9-36 脉冲反射法探测缺陷原理及实物
1—试件；2—缺陷；3—探头；4—电缆；5—探伤仪；6—标准试块；
M—表面反射；S—缺陷反射；D—底面反射；M′—发射脉冲；S′—缺陷回波；D′—底面回波

进行焊缝内部缺陷检测时，换能器常采用斜向探头。图 9-36(c) 所示为用三角形标准试块经比较法确定内部缺陷的位置。当在构件焊缝内探测到缺陷时，记录换能器在构件上的位置 L 和缺陷反射波在显示屏上的相对位置。然后将换能器移到三角形标准试块的斜边上做相对移动，使反射脉冲与构件焊缝内的缺陷脉冲重合，当三角形标准试块的 α 角度与斜向换能器超声波和折射角度相同，量取换能器在三角形标准试块上的位置 L，则可按下式确定缺陷的深度 h。

$$l = L\sin^2\alpha \qquad (9-60)$$
$$h = L\sin\alpha \cdot \cos\alpha \qquad (9-61)$$

由于钢材密度比混凝土大得多，为了能够检测钢材或焊缝内较小的缺陷，要求选用较高的超声频率，常用工作频率为 0.5~2MHz 的超声检测仪。检测时严格按照《钢结构超声波探伤及质量分级法》(JG/T 203—2007) 规定执行。

9.4.3 磁粉与射线探伤方法

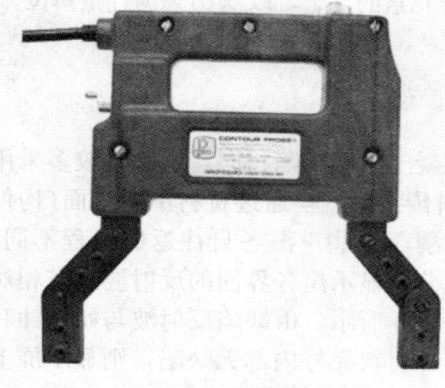

图 9-37 磁粉探伤义

磁粉探伤的原理：铁磁材料（铁、钴、镍及其合金）置于磁场中，即被磁化。如果材料内部均匀一致而截面不变时，则其磁力线方向也是一致和不变的。当材料内部出现缺陷，如裂纹、空洞和非磁性夹杂物等，则由于这些部位的磁导率很低，磁力线便产生偏转，即绕道通过这些缺陷部位。当缺陷距离表面很近时，此处偏转的磁力线就会有部分越出试件表面，形成一个局部磁场。这时将磁粉撒向试件表面，落到此处的磁粉即被局部磁场吸住，于是显现出缺陷的所在。图 9-37 所示为磁粉探伤仪。

第 9 章　工程结构物的非破损检测技术

射线探伤有 X 射线探伤和 γ 射线探伤两种。X 射线和 γ 射线都是波长很短的电磁波，具有很强的穿透非透明物质的能力，并能被物质所吸收。物质吸收射线的程度随物质本身的密实程度而异。材料越密实，吸收能力越强，射线越易衰减，通过材料后的射线越弱；当材料内部有松孔、夹渣、裂缝时，则射线通过这些部位的衰减幅度较小，因而透过试件的射线较强。根据透过试件的射线强弱，即可判断材料内部的缺陷。

钢结构的无损检测除了超声波、磁粉和射线探伤外，还有渗透法和涡流探伤等。

当结构经受过 150℃ 以上的温度作用或受过骤冷骤热作用时，应检查烧伤状况，必要时应采取试样试验以确定钢材的物理性能和力学性能。

本 章 小 结

本章系统地介绍了结构检测的一般程序、检测技术和检测要求，讲述了混凝土结构、砌体结构和钢结构的非破损检测技术。其中，混凝土结构检测内容包括混凝土强度检测、外观质量与缺陷检测及钢筋检测；砌体结构检测包括砌筑块材、砌筑砂浆、砌体强度、损伤与变形等内容；钢结构检测主要阐述了钢筋位置和钢筋锈蚀检测。学习本章后，要求学生熟练掌握混凝土强度检测技术中的回弹法、超声法、超声回弹法、钻芯法和拔出法；砌体结构现场检测中的回弹法、推出法、筒压法、砂浆片剪切法、点荷法和射钉法；钢结构现场检测中表面硬度法和超声探伤的操作过程。

思 考 题

1. 结构的非破损检测方法有哪些？各有什么特点？
2. 回弹仪的工作原理是什么？如何使用回弹仪进行混凝土的强度检测？如何正确选用回弹仪？回弹仪的标定过程如何？
3. 混凝土强度检测方法有哪几种？
4. 如何使用超声脉冲法检测混凝土的强度、缺陷、裂缝深度？
5. 用钻芯法检测混凝土强度有哪些特点？
6. 综合比较几种检测混凝土强度的方法，总结其工作特点和适用场合。
7. 简述超声-回弹综合法检测混凝土强度的工作过程。
8. 试比较电位差法和导电系数法检测钢筋锈蚀程度的工作原理及其工作特点。
9. 砌体强度的检测方法有哪几种？简述其工作特点、使用条件和使用时的注意事项。
10. 如何用扁顶法检测既有砌体的抗压强度？
11. 如何用原位轴压法检测既有砌体的抗压强度？
12. 砌筑砂浆的强度检测方法有哪些？分别简述各方法。
13. 简述钢结构外观质量的检测方法。
14. 钢结构的现场检测内容有哪几种？使用哪些仪器？检测方法和注意事项有哪些？
15. 简述超声法检测钢材和焊接缺陷的工作原理及方法。

第 10 章 　结构试验数据处理

教学目标

掌握数据处理的内容和步骤，掌握测试数据的误差计算方法。

教学要求

知识要点	能力要求	相关知识
数据的整理和转换	了解数值修约和修约间隔，掌握数值修约规则。	
数据的统计分析	掌握数据统计分析方法，实验数据的平均值、标准值、变异系数的计算方法	
误差分析	(1) 了解误差分类的概念 (2) 掌握误差计算、传递理论 (3) 掌握误差的检验方法	
数据的表达	了解数据表达的表格方式、图像方式、函数方式	

引言

在结构试验过程中，需要对量测的试验数据进行整理、换算和统计分析，以便找出影响结构性能的主要参量的相互关系和变化规律，并以表格、图像、公式或数学模型的方式表达出来。针对试验实测得到的数据，有些可能是伪数据或完全错误的数据，如何对原始数据进行处理，才能得到可靠的试验结果，并进行归纳演绎，找出表达结构性能的内在关系，这正是本章所要解决的主要内容。

10.1 　数据处理概述

把试验得到的数据进行整理换算、统计分析和归纳演绎，以得到代表结构性能的公式、图像、表格、数学模型和数值等的过程称为数据处理。采集得到的数据是数据处理过程的原始数据。例如，把位移传感器测得的应变换算成位移，把应变片测得的应变换算成应力，由测得的位移计算挠度，由结构的变形和荷载的关系可得到结构的屈服强度、延性和恢复力模型等，对原始数据进行统计分析可以得到平均值、标准差等统计特征值，对动态信号进行变换处理可以得到结构的自振频率、阻尼、振型等动力特性。

结构试验时得到的原始数据必然包含误差,有时是杂乱无章的,甚至存在错误。因此,必须对原始数据进行处理,剔除错误数据,对近似数据按照统计分析原理计算真值的估计值,并鉴定它们的精度。

结构试验的原始数据经过整理转换、统计分析,得到各种满足一定精度、反映结构性能的参量后,应进一步研究分析它们之间的相互关系。以适当的方式直观、简明地表达这些规律,以便于实际应用,这也是结构试验数据处理的重要内容。

数据处理的内容和步骤包括以下几个方面:①数据的整理和换算;②数据的统计分析;③数据的误差分析;④数据的表达。

10.2 数据的整理和转换

把剔除不可靠或不可信数值和统一数据精度的过程称为试验数据的整理。把整理后的试验数据通过基础理论来计算另一物理量的过程称为试验数据的换算。

在采集数据时,由于各种原因会得到一些完全错误的数据。例如,仪器参数(如应变计的灵敏系数)设置错误而造成数据出错,人工读数时读错,人工记录时的笔误(如数字错或符号错),环境因素造成的数据失真(如温度引起应变增加等),测量仪器的缺陷或布置错误造成数据出错,或者测量过程受到干扰(如仪器被人碰了一下)造成的错误,等等。这些数据错误一般都可以通过复核仪器参数等方法进行整理,加以改正。

采集得到的数据有时杂乱无章,不同仪器得到的数据位数长短不一。所以,应该根据试验要求和测量精度,按照国家标准《数值修约规则与极限数值的表示和判定》(GB/T 8170—2008),把试验数据修约成规定有效位数的数值。数据修约时应按下面的规则进行。

1. 数值修约和修约间隔

数值修约是指通过省略原数值的最后若干位数字,调整所保留的末位数字,使最后所得到的值最接近原数值的过程。经数值修约后的数值称为原数值的修约值。

修约间隔指的是修约值的最小数值单位。修约间隔一经确定,修约值即为该数值的整数倍。例如,指定修约间隔为0.1,则被修约的值只能是0.1的整数倍,相当于将数值修约到一位小数。当以100作为修约间隔时,被修约值只能保留到"百"位数。

2. 数值修约规则

进行数值修约,首先需要确定修约间隔,然后按照下列规则进行数值进舍。

(1) 四舍五入,即根据拟舍弃数字的最左一位数字进行舍入:①小于5时舍去,即保留各位数字不变,如将12.1498修约到一位小数,得12.1;②大于5或者等于5且其后有非0数字时,则进1,如将10.68和10.502修约成两位有效位数,均得11;③等于5且其后无数字或皆为0时,若所保留的末位数字为奇数(1,3,5,7,9)则进1,为偶数(2,4,6,8,0)则舍弃,如将33500和34500修约成两位有效位数,均得34×10^3。

(2) 负数修约时,先将它的绝对值按上述规则修约,然后在修约值前面加上负号。例如,将-1.03650和-1.03552修约到0.001,均得-1.036。

(3) 拟修约数值应在确定修约位数后一次修约获得结果,不得多次按上述规则连续修约。例如，将 168.4546 修约成个位数，正确的做法为 18.4546→18，不正确的做法为 18.4546→18.455→18.46→18.6→19。

在一般商品交换中人们习惯采用"四舍五入"的数字修约规则，逢五就进，这样必然会造成测量结果系统偏高。在实验数据处理中采用科学的修约规则，逢五有舍有入，则不会因此而引起系统误差。

10.3 数据的统计分析

数据处理时，统计分析是一个常用的方法，可以用统计分析从很多数据中找到一个或若干个代表值，也可以通过统计分析对试验的误差进行分析。以下介绍常用的统计分析的概念和计算方法。

1. 平均值

在数据的统计分析中，平均值是一个重要的概念，分为算术平均值、几何平均值和加权平均值等，分别按下列公式进行计算。

（1）算术平均值 $\bar{x}$：

$$\bar{x}=\frac{1}{n}(x_1+x_2+\cdots+x_n) \tag{10-1}$$

试验数据的算术平均值在最小二乘法意义下是所求真值的最佳近似值，是最常用的一种平均值。

（2）几何平均值 $\bar{x}_a$：

$$\bar{x}_a=\sqrt[n]{x_1 \cdot x_2 \cdots x_n} \quad \text{或} \quad \lg\bar{x}_a=\frac{1}{n}\sum_{i=1}^{n}\lg x_i \tag{10-2}$$

当一组试验值 x_i 取常用对数（$\lg x_i$）后所得曲线比 x_i 的曲线更为对称时，常用此法计算数据的平均值。

（3）加权平均值 $\bar{x}_w$：

$$\bar{x}_w=\frac{w_1x_1+w_2x_2+\cdots+w_nx_n}{w_1+w_2+\cdots+w_n} \tag{10-3}$$

式中 w_i——第 i 个试验值 x_i 的对应权重。

在计算用不同方法或不同条件观测同一物理量的均值时，可以对不同可靠程度的数据给予不同的"权"。

2. 标准差

一组试验值 x_1，x_2，$\cdots$，x_n，当它们的可靠程度相同时，其标准差 σ 为

$$\sigma=\sqrt{\frac{1}{n-1}\sum_{i=1}^{n}(x_i-\bar{x})^2} \tag{10-4}$$

当它们的可靠程度不同时，其标准差 σ_w 为

$$\sigma_w=\sqrt{\frac{1}{(n-1)\sum_{i=1}^{n}w_i}\sum_{i=1}^{n}w_i(x_i-\bar{x}_w)^2} \tag{10-5}$$

第 10 章　结构试验数据处理

标准差反映了一组试验值在平均值附近的分散和偏离程度，标准差越大表示分散和偏离程度越大，反之则越小，它对一组试验值中的较大偏差反映比较敏感。

3. 变异系数

变异系数 C_v 通常用来衡量数据的相对偏差程度，它的定义为

$$C_v = \frac{\sigma}{\bar{x}} \quad \text{或} \quad C_v = \frac{\sigma_w}{\bar{x}_w} \tag{10-6}$$

式中 $\bar{x}$、$\bar{x}_w$ ——平均值；

σ、σ_w ——标准差。

4. 随机变量和概率分布

结构试验的误差及结构材料等许多试验数据都是随机变量，随机变量既有分散性和不确定性，又有规律性。为了对试验结果（随机变量）进行统计分析，得到它的分布函数，需要进行大量的测量，对其进行统计分析，从中演绎归纳出随机变量的统计规律及概率分布。

绘制频率分布图的步骤如下。
(1) 按观测次序记录数据。
(2) 按由小至大的次序重新排列数据。
(3) 划分区间，将数据分组。
(4) 计算各区间数据出现的次数、频率（出现次数和全部测定次数之比）和累计频率。
(5) 绘制频率直方图及累积频率图，如图 10-1 所示。

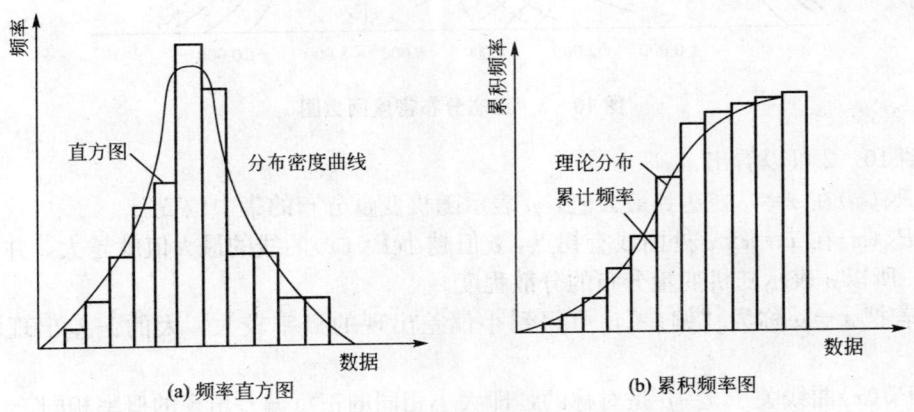

(a) 频率直方图　　　(b) 累积频率图

图 10-1　频率直方图和累积图

可将频率分布近似作为概率分布（概率是当测试次数趋于无穷大时的各组频率），并由此推断试验结果服从何种概率分布。

正态分布是最常用的描述随机变量概率分布的函数，由高斯（Gauss, K. F.）在 1795 年提出，所以又称为高斯分布。试验测量中的偶然误差，近似服从正态分布。

正态分布 $N(\mu, \sigma^2)$ 的概率密度分布函数为

$$P_N(x) = \frac{1}{\sqrt{2\pi} \cdot \sigma} e^{-\frac{(x-\mu)^2}{2\sigma^2}} \quad (-\infty < x < +\infty) \tag{10-7}$$

其分布函数为

$$N(x) = \frac{1}{\sqrt{2\pi} \cdot \sigma} \int_{-\infty}^{x} e^{\frac{(t-\mu)^2}{2\sigma^2}} dt \qquad (10-8)$$

式中 μ ——均值；

σ^2 ——方差。

正态分布是随机误差的一种重要分布。虽然随机误差的分布是多种多样的，但概率论的中心极限定理从理论上说明了正态分布在实际运用中的广泛性，其中特别是三至五次独立的重复条件下观测值的平均值分布，不必去考虑它的单次观测值的分布是否为正态分布。图 10-2 所示为不同参数的正态分布密度函数。

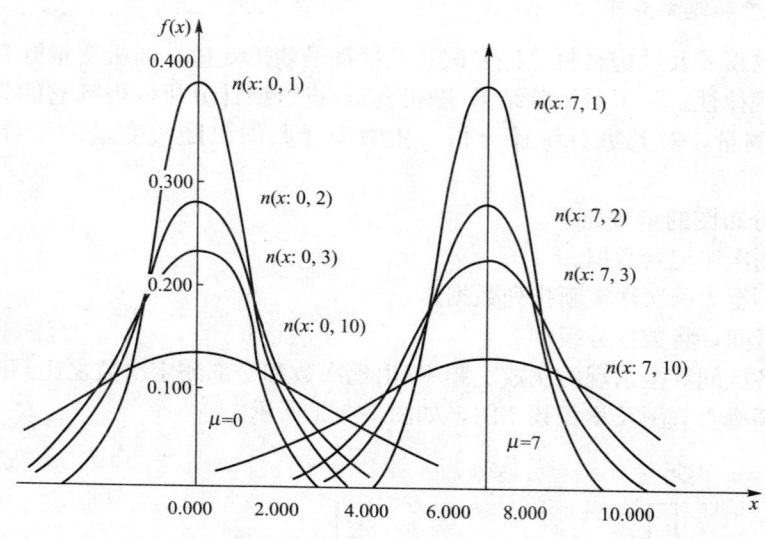

图 10-2 正态分布密度函数图

由图 10-2 可以看出：

① $P_N(x)$ 在 $x=\mu$ 处达到最大值，μ 表示随机变量分布的集中位置。

② $P_N(x)$ 在 $x=\mu\pm\sigma$ 处曲线有拐点，σ 值越小 $P_N(x)$ 曲线的最大值就越大，并且下降得越快，所以 σ 表示随机变量分布的分散程度。

③ 若把 $x-\mu$ 称为"偏差"，可得到小偏差出现的概率较大，大的偏差出现的概率很小。

④ $P_N(x)$ 曲线关于 $x=\mu$ 是对称的，即大小相同的正负偏差出现的概率相同。

$\mu=0$，$\sigma=1$ 的正态分布称为标准正态分布，它的概率密度分布函数和概率分布函数如下：

$$P_N(t;0,1) = \frac{1}{\sqrt{2\pi}} e^{-\frac{t^2}{2}} \qquad (10-9)$$

$$N(t;0,1) = \frac{1}{\sqrt{2\pi}} \int_{-\infty}^{t} e^{-\frac{u^2}{2}} du \qquad (10-10)$$

标准正态分布函数值可以从有关表格中取得。对于非标准的正态分布 $P_N(x;\mu,\sigma)$ 和 $N(x;\mu,\sigma)$ 可先将函数标准化，用 $t=\dfrac{x-\mu}{\sigma}$ 进行变量代换，然后从标准正态分布表中查取

$N\left(\dfrac{x-\mu}{\sigma};\ 0,\ 1\right)$ 的函数值。

除正态分布外,其他几种常用的概率分布有对数正态分布、极值Ⅰ型分布、二项分布、均匀分布、瑞利分布、χ^2 分布、t 分布和 F 分布等。

10.4 误 差 分 析

被测对象的值是客观存在的,称为真值 x,每次测量所得的值 $x_i(i=1,2,3,\cdots,n)$ 称为测试值。真值和测试值的差值

$$a_i = x_i - x \quad (i=1,2,3,\cdots,n) \tag{10-11}$$

称为测量误差,简称为误差。在实际试验中,真值是无法确定的,常用平均值代表真值。由于各种主观和客观的原因,任何测量数据不可避免地都包含一定程度的误差。只有了解了试验误差的范围,才有可能正确估计试验所得到的结果。同时,对试验误差进行分析,将有助于在试验中控制和减少误差的产生。

10.4.1 误差的分类

根据误差产生的原因和性质,可以将误差分为系统误差、随机误差和过失误差三类。

1. 系统误差

系统误差是由某些固定的原因造成的,其特点是在整个测量过程中始终有规律地存在着,其绝对值和符号保持不变或按某一规律变化。系统误差的来源有以下几个方面。

(1) 方法误差。这种误差是由于测量方法或数据处理方法不完善造成的,如采用简化的测量方法或近似方法,忽略了某些因素对测量结果的影响,以致产生误差。

(2) 工具误差。由于测量仪器或工具本身的不完善(结构不合理、零件磨损等缺陷等)造成的误差,如仪表刻度不均匀、百分表的无效行程等。

(3) 环境误差。测量过程中,由于环境条件的变化造成的误差,如测量过程中的温度、湿度变化。

(4) 操作误差。由于测量过程中试验人员的操作不当造成的误差,如仪器安装不当、仪器未校准或仪器调整不当等。

(5) 主观误差。此种误差又称"个人误差",是测量人员本身的一些主观因素造成的,如测量人员的特有习惯、习惯性的读数偏高或偏低等。系统误差的大小可以用准确度表示,准确度高表示测量的系统误差小。只要查明系统误差的原因,找出变化规律,就可以在测量中采取措施(改进测量方法,采用更精确的仪器等)减小误差或在数据处理时对测量结果进行修正。

2. 随机误差

随机误差是由一些偶然因素造成的,它的绝对值和符号变化无常。但如果进行大量的测量,可以发现随机误差的数值分布符合一定的统计规律,一般服从正态分布。

产生随机误差的原因有测量仪器、测量方法和环境条件等方面的,如电源电压的波

动，环境温度、湿度和气压的微小波动，磁场干扰，仪器的微小变化，操作人员操作上的微小差别等。随机误差在测量中是无法避免的，即使是一个很有经验的测量者，使用很精密的仪器，很仔细地操作，对同一对象进行多次测量，其结果也不会完全一致，而是有高有低。随机误差有以下特点。

（1）误差的绝对值不会超过一定的界限。
（2）绝对值小的误差比绝对值大的误差出现的次数要多，近于零的误差出现的次数最多。
（3）绝对值相等的正误差与负误差出现的次数几乎相等。
（4）误差的算术平均值随着测量次数的增加而趋向于零。

另外要注意，在实际试验中，往往很难区分随机误差和系统误差，因此许多误差都是这两类误差的组合。

随机误差的大小可以用精密度表示，精密度高表示测量的随机误差小。对随机误差进行统计分析或增加测量次数，找出其统计特征值，就可以在数据处理时对测量结果进行修正。

3. 过失误差

过失误差是由于试验人员粗心大意、不按操作规程办事等原因造成的误差，如读错仪表刻度（位数、正负号）、记录和计算错误等。过失误差数值一般较大，并且常与事实明显不符，必须把过失误差从试验数据中剔除，还应分析出现过失误差的原因，采取措施防止再次出现。

10.4.2 误差计算

对误差进行统计分析时，同样需要计算三个重要的统计特征值，即算术平均值、标准误差和变异系数。如进行了 n 次测量，得到 n 个测量值 x_i，则有 n 个测量误差 $\alpha_i (i=1, 2, 3, \cdots, n)$，误差的平均值为

$$\bar{\alpha} = \frac{1}{n}(\alpha_1 + \alpha_2 + \cdots + \alpha_n) \tag{10-12}$$

式中　　$\alpha_i = x_i - \bar{x}; \bar{x} = \frac{1}{n}\sum_{i=1}^{n} x_i$。

误差的标准差为

$$\sigma = \sqrt{\frac{1}{n-1}\sum_{i=1}^{n}\alpha_i^2} \quad 或 \quad \sigma = \sqrt{\frac{1}{n-1}\sum_{i=1}^{n}(x_i - \bar{x})^2} \tag{10-13}$$

变异系数为

$$c_v = \frac{\sigma}{\bar{\alpha}} \tag{10-14}$$

10.4.3 误差传递

在对试验结果进行数据处理时，常常需要用若干个直接测量值计算某一些物理量的值。它们之间的关系可以用下面的函数形式表示：

$$y = f(x_1, x_2, \cdots, x_m) \tag{10-15}$$

式中，$x_i(i=1, 2, \cdots, m)$ 为直接测量值；y 为所要计算物理量的值。

若直接测量值时 x_i 的最大绝对误差为 $\Delta x_i(i=1, 2, \cdots, m)$，则 y 的最大绝对误差 Δy 和最大相对误差 δy 分别为

$$\Delta y = \left|\frac{\partial f}{\partial x_1}\right|\Delta x_1 + \left|\frac{\partial f}{\partial x_2}\right|\Delta x_2 + \cdots + \left|\frac{\partial f}{\partial x_m}\right|\Delta x_m \tag{10-16}$$

$$\delta y = \frac{\Delta y}{|y|} = \left|\frac{\partial f}{\partial x_1}\right|\frac{\Delta x_1}{|y|} + \left|\frac{\partial f}{\partial x_2}\right|\frac{\Delta x_2}{|y|} + \cdots + \left|\frac{\partial f}{\partial x_m}\right|\frac{\Delta x_m}{|y|} \tag{10-17}$$

对一些常用的函数，可以得到以下关于误差估计的实用公式。

(1) 代数和。

$$y = x_1 \pm x_2 \pm \cdots \pm x_m$$

$$\Delta y = \Delta x_1 + \Delta x_2 + \cdots + \Delta x_m$$

$$\delta y = \frac{\Delta y}{|y|} = \frac{\Delta x_1 + \Delta x_2 + \cdots + \Delta x_m}{|x_1 + x_2 + \cdots + x_m|}$$

(2) 乘法。

$$y = x_1 \cdot x_2$$

$$\Delta y = |x_2|\Delta x_1 + |x_1|\Delta x_2$$

$$\delta y = \frac{\Delta y}{|y|} = \frac{\Delta x_1}{|x_1|} + \frac{\Delta x_2}{|x_2|}$$

(3) 除法。

$$y = \frac{x_1}{x_2}$$

$$\Delta y = \left|\frac{1}{x_2}\right|\Delta x_1 + \left|\frac{x_1}{x_2^2}\right|\Delta x_2$$

$$\delta y = \frac{\Delta y}{|y|} = \frac{\Delta x_1}{|x_1|} + \frac{\Delta x_2}{|x_2|}$$

(4) 幂函数。

$$y = x^\alpha \quad (\alpha \text{ 为任意实数})$$

$$\Delta y = |\alpha x^{\alpha-1}|\Delta x$$

$$\delta y = \frac{\Delta y}{|y|} = \left|\frac{\alpha}{x}\right|\Delta x$$

(5) 对数。

$$y = \ln x$$

$$\Delta y = \left|\frac{1}{x}\right|\Delta x$$

$$\delta y = \frac{\Delta y}{|y|} = \frac{\Delta y}{|x \ln x|}$$

如 $x_1, x_2, \cdots, x_m$ 为随机变量，它们各自的标准误差为 $\sigma_1, \sigma_2, \cdots, \sigma_m$，令 $y = f(x_1, x_2, \cdots, x_m)$ 为随机变量的函数，则 y 的标准误差 σ 为

$$\sigma = \sqrt{\left(\frac{\partial f}{\partial x_1}\right)^2 \sigma_1^2 + \left(\frac{\partial f}{\partial x_2}\right)^2 \sigma_2^2 + \cdots + \left(\frac{\partial f}{\partial x_m}\right)^2 \sigma_m^2} \tag{10-18}$$

【例 10-1】 荷重传感器连接电阻应变仪，以应变值来表示荷重值。通过标定，标定值为 $10\text{kN}/20\mu\varepsilon$。即：$y = x_1 \times x_2 = $ 荷重值 = 应变值 × 标定值。若应变值 $20\mu\varepsilon$ 时的绝对误

差 $\Delta x_1=1$,标定值的绝对误差 $\Delta x_2=0.1$。

解: 最大绝对误差和最大相对误差分别为

$$\Delta y = 0.5 \times 1 + 20 \times 0.1 = 2.5 \text{kN}$$

$$\delta y = \frac{1}{20} + \frac{0.1}{0.5} = 0.25$$

10.4.4 误差的检验

实际试验中,系统误差、随机误差和过失误差是同时存在的,试验误差是这三种误差的组合。通过对误差进行检验,尽可能地消除系统误差,剔除过失误差,才能使试验数据反映事实。

1. 系统误差的发现和消除

系统误差由于产生的原因较多、较复杂,所以系统误差不容易被发现,它的规律难以掌握,也难以全部消除它的影响。从数值上看,常见的系统误差有"固定的系统误差"和"变化的系统误差"两类。

固定的系统误差是在整个测量数据中始终存在着的一个数值大小和符号保持不变的偏差。固定的系统误差往往不能通过在同一条件下的多次重复测量来发现,只有用几种不同的测量方法或同时用几种测量工具进行测量比较,才能发现其原因和规律,并加以消除,如仪表、仪器的初始零点飘移等。

系统误差的变化可分为积累变化、周期性变化和按复杂规律变化三种。

当测量次数相当多时,如率定传感器时,可从偏差的频率直方图来判别;如偏差的频率直方图和正态分布曲线相差甚远,即可判断测量数据中存在着系统误差,因为随机误差的分布规律服从正态分布。

当测量次数不够多时,可将测量数据的偏差按测量先后次序依次排列,如其数值大小基本上有规律地向一个方向变化(增大或减小),即可判断测量数据是有积累的系统误差;如将前一半的偏差之和与后一半的偏差之和相减,若两者之差不为零或不近似为零,也可判断测量数据是有积累的系统误差,将测量数据的偏差按测量先后次序依次排列,如其符号基本上做有规律的交替变化,即可认为测量数据中有周期性变化的系统误差。对变化规律复杂的系统误差,可按其变化的现象,进行各种试探性的修正,来寻找其规律和原因;也可改变或调整测量方法,改用其他的测量工具,来减少或消除这一类的系统误差。

2. 随机误差

通常认为随机误差服从正态分布,它的分布密度函数为

$$y = \frac{1}{\sqrt{2\pi} \cdot \sigma} e^{-\frac{(x_i - x)^2}{2\sigma^2}} \tag{10-19}$$

式中 $x_i - x$——随机误差;
　　　x_i——减去其他误差后的实测值;
　　　x——真值。

实际试验时,常用 $x_i - \bar{x}$ 代替 $x_i - x$,$\bar{x}$ 为平均值即近似的真值。

参照前面的正态分布的概率密度函数曲线图,标准误差 σ 越大,曲线越平坦,误差值分布越分散,精确度越低;σ 越小,曲线越陡,误差值分布越集中,精确度越高。

误差落在某一区间内的概率 $P(|x_i-x|\leqslant a_i)$ 如表 10-1 所示。

表 10-1 与某一误差范围对应的概率

误差限 a_i	0.32σ	0.67σ	σ	1.15σ	1.96σ	2σ	2.58σ	3σ
概率 P	25%	50%	68%	75%	95%	95.4%	99%	99.7%

在一般情况下,99.7%的概率已可认为代表多次测量的全体,所以把 3σ 称为"极限误差"。当某一测量数据的误差绝对值大于 3σ 时(其可能性只有 0.3%),即可认为误差已不是随机误差,该测量数据已属于不正常数据。

3. 异常数据的舍弃

在测量中,有时会遇到个别测量值的误差较大,并且难以对其合理解释。这些个别数据就是"异常数据",应该把它们从试验数据中剔除,通常认为其中包含有过失误差。

根据误差的统计规律,绝对值越大的随机误差,出现的概率越小,随机误差的绝对值不会超过某一范围。因此可以选择一个范围来对各个数据进行鉴别。如果某个数据的偏差超出此范围,则认为该数据中包含有过失误差,应予以剔除。

常用的判别范围和鉴别方法如下。

1) 3σ 方法

由于随机误差服从正态分布,误差绝对值大于 3σ 的概率仅为 0.3%,即 300 多次才可能出现一次。因此,当某个数据的误差绝对值大于 3σ 时,应该剔除该数据。实际试验中,可用样本误差代替总体误差,按式(10-13)计算。

2) 肖维纳方法

由于数据较大误差出现的概率很小,则在 n 次观测中,某数据的剩余误差可能出现的次数小于半次时,可剔除此数据,这就是肖维纳(Chauvenet)方法。若

$$|x_i-\bar{x}|>Z_a \cdot s \tag{10-20}$$

则应剔除该数据。上式中,Z_a 可根据测量次数 n 直接查表 10-2 得到。

表 10-2 n-Z_a 表

n	Z_a	n	Z_a	n	Z_a	n	Z_a
5	1.65	14	2.10	23	2.30	50	2.58
6	1.73	15	2.13	24	2.32	60	2.64
7	1.80	16	2.16	25	2.33	70	2.69
8	1.86	17	2.18	26	2.34	80	2.74
9	1.92	18	2.20	27	2.35	90	2.78
10	1.96	19	2.22	28	2.37	100	2.81
11	2.00	20	2.24	29	2.38	150	2.93
12	2.04	21	2.26	30	2.39	200	3.03
13	2.07	22	2.28	40	2.50	500	3.29

3) 格拉布斯方法

格拉布斯(Grubbs)方法是以 t 分布为基础,根据数理统计理论按危险率 α(指剔错的概率,在工程问题中置信度一般取 95%,$\alpha=5\%$ 和 99%,$\alpha=1\%$ 两种)和子样容量 n(即测量次数 n)求得临界位值 g_0,如表 10-3 所示。若某个测量数据 x_i 的误差绝对值满足下式时

$$|x_i-\bar{x}|>g_0 \cdot s \tag{10-21}$$

即应剔除该数据。上式中,s 为样本的标准差。

表 10-3 g_0 表

n\\α	0.05	0.01	n\\α	0.05	0.01
3	1.15	1.16	17	2.48	2.78
4	1.46	1.49	18	2.50	2.82
5	1.67	1.75	19	2.53	2.85
6	1.82	1.94	20	2.56	2.88
7	1.94	2.10	21	2.58	2.91
8	2.03	2.22	22	2.60	2.94
9	2.11	2.32	23	2.62	2.96
10	2.18	2.41	24	2.64	2.99
11	2.23	2.48	25	2.66	3.01
12	2.28	2.55	30	2.74	3.10
13	2.33	2.61	35	2.81	3.18
14	2.37	2.66	40	2.87	3.24
15	2.41	2.70	50	2.96	3.34
16	2.44	2.75	100	3.17	3.59

【例 10-2】 测定一批构件的承载能力,得 4520、4460、4610、4540、4550、4490、4680、4460、4500、4830(单位:N·m),试问其中是否包含过失误差?

解:平均值为

$$\bar{x}=\frac{1}{10}(4520+4460+4610+4540+4550+4490+4680+4460+4500+4830)$$
$$=4564 \text{N} \cdot \text{m}$$

标准差:

$$s=\sqrt{\frac{1}{n-1}\sum_{i=1}^{n}(x_i-\bar{x})^2}=\sqrt{\frac{1}{10-1}[(4520-4564)^2+\cdots+(4830-4564)^2]}$$
$$=115.6 \text{N} \cdot \text{m}$$

(1) 按 3σ 准则:若 $|x_i-\bar{x}|>3\sigma\approx 3s$,则认为 x_i 是过失误差应剔除。

这里,$3s=3\times 115.6=346.8$

则 $|x_i-\bar{x}|=|4830-4564|=266<346.8$,故数据 4830 应保留。

(2) 按肖维纳准则:若 $|x_i-\bar{x}|>Z_\alpha \cdot s$,则认为 x_i 是过失误差应剔除。

这里,$n=10$,查表 10-2 得 $Z_\alpha=1.96$,则 $Z_\alpha \cdot s=1.96\times 115.6=226.6$

则 $|x_i-\bar{x}|=|4830-4564|=266>226.6$，故数据 4830 应剔除。

(3) 按格拉布斯准则：若 $|x_i-\bar{x}|>g_0 \cdot s$，则认为 x_i 是过失误差应剔除。

这里，$n=10$，先取 $\alpha=0.05$，查表 10-3 得 $g_0=2.18$，则 $g_0 \cdot s=2.18\times115.6=252$，$|x_i-\bar{x}|=|4830-4564|=266>252$，故数据 4830 应剔除。

若取 $\alpha=0.01$，查表 10-3 得 $g_0=2.41$，则 $g_0 \cdot s=2.41\times115.6=278.6$，$|x_i-\bar{x}|=|4830-4564|=266<278.6$，故数据 4830 应保留。

要注意的是，不能一次同时去掉两个以上可疑的测量值，只能剔出它们中最大的一个。然后再重新求得剩下的各量测值的平均值和标准差，再来剔除偏差较大的可疑值，直至不出现有较大偏差的值。

10.5 数据的表达

常用的数据表达方式有表格法、图形法和函数公式，它们将试验数据按照一定的规律和方式表达，对数据进行分析，从而能直观、清楚地表达试验结果。

10.5.1 表格方式

表格按其内容和格式可分为汇总表格和关系表格两大类。汇总表格把试验结果中的主要内容或试验中的某些重要数据汇集于一个表格中，起着类似于摘要和结论的作用，表中的行与行、列与列之间一般没有必然的关系；关系表格是把相互有关的数据按一定的格式列于表中，表中列与列、行与行之间都有一定的关系，它的作用是使有一定关系的若干个变量的数据更加清楚地表示出变量之间的关系和规律。

表格的主要组成部分和基本要求如下。

(1) 每个表格都应该有一个表格的名称，如果文章中有一个以上的表格时，还应该有表格的编号。表格名称和编号通常放在表格的上方。

(2) 表格的形式应该根据表格的内容和要求来决定，在满足基本要求的情况下，可以对细节做变动。

(3) 不论何种表格，每列都必须有列名，它表示该列数据的意义和单位；列名都放在每列的头部，应把各列名都放在第一行对齐，如果第一行空间不够，可以把列名的部分内容放在表格下面的注解中去。应尽量把主要的数据列或自变量列放在靠左边的位置。

(4) 表格中的内容应尽量完全，能完整地说明问题。

(5) 表格中的符号和缩写应该采用标准格式，表中的数字应该整齐、准确。

(6) 如果需要对表格中的内容加以说明，可以在表格的下面紧挨着表格加一注解，不要把注解放在其他任何地方，以免混淆。

(7) 应突出重点，把主要内容放在醒目的位置。

表 10-4 所示为一汇总表格的例子，表示 8 个钢管桩承台试件的主要试件特点和试验结果。从表 10-4 可以看出，汇总表格的格式比较松散，可根据需要布置行列，行列可以不对齐，重要的是能清楚地表示出主要内容。

表 10-4 钢管桩承台劈裂试验结果汇总

试件	盖板形式	试验日期	开裂荷载/kN	极限荷载/kN	破坏形式	备注
No.1	厚平盖	1992.05.09	没有开裂	481.08	钢管压屈	
No.2	薄平盖加肋	1992.05.14	628.92	684.10	混凝土承台劈裂	钢管加强
No.3	厚平盖外挑	1992.05.16	650.00	654.71	钢管压屈	钢管加强
No.4	弧形盖	1992.05.04	没有开裂	550.89	钢管压屈	
No.5	弧形盖	1992.05.12	610.00	681.02	混凝土承台劈裂	钢管加强
No.6	无盖、有网片	1992.04.28	460.00	468.77	钢管压屈	裂缝未发展
No.7	无盖	1992.05.03	457.32	472.86	钢管压屈	裂缝未发展
No.8	无盖	1992.05.07	428.28	452.61	混凝土承台劈裂	

表 10-5 所示为一关系表格的实例，给出了某一塔状结构模型在 Y 方向（水平方向）加载时的位移，如图 10-3 所示。由表中数据可清楚地看到不同标高处结构位移与荷载的关系及在某一级荷载时结构的整体变形情况，如图 10-4 所示。

表 10-5 Y 方向加载时的位移

荷载/N \ 测点	底座钢板 (± 0.000)		PT (0.510)		ZG2 (1.100)		ZG1 (1.520)		备 注
	Y_1/mm	$\theta_1/(\times 10^{-4})$	Y_2/mm	$\theta_2/(\times 10^{-4})$	Y_3/mm	$\theta_3/(\times 10^{-4})$			
60	0	0	0	0	0	0			加载设备重
820	0.0184	0.5305	−0.0174	0.549	3.726	7.509			
1200	0.0226	0.7958	0.0255	0.742	5.242	10.46			
1580	0.0368	1.061	0.1634	1.04	7.413	14.49			T_1、T_2 混凝土开裂
1960	0.0552	1.592	0.4482	1.65	12.16	23.08			T_3 混凝土也开裂
2340	0.0693	1.857	0.7031	2.62	18.64	35.63			
2720	0.0435	2.122	0.6280	4.63	30.55	57.20			T_1、T_2、T_3 混凝土压碎

注：Y_1、Y_2、Y_3 为不同标高处的 Y 方向的线位移，θ_1、θ_2 为不同标高处的转角位移。

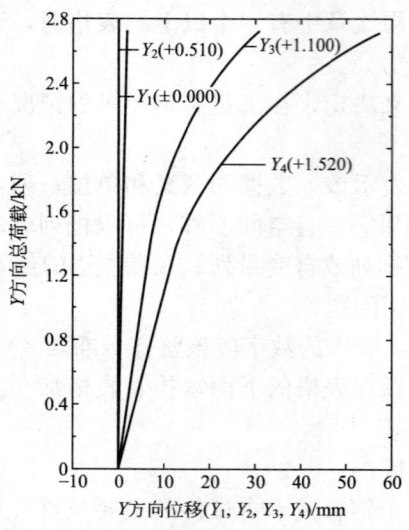

图 10-3 各个测点水平位移（Y 方向）与荷载的关系

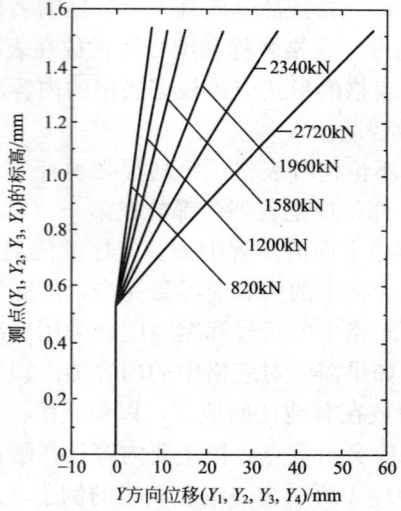

图 10-4 各级荷载作用下，结构模型的整体变形

10.5.2 图像方式

试验数据还可以用图像来表达,图像表达方式有曲线图、直方图、形态图和饼形图等形式,其中最常用的是曲线图和形态图。

1. 曲线图

曲线可以清楚、直观地显示两个或两个以上的变量之间关系的变化过程,或显示若干个变量数据沿某一区域的分布,还可以显示变化过程或分布范围中的转折点、最高点、最低点及周期变化的规律。对于定性分析和整体规律分析来说,曲线图是最合适的方法。

图 10-5、图 10-6 分别为某试验中沉管灌注桩、水泥搅拌桩和土应力比随荷载变化的曲线。由图可以看出,两种桩土应力比曲线变化趋势相同,近似随荷载成比例增大。加荷初期桩土应力比较小,随着荷载的增加,桩土应力比逐渐增大。

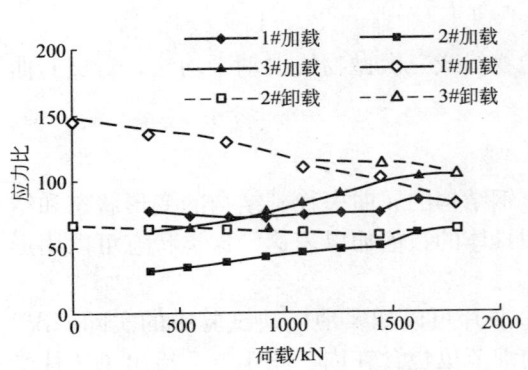
图 10-5 沉管灌注桩与土应力比随荷载变化曲线

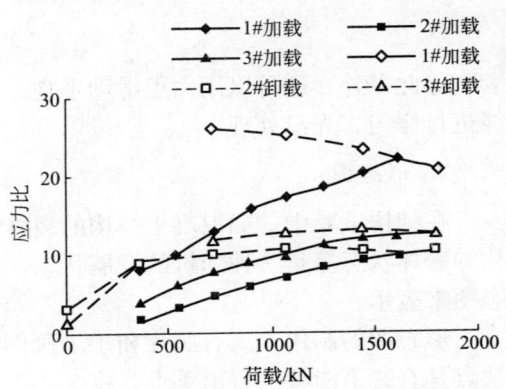
图 10-6 水泥搅拌桩和土应力比随荷载变化曲线

曲线图的主要组成部分和基本要求如下。

(1) 每个曲线图必须有图名,如果文章中有两个以上的曲线图,还应该有图的编号。图名和图号通常放在图的下方。

(2) 每个曲线图应该有一个横坐标和一个或一个以上的纵坐标,每个坐标都应有名称;坐标的形式、比例和长度可根据数据和范围来决定,但应该使整个曲线图清楚、准确地反映数据的规律。

(3) 通常是取横坐标作为自变量,取纵坐标作为因变量。自变量通常只有一个,因变量可以有若干个。一个自变量与一个因变量可以组成一条曲线,一个曲线图中可以有若干条曲线。

(4) 有若干条曲线时,可以用不同线形(实线、虚线、点画线和点线等)或用不同的标记(+、◇、□、△、×等)加以区别,也可以用文字说明来区别。

(5) 曲线必须以试验数为根据。对试验时记录得到的连续曲线(如 X-Y 函数记录仪记录的曲线,光线示波器记录的振动曲线等),可以直接采用或加以修整后采用;对试验时非连续记录得到的数据和把连续记录离散化得到的数据,可以用直线或曲线顺序相连,并应尽可能用标记标出试验数据点。

(6) 如果需要对曲线图中的内容加以说明,可以在图中或图名下加注解。

由于各种原因，试验直接得到的曲线上会出现毛刺、振荡等，影响对试验结果的分析。对这种情况，可以对试验曲线进行修匀、光滑处理。试验曲线的数据如表 10-6 所示。

表 10-6 试 验 数 据

x	x_0	$x_1=x_0+\Delta x$	…	$x_i=x_0+i\Delta x$	…	$x_m=x_0+m\Delta x$
y	y_0	y_1	…	y_i	…	y_m

表 10-6 中 x 为自变量，y_i 为按等距 Δx 测量得到的数据，用直线的滑动平均法，可得到新的 y_i' 值，用 (x_i, y_i') 顺序相连，可得到一条较光滑的曲线。

常用的方法是直线滑动平均法。三点滑动平均法的计算式如下。

$$\left.\begin{aligned} y_i' &= \frac{1}{3}(y_{i-1}+y_i+y_{i+1}) \quad (i=1, 2, \cdots, m-1) \\ y_0' &= \frac{1}{6}(5y_0+2y_1-y_2) \\ y_m' &= \frac{1}{6}(-y_{m-2}+2y_{m-1}+5y_m) \end{aligned}\right\} \quad (10-22)$$

除此以外，还可以用六点滑动平均、二次抛物线或三次抛物线滑动平均法，对试验曲线进行修匀、光滑处理。

2. 形态图

在结构试验中，如混凝土结构的裂缝情况、钢结构的屈曲失稳、结构的变形状态和结构的破坏状态等是一种随机的发展状态，难以用具体的数值加以表达。这类状态可以用形态图来表示。

形态图的制作方式有照片和手工画图两种。照片可以如实地反映试验中的实际情况，缺点是有时不能特别突出重点，将一些不需要的细节也包含在内，图 10-7 给出了砖柱受压破坏时的破坏形态图。手工绘制的形态图可对试验的实际情况进行概括和抽象，突出重点。制图时，可根据需要制作整体图或局部图，还可以把各个侧面的形态图连成展开图。例如，随着构件裂缝的发展，在图上随时标明裂缝的位置、高度、宽度等。图 10-8 所示为混凝土偏心受压构件的破坏形态展开图。

图 10-7 未加固砌体试件受压破坏

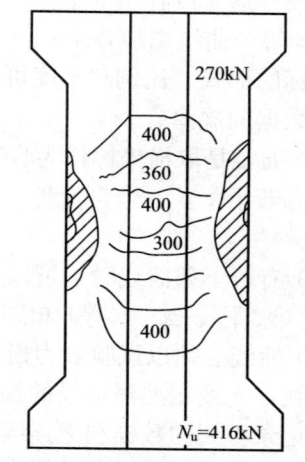

图 10-8 混凝土偏心受压构件的破坏形态展开图

第 10 章　结构试验数据处理

形态图用于表示结构的损伤情况、破坏形态等,是其他表达方法不能代替的。制作形态图可以与试验同时进行,这样可以对试验过程加以描述。形态图可以将照相及手工绘制方式同时制作,使试验得到比较完善的描述。

3. 直方图和饼形图

直方图的作用之一是统计分析,通过绘制某个变量的频率直方图和累积频率直方图来判断其随机分布规律。为了研究某个随机变量的分布规律,首先要对该变量进行大量的观测,然后按照以下步骤绘制直方图。

(1) 从观测数据中找出最大值和最小值。
(2) 确定分组区间和组数,区间宽度为 Δx,算出各组的中值。
(3) 根据原始记录,统计各组内测量值出现的频数 m_i。
(4) 计算各组的频率 $f_i(f_i = m_i / \sum m_i)$ 和累积频率。
(5) 绘制频率直方图和累积频率直方图,以观测值为横坐标,以频率密度($f_i/\Delta x$)为纵坐标,在每一分组区间做以区间宽度为底、频率密度为高的矩形,这些矩形所组成的阶梯形称为频率直方图;再以累积频率为纵坐标,可绘出累积频率直方图。

从频率直方图和累积频率直方图的基本趋向,可以判断随机变量的分布规律。直方图的另一个作用是数值比较,把大小不同的数据用不同长度的矩形来代表,可以得到一个更加直观的比较。

在饼形图中,用大小不同的扇形面积来代表不同的数据,得到一个更加直观的比较。

10.5.3　函数方式

试验数据还可以用函数方式来表达。试验数据之间存在着一定的关系,把这种关系用函数形式来表示,这种表示更精确、完善。根据试验数据之间的关系建立一个函数,包括两个工作:一是确定函数形式,二是求函数表达式中的系数。试验数据之间的关系是复杂的,很难找到一个真正反映这种关系的函数,但可以找到一个最佳的近似函数。常用于建立函数的方法有回归分析、系统识别等方法。

1. 确定函数形式

由试验数据建立函数,首先要确定函数的形式,函数的形式应能反映各个变量之间的关系。有了一定的函数形式,才能进一步利用数学手段来求得函数式中的各个系数。

函数形式可以从试验数据的分布规律中得到,通常是把试验数据作为函数坐标点画在坐标纸上,根据这些函数点的分布或由这些点连成的曲线的趋向,确定一种函数形式。在选择坐标系和坐标变量时,应尽量使函数点的分布或曲线的趋向简单明了,如呈线性关系;还可以设法通过变量代换,将原来关系不明确的转变为明确的,将原来呈曲线关系的转变为线性关系。常用的函数形式以及相应的线性转换如表 10-7 所示。还可以采用多项式表示,如:

表 10-7 常见函数形式以及相应的线性变换

图形及特征	名称及方程
(a>0, b<0); (a>0, b>0)	双曲线 $\dfrac{1}{Y}=a+\dfrac{b}{X}$ 令 $Y'=\dfrac{1}{Y}$，$X'=\dfrac{1}{X}$，则 $Y'=a+bX'$
(b>1, b=1, 0<b<1, b>0); (-1<b<0, b=-1, b<-1, b<0)	幂函数曲线 $Y=rX^b$ 令 $Y'=\lg Y$，$X'=\lg X$，$a=\lg r$ 则 $Y'=a+bX'$
(b>0); (b<0)	指数函数曲线 $Y=re^{bX}$ 令 $Y'=\ln Y$，$X'=\ln X$，$a=\ln r$， 则 $Y'=a+bX$
(b<0); (b>0)	指数函数曲线 $Y=re^{\frac{b}{X}}$ 令 $Y'=\ln Y$，$X'=\dfrac{1}{X}$，$a=\ln r$ 则 $Y'=a+bX'$
(b>0); (b<0)	对数曲线 $Y=a+b\lg X$ 令 $X'=\lg X$，则 $Y=a+bX'$
S 形曲线图	S 形曲线 $Y=\dfrac{1}{a+be^{-X}}$ 令 $Y'=\dfrac{1}{Y}$，$X'=e^{-X}$，则 $Y'=a+bX'$

$$y = a_0 + a_1 x + a_2 x^2 + \cdots + a_n x^n \tag{10-23}$$

确定函数形式时，应该考虑试验结构的特点，考虑试验内容的范围和特性，如是否经过原点，是否水平或垂直，或沿某一方向的渐近线、极值点的位置等，这些特征对确定函数形式很有帮助。严格来说，所确定的函数形式，只是在试验结果的范围内才有效，只能在试验结果的范围内使用。如要把所确定的函数形式推广到试验结果的范围以外，应该要有充分的依据。

2. 求函数表达式的系数

对某试验结果，确定了函数形式后，应通过数学方法求其系数，所求得的系数使得这一函数与试验结果尽可能相符。常用的数学方法有回归分析和系统识别。

1) 回归分析

设试验结果为 $(x_i, y_i)(i=1, 2, \cdots, m)$，用一函数来模拟 x_i 与 y_i 之间的关系，这个函数中有待定系数 $\alpha_j(j=1, 2, \cdots, m)$，可写为

$$y = f(x, \alpha_j) \quad (i=1, 2, \cdots, n; j=1, 2, \cdots, m) \tag{10-24}$$

式中的 α_j 也可称为回归系数。

求这些回归系数所遵循的原则是：将所求得的系数代入函数式中，用函数式计算得到的数值应与试验结果呈最佳近似。通常用最小二乘法来确定回归系数 α_j。

所谓最小二乘法，就是使由函数式得到的回归值与试验值的偏差平方之和 Q 为最小，从而确定回归系数 α_j 的方法。Q 可以表示为 α_j 的函数：

$$Q = \sum_{i=1}^{n} [y_i - f(x_i, \alpha_j)]^2, \quad (j=1, 2, \cdots, m) \tag{10-25}$$

式中 (x_i, α_j) 为试验结果。

根据微分学的极值定理，要使 Q 为最小的条件是把 Q 对 α_j 求导数并令其为零，则

$$\frac{\partial Q}{\partial \alpha_j} = 0 \quad (j=1, 2, \cdots, m) \tag{10-26}$$

求解以上方程组，就可以解得使 Q 值为最小的回归系数。

(1) 一元线性回归分析

设试验结果 x_i 与 y_j 之间存在着线性关系，可得直线方程如下。

$$y = a + bx \tag{10-27}$$

相对的偏差平方之和 Q 为

$$Q = \sum_{i=1}^{n} (y_i - a - bx_i)^2 \tag{10-28}$$

把 Q 对 a 和 b 求导，并令其等于零，可解得 b 和 a 如下。

$$b = \frac{L_{xy}}{L_{xx}} \text{ 及 } a = \bar{y} - b\bar{x} \tag{10-29}$$

式中，$\bar{x} = \frac{1}{n}\sum_{i=1}^{n} x_i$，$\bar{y} = \frac{1}{n}\sum_{i=1}^{n} y_i$，$L_{xx} = \sum_{i=1}^{n}(x_i - \bar{x})^2$，$L_{xy} = \sum_{i=1}^{n}(x_i - \bar{x})(y_i - \bar{y})$。

设 r 为相关系数，它反映了变量 x 和 y 之间线性相关的密切程度，r 由下式定义：

$$r = \frac{L_{xy}}{\sqrt{L_{xx}L_{yy}}} \tag{10-30}$$

式中，$L_{yy} = \sum_{i=1}^{n}(y_i - \bar{y})^2$，显然 $|r| \leqslant 1$。当 $|r| = 1$ 时，称为完全线性相关，此时所有的数据点 (x_i, y_i) 都在直线上；当 $|r| = 0$ 时，称为完全线性无关，此时数据点的分布毫无规则。表 10-8 所示为对应于不同的 n 和显著性水平 α 下的相关系数的起码值，当 $|r|$ 大于表中相应的值，所得到直线回归方程才有意义。

表 10-8 相关系数数值表

$n-2$ \ α	0.05	0.01	$n-2$ \ α	0.05	0.01
1	0.997	1.000	21	0.413	0.526
2	0.950	0.990	22	0.404	0.515
3	0.878	0.959	23	0.396	0.505
4	0.811	0.917	24	0.388	0.496
5	0.755	0.875	25	0.381	0.487
6	0.707	0.834	26	0.374	0.479
7	0.666	0.798	27	0.367	0.471
8	0.632	0.765	28	0.361	0.463
9	0.602	0.735	29	0.355	0.456
10	0.576	0.708	30	0.349	0.449
11	0.553	0.684	35	0.325	0.418
12	0.532	0.661	40	0.304	0.393
13	0.514	0.641	45	0.288	0.372
14	0.497	0.623	50	0.273	0.354
15	0.482	0.606	60	0.250	0.325
16	0.468	0.590	70	0.232	0.302
17	0.456	0.575	80	0.217	0.283
18	0.444	0.561	90	0.205	0.267
19	0.433	0.549	100	0.195	0.254
20	0.423	0.537	200	0.138	0.181

【例 10-3】 有一组试验数据如表 10-9 所示，试求出直线回归方程，并检验所得的直线回归方程的效果。

表 10-9 例题 10-3 的试验实测数据表

试验序号	x_i	y_i	试验序号	x_i	y_i	试验序号	x_i	y_i
1	20	1.35	11	23	0.99	21	25	0.88
2	18	1.51	12	21	1.06	22	22	0.99
3	23	1.01	13	26	0.77	23	19	1.03
4	24	1.02	14	19	1.25	24	17	2.01
5	19	1.23	15	17	1.50	25	19	1.65
6	21	1.05	16	14	1.99	26	17	1.55
7	17	1.66	17	19	1.25	27	16	1.67
8	16	1.65	18	21	1.03	28	21	1.01
9	20	1.16	19	18	1.28	29	14	1.95
10	19	1.33	20	20	1.30	30	19	1.86

解：由表 10-9 可得：$n=30$

$$b = \frac{L_{xy}}{L_{xx}} = \frac{-25.70}{249.47} = -0.10$$

$$a = \bar{y} - b\bar{x} = 3.34$$

故该直线回归方程为 $y = 3.34 - 0.10x$

由 $n-2=28$，查表 10-8 得相关系数的起码值为 0.463，而

$$r = \frac{L_{xy}}{\sqrt{L_{xx}L_{yy}}} = \frac{-25.7}{\sqrt{249.47 \times 3.54}} = -0.865$$

由于 $|r| = 0.865 > 0.463$，且其绝对值接近于 1，故可认为：x 与 y 线性相关，其所得的直线回归方程效果可行。

(2) 一元非线性回归分析。

若试验结果 x_i 和 y_i 之间的关系不是线性关系，则可以利用表 10-7 进行变量代换，转换成线性关系再求出函数式中的系数；也可以直接进行非线性回归分析，用最小二乘法求出函数式中的系数。对变量 x_i 和 y_i 进行相关性检验，可以用下列的相关指数 R^2 来表示：

$$R^2 = 1 - \frac{\sum(y_i - y)^2}{\sum(y_i - \bar{y})^2} \tag{10-31}$$

式中 $y = f(x_i)$——把 x_i 代入回归方程得到的函数值；

$\bar{y}$——试验结果 y_i 的平均值。

相关指数 R^2 的平方根 R 也可称为复相关系数，但它与前面的线性相关系数不同。相关指数 R^2 和复相关系数 R 都是表示回归方程或回归曲线与试验结果拟合的程度，R^2 和 R 趋近 1 时，表示回归方程的拟合程度好；R^2 和 R 趋向零时，表示回归方程的拟合程度不好。

(3) 多元线性回归分析。

当所研究的问题有两个以上的自变量时，就应该采用多元回归分析。另外，由于许多非线性问题都可以化为多元线性回归问题，所以，多元线性回归分析是最常用的分析方法之一。

设试验结果为 $(x_{1i}, x_{2i}, \cdots, x_{mi}, y_i; i=1, 2, \cdots, n)$，其中自变量为 $x_{ji}(j=1, 2, \cdots, m)$，则 y 与 x_{ji} 之间的关系由下式表示：

$$y = a_0 + a_1 x_1 + a_2 x_2 + \cdots + a_m x_m \tag{10-32}$$

式中的 $a_j(j=0, 1, \cdots, m)$ 为回归系数，用最小二乘法求得。

2) 系统识别方法

在工程结构动力试验中，常常需要由已知对结构的激励和结构的反应识别结构的某些参数，如刚度、阻尼和质量等。把结构看做一个系统，对结构的激励是系统的输入，结构的反应是系统的输出，结构的刚度、阻尼和质量等就是系统的特性。系统识别就是用数学方法由已知系统的输入和输出找出系统的特性或它的最优近似解。在地震模拟振动台试验中，可以用系统识别方法确定试验结构的某些参数，如刚度、阻尼和质量或恢复力模型。通常是已有结构特性的模型形式，求模型的参数，基本步骤如下：

(1) 建立数学模型和选定需要识别的参数。

这个步骤是建立试验结构在地震加速度作用下的运动方程，选定一个恢复力模型和阻

尼形式，选定刚度或恢复力模型中的控制点参数和阻尼为需要识别的参数。通常，不把质量作为要识别的参数。

（2）构造误差函数。

以在确定的动力激励时间内，结构的实际反应与计算反应之差的平方和作为误差函数。结构的实际反应为试验中实际测得，即结构的系统输出；计算反应是以振动台台面运动加速度作为输入，利用假定的恢复力模型和阻尼等参数，通过对运动方程的积分得到的。

（3）对选定的系统参数进行优化。

选用一种参数优化方法对参数进行优化迭代，直至误差函数值小于某一规定的数值。常用的参数优化方法是单纯形法，从一系列给定的参数出发，计算动力反应和误差函数。如果误差函数不满足规定的精度要求，则用反射、压缩和扩张三种方式形成新的参数系列，进行迭代。用新的参数系列计算动力反应和误差函数，并进行判别，如果误差函数仍不满足要求，则再进行迭代，直到某一个参数系列的误差函数满足要求时迭代终止。该参数系列就是需要识别的参数。

用以上方法得到的函数，应该在试验结果的范围内使用，一般不要外推。即使有外推的根据，也应该谨慎。

本 章 小 结

本章介绍了如何进行数据的整理换算、统计分析和归纳演绎，以便得出能够代表结构性能的公式、图像、数学模型等。通过学习，应掌握数据处理的内容，即数据的整理和换算、数据的统计分析、数据的误差分析、数据的表达等，还应熟练掌握数据修约的规则、数据统计分析的方法、实验数据的平均值、标准差、变异系数的计算过程。

思 考 题

1. 为什么要对结构试验采集到的原始数据进行处理？数据处理的内容和步骤主要有哪些？
2. 什么是试验数据的整理和换算过程？对试验数据如何进行修约？
3. 什么叫做算术平均值、几何平均值、加权平均值？各在什么情况下使用？
4. 试验数据的误差有哪几种？如何控制试验数据的误差？
5. 异常试验数据的舍弃有哪几种方法？简述其原理。
6. 试验数据的表达形式有哪几种？各用于什么情况？

参 考 文 献

[1] 易伟建,张望喜. 建筑结构试验[M]. 北京:中国建筑工业出版社,2005.
[2] 姚谦峰,陈平. 土木工程结构试验[M]. 北京:中国建筑工业出版社,2001.
[3] 王娴明. 建筑结构试验[M]. 北京:清华大学出版社,1998.
[4] 姚振纲. 建筑结构试验[M]. 武汉:武汉大学出版社,2001.
[5] 李忠献. 工程结构试验理论与技术[M]. 天津:天津大学出版社,2004.
[6] 姚振纲,刘祖华. 建筑结构试验[M]. 上海:同济大学出版社,1996.
[7] 宋彧,李丽娟,张贵文. 建筑结构试验[M]. 重庆:重庆大学出版社,2005.
[8] 袁海军,姜红. 建筑结构检测鉴定与加固手册[M]. 北京:中国建筑工业出版社,2003.
[9] 周明华,王晓,毕佳. 土木工程结构试验与检测[M]. 南京:东南大学出版社,2002.
[10] 宋彧,段敬民. 建筑结构试验与检测[M]. 北京:人民交通出版社,2005.
[11] 于俊英. 建筑结构试验[M]. 北京:中央广播电视大学出版社,2003.
[12] 王天稳. 土木工程结构试验[M]. 武汉:武汉理工大学出版社,2006.
[13] 熊仲明,王社良. 土木工程结构试验[M]. 北京:中国建筑工业出版社,2006.
[14] 杨德建,马芹永. 建筑结构试验[M]. 2版. 武汉:武汉理工大学出版社,2010.
[15] 朱尔玉,季文玉,冯东. 土木工程结构试验基础教程[M]. 北京:中国科学技术出版社,2009.
[16] 朱尔玉,朱晓伟,贾英杰. 土木工程结构试验高级教程[M]. 北京:中国科学技术出版社,2009.
[17] 孙圣和,王延云,徐影. 光纤测量与传感技术[M]. 哈尔滨:哈尔滨工业大学出版社,2000.
[18] 刘明. 土木工程结构试验与检测[M]. 北京:高等教育出版社,2008.
[19] 中华人民共和国国家标准. 混凝土强度检验评定标准(GB/T 50107—2010)[S]. 北京:中国建筑工业出版社,2010.
[20] 中华人民共和国国家标准. 混凝土结构工程施工质量验收规范(GB 50204—2002)[S]. 北京:中国建筑工业出版社,2002.
[21] 中华人民共和国国家标准. 建筑结构检测技术标准(GB/T 50344—2004)[S]. 北京:中国建筑工业出版社,2004.
[22] 中华人民共和国国家标准. 钢结构现场检测技术标准(GB/T 50621—2010)[S]. 北京:中国建筑工业出版社,2010.
[23] 中华人民共和国国家标准. 砌体工程现场检测技术标准(GB/T 50315—2011)[S]. 北京:中国建筑工业出版社,2011.
[24] 中国工程建设标准化协会标准. 超声回弹综合法检测混凝土强度技术规程(CECS 02:2005)[S]. 北京:中国建筑工业出版社,2005.
[25] 中国工程建设标准化协会标准. 钻芯法检测混凝土强度技术规程(CECS 03:2007)[S]. 北京:中国计划出版社,2007.
[26] 中国工程建设标准化协会标准. 超声法检测混凝土缺陷技术规程(CECS 21:2000)[S]. 北京:中国建筑工业出版社,2000.
[27] 中华人民共和国国家标准. 回弹法检测混凝土抗压强度技术规程(JGJ/T 23—2011)[S]. 北京:中国建筑工业出版社,2011.
[28] 中华人民共和国行业标准. 港口工程混凝土非破损检测技术规程(JTJ/T 272—1999)[S]. 北京:人民交通出版社,2000.

北京大学出版社土木建筑系列教材(已出版)

序号	书名	主编	定价	序号	书名	主编	定价
1	建筑设备(第2版)	刘源全 张国军	46.00	50	土木工程施工	石海均 马哲	40.00
2	土木工程测量(第2版)	陈久强 刘文生	40.00	51	土木工程制图	张会平	34.00
3	土木工程材料(第2版)	柯国军	45.00	52	土木工程制图习题集	张会平	22.00
4	土木工程计算机绘图	袁果 张渝生	28.00	53	土木工程材料	王春阳 裴锐	40.00
5	工程地质(第2版)	何培玲 张婷	26.00	54	结构抗震设计	祝英杰	30.00
6	建设工程监理概论(第2版)	巩天真 张泽平	30.00	55	土木工程专业英语	霍俊芳 姜丽云	35.00
7	工程经济学(第2版)	冯为民 付晓灵	42.00	56	混凝土结构设计原理	邵永健	40.00
8	工程项目管理(第2版)	仲景冰 王红兵	45.00	57	土木工程计量与计价	王翠琴 李春燕	35.00
9	工程造价管理	车春鹂 杜春艳	24.00	58	房地产开发与管理	刘薇	38.00
10	工程招标投标管理(第2版)	刘昌明	30.00	59	土力学	高向阳	32.00
11	工程合同管理	方俊 胡向真	23.00	60	建筑表现技法	冯柯	42.00
12	建筑工程施工组织与管理(第2版)	余群舟 宋会莲	31.00	61	工程招投标与合同管理	吴芳 冯宁	39.00
13	建设法规(第2版)	肖铭 潘安平	32.00	62	工程施工组织	周国恩	28.00
14	建设项目评估	王华	35.00	63	建筑力学	邹建奇	34.00
15	工程量清单的编制与投标报价	刘富勤 陈德方	25.00	64	土力学学习指导与考题精解	高向阳	26.00
16	土木工程概预算与投标报价(第2版)	刘薇 叶良	37.00	65	建筑概论	钱坤	28.00
17	室内装饰工程预算	陈祖建	30.00	66	岩石力学	高玮	35.00
18	力学与结构	徐吉恩 唐小弟	42.00	67	交通工程学	李杰 王富	39.00
19	理论力学(第2版)	张俊彦 赵荣国	40.00	68	房地产策划	王直民	42.00
20	材料力学	金康宁 谢群丹	27.00	69	中国传统建筑构造	李合群	35.00
21	结构力学简明教程	张系斌	20.00	70	房地产开发	石海均 王宏	34.00
22	流体力学	刘建军 章宝华	20.00	71	室内设计原理	冯柯	28.00
23	弹性力学	薛强	22.00	72	建筑结构优化及应用	朱杰江	30.00
24	工程力学	罗迎社 喻小明	30.00	73	高层与大跨建筑结构施工	王绍君	45.00
25	土力学	肖仁成 俞晓	18.00	74	工程造价管理	周国恩	42.00
26	基础工程	王协群 章宝华	32.00	75	土建工程制图	张黎骅	29.00
27	有限单元法(第2版)	丁科 殷水平	30.00	76	土建工程制图习题集	张黎骅	26.00
28	土木工程施工	邓寿昌 李晓目	42.00	77	材料力学	章宝华	36.00
29	房屋建筑学(第2版)	聂洪达 郄恩田	48.00	78	土力学教程	孟祥波	30.00
30	混凝土结构设计原理	许成祥 何培玲	28.00	79	土力学	曹卫平	34.00
31	混凝土结构设计	彭刚 蔡江勇	28.00	80	土木工程项目管理	郑文新	41.00
32	钢结构设计原理	石建军 姜袁	32.00	81	工程力学	王明斌 庞永平	37.00
33	结构抗震设计	马成松 苏原	25.00	82	建筑工程造价	郑文新	38.00
34	高层建筑施工	张厚先 陈德方	32.00	83	土力学(中英双语)	郎煜华	38.00
35	高层建筑结构设计	张仲先 王海波	23.00	84	土木建筑CAD实用教程	王文达	30.00
36	工程事故分析与工程安全(第2版)	谢征勋 罗章	38.00	85	工程管理概论	郑文新 李献涛	26.00
37	砌体结构(第2版)	何培玲 尹维新	26.00	86	景观设计	陈玲玲	49.00
38	荷载与结构设计方法(第2版)	许成祥 何培玲	30.00	87	色彩景观基础教程	阮正仪	42.00
39	工程结构检测	周详 刘益虹	20.00	88	工程力学	杨云芳	42.00
40	土木工程课程设计指南	许明 孟茁超	25.00	89	工程设计软件应用	孙香红	39.00
41	桥梁工程(第2版)	周先雁 王解军	37.00	90	城市轨道交通工程建设风险与保险	吴宏建 刘宽亮	75.00
42	房屋建筑学(上:民用建筑)	钱坤 王若竹	32.00	91	混凝土结构设计原理	熊丹安	32.00
43	房屋建筑学(下:工业建筑)	钱坤 吴歌	26.00	92	城市详细规划原理与设计方法	姜云	36.00
44	工程管理专业英语	王竹芳	24.00	93	工程经济学	都沁军	42.00
45	建筑结构CAD教程	崔钦淑	36.00	94	结构力学	边亚东	42.00
46	建设工程招投标与合同管理实务	崔东红	38.00	95	房地产估价	沈良峰	45.00
47	工程地质	倪宏革 时向东	25.00	96	土木工程结构试验	叶成杰	39.00
48	工程经济学	张厚钧	36.00	97	土木工程概论	邓友生	34.00
49	工程财务管理	张学英	38.00	98	工程项目管理	邓铁军 杨亚频	48.00

序号	书名	主编	定价	序号	书名	主编	定价
99	误差理论与测量平差基础	胡圣武 肖本林	37.00	108	大跨桥梁	王解军 周先雁	30.00
100	房地产估价理论与实务	李 龙	36.00	109	工程爆破	段宝福	42.00
101	混凝土结构设计	熊丹安	37.00	110	地基处理	刘起霞	45.00
102	钢结构设计原理	胡习兵	30.00	111	水分析化学	宋吉娜	42.00
103	土木工程材料	赵志曼	39.00	112	基础工程	曹 云	43.00
104	工程项目投资控制	曲 娜 陈顺良	32.00	113	建筑结构抗震分析与设计	裴星洙	35.00
105	建设项目评估	黄明知 尚华艳	38.00	114	建筑工程安全管理与技术	高向阳	40.00
106	结构力学实用教程	常伏德	47.00	115	土木工程施工与管理	李华锋 徐 芸	65.00
107	道路勘测设计	刘文生	43.00	116	土木工程试验	王吉民	34.00

相关教学资源如电子课件、电子教材、习题答案等可以登录www.pup6.com下载或在线阅读。

扑六知识网(www.pup6.com)有海量的相关教学资源和电子教材供阅读及下载(包括北京大学出版社第六事业部的相关资源)，同时欢迎您将教学课件、视频、教案、素材、习题、试卷、辅导材料、课改成果、设计作品、论文等教学资源上传到 pup6.com，与全国高校师生分享您的教学成就与经验，并可自由设定价格，知识也能创造财富。具体情况请登录网站查询。

如您需要免费纸质样书用于教学，欢迎登陆第六事业部门户网(www.pup6.cn)填表申请，并欢迎在线登记选题以到北京大学出版社来出版您的大作，也可下载相关表格填写后发到我们的邮箱，我们将及时与您取得联系并做好全方位的服务。

扑六知识网将打造成全国最大的教育资源共享平台，欢迎您的加入——让知识有价值，让教学无界限，让学习更轻松。

联系方式：010-62750667，donglu2004@163.com，linzhangbo@126.com，欢迎来电来信咨询。